当代西方政治思潮

Contemporary Western Political Ideologies

主　编　佟德志
副主编　刘训练　高景柱

中国教育出版传媒集团
高等教育出版社·北京

内容提要

本书主要介绍和评析了当代西方政治思潮,总结了这些政治思潮的发展演变、理论体系、政策主张、代表人物及其主要思想。全书包括导论和九章,导论构建了学习当代西方政治思潮的理论框架,对政治思潮的内涵与外延、要素与结构,当代西方政治思潮的历史与逻辑以及课程学习的意义与原则进行了论述。第一章至第九章分别介绍和分析了自由主义、保守主义、民主社会主义、西方马克思主义、民族主义、民粹主义、生态主义、女权主义、无政府主义的发展历程、理论内容、主要流派、代表人物及其主要思想,并从马克思主义的立场观点方法出发对其进行了评析。

本书内容丰富、重点突出、结构完整,可供高校政治学类以及相关专业的本科生教学使用,也可供广大社会读者阅读学习。

图书在版编目（CIP）数据

当代西方政治思潮／佟德志主编；刘训练，高景柱副主编. -- 北京：高等教育出版社，2024. 9. -- ISBN 978-7-04-062875-3

Ⅰ . D091.5

中国国家版本馆 CIP 数据核字第 2024Z7S753 号

Dangdai Xifang Zhengzhi Sichao

策划编辑	王溪桥	责任编辑	王 钦 王溪桥	封面设计 裴一丹	版式设计 徐艳妮
责任绘图	马天驰	责任校对	刁丽丽	责任印制 高 峰	

出版发行	高等教育出版社		网　址	http://www.hep.edu.cn
社　址	北京市西城区德外大街4号			http://www.hep.com.cn
邮政编码	100120		网上订购	http://www.hepmall.com.cn
印　刷	广东新京通印刷有限公司			http://www.hepmall.com
开　本	787mm×1092mm　1/16			http://www.hepmall.cn
印　张	25.75			
字　数	420 千字		版　次	2024 年 9 月第 1 版
购书热线	010-58581118		印　次	2024 年 9 月第 1 次印刷
咨询电话	400-810-0598		定　价	52.00 元

本书如有缺页、倒页、脱页等质量问题，请到所购图书销售部门联系调换

版权所有　侵权必究

物 料 号　62875-00

目　录

导　论

当代西方政治思潮，指在当代西方政治实践中形成的具有重大影响的思想和主张构成的观念体系。这里的"当代"是指第二次世界大战（以下简称"二战"）结束以来一直到当下的时间范畴。"西方"主要指欧洲和北美的资本主义国家。"政治思潮"则是指对政治实践产生了广泛影响的意识形态，既包括政治观念及其理论体系，也包括基于这些政治观念体系提出的政治和政策主张。

第一节　政治思潮的内涵与外延

在学习当代西方政治思潮之前，我们需要弄清楚政治思潮的概念。从当代政治的角度来看，政治思潮属于意识形态，强调意识形态的政治方面，也是意识形态的核心。政治思潮包括思想基础、观念体系、政治主张、政治实践等多个维度。在政治实践和理论研究当中，也可以从不同的维度出发，将政治思潮区分为不同的形态。

一、政治思潮的概念

在马克思主义的理论体系当中，"政治思潮"这一概念使用不多，马克思主义经典作家经常用"意识形态"来表达相应的意思。在马克思主义中国化时代化的历程中，"意识形态"这一概念也一直是通用概念。不仅如此，在西方的政治学理论体系当中，意识形态也是一个使用非常广泛的概念，而"政治思潮"这一概念的使用则少之又少。在西方大学的课程体系中，对应的课程一般都是当代政治意识形态（Contemporary Political Ideology）、政治意识形态导论（Introduction to Political Ideology）等。在中国的政治学研究当中，"政治思潮"这一概念从民国时期就由萨孟武、浦薛凤等人在政治学教学中使用，这直接影响到新中国政治学的课程设置。在本教材中，我们遵照政治学类专业的历史传统，仍使用传统的课程名称，将本教材定名为《当代西方政治思潮》，但不再刻意区别政治思潮与政治意识形态。

政治学研究很早就开始关注政治思潮，并在不同的层次上做过很多相关研究。因为生产力水平、社会状况、传播途径等原因，西方古代和中世纪社会并没有形成广泛而深远的政治思潮，相关的思考主要停留在思想层面。近代思想家培根就曾提到那些深深植根于人们思想中的信念。第一次正式提出意识形态概念的，还是法国保守主义思想家特雷西。特雷西于 1796 年第一次提出了"意识形态"这一概念，自称是发现了"观念的科学"。特雷西所说的意识形态本义是研究观念的方法，用来指关于观念的科学，目的是科学地识别正确的思想。在特雷西之后，意识形态的概念逐渐得到广泛的应用，一直沿用至今，在分析政治现象的过程中起着越来越重要的作用，成为政治学研究的一个重要主题。

尽管特雷西开创了意识形态研究的先河，试图以科学的方式研究意识形态，但真正使意识形态研究科学化的还是马克思和恩格斯。在《德意志意识形态》等多部作品中，马克思、恩格斯系统地研究了意识形态及其相关规律，并由此提出了经济基础决定社会政治意识形态的重要论断。这一重要论断认为，经济基础决定上层建筑，社会意识形态就建立在经济基础之上，并与之相适应。基于这一规律，马克思、恩格斯形成了系统的、科学的意识形态理论，为意识形态的研究奠定了基础。马克思和恩格斯对意识形态理论另一个重要的贡献，是对意识形态阶级属性的发现。根据这一发现，马克思、恩格斯提出，意识形态反映阶级的观念，阶级斗争决定意识形态的斗争，主流意识形态为统治阶级服务等一系列理论，进一步丰富了意识形态研究。除此之外，马克思、恩格斯还指出了意识形态的历史性与现实性、继承性与创新性等多个属性，直接影响了后来的意识形态研究。

马克思、恩格斯关于意识形态的观点对后来马克思主义的发展有着重要的影响。比如，列宁从阶级斗争的角度理解意识形态，将社会主义理解为一种意识形态，认为意识形态为阶级斗争提供了有用的武器。不仅如此，后来很多社会民主主义、西方马克思主义的思想家，如葛兰西、阿多诺、阿尔都塞等人，都是在马克思、恩格斯意识形态研究的基础上开展的意识形态的研究。

在马克思之后，卡尔·曼海姆、丹尼尔·贝尔等人亦对意识形态进行了种种研究，进一步丰富了意识形态的理论研究。据巴巴拉·戈德文的归纳，马克思之后的意识形态概念大致呈现出以下几个特征：第一，为了宣扬某种信仰和行为而以某种方式组织起来的观念和知识；第二，尽管可能会歪曲事实，但它还是寻求某种解释的力量，以使其信仰者理解世界；第三，有某种说服的力量，其规则常常表现为道德命令；第四，现代意识形态常常要求更科学；第五，常常是非理性、非逻辑的。①

这一描述归纳出了意识形态的基本特性，如体系性、观念性，也揭示了意识形态与现实世界之间的张力。意识形态是社会存在的反映，但意识形态还有阶级性、相对独立性等其他属性，这就使得意识形态可能会是对现实的虚假反映。马克思主义的意识形态理论对此进行了深刻的批评，当代西方政治学界也对此进行过深入批评。如当代美国政治学家萨托利曾梳理过政治意识形态的研究，并将这种研究分为两个层面，即知识层面的意识形态和政治层面的意识形态。在他看来，知识层面的意识形态就是要区别人们的知识在多大程度上为意识形态所限定和曲解；政治层面的意识形态就是要看意识形态是否是政治的必要特征，如果是，如何解释。②

罗伯特·雷恩在分析了诸种意识形态内涵的基础上总结了意识形态的七大特征。这包括：第一，处理这样一些问题：谁将成为统治者？如何选择统治者？他们会以什么样的原则来进行统治？第二，它们常常处于争论之中，倾向于劝说和反对相反的观念。第三，它们会部分地影响到主要的生活价值。第四，为了辩护、改革和废除重要的社会制度，它们支持某种程序。第五，意识形态是部分群体利益的理性化，而不一定是所有拥护它们的群体。第六，无论是在语气还是在内容方面，意识形态都是规范的、伦理的、道德的。第七，意识形态不可避免地从更广泛的信仰体系中分离出来，同时又共享那一体系的某些结构和格式上的特性。③ 这一观点认为，意识形态涉及阶级、观念、价值、程序、理性、规范、伦理、信仰等重要内容，将意识形态视为一种信仰体系，侧重于突出意识形态的阶级性、规范性。

就意识形态研究的基本路径来看，存在着认识论、社会学和心理学等几个层次的研究。从不同的层次出发，人们对意识形态的界定也不一样。最初对意识形态的研究基本上是认识论层次的研究，代表人物是包括特拉西在内的一些

① Barbara Goodwin, *Using Political Ideas*, New York: John Wiley & Sons Ltd., 1982, p. 22.
② Giovanni Sartori, "Politics, Ideology, and Belief Systems," *The American Political Science Review*, Vol. 63, No. 2, 1969, pp. 398—411.
③ Robert E. Lane, *Political Ideology: Why the American Common Man Believes What He Does*, New York: The Free Press, 1962, pp. 14—15.

法国思想家。社会学兴起后，意识形态在社会学领域内逐渐占据重要地位。除马克思和恩格斯外，曼海姆、莫斯卡、帕雷托、帕森斯、贝尔等人也都从社会学的角度研究意识形态。此外，心理学研究的视角亦有着一定的影响，如弗洛伊德和萨顿及其同事的研究。

二、政治思潮的内涵

综合前人的研究可以发现，政治思潮（意识形态）是对政治实践产生重要影响的观念体系。其内在结构和流程如图 0-1 所示。

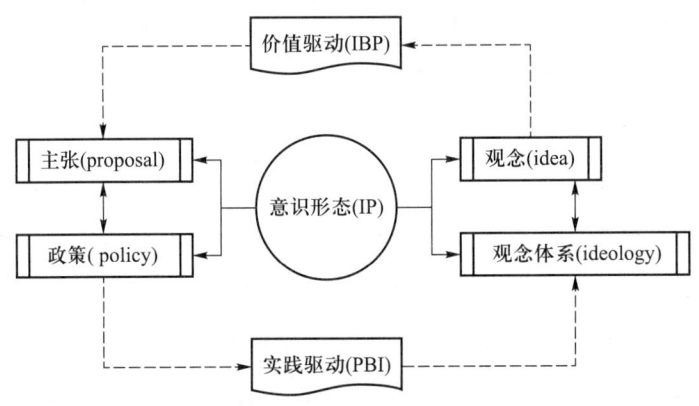

图 0-1 意识形态的要素结构与流程模型

政治思潮有着复杂的系统，包括观念与主张两套系统及系统间的互动。意识形态的基本结构可以分为两大类，一类是观念及其形成的观念体系，是一套价值系统；另一类是政治、法律和政策等主张，构成了需求系统。观念系统通过价值驱动，直接影响实践；而需求系统则通过实践驱动反过来影响观念系统。政治思潮是意识形态的一种，有着与意识形态大体相同的要素和结构。政治思潮不仅形成了观念以及系统化的观念体系，还提出政治主张或政策主张，直接参与到政治实践当中。同时，政治实践也会反过来对观念和观念体系产生影响。

政治思潮是意识形态的核心。除政治思潮外，意识形态还包括经济思潮、文化思潮、社会思潮等，它们共同构成了意识形态的全部内容。在意识形态的各种思潮当中，政治思潮具有格外重要的意义，因为各种思潮都会在政治或是政策上提出相应的要求，带有政治性内涵。统治阶级为了推行自己的统治，就一定会运用国家权力，使用政治、法律、政策等国家工具保证主流意识形态的地位。从这个意义上讲，意识形态最终都是政治性的。

政治思潮是政治思想的一种类型，与一般的政治思想不同。从大的学科分类来看，政治思潮属于政治思想，政治思想则分为政治思想史和政治思潮两种。政治思潮与政治思想史不同。一是时间性，在时间上，政治思潮更强调当下，政治思想史则强调追溯历史。二是影响性，在影响上，政治思潮更强调对当下政治实践的影响，政治思想史则偏重观念的历史传承，偏重理论体系。三是派别性，在派别上，政治思潮更强调具有共同思想基础和实践影响的群体，政治思想史则更强调特殊的个体。

综上可以得出政治思潮的一般性概念。政治思潮是具有共同思想基础和政治主张，并对政治实践产生重大影响的观念体系。从这一概念出发，政治思潮包括以下基本要素。

（一）思想基础

政治思潮都会有其特定的思想基础，这构成了政治思潮的基本特征，并与其他思潮相区别。从这个意义上讲，思想基础是政治思潮的基础要素。政治思潮的思想基础包括两种：一类是基础要素。这类要素虽然不直接构成政治思潮的内容，但却会直接影响到政治思潮的观念体系和政治主张。如世界观、人生观、价值观以及哲学、宗教等要素，都会对政治思潮产生重要影响，成为政治思潮的基础要素。还有一类是核心要素。这类要素构成了政治思潮的核心，是一种政治思潮区别于其他政治思潮的标志性特征。像如何看待个人、社会与国家等政治主体，如何处理政治、经济、文化和社会等基本问题，此外也包括一些核心价值观，如自由、平等、民主、法治等。多数政治思潮都要在这些重大问题上表现出特定的立场和态度，并在此基础上形成观念体系和政治、政策主张。

基于对重大问题相对一致的认识，一种政治思潮会形成共同的观念和主张，这是共同理论倾向的另一个重要内容。对国家政治的基本看法和主张，常同公共政策相联系。比如，在国家与社会、个人关系上倾向于国家的国家主义常常主张国家干预的政策，倾向于个人的个人主义就会在政府职能的界定上更严格一些，提出自由放任的政策方案等。有的时候，不同政治意识形态还会使用大致相同的基本方法来为意识形态的合理性作辩护；当然，有的方法会为不同的政治意识形态所使用。

（二）观念体系

作为意识形态，政治思潮表现为政治观念的体系，体现出系统化的特点。意识形态的英文是 ideology，是由 idea（观念）的词根加上 logy（学）的后缀构成，从字面意义上看，就是"观念学"。在这个意义上讲，政治思潮是学理化的观念体系。任何人都会有某种形态的观念，但意识形态不是某个人的观念，而是系统化的观念体系。一方面，政治思潮是对一系列相同或相近观点的高度概括。思潮离不开个人的观点，但它又不是某个人的观点。因此，在研究政治思潮时，要注意思想家个人观念与政治思潮的差异，尤其是个别政治思想家的政治思想是精英化、个体化的，具有自身的特性，而政治思潮则强调了共性。另一方面，政治思潮具有内在的一致性。相同或相近的观点不是零散地堆在一起，而是整合在一起，内在地具有逻辑上的一致性。比如，自由主义主张自由的价值，这种自由的价值会体现为自由放任、有限政府的政治主张等，这些观念具有内在的逻辑一致性。

学术界一般认为，意识形态是观念的体系，而不仅仅是零散的观念。丹尼尔·贝尔将意识形态视为政治观念的解释性体系。[①] 塔尔科特·帕森斯认为，意识形态是群体成员持有的一套信仰体系，这种群体可能是一个社会，也可能是其中的亚群体，甚至包括与社会主流文化不相容的运动。帕森斯把它定位为"观念的体系"，强调的就是整合的倾向。尽管帕森斯并不否认个体意识形态，但其基本定位是群体。[②]

体系性的特点是政治思潮强调群体性的必然结果。政治思想史一般以政治思想家为载体，偏重对精英思想家政治思想的研究，主要依据的是政治思想家的作品。但政治思潮则以群体为载体，这个群体可以是思想家、政治家等精英群体，也可以是普通公民等大众群体。政治思潮的研究对象是在社会上广泛流行的思想观念，不限于少数思想家，有的甚至可以没有突出的思想家，而是与社会运动、党派行动、政治变革、公共政策等联系起来。但一种成熟的政治思潮，往往会有形成完整理论体系的政治思想家、政治家等精英群体，并在社会大众层面形成广泛的影响。

（三）政治主张

政治思潮会提出明确的政治或政策主张，以期对政治实践产生影响。一般

① Daniel Bell, "Ideology and Soviet Politics," *Slavic Review*, Vol. 24, No. 4, 1965, pp. 591—603.
② Talcott Parsons, *The Social System*, New York: the Free Press, 1951, p. 354.

来讲，政治思潮的政治主张都与其思想基础存在着内在的逻辑一致性，我们可以通过政治思潮的思想基础和观念体系来判断其政治主张。政治思潮的政治主张是建立在思想基础和观念体系上的，是对思想基础和观念体系的反映；同时政治主张又会反过来影响思想基础和观念体系。此外，政治主张也会因受到其他要素的影响而有所变化。有的时候，思想基础和观念体系没有发生变化，但政治主张会根据具体情况的不同而变化。比如，资本主义由自由放任走向垄断后，作为自由主义思想基础的"自由"没有变，但自由主义的政治主张还是由自由放任转向国家干预。从这个角度来看，我们对其政治主张的分析既要充分考虑到思想基础，又不能过分受到思想基础的限制。

政治思潮的主张涉及方方面面，很多时候不仅仅是政治方面的主张。从范围来看，政治思潮的主张可能会涉及政治、经济、文化等社会的各个方面。之所以称其为政治主张，主要原因是这些主张都要通过以国家为核心的政治体系来实现。从层级来看，既有政治主张，也有政策主张。一般来讲，政治主张比较全面，涉及国家的国体、政体、制度等根本性内容；而政策主张则只强调某一方面，如环境问题、性别平等问题、某个区域性的问题等。

政治思潮的政治主张，常常是从应然的角度提出的改造方案。美国经济学家安东尼·唐斯认为，意识形态是"一种有关美好社会的文字幻想，一种建构此种社会的主要手段"[1]。迈克尔·罗斯金等人则更多地从变化和应然的角度来解释意识形态。他们认为："一种意识形态源自这样一种信念，即事物能够比现在的状态更好；它实质上是一个改造社会的计划。"[2]

（四）政治实践

政治思潮不是只停留在思想层面，而是会提出自己的主张，并在政治生活中付诸实践，产生重要的影响。如果一种政治思想或观念体系，只是存在于思想层面，没有提出主张并付诸实践，未形成广泛的影响，它就不能被称为政治思潮，而只是政治思想。比如，作为西方社会主流政治思潮的自由主义，就是在思想基础和观念体系的基础上提出了政治主张，并在政治实践中通过政策制定、执行等方式发挥了重要作用。像生态主义、女权主义这样的政治思潮虽然

---

[1] Anthony Downs, *An Economic Theory of Democracy*, New York: Haper & Row Publishers, 1957, p. 96.

[2] ［美］迈克尔·罗斯金、罗伯特·科德、詹姆斯·梅代罗斯、沃尔特·琼斯：《政治科学》第 6 版，林震等译，华夏出版社 2001 年版，第 104 页。

影响并没有自由主义那样大，但这些政治思潮也会追求将自己的主张付诸实施，影响到政策的制定和执行。政治思潮会在不同程度上对国家的政治制度、体制、政策，执政党的路线、方针、政策等产生影响，对政治实践发挥作用，形成广泛的影响。

政治思潮的影响各有不同。在当代西方，自由主义、保守主义、社会民主主义的影响相对较大，女权主义、生态主义等政治思潮的影响小一些。有一些政治思潮，如无政府主义，其影响就更小。政治思潮产生影响的方式也不同，有的政治思潮是批判性的，如社会民主主义、西方马克思主义、后现代主义等，有的政治思潮则是建设性的，如自由主义、保守主义等。

胡适讲到"主义"的时候也强调了"主义"的理论体系和实践影响两个方面。在"问题与主义"之争中，胡适对输入的"主义"有一个表述如图 0-2 所示：

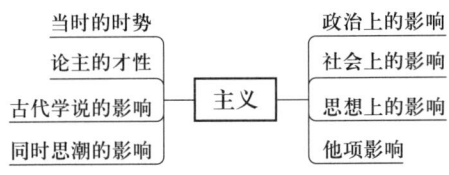

图 0-2 胡适对"主义"的理解①

如果把思想基础、观念体系、政治主张、实践影响看作政治思潮的四个要素，那么这四个要素的地位和作用是不同的。观念体系和实践影响是政治思潮的外在表现形式，也就是说，政治思潮一定会以某种体系性的观念来对政治实践产生影响。思想基础和政治主张是政治思潮的内在要素，直接决定了政治思潮的观念体系和实践影响。但某种政治思潮一旦形成，也会表现出一定的独立性，从而反作用于思想基础和政治主张，在一定时期内表现出某种程度的稳定性。思想基础决定了观念体系，构成了思想的逻辑，这个思想的逻辑又会影响到政治实践，形成从理论到实践的逻辑性。政治主张遵守实践的逻辑，与思想的逻辑之间发生互动，也会在不同时期、不同的问题上表现出独立性。

意识形态与政治思潮在发挥作用的基本原理和机制上具有内在的一致性。政治思潮就是一种政治意识形态，其特殊性在于政治思潮强调了意识形态的政治属性，以政治思想形成的观念体系影响政治、法律、政策等主张，从而对政

---

① 胡适：《胡适文存》一集，黄山书社 1996 年版，第 276 页。

治实践产生影响，形成价值驱动，并以确定的政治、法律和政策等主张反过来影响政治观念，从而形成实践驱动。

三、政治思潮的外延

清晰地界定政治思潮的内涵，有助于更明确地把握政治思潮的外延。事实上，人们可以从不同的角度对政治思潮进行分类，以便满足不同的研究需要。而以不同的标准区别政治思潮的外延，目的也是为了更好地研究政治思潮的现象。因此，从不同的角度出发来认识政治思潮，更有利于我们全面地认识政治思潮。

从政治思潮发展的历史来看，我们可以把政治思潮分为传统政治思潮和新兴政治思潮两大类。传统政治思潮一般指自由主义、保守主义、民主社会主义这三大思潮。这些思潮不仅起源较早，而且在经历了漫长的发展后，至今仍然有着较大的影响。与之相对的是新兴的政治思潮，如女权主义、生态主义等思潮，它们的出现相对较晚，属于新兴的政治思潮。

从政治思潮的形态来看，我们可以把政治思潮分为完备型政治思潮和专门型政治思潮两类。完备型的政治思潮，如自由主义、保守主义、民主社会主义，通常有以下特征。第一，有一批能代表这一政治思潮的思想家及其对这一思潮的系统论证。第二，在现实政治生活中，有一部分民众和精英认同这些观点和主张。第三，这一政治思潮的观点和主张对政治或政策实践构成了重大影响。但并不是所有的完备型政治思潮都同时具备这三个特征。专门型政治思潮，如民粹主义，很难找到一批代表这一政治思潮的思想家，甚至没有形成系统的理论论证，但在政治实践中，有民众或是精英持这种观点和主张，并且对现实的政治与政策构成了重大的影响。其他一些政治思潮，如民族主义也有类似的特征，但并不是非常明显。

从政治思潮的主题来看，也可以把政治思潮分为两类，即综合型政治思潮和主题型政治思潮。综合型政治思潮，比如自由主义，其理论体系和实践主张涉及的内容是全面的，广泛地包含了社会的政治、经济、文化，甚至是生态、性别、性取向等多个方面。但也有一类思潮只对某一主题感兴趣，形成了理论体系和实践主张，这构成了主题型政治思潮，比如生态主义、女权主义等思潮。生态主义只针对生态主题提出实践主张，并进行理论论证。女权主义也是如此，更多关注性别平等、女性解放等主题。

从政治思潮的政治主张来看，还可以将政治思潮分为政治性思潮和政策性思潮。有一些政治思潮，如自由主义、保守主义、民主社会主义等，发展历史较长，理论体系较完备，政治主张涉及范围较广，不仅有着系统的思想基础，形成了全面的政治主张，涉及政治、经济、文化等方方面面，影响较大，甚至在特定的历史时期成为占主流地位的意识形态，我们称之为政治性思潮。与此不同，生态主义、女性主义等政治思潮的思想基础就相对来讲比较具体，更多表现为具体的政策主张，可以称之为政策性思潮。政策性思潮更多集中在某个领域，专注或是聚焦于特定议题。

从政治思潮的理论性与实践性来看，可以把政治思潮分为理论性政治思潮和实践性政治思潮。理论性政治思潮大多带有学院派的色彩。这些政治思潮的特点是更强调思想与理论，对实践的影响通常并不大。从外在的表现来看，这些政治思潮会有大量的思想家出现，但与这些思想家的理论相关的政治主张或政策主张却比较少，也很少得到实施。实践性的政治思潮则非常强调政治和政策，常常与党派、运动相联系，理论性相对较弱。从外在表现来看，实践性政治思潮虽然在特定时期非常流行，对政治实践产生重要影响，但相关的思想家却比较少。比如，同为偏左的两种思潮，社会民主主义和西方马克思主义就是这两种类型的代表。西方马克思主义人物众多，理论丰富，但对实践的影响却并不大；与之相反，社会民主主义对当代西方的政治实践产生了重要的影响，但相关的政治思想家比较少，而政治家较多。

二战以后，思潮与思潮之间的沟通和交流更加广泛，很多相近的思潮不仅在思想基础上形成了共享，还在政治实践当中互相助力，形成了某种程度的交融性，甚至因为这种交融形成了新的思潮。比如，自由主义与民族主义交融，形成了自由民族主义，自由主义与多元文化主义交融，形成了自由多元主义。再如，女权主义与生态主义出现交叉，形成了生态女权主义，女权主义与基督教政治思潮交融形成了女权主义神学政治思潮。此外，更为常见的是某种政治思潮吸收了某些观念，形成了某种特殊形式的政治思潮。如突出了民主内涵的社会主义，形成了民主社会主义；突出了自由放任内涵的自由主义形成了新保守自由主义。

尽管人们对政治思潮的构成要素还没有形成共识，但从意识形态的要素出发，可以通过思想基础和政治主张两个重要维度来分析意识形态，并且这两者相辅相成，相得益彰，构成了政治思潮的基本维度。从这两者出发去考察不同的政治思潮，基本上可以完成政治思潮的谱系学分析。从思想基础来看，我们可以通过政治主体观念、客体观念等一些政治价值来对左、中、右的政治思潮进行分析。从政治主张来看，可以通过不同政策的价值取向来划分意识形态的谱系。就其发展趋势来看，综合运用各种维度来分析政治思潮谱系的尝试逐渐占据主流地位。

综合以上的分析，从简化的角度大体对政治思潮进行分类，如表 0-1 所示。

表 0-1　政治思潮的分类

维度	类型	
历史	传统政治思潮	新兴政治思潮
理论	完备型政治思潮	实践型政治思潮
领域	综合型政治思潮	主题型政治思潮
层级	政治性政治思潮	政策性政治思潮
倾向	右翼政治思潮	左翼政治思潮

事实上，这种简单的分类可以更加深入，以便我们更好地认识政治思潮。如从基本的左与右，到较为细致的极左、激进左、左、温和左（中左）、温和右（中右）、右、激进右、极右，甚至到更为细致的百分制的打分。同时，这一分类直接同比较者的政治价值、政策主张，甚至是文化倾向联系在一起，在国家的立法、政策制定、选举等多个层面有较为广泛的运用，也构成了比较政治研究的一个重要内容。例如，可以从个人观、国家观、发展观、自由观、民主观、职能观、方法论等方面来考察政治思潮，并从不同的角度分析政治思潮的谱系，将其区分为左、中、右等方面，这一比较研究在政治哲学、政治思想当中得到了广泛的运用，像"超越左与右""第三条道路"等说法即是以意识形态的谱系为背景参照的。

从政治主张的角度来区分政治思潮构成了政治思潮比较研究的现实维度。这一维度的比较直接同政策的制定、立法、选举等政治实践联系在一起，有较大的应用空间。如政策制定中的价值因素考虑、候选人的竞选纲领制定等。因为涉及政策制定这一更为广阔的范畴，这一维度可以切入的内容比较多，比较研究资料也更为丰富。目前，国际政治学界已经形成了大量可供使用的调查数据。如世界价值观调查（World Values Survey，WVS），欧洲价值观调查（European Values Study，EVS）等提供了大量的数据，其中涉及政治价值和意识形态的内容非常丰富。美国国家选举研究（American National Election Studies，ANES）对美国意识形态的关注始自 1972 年，形成了大量的纵向研究数据。

以上两个维度的研究有着一定的内在关系，构成了"意识形态—政治观念—政治主张"三者的互动。一般来讲，某种政治主张背后大都会有某种政治价值的支持，同时，一旦某种政治价值得以确定，也会支持相关的政治主张。所以，在实践中出现了一些综合性研究，比如，"政治指南针""美国国家选举研究"等，大多系统地采用综合维度来分析美国人的政治思潮，并在多个层面得到了广泛的运用，构成了比较意识形态研究的主流。

第二节　当代西方政治思潮的历史与逻辑

从时间上看，当代西方政治思潮是西方政治思想史的"姊妹篇"，也是政治学类专业前后接续的两门课程。西方政治思想史一般研究的时间范围是从古代希腊开始到 19 世纪末 20 世纪初，即资本主义从自由资本主义转向垄断资本主义的时期。而当代西方政治思潮，一般会接续西方政治思想史，从二战开始，重点关注当下西方社会的政治思潮。

一、自由资本主义时期的政治思潮

近代以来，西欧逐渐兴起了以市场经济为特征的资本主义生产方式，加上技术的进步、地理大发现以及殖民扩张，资本主义更是在工业革命和全球扩张的过程中，获得了突飞猛进的发展。资产阶级"在它的不到一百年的阶级统治中所创造的生产力，比过去一切世代创造的全部生产力还要多，还要大"[1]。在思想领域，近代西方政治思想也摆脱了中世纪神学的束缚，逐渐形成了从人的角度出发、以民族国家为特征的政治学理论体系。从马基雅维利的"国家理性"到布丹的"主权"理论，西方政治思想逐渐形成了权力政治观，这成为现代政治学理论的核心内容。与此同时，从弗吉尼亚《权利法案》到法国的《人权与公民权宣言》，西方政治思想也逐渐形成了权利政治观，极大地推动了其

---

[1] 《马克思恩格斯选集》第 1 卷，人民出版社 2012 年版，第 405 页。

政治思想的发展。

伴随着资本主义的出现，早期的政治思潮也应运而生。在英国革命前后，以霍布斯、洛克为代表，在为资本主义辩护的过程中形成了自由主义的萌芽；而法国大革命则直接从相反的方向激发了保守主义的兴起，包括英国的埃德蒙·柏克、法国的德·麦斯特的保守主义思想，德国的浪漫派、民族主义和历史法学派等早期保守主义思想。不仅如此，与资产阶级一同产生的工人阶级也逐渐出现了批判资本主义、主张社会主义的早期代表，形成了空想社会主义、社会民主主义等政治思潮。这些政治思潮的产生都与当时的经济社会发展和阶级状况紧密联系在一起，是当时社会经济基础与阶级状况的反映。

阶级矛盾的发展使意识形态出现明显分歧。以革命后的法国社会为例，法国革命后，阶级矛盾尖锐复杂，各种意识形态之间的斗争也变得空前激烈，催生出众多的政治思想流派，如以德·波那尔和德·麦斯特为代表的正统派，以圣西门、傅立叶为代表的空想社会主义，以卡贝和布朗基为代表的空想共产主义，以蒲鲁东为代表的无政府主义，以孔德为代表的实证主义，以贡斯当和托克维尔为代表的自由主义，等等。纷繁多样的政治思潮变化频频、关系复杂，成为 19 世纪法国政治思想的基本特征。

综观这一时期的西方政治思想，可以明确地将它划分为两个阶段。第一阶段从 16 世纪到 18 世纪，资产阶级兴起，通过资产阶级革命的方式取得政权，在政治思想上表现为"应然"的理论体系；第二阶段则贯穿了整个 19 世纪，资产阶级在取得政权后不断加强统治基础，政治思潮更多是论证资产阶级统治的合法性，主要表现为"实然"的理论体系。

第一阶段从 16 世纪到 18 世纪，政治思潮以"应然"的理论体系为特征。围绕着权力的分配与制约、权利的行使与保障，近代西方政治思想家以社会契约论和自然权利论为论证依据，对西方政治现代化的实践进行了系统的理论总结，在整个西方政治思想史上占有重要的地位。在英美革命和法国革命的基础上分别形成了具有代表性的"洛克传统"和"卢梭传统"。这两种传统超越国家与民族的界限成为两种对立的政治思想形态，不但明确地阐述和论证了个人、社会、国家之间的种种关系，而且对自由、平等、民主、法治、正义等原则和精神进行了种种理性的思考，从而在制度层次既保持了"宪政民主"的深思熟虑，又焕发了"激进民主"的光彩。

第二阶段贯穿了整个 19 世纪，政治思潮以"实然"的理论体系为特征。这一时期，资产阶级取得了政权，并通过一系列改革加强和巩固了统治基础，这也使得这一时期的政治思潮更多体现为对资产阶级革命时期政治思想的继承、批判与超越，表现为一种"实然"的状态。政治思潮的主流由批判旧制度转向为新制度辩护，开始远离革命，更注重社会现实问题，现实主义、实用主义等政治思潮逐渐兴起。法国的贡斯当、托克维尔，德国的洪堡，英国的密尔、斯宾塞等人继承了革命时期的个人权利、宪政法治等理论，通过阐发自由主义的政治思想和主张为资产阶级统治辩护。在德国，法国大革命的思想被转化为"德国理论"，以思辨的方式表达了革命的要求，从而表现为革命的变体。在方法论上，实证主义、科学主义、批判主义直接影响了这一时期的政治思潮。资本主义革命以后兴起的保守主义、空想社会主义、空想共产主义、非理性主义、无政府主义等政治思潮也从不同层面建构了完整的理论体系，丰富和发展了西方政治思想史。

二、垄断资本主义时期的政治思潮

19 世纪末 20 世纪初，西方资本主义的生产力飞速发展，也带来了生产方式的变革。继工业革命之后，第二次工业革命为资本主义生产力的发展注入了强劲动力，引领人类进入"电气时代"，资本主义经济也进入了一段高速发展的时期。企业规模越来越大，生产的集中形成了垄断，资本主义逐渐由自由竞争走向垄断。生产方式的变化使得西方社会进入了一个新的时代：在美国，这个时代以所谓的"改革时代"为标志；在欧洲，这个时代则被冠以"大众时代"的标签。随着社会福利政策的推行，人们在医疗、保险、教育等各个方面享受着比自由放任时期更多的福利。

政治改革成为这一时期西方资本主义国家的一个重要特征。早期自由放任的政策开始有所改变，国家不再安于"守夜人"的职能定位，纷纷完善政府机构，强化国家机器。英国推行议会改革，美国进行宪法修正，欧洲大陆的法国、德国均在立法、行政等方面进行了一系列的改革。改革使资本主义民主的基础进一步扩大，各国都出现了一个选举权急剧扩大的时期。英国的议会改革推进了下议院的民主化，美国的民主改革也在"进步运动"的推动下取得重要成果。这一时期的其他国家，如比利时、意大利、希腊、瑞士、荷兰等，都出现了民主的扩大化，形成了一次民主化的浪潮。① 大众作为一个群体史无前例地参与到政治民主的潮流中来，使这一时期成为大众民主的新时代。

随着社会的进步，西方政治思潮也逐渐实现了全面转型，主张干预的声音占据主导地位。占主流地位的自由主义逐渐放弃了原来奉行的自由放任政策，转而强调国家在政治、经济和社会生活中的作用，主张国家干预、社会合作和改革，转变为新自由主义，古典自由主义则逐渐式微。同时，社会民主主义则在欧洲国家开始产生重要的影响。德国社会民主党反对"非常法"的胜利使德皇威廉二世继位后采取了一系列社会福利措施，英国自由党和工党上台后也是通过一系列社会立法，提高了人民的福利待遇。在这期间，其他政治思潮，如民主社会主义在欧洲也产生了重要的影响。

资本主义经济发展的不平衡导致了全球范围内资本主义国家之间的斗争。美国、德国的工业生产发展最快，相比之下，老牌资本主义国家英国以及其他欧洲国家的经济发展则逐渐放缓，欧洲的世界中心地位逐渐遭到挑战。这种不平衡加剧了主要资本主义国家间的矛盾，从而引发了第一次世界大战，加剧了欧洲的衰落，并引发了革命。第一次世界大战（以下简称"一战"）后"靠凡尔赛和约来维系的整个国际体系、国际秩序是建立在火山上的"②，不久，1929—1933 年的经济危机席卷整个西方，随后又爆发了第二次世界大战。

两次世界大战和持续不断的经济危机，在政治思潮上也有着深刻的表现。持久而又深刻的危机成为各种政治思潮的"试金石"。软弱的欧洲大陆自由主义在危机的冲击下无法保证自身的发展，有些国家在困境中抗争，有些国家则屈从转向。德国、意大利、西班牙等国的自由主义者在绝望中无路可走，纷纷转向保守主义，甚至堕落为法西斯主义。英国、美国的自由主义虽然没有走上法西斯主义的道路，也一改自由放任的政治主张，转而强调国家干预，发展成为新自由主义。

三、当代西方政治思潮的多元发展

严格来说，当代西方政治思潮在时间上主要指二战以后的西方政治思潮。

---

① 据亨廷顿的描述，这是一次民主化的长波，从 1828 年到 1926 年，有一大批国家实现了民主制度。参见［美］萨缪尔·亨廷顿：《第三波——20 世纪后期民主化浪潮》，上海三联书店1998 年版，第 14—15 页。
② 《列宁全集》第 39 卷，人民出版社 1986 年版，第 352 页。

但政治思潮有一个形成、发展的过程，前后有着不可分割的延续性。弄清了二战前政治思潮的发展演变，二战后的当代西方政治思潮就容易理解了。

第二次世界大战，是世界范围内的反法西斯战争，全面爆发于 1939 年，历时 6 年，于 1945 年结束。战争席卷全球，60 多个国家和地区、20 多亿人口卷入了战争，不仅造成了巨大的损失，还重新塑造了人类的历史进程。一方面，二战后，以美苏争霸为特征的世界秩序形成了资本主义、社会主义两大阵营，尤其是在冷战过程中，意识形态第一次成为塑造世界政治地图的最重要的力量，资本主义、社会主义、民族主义三种力量交织，左右分化、东西分化更加明显。另一方面，二战在客观上推动了科学技术的发展，战后科技革命的步伐加快，以信息技术为特征的第三次工业革命浪潮席卷全球，尤其是在当代西方形成了热潮，同时也对政治思潮造成了直接的冲击。

战后世界各国国力的变化使得世界逐渐形成了社会主义和资本主义两大阵营。西欧列强的力量被极大削弱，美国逐渐成为世界经济的中心。美国利用在战争中供给军事和战略物资的机会，发展了本国工业，经济实力大增，并因在战后的重建计划中发挥领导作用而成为世界上综合国力最强大的国家。战后国际政治格局不断发展，最终形成了以苏联为代表的社会主义阵营和以美国为代表的资本主义阵营。尤其是 1946 年初，美国对苏联及其他社会主义国家实行"遏制"政策，发起了冷战。1946 年丘吉尔的富尔顿演说和 1947 年杜鲁门的国情咨文，正式开启了战后的冷战时代，直到 20 世纪 90 年代初，苏联解体、东欧剧变，冷战才最终结束。在近半个世纪的时间里，资本主义和社会主义阵营的对垒，使得意识形态持续成为世界政治的中心议题。战后两大阵营主要是以社会主义和资本主义两种意识形态作为划分标准的，从这个意义上讲，战后世界政治的格局主要是以意识形态为核心形成的。

两个阵营的斗争在当代西方政治思潮中不仅表现为论证资本主义的合法性，还表现为对社会主义意识形态的批判。1947 年，哈耶克就发起了朝圣山学社（Mont Pelerin Society）这一新保守自由主义（neo-liberalism）的学术团体，目标就是要恢复古典自由主义的自由贸易和有限政府理念，其思想基础是资本主义的自由市场经济理论，并以反对计划经济、反对政府干预为己任，成为经济自由主义的典型代表。在这一学社的周围，聚集了以哈耶克为代表的奥地利学派、以弗里德曼为代表的芝加哥学派、以布坎南为代表的公共选择学派等众多学派的学者。这一学社不仅名家辈出，有多位成员获得诺贝尔经济学奖，而且有多人身居政府要职，对当代西方自由主义产生了重要影响。

对乌托邦主义的批判成为对社会主义发起攻击的一个重要主题。卡尔·波普便是其中的急先锋，他给变革社会的努力扣上了"乌托邦主义"的帽子，把历史决定论视为乌托邦主义的理论基础，并在批判乌托邦的基础上提出了渐进社会工程的理论。哈耶克出版了《通往奴役之路》一书，以自由主义的个人主义否定集体主义，否定计划经济，把苏联的社会主义放到自由、民主、法治的对立面，称其为"通往奴役之路"。另外，研究极权主义的思想家，如汉娜·阿伦特、雷蒙·阿隆、卡尔·弗里德里希等人，对包括德国纳粹主义在内的各种形式的极权主义进行研究，并将其视为对自由主义的主要威胁。对法西斯主义的反思也吸引了西方马克思主义者、民主社会主义者等左翼思想家和保守主义者等右翼思想家。

自由主义仍然是当代西方政治思潮的主流。二战刚一结束，福利国家政策开始占据优势，加上民主社会主义等其他思潮的影响，自由主义并不受欢迎。随着西方经济增长放缓，福利国家政策遭到激烈批评，难以为继，自由主义，尤其是新保守自由主义在英国、美国等发达资本主义国家走上前台，强调自由放任。

20世纪70年代，战后西方社会飞速发展的节奏被打乱，资本主义不仅在经济上面临危机，政治思潮也出现了变化。70年代滞胀危机之后，新自由主义的国家干预政策出现了问题，新保守主义兴起，里根和撒切尔夫人上台是两个典型的标志。在政治思潮上，新保守自由主义成为最有影响力的意识形态之一。区别于新自由主义的国家干预理论，新保守自由主义主张更加依赖市场，运用法制体系保护私有财产，与古典自由主义主张的自由放任有很多相似之处。我们知道，新自由主义主张国家干预，是对古典自由主义自由放任的否定，而新保守自由主义则是对新自由主义的否定，是对古典自由主义的否定之否定，形成了一个循环。

全球化的不断深入为当代西方政治思潮的发展带来了新的影响，尤其是在信息通信技术的推动下，人类在全球范围内的交往使得政治思潮也实现了全球传播，越来越成为影响世界政治的重要力量，这主要表现为当代西方的主流政治思潮的扩张性。在全球化进程中，由于西方在经济、军事等方面的主导地位，在事实上形成了以西方政治文化为主要内容的自由主义扩张。这一扩张以经济全球化为主要媒介，以普世主义为理论指导，以推行西方的自由民主价值观为基本目的，西方主流政治思潮超出西方的范围，向发展中国家传播。

当代西方政治意识形态呈现多元化的趋势。比较有影响力的新兴政治意识形态包括女权主义、民粹主义、生态主义、社群主义、文化多元主义等，但有的政治思潮在政治实践中尚未形成大的影响。虽然自由主义的主流地位没有发生变化，但自由主义也受到了其他意识形态的挑战，其内部的分化变得极其复杂。既有主张国家干预的新自由主义，亦有主张自由放任的自由至上主义，自由主义甚至与社群主义、共和主义、多元主义、社会主义组合，形成新的形态。不仅如此，一些新兴政治思潮，如文化多元主义、女权主义、生态主义等，也都走向台前，从不同的角度对资本主义社会提出了批评，也提出了各种主张，产生了重要的影响，使得当代西方政治思潮呈现出更加多元化的趋势。意识形态之间的交融越来越紧密，有的时候还会出现多种政治意识形态的融合。

马克思主义在西方仍然具有强大的影响力。受苏联解体、东欧剧变的影响，国际共产主义运动处于低谷，但马克思主义仍以其强大的思想魅力，在思想领域，甚至是实践领域发挥了强大的影响力。即使是在美苏争霸，社会主义与资本主义对立的时代背景下，在欧洲，受到马克思主义深刻影响的社会民主主义仍然占有重要的地位，呈现"一片粉红色"，社会民主主义在"第三条道路"的旗帜下进行了革新，使社会民主党人在西欧的大部分国家重新崛起并执政。当代西方马克思主义就是在马克思主义的直接影响下形成的政治思潮，在批判资本主义、探索社会主义、发扬马克思主义等方面有着重要的影响。除此之外，大量的左翼思潮也都与马克思主义有着千丝万缕的联系。更为引人注目的是，马克思主义还渗透到一些新兴的政治思潮当中，如在生态主义思潮中形成了生态马克思主义、生态社会主义，在女权主义思潮中形成了马克思主义女权主义等。

自由主义在当代西方政治思潮当中仍然占据主流，但也受到各种挑战。在外部，右翼保守主义卷土重来，此外，福利国家运动、民主社会主义，尤其是声势浩大的新左派运动、民权运动，不仅影响了当代西方的左翼政治思潮，同时也对自由主义、保守主义等资本主义主流意识形态产生了重要的影响。在内部，新保守自由主义对新自由主义发起挑战，重申自由放任的老调。同时，自由主义也与其他思潮出现融合的情况，如与民族主义融合形成的自由民族主义，与女权主义融合形成的自由女权主义，与生态主义融合形成的生态资本主义等。

对政治思潮的研究分析也出现了一些新的方法。对传统政治思潮变迁的研究大多是通过分析政治思想家提出的政治理论以及思想家和政治家的政治主张来进行。以上对政治思潮变迁的分析就是最典型的例子，也是迄今为止用得最多的意识形态分析方法。二战后，行为主义兴起，一些科学研究的方法开始被用于政治学的研究，也直接影响到了意识形态的研究，这使得对意识形态的研究开始采用社会调查、统计分析、心理分析等各种科学的方法，进而使得意识形态的研究开始越来越多地面向普通民众。比如，盖洛普（Gallup）公司就通过简便易行的访谈来观察美国人中自由派、保守派和中间派的变化，并绘制了直观形象的意识形态变迁图，如图 0-3 所示。

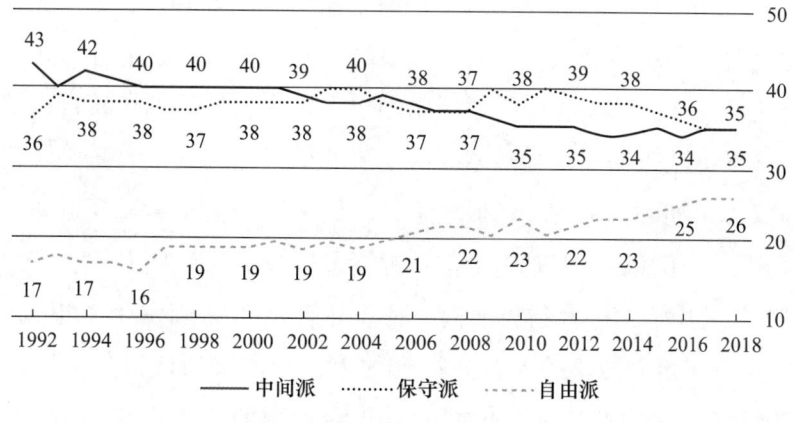

图 0-3　美国意识形态观念的变迁

数据来源：盖洛普（Gallup）年度平均数据。纵轴表示比例，以百分比为单位；横轴是年份，从 1992 年到 2018 年，每隔两年进行一次调查。

这种研究一般就是通过社会调查的方式向受访者提问，"你认为你的政治观点是倾向于非常保守、保守、自由还是非常自由"，然后记录受访者的选择，进行统计，统计的结果以年为单元进行平均后，就可以直观地制作出美国公民意识形态自我认知的变迁。通过这一变迁图，可以直观地看到，美国社会自1992 年以来，保守派占据了主导地位，与中间派的整体比例接近。相比来讲，自由派的比例则比较低，一直保持低位。但进入 21 世纪以后，自由派的比例也在稳步上升，保守派的比例则相对稳定。在 1992 年至 2018 年的 26 年间，保守派的比例基本保持不变，从 36 个百分点，起起落落最终保持在 35 个百分点上；

自由派的比例上涨了约 9 个百分点；中间派的比例则从 43% 下降到了 35%，下降了 8 个百分点。从政治实践上我们也可以知道，这 26 年正是美国意识形态极化，两党对立冲突越来越严重的 26 年。

四、当代西方政治思潮的历史逻辑

历史唯物主义认为，历史和逻辑是统一的，历史从哪里开始，逻辑就从哪里开始。这对于政治思潮的分析是适用的，政治思潮的逻辑与政治历史是一致的。从当代西方政治思潮发展的历史出发，我们可以更全面地把握当代西方政治思潮的思想基础、政治倾向和政策主张。同时，政治思潮的发展也有自身的逻辑，并不完全随着历史的发展而变化，在持续的历史变迁中保持着自身的相对独立性。

政治思潮的变迁跟社会思想与文化的主流形态也有着密切的关系。17、18 世纪时，在社会的主流观点中，人是抽象的，国家基本上是充当"守夜人"的角色。与之相适应，这一时期的政治思潮也多是主张保护人权，自由放任，主张通过革命的办法来完成社会转型。占主流的认识方法是个人主义、理性主义和普遍主义。早期的自由主义、保守主义、民主社会主义尽管观点和主张各不相同，甚至是大相径庭，但基本上都是围绕着这些主题而展开。

从 19 世纪开始，一直到二战前，西方主流政治思潮发生了很大的变化：对主体的认识开始由抽象的人转向社会的人，对国家的认识也由原来的弱国家转向强国家。与此相对应，西方主流政治思潮的基本主张也发生了变化：一是开始由消极转向积极，比如，在公民权方面，由最初的保护人权转向积极地实践公民权；二是由自由放任转向国家干预。这是因为资本主义革命已经完成，他们不再主张革命，而是主张在巩固资本主义革命成果的范围内进行改革。

二战以后，资本主义开始进入全球化时代。人不仅不再是抽象的人，而且变得非常多元，尤其是文化多元主义的兴起，打破了 17、18 世纪西方主流政治思潮对人的基本认识，人不再是不分性别、种族、民族、身份的抽象的人，对人的认识逐渐开始从文化角度强调这些要素，形成文化多元主义。在全球化背景下，国家之间的交流空前加强，国家的力量在全球化竞争中起到了越来越重要的作用，形成了一种超强国家的理念。在政治主张上，人权与公民权都得到重视，甚至扩展到文化权利、群体性权利。在国家职能发挥上，也出现了一种新型的干预，国家的很大一部分职能重心都放在对跨国公司的保护、干预和调整上。在国内，治理理念兴起，更加强调国家、社会组织与个人之间的合作。对政治思潮的研究方法也越来越多地表现为合作主义、科学主义和多元主义。

当代西方政治思潮的源流与现状印证了马克思主义关于社会存在决定社会意识的基本结论。政治思潮在不同的历史时期表现为不同的形态，这与当时西方社会的生产力、生产关系密切联系，并受到阶级状况的影响。其基本的变化，如表 0-2 所示。①

表 0-2　西方主流政治思潮的重点变化

	早期（17、18 世纪）	中期（19 世纪—二战前）	当代（二战后）
思想基础	1. 抽象的人 2. 弱国家	1. 社会的人 2. 强国家	1. 多元的人 2. 超强国家
理论主张	1. 保护人权 2. 自由放任 3. 革命	1. 实践公民权 2. 国家干预 3. 改革	1. 人权与公民权 2. 新型干预 3. 创新
论证方法	1. 个人主义 2. 理性主义 3. 普遍主义	1. 实用主义 2. 非理性主义 3. 集体主义	1. 科学主义 2. 合作主义 3. 多元主义

能够系统地通过思想基础和理论主张对政治实践产生影响的政治思潮，在资产阶级革命到二战的过程中，基本上经历了三个阶段的变化。17、18 世纪的政治思潮，西方主流政治思潮更多关注个人，从保护个人权利和限制国家权力的角度形成了人权和限权的思想基础。在理论主张上，表现为保护人权，国家自由放任等主张，而这些主张大多通过资产阶级革命得到实现。就论证方法上来看，个人主义、理性主义和普遍主义则成为这一时期思想基础和理论主张的论证方式。

到了 19 世纪末 20 世纪初，这种情况随着资本主义制度的确立和自由资本主义向垄断的发展而发生了变化。一方面，资产阶级夺得了政权，由革命转而

---

① 这个表只是示意图，省略了很多细节，很多地方也只是宏观的、一般的描述，用于表示一些大致的变化。

走向改革，主要的西方国家纷纷进入改革时代。在思想基础上，更多强调人的社会性，强调国家干预的必要性，而这些是建立在实用主义、非理性主义，甚至是集体主义的基础之上的。

二战是当代西方政治思潮的分水岭。本书重点还是放在二战后的当代西方。这一时期，对个体的认识更加多元，不再简单地强调个人的经济方面、政治方面，而是将文化性也强调出来，这样，个体就更加多元。在全球化背景下，当代西方的主流政治思潮还是会认同以新技术、新方式进行国家干预，甚至形成了超强国家的理念。这些思想基础和理论主张，也正好与战后兴起的科学主义、合作主义、多元主义联系在一起。

第三节　政治思潮的要素与结构

从政治思潮的概念和基本特征出发，我们可以发现，对意识形态的分析实际上包含了两个最重要的维度：一是政治观念，二是政治主张，而且，这两者是相互影响的。这两者构成了政治思潮的基本维度，从这两者出发，去考察不同的政治思潮，就可以对政治思潮的谱系进行一般性的排列。比如，政治思潮的左、中、右的谱系学划分就是根据在同一问题上不同的政治观念和政治主张来进行的。我们还应注意到，对西方意识形态的比较分析具有较强的量化研究特点，但亦不可忽略其主观性和西方中心的价值取向。

查尔斯·范德伯克和罗伯特·索巴本曾经将政治思潮分成核心价值、纲领和领导三个重要维度。核心价值是一种信仰系统，也就是世界观以及关于政治生活如何运作和为什么运作的观念，纲领则包括要实现的目标和为了这一目标而选择的战略，领导指意识形态的行动方面，包括了动员、组织等方面。[①] 这种三分法实际上强调了政治思潮不仅要具备系统的理论，而且要对政治生活有实际的影响。

这种实际的影响体现为，政治思潮会直接影响人们的政治价值、政治信念，塑造人们的政治情感，甚至指导人们的政治实践。贝尔指出，意识形态

---

① Charles Funderburk and Robert Thobaben, *Political Ideologies*, New York: Harper Collins College Publisher, 1994, pp. 1—5.

"最重要的、潜在的作用就在于诱发情感"。他把意识形态的力量同宗教相比，认为"通过强调必然性，通过调动追随者的激情，19 世纪的各种意识形态已经完全可以同宗教分庭抗礼"①。查尔斯·范德伯克、罗伯特·索巴本认为，意识形态深刻地影响着公民、领袖以及民族的信念、价值以及行为。②

一、思想基础

政治思潮是对政治观念的一种整合。也就是说，就其观念内涵来看，政治思潮是诸多政治观念按照一定的逻辑形成的观念体系。某种政治思潮实际上是政治认知、政治态度、政治价值等政治观念的系统化的结论。这些观念构成了政治思潮的基本维度。因此，我们可以从各种政治观念的内容结构出发来大致地比较不同的政治意识形态，分析其异同点。

从思想基础区分各种政治思潮，权力观是其中一个重要的指标。近代以来，主权观念由马基雅维里、布丹等人提出后，得到了詹姆斯·哈林顿、斯宾诺莎、孟德斯鸠、卢梭、阿尔色修斯、洛克和康德等众多政治思想家的认同，并将其作为国家的本质。主权不仅为国家主义所偏爱，还得到了自由主义、保守主义的认同。各种政治思潮在主权权力的归属上却形成了不同的认识。比如，自由主义者认可国家主权，并认为这一主权来自人民，其在政治实践中不仅应是有限的，而且应该分开来，让它们相互制约，达到一种平衡。而早期的保守主义者并不认为权力来自人民，至少并不认为权力只是来自人民。他们当中的一部分，仍然坚守着权力来自世袭的观念，为君主专制辩护。即使是后来承认了人民主权，他们也并不认为权力只来自人民，而是从宗教、传统、文化、习俗等各个方面来理解权力的来源，这构成了自由主义与保守主义的基本区别。而民主社会主义则更加激进一些，更相信人民主权的力量，权力运用的范围更大，影响也更深。

近代以来，随着资产阶级革命的胜利，权利成为区别各种政治思潮的一个依据。一般来讲，各种政治思潮都提出了相应的权利理论和主张。但是，各种

---

① ［美］丹尼尔·贝尔：《意识形态的终结：50 年代政治观念衰微之考察》，张国清译，江苏人民出版社 2001 年版，第 461 页。

② Charles Funderburk and Robert Thobaben, *Political Ideologies*, New York: Harper Collins College Publisher, 1994, p. Ⅶ.

政治思潮对权利的理解和主张，其内容是不一样的。自由主义虽然也主张公民权利，但其论证的重点是个人权利，私有财产、个人自由等方面的权利在当代自由主义的理论体系当中论证得更为详尽。与此不同，民主社会主义则更加注重公民权利，从社会的角度强调民主、团结、进步，希望通过再分配的方式增进公民福利。保守主义更强调权利的历史性内涵，强调权利的道德、传统属性，从而与自由主义和民主社会主义区别开来。

我们也可以依据对政治主体和政治客体的不同认识来看待各种政治意识形态的不同。比如，从主体认识的角度，我们可以对三种重要的意识形态加以区别，如表 0-3 所示。

表 0-3　三种重要意识形态的主体观念比较[①]

	自由主义	民主社会主义	马克思主义
个体	个人自由	以人为本	自由人
社会	自发社会	社会团结	无阶级社会
国家	守夜人国家	福利国家	自由人的联合

当然，还可以从政治客体方面来对各种政治意识形态做一个横向的比较，如表 0-4 所示。

表 0-4　三种重要政治意识形态的客体观念比较[②]

	自由主义	保守主义	民主社会主义
经济	自由市场	自由放任	混合经济
政治	宪政民主	精英民主	经济民主
文化	多元文化	传统道德	宽容和谐

如果将意识形态的基本维度做一个比较全面的区分，可以将自由主义、保守主义、民主社会主义三大政治意识形态的区别归结如表 0-5 所示。

[①]　此处的基本差异是宏观的，在某些具体项目上，这种概括是粗枝大叶的。此表格只是一种示意性的表格，以表明政治意识形态在主体观念上的差异。

[②]　此处的基本差异是宏观的，在某些具体项目上，这种概括是粗枝大叶的。此表格只是一种示意性的表格，以表明政治意识形态在客体观念上的差异。

表 0-5　三种重要政治意识形态的基本差异①

	自由主义	保守主义	民主社会主义
个人观	个人主义	传统主义	集体主义
国家观	中国家	弱国家	强国家
发展观	进步主义	渐进主义	改革主义
自由观	积极	消极	最积极
民主观	宪政民主	精英民主	参与民主
职能观	自由放任	强自由放任	国家干预
税收观	中税	低税	高税
方法论	理性主义	非理性主义	理性主义

毫无疑问，这些差别都是一种粗略的划分，只是用于一般性地把握各种政治思潮的基本主张，在实际的运用中，必须对一些政治思潮的具体主张做更为明确而细致的分析。这种区分是有一定意义的。既然政治思潮是围绕着一定的维度展开，那么，不同的政治思潮就会对相同的思想主题提出自己的理论和主张。在这些相同的主题上，有些主张是激进的，有些主张是保守的，有些则表现出中庸的色彩。在同一时间断面上根据这些政治思潮的不同，进行一些粗略的排列，从而形成政治思潮的谱系，有助于我们认识政治思潮。

二、观念体系

从基本观点的谱系来看，在个性和共性之间，各种政治思潮会划分出不同的谱系。最强调个体的是无政府主义，古典自由主义也强调个体的自由、反对国家干预，但新自由主义则转向国家干预，对个性的强调变弱。畸形地追求共性的政治思潮，如极权主义甚至直接宣称个人与国家是一体的，主张个体对国家的无条件服从。从观点的激进程度上看，各种政治思潮也会形成一个"光谱"。最激进的新左翼激进主义，包括西方马克思主义、后现代主义在内的政治思潮都试图超越时代。折中的是自由主义，追求与时代合拍，随着时代的发

---

① 此处的基本差异是宏观的，在某些具体项目上，这种概括是粗枝大叶的。此表格只是一种示意性的表格，以表明政治意识形态在政治观点、政治主张和基本方法上的差异。

展而发展。最保守的当属保守主义，它总是从历史和传统的角度出发反对过于激进、割裂传统的政治主张。

对政治思潮的分布进行测量，是政治思潮研究的一个重要内容。人们将政治思潮从左至右的这种分布形象地称为政治思潮的"光谱"。对政治思潮的比较一般是从政治态度的积极与消极出发，将政治思潮按照左、中、右的渐进层次进行分类。左与右的划分最早见于法国大革命，当时人们为了表明自己的立场分别坐在议会的左边和右边。这种划分方法比较鲜明地表明了人们的立场。把左派和右派的分类细化，可以形成一个从激进左派、左派、中间派、右派到激进右派的光谱，这代表了政治思潮的连续性。一般来讲，这个光谱的不同位置都代表了一部分人群，但总的来讲，居中位置代表的人群比较多。其基本分布如图 0-4 所示。

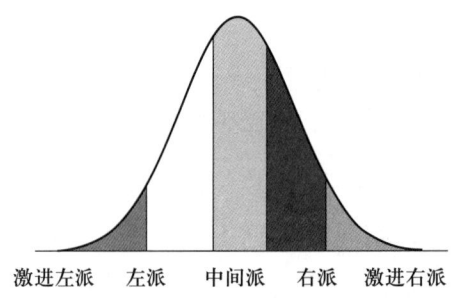

激进左派　左派　中间派　右派　激进右派

图 0-4　政治思潮的政治光谱

这也适用于自由派和保守派的区别。一般认为自由派偏左，而保守派偏右。人们可能在某些问题上趋向于两极分化，或是一边倒，但意识形态在一个稳定的民主社会中一般都会呈现中间倾向，即极左和极右势力总是某一社会的少数，多数公民倾向于在自由派和保守派之间保持一种持中的倾向，由两极向中间逐渐增加，呈现出中间大、两头小的特点，这就是一种"钟形社会"。相对来讲，这样的结构容易保持一个社会的稳定也近似地反映了各种政治意识形态在政治态度上的积极性，进而在各种各样的政治观念和政治制度上，能够比较清楚地呈现其区别和联系。当然，对意识形态的这种划分也存在着过分简化，而带来混乱的问题。[1]

从政治价值的角度来看，我们亦可以用以上这种光谱学的分析视角来给政

---

[1]　王乐理：《政治文化导论》，中国人民大学出版社 2000 年版，第 182 页。

治意识形态做一个系统的区分。比如，在自由、平等、秩序之间，政府存在着自由与平等、自由与秩序的双重困境，如何在这些价值之间作出选择实际上直接决定着政府在一些具体问题上的政策，因此，这些价值既是理论的选择，也有着深刻的实践影响。我们可以根据不同的价值组合对各种政治思潮进行谱系学的分析，如图 0-5 所示。

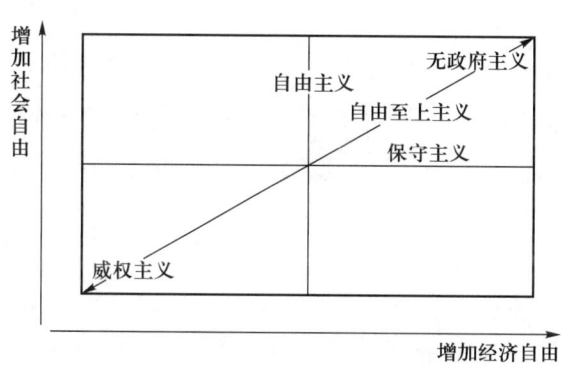

图 0-5　以两种自由区别的政治思潮谱系

如果从经济自由和社会自由这两个维度衡量各种政治思潮，我们就可以更好地把握政治思潮的一些基本特性。威权主义更强调国家的干预和控制，而无政府主义则把对社会自由和经济自由的追求发挥到了极致。这两种政治思潮都带有极端化的倾向。与威权主义干预经济自由和社会自由相比，无政府主义则强调绝对的经济自由和社会自由。在这两种极端的政治思潮之间，分别分布着自由主义、中间主义、保守主义和自由至上主义等政治思潮。相比来看，自由至上主义和保守主义更强调经济自由，反对政府干预，而自由主义，尤其是新自由主义则更强调社会自由。实际上，还可以用不同的维度对各种政治思潮的特征进行谱系学的分析，这主要取决于研究的需要。

三、政治主张

作为一种意识形态，政治思潮的观念体系必然会包括理论基础和政治主张。从价值层面考察，人们通常是在理论基础上形成政治主张，但在现实政治当中，确实存在着为了推行某一政治主张而反过来论证某种理论的情况。意识形态的内在一致性要求理论基础和政治主张之间存在逻辑关系。比如，在理论基础上论证自由放任，那在政治主张上必然是强调自由贸易、减少政府干预、减少税收等。

　　不同的人会有不同的政治主张；不同的政治主张也会得到不同的人的支持。在这些行为背后，既有利益方面的影响，也有价值方面的因素。在涉及税收、住房、医疗、教育、社会保障、民生福利等社会生活的多个方面，政治和政策都会受到价值观的影响。其中，意识形态代表了价值和观念的体系，对公共政策会产生非常大的影响，对社会生活发挥着重要的作用。因此，对这些政治主张进行价值分析是意识形态研究的重要内容。这可以从国际社会公平项目（International Social Justice Project）的一项合作研究中得到相关的印证。由于长期受到不同意识形态的影响，不同国家的公民对"政府有责任对收入进行再分配"这一说法有不同的态度。如图 0-6 所示。

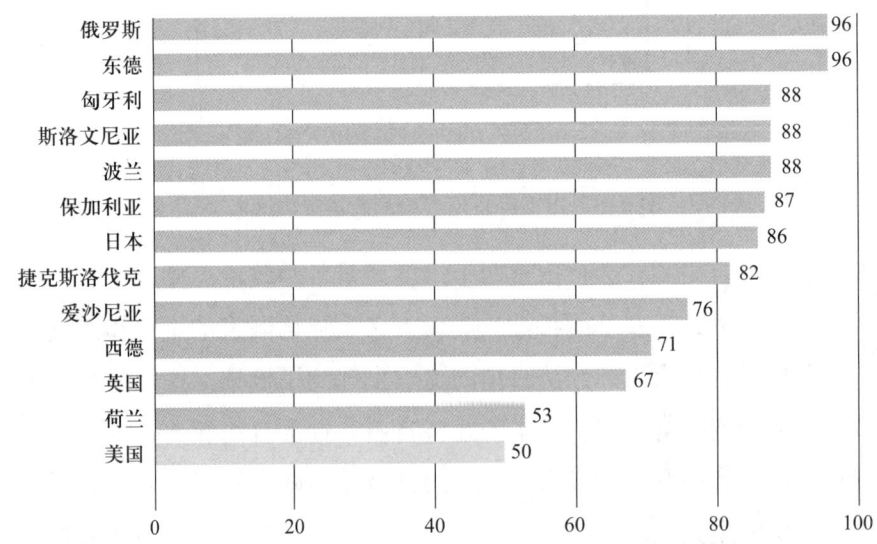

图 0-6　同意"政府有责任对收入进行再分配"的公民的百分比①

　　受社会主义意识形态的影响，原社会主义阵营国家的公民一般倾向于强调政府在调整经济中的作用；相比来讲，英、美等受自由主义意识形态影响较大的国家的公民则对政府有责任进行收入再分配的认可度较低。不同的政治价值观会直接影响到人们的政治主张，我们也可以从不同的政治主张来判断其所属的意识形态谱系。相关分析的简略示意图如图 0-7 所示。

　　我们看到，对政府规模的不同看法与不同的意识形态是联系在一起的。从

①　Source：International Social Justice Project，A collaborative International Research Effort. Kenneth Janda，Jeffrey M. Berry and Jerry Goldman，*The Challenge of Democracy*，Boston：Houghton Mifflin Company，2002，p. 143.

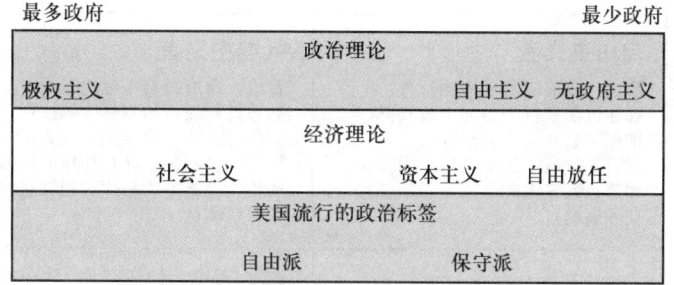

图 0-7　政府规模与意识形态的分布①

政治理论的倾向性来看，极权主义更强调国家对经济和社会生活的干预，因此主张强政府；而自由至上主义者则强调社会的自主性，反对国家和政府对社会进行过多的干预，主张弱政府；无政府主义则将这种倾向发挥至极致，主张最小的政府，甚至是取消政府。从经济理论的倾向性来看，社会主义一般会强调国家对经济和社会生活的干预。资本主义天生就有自由主义的倾向，更多强调市场规律的自发作用，强调以资本为中心形成社会秩序；这种倾向会发展成为经济领域的自由放任，即强调管得越少的政府是越好的政府。那些主张政府干预的政治思潮，在美国常常被称为自由派，而主张自由放任、政府少干预的，常常被称为保守派。

任何一种思想形态，如果只停留于思想形态，而没有提出政治主张，那它就不是一种真正意义上的政治思潮。思想理论和政治主张经常表现出逻辑上的一致性。比如，在思想理论上论证自由放任的，在政治主张上则强调弱国家。因此，我们可以就政治思潮的思想理论与政治主张之间做一个关联，通过其思想理论体系来推断其政治主张。肯尼斯·詹达的研究就为我们提供了这样一个排列，如图 0-8 所示。

在这样一个二维图中，自由与秩序的困境被称为"原始困境"，这是人类结成社会时必然要面对的困境。事实上，国家的产生就是为了缓和冲突，把冲突保持在秩序的范围内。另一对价值即自由与平等的冲突被称为"现代困境"。这两个困境从不同的方向上区分了各种政治思潮，成为不同政治思潮的分水

---

① Kenneth Janda, Jeffrey Berry and Jerry Goldman, *The Challenge of Democracy*, Boston: Houghton Mifflin Company, 2002, p. 21.

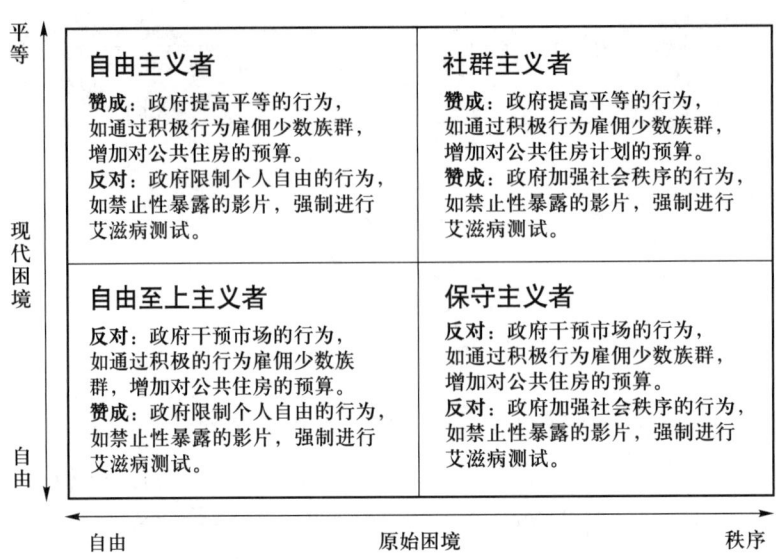

图 0-8　政治思潮在自由、秩序与平等三个维度之间的分布①

岭。由此可以看到，政治思潮的两个维度是紧密联系在一起的，其基本逻辑如图 0-9 所示。

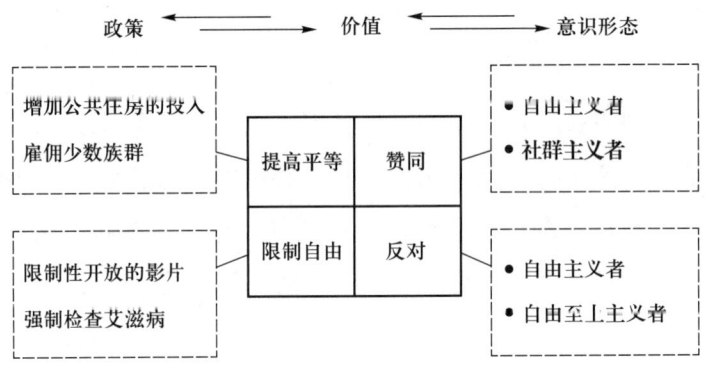

图 0-9　意识形态—价值—政策互动模型②

　　不同的政策体现了不同的价值取向，这种政策和价值取向共同影响着政治思潮的谱系分布。反过来，不同的政治思潮又会支持不同的价值观念，而不同的价值观念又是不同政策的根源。由此，我们可以对不同的政治思潮进行比较

①　Kenneth Janda, Jeffrey Berry and Jerry Goldman, *The Challenge of Democracy*, Boston：Houghton Mifflin Company, 2002, p. 26.

②　Kenneth Janda, Jeffrey Berry and Jerry Goldman, *The Challenge of Democracy*, Boston：Houghton Mifflin Company, 2002, p. 26.

分析，从而发现其基本倾向。这里的逻辑是，各种政治思潮常常会被具体化为某种现实政策，而不同的现实政策蕴含的正是各种政治思潮在基本观点、基本主张和基本方法上的差别。因此，人们可以反过来根据人们是否支持这些具体的政策、观点来判断其所属的政治思潮。

第四节　课程学习的意义与原则

"当代西方政治思潮"是高校政治学类专业的必修课。学习当代西方政治思潮，对于拓展和丰富政治知识，提升意识形态研判的能力，形成正确的政治观念，做好意识形态工作等有着重要的意义。同时，学习当代西方政治思潮，应运用马克思主义的立场、观点和方法，坚持辩证唯物主义、历史唯物主义，具体分析社会存在与阶级状况，来加深对政治思潮的认识，更要始终坚持马克思主义的指导和中国共产党的领导，自觉抵制西方资本主义政治思潮的侵蚀。

一、学习意义

"当代西方政治思潮"对于我们学习当代西方政治思潮的历史源流、思想基础、政治倾向、政策主张，进而开阔视野，提高分析评判能力有着重要的意义。尤其是，运用马克思主义的立场、观点和方法来学习"当代西方政治思潮"，有利于我们树立正确的政治观，自觉辨识和评析各种政治思潮，坚持马克思主义在意识形态中的指导地位，坚持中国共产党对意识形态工作的领导权。

第一，学习"当代西方政治思潮"有利于拓展和丰富政治知识。当代西方政治思潮是在历史上产生，并对当代西方政治实践有着重要影响的政治观念体系。这些思潮，不仅有着发生、发展的历史过程，而且在明确的思想基础上形成了政治倾向和政策主张，体现了人们对政治的理解，形成了系统的知识体系。所以，学习"当代西方政治思潮"，有利于增进我们对这些知识的学习和认识，开阔视野。

第二，学习"当代西方政治思潮"有利于提升意识形态研判的能力。对当代西方政治思潮的学习，不仅能拓展和丰富政治知识，还有助于全面提升我们的能力，尤其是对各种意识形态的甄别、研判、评析的能力。政治思潮是指在特定历史条件下形成的，具有共同思想基础、政治主张，并对政治实践产生重大影响的观念体系。这一体系有着内在的逻辑一致性，理解并把握这种内在的一致性就可以对意识形态作出更加深入和准确的研判，如从思想基础理解其政治诉求和政策主张，分析其政治行为。

第三，学习"当代西方政治思潮"有利于形成正确的政治观念。正确的政治观念是不断学习、不断实践的结果。在辩证唯物主义、历史唯物主义的指导下学习"当代西方政治思潮"，不仅有助于开阔知识视野，培养思维方式，更有利于形成正确的政治观念。对西方的政治思潮没有了解，不能形成完整的知识体系；没有准确的研判能力，只能导致封闭、僵化和保守，不利于形成正确的政治观念。运用马克思主义的立场、观点和方法学习和研究当代西方政治思潮，有利于大学生形成更为理性、开放的政治观念。

第四，学习"当代西方政治思潮"有利于做好意识形态工作。意识形态工作是中国共产党最重要的工作之一。随着改革开放的全面深化，当代西方政治思潮已经涌入我国并对我国的意识形态和意识形态工作产生了冲击。躲避这种冲击，或是无视这种冲击，都不是正确的选择，反而会给意识形态工作带来消极和负面的影响。从这个意义上讲，学习"当代西方政治思潮"，不仅有利于我们学习知识，提升能力，形成正确的政治观念，还有利于我们做好意识形态的研判，因势利导，加强中国共产党对意识形态工作的领导，坚持马克思主义在意识形态领域的指导地位。

二、学习原则

"当代西方政治思潮"课程的学习与研究，必须坚持以马克思主义为指导，用马克思主义的立场、观点、方法来正确认识当代西方政治思潮，尤其是马克思主义的辩证唯物主义和历史唯物主义，是学习当代西方政治思潮的根本方法论。对于当代西方政治思潮，我们必须有清醒的认识。"有的人奉西方理论、西方话语为金科玉律，不知不觉成了西方资本主义意识形态的吹鼓手。"[①] 这不是对待西方政治思潮的正确态度。对待西方政治思潮的正确态度是运用马克思主义的立场观点和方法，从经济基础认识意识形态，从阶级状况认识意识形态，坚持和巩固马克思主义在意识形态领域的指导地位，坚持中国共产党对意识形态工

---

① 《习近平谈治国理政》第 2 卷，外文出版社 2017 年版，第 327 页。

作的领导，自觉抵制西方资本主义意识形态的侵蚀。

（一）从经济基础认识意识形态

通过对人类社会发展史的考察，马克思主义发现了人类社会发展的规律，那就是经济基础决定上层建筑，上层建筑对经济基础具有反作用。意识形态作为人类社会上层建筑的重要组成部分，受到经济基础的影响，是经济基础的反映。因此，人们的意识形态归根到底是由人们的物质生活条件决定的。正是在这些物质生活条件的影响下，意识形态呈现出不同的样子，人们在发展着自己的物质生产和物质交往的同时，也改变着自己的思维和思维的产物。

受经济基础的影响，意识形态在人类社会的不同历史时期有不同的表现形式，这主要是建立在不同历史时期人们所处的生产方式和生活方式的基础之上的。西方古代有古代的意识形态，政治建立在道德的基础上；中世纪有中世纪的意识形态，那就是以宗教和神学为基础的意识形态。近代以来，资产阶级就是要打破这种意识形态，形成资本主义的意识形态。

意识形态建立在经济基础之上，但意识形态一旦形成，也会表现出自己的独立性。马克思主义认为，"国家一旦成了对社会来说是独立的力量，马上就产生了另外的意识形态"[①]。在职业政治家那里，这种意识形态同经济事实的联系就会消失。在现实政治当中，意识形态常常被"意识形态家及其理论"颠倒，就是因为这些意识形态家持唯心主义的观念论，不能从经济基础和社会意识形态的基本关系出发，准确地看待意识形态。马克思主义经典作家对于意识形态受各种因素影响之后出现的"颠倒"，都主张"应该消除"。"任何科学的意识形态（例如不同于宗教的意识形态）都和客观真理、绝对自然相符合，这是无条件的。"[②]

意识形态一旦形成，会直接影响到现有的观念，"决定文化前进方向和发展道路"[③]，意识形态甚至会直接影响到人们的行为方式。意识形态会影响到人们的认识和行为，这体现出意识形态的整合作用和指导作用。中世纪形成了以宗教和神学为基础的意识形态，把意识形态的其他形式都合并到神学中来，使得"当时任何社会运动和政治运动都不得不采取神学的形式"[④]。而到了 18 世

[①] 《马克思恩格斯选集》第 4 卷，人民出版社 2012 年版，第 260 页。
[②] 《列宁选集》第 2 卷，人民出版社 2012 年版，第 96 页。
[③] 《习近平谈治国理政》第 3 卷，外文出版社 2020 年版，第 32 页。
[④] 《马克思恩格斯选集》第 4 卷，人民出版社 2012 年版，第 262 页。

纪,资产阶级则强大到"足以建立他们自己的、同他们的阶级地位相适应的意识形态",并进行了"伟大而彻底"的法国大革命。①

意识形态是在长期的历史发展过程中形成的,与一个国家的经济基础、上层建筑、历史传统、政治实践等各个方面都有着密切而深入的联系。尽管意识形态也属于上层建筑,但是,意识形态与其他上层建筑不同,是"不能用武力解决,而是要经过长期的改造"② 的。意识形态和价值观念受一个国家的国情和社会制度等各个方面的影响而出现不同的形态,也与一个国家的经济基础相适应。在这种情况下,将那些与其国情和社会制度不相符的意识形态、价值观念强加于别国是不对的,容易造成各种冲突。正是从这个意义上看,"我们不把自己的社会制度和意识形态强加于人,也决不允许别国把他们的社会制度和意识形态强加于我们"③。

(二) 从阶级状况认识意识形态

意识形态与阶级状况密切相关,有着非常强的阶级属性。首先,不同的阶级会有不同的意识形态。受生活条件的影响,那些被剥削的劳动群众"必然会产生民主主义的和社会主义的意识形态"。"在金融资本的基础上生长起来的非经济的上层建筑,即金融资本的政策和意识形态",其结果是加强夺取殖民地的趋向。④ 其次,意识形态的斗争反映了阶级斗争。马克思主义认为,一切历史上的斗争,包括意识形态领域的斗争,都或多或少地表现了阶级斗争,而阶级斗争又为生产力和生产方式等所制约。⑤ 甚至是哲学意义上的党派斗争,归根到底也是表现着现实社会中的阶级立场和意识形态。最后,也是最重要的,一种意识形态,一旦成为统治阶级的意识形态,统治阶级就会越来越把它当作使下层阶级就范的统治手段。

统治阶级的意识形态在一个社会的意识形态当中占据统治地位。"任何一个社会的意识形态领域,总是由那个社会的统治阶级的思想占统治地位的。任何一个国家的统治阶级,为了巩固其政治统治,都要维护和发展自己占统治地位的意识形态。这是一条普遍的社会规律。"⑥ 例如,在资本主义国家,"资产

---

① 《马克思恩格斯选集》第 4 卷,人民出版社 2012 年版,第 242 页。
② 《毛泽东文集》第 8 卷,人民出版社 1999 年版,第 97 页。
③ 《江泽民文选》第 2 卷,人民出版社 2006 年版,第 40 页。
④ 《列宁选集》第 2 卷,人民出版社 2012 年版,第 336、647 页。
⑤ 《马克思恩格斯选集》第 1 卷,人民出版社 2012 年版,第 667 页。
⑥ 《江泽民文选》第 3 卷,人民出版社 2006 年版,第 228 页。

阶级为了维护自己的社会制度，为了缓和社会阶级矛盾，也很注意做意识形态领域的工作，很注意协调与工人阶级的关系。不然，他们就不能维护自己的统治，就不能维持资本主义社会的生产秩序，也不能获得利润"①。

（三）坚持和巩固马克思主义在意识形态领域的指导地位

坚持马克思主义，一项很重要的任务就是要坚持和巩固马克思主义在我国意识形态领域的指导地位。这是全党全国人民加强团结、始终沿着正确方向前进的思想保证。中国共产党自成立之日起，就把马克思主义作为指导自己思想的理论基础。新中国成立后，我党坚持在全体人民中进行马克思主义教育。经过长期努力，马克思主义已经成为全党全国人民团结前进的思想基础和精神支柱。"如果在意识形态领域不能巩固马克思主义的指导地位，东一个主义，西一个主义，在指导思想上搞多元化，搞得五花八门，最终必然由思想混乱导致社会政治动荡。"②

经过革命、建设和改革，中国共产党不仅取得了革命的胜利，建立起新中国，推进中华民族从站起来、富起来到强起来的伟大飞跃，还形成了既有传承，又有创新的理论体系，丰富和发展了马克思主义理论。由马克思列宁主义、毛泽东思想、邓小平理论、"三个代表"重要思想、科学发展观、习近平新时代中国特色社会主义思想等构成的马克思主义理论体系，在全党和全国居于指导地位，在意识形态领域居于指导地位，是做好意识形态工作的指南。

在中国特色社会主义建设的新时代，必须推进马克思主义中国化时代化大众化，建设具有强大凝聚力和引领力的社会主义意识形态，使全体人民在理想信念、价值理念、道德观念上紧紧团结在一起。③要巩固马克思主义在意识形态领域的指导地位，发展社会主义先进文化，加强社会主义精神文明建设，把社会主义核心价值观融入社会发展各方面，推动中华优秀传统文化创造性转化、创新性发展，不断提高人民思想觉悟、道德水平、文明素养，不断铸就中华文化新辉煌④。

（四）坚持中国共产党对意识形态工作的领导

坚持中国共产党对意识形态工作的领导，是坚持中国共产党的领导的题中

---

① 《江泽民文选》第 2 卷，人民出版社 2006 年版，第 98 页。
② 《江泽民文选》第 3 卷，人民出版社 2006 年版，第 228 页。
③ 《习近平谈治国理政》第 3 卷，外文出版社 2020 年版，第 32—33 页。
④ 习近平：《在纪念马克思诞辰 200 周年大会上的讲话》，人民出版社 2018 年版，第 20 页。

应有之义。中国共产党历来十分重视意识形态工作，意识形态工作是党的一项极端重要的工作。① 经验告诉我们，经济工作搞不好要出大问题，意识形态工作搞不好也要出大问题。

加强党在意识形态工作中的领导地位，加强马克思主义在意识形态领域的指导地位，是中国共产党意识形态工作的基本准则。中国共产党成立以来，执政七十多年，在党内和全社会为宣传马克思主义、树立社会主义理想信念做了大量工作，取得了很大的成绩。要从提高党的执政能力、巩固党的执政地位、完成党的执政使命的战略高度来谋划意识形态工作，加强和改进对意识形态工作的领导，提高做好新形势下意识形态工作能力，牢牢掌握意识形态工作的领导权和主动权。②

在中国特色社会主义建设的新时代，中国共产党确立和坚持马克思主义在意识形态领域指导地位的根本制度。尽管意识形态领域还存在不少挑战，但意识形态领域形势发生全局性、根本性转变。③ 新时代，我们更要牢牢掌握党对意识形态工作领导权，全面落实意识形态工作责任制，巩固壮大奋进新时代的主流思想舆论。④

（五）自觉抵制西方资本主义意识形态的侵蚀

意识形态工作既要加强主流意识形态的指导地位和作用，也要"在吸收和借鉴国外优秀文明成果的同时有效抵制资产阶级意识形态和各种腐朽思想文化的渗透"⑤。坚持和加强马克思主义在意识形态领域的指导地位，一个重要的内容就是在指导思想上绝不能搞多元化。事实上，西方国家就从来不允许马克思主义在他们的意识形态中居于指导地位。在这个大是大非问题上，我们必须清醒，切不可天真。⑥

坚决抵制社会上一些与马克思主义、社会主义相违背的思想言论，是意识形态工作的另一个重点。这类思想言论有各种各样的表现：有的公开鼓吹"全

---

① 《习近平谈治国理政》第 1 卷，外文出版社 2018 年版，第 153 页。
② 《胡锦涛文选》第 2 卷，人民出版社 2016 年版，第 528 页。
③ 习近平：《高举中国特色社会主义伟大旗帜　为全面建设社会主义现代化国家而团结奋斗——在中国共产党第二十次全国代表大会上的报告》，人民出版社 2022 年版，第 14、10 页。
④ 习近平：《高举中国特色社会主义伟大旗帜　为全面建设社会主义现代化国家而团结奋斗——在中国共产党第二十次全国代表大会上的报告》，人民出版社 2022 年版，第 43 页。
⑤ 《胡锦涛文选》第 1 卷，人民出版社 2016 年版，第 475 页。
⑥ 《江泽民文选》第 2 卷，人民出版社 2006 年版，第 564—565 页。

盘西化"，在政治上主张西方式的多党制和议会民主，在经济上主张私有化，在思想文化上主张取消马克思主义的指导地位，在价值观上主张极端个人主义；有的歪曲党和人民的奋斗历史，诋毁马克思主义，煽动对党和政府的不满；有的不负责任，生产格调低下、宣扬色情暴力、迷信颓废的影视作品和书刊；有的对改革开放持怀疑和否定的态度；等等。这些都需要我们高度警觉，坚决抵制。①

不让意识形态的争论妨碍国际关系，是中国共产党一以贯之的态度，也是处理国与国之间关系的原则。邓小平在提到改善中苏关系时明确提出，意识形态的争论不妨碍两国关系正常化。② 意识形态领域的斗争同国与国的关系既有联系又有区别。对于不同的意识形态，中国一直主张开放包容，不因意识形态差异或一时一事上的分歧影响两国关系长期稳定发展。那种坚持以意识形态划分世界、处理国家关系的思维和做法是落后的、危险的。世界是丰富多彩的，存在着各种不同的文化传统、意识形态、社会制度，强求一种模式是行不通的。③ 意识形态不同的国家完全可以在和平共处五项原则的基础上建立友好关系。我国不以社会制度和意识形态的异同来决定国家间关系的亲疏，同所有国家政治上相互尊重、对话协商，经济上相互促进、共同发展，文化上相互借鉴、共同繁荣，安全上相互信任、共同维护。意识形态、社会制度、发展模式的差异不应成为人类文明交流的障碍，更不能成为相互对抗的理由。④ 不仅在两国关系当中，就是在党际关系当中，也不应该输出意识形态、价值观念、社会制度、发展模式。

阅读文献

1. 马克思、恩格斯：《德意志意识形态》（节选本），人民出版社 2018 年版。

2. 恩格斯：《路德维希·费尔巴哈和德国古典哲学的终结》，人民出版社 2018 年版。

① 《江泽民文选》第 3 卷，人民出版社 2006 年版，第 88 页。
② 《邓小平文集（一九四九～一九七四年）》下卷，人民出版社 2014 年版，第 313 页。
③ 《江泽民文选》第 2 卷，人民出版社 2006 年版，第 155 页。
④ 《胡锦涛文选》第 2 卷，人民出版社 2016 年版，第 441 页。

3. 列宁：《帝国主义是资本主义的最高阶段》，人民出版社 2014 年版。

4. 毛泽东：《读苏联〈政治经济学教科书〉的谈话（节选）》，载《毛泽东文集》第 8 卷，人民出版社 1999 年版，第 103—148 页。

5.《习近平谈治国理政》（第 1 卷）第六章，外文出版社 2018 年版，第 153—186 页。

6.《习近平谈治国理政》（第 2 卷）第九章，外文出版社 2017 年版，第 313—357 页。

7.《习近平谈治国理政》（第 3 卷）第十一章，外文出版社 2020 年版，第 305—338 页。

8.《习近平谈治国理政》（第 4 卷）第十二章，外文出版社 2022 年版，第 309—328 页。

9. 王沪宁主编：《政治的逻辑——马克思主义政治学原理》，上海人民出版社 2016 年版。

10.［美］丹尼尔·贝尔：《意识形态的终结：50 年代政治观念衰微之考察》，张国清译，江苏人民出版社 2001 年版。

11. Barbara Goodwin, Using Political Ideas, New York：John Wiley & Sons Ltd.，1982.

思考题

1. 简要分析政治思潮的内涵。

2. 西方政治思潮经历了哪些发展阶段，表现出哪些特征？

3. 如何理解政治思潮的要素与结构？

4. 学习"当代西方政治思潮"有什么意义？

5. 学习"当代西方政治思潮"应该遵循哪些原则？

第一章 自由主义

自由主义（liberalism），是以自由为基本价值取向的政治思潮。自由主义与资本主义相伴而生，是历史悠久的传统政治思潮。不仅如此，自由主义还是当代西方政治思潮中最有影响力的思潮，长期占据主流地位。伴随着资本主义的产生，自由主义得以兴起；资本主义发展，自由主义也得到了发展，当代西方形成了新自由主义、新保守自由主义主导的多元发展局面。在消极自由与积极自由的基础上，在个人观、权利观、平等观、民主观等多个方面，形成了以伯林、罗尔斯、德沃金、达尔等人为代表的新自由主义，以及以哈耶克、萨托利、诺齐克等人为代表的新保守自由主义，两派针锋相对，提出了不同的理论体系和政治主张。我们也应该看到自由主义的问题所在，运用马克思主义的立场、观点和方法来分析自由主义的基本理论和政治主张。

第一节 自由主义的源流

资产阶级革命胜利后，西方国家普遍形成了资本主义生产方式。与之相适应，自由主义应运而生。一般来讲，资本主义的发展经历了革命时期、改革时期和当代的多元时期。与西方资本主义发展的各个阶段相适应，自由主义发展经历了三个重要的发展阶段，即革命时期自由放任的古典自由主义（classical liberalism）、改革时期国家干预的新自由主义（new liberalism）以及战后以新自由主义与新保守自由主义（neo-liberalism）主导的多元发展的自由主义。甚至有学者认为，自由主义诞生的那一天，就被认为是支撑了西方文明的意识形态力量。[①] 其时间对应关系大体如表 1-1 所示。

表 1-1　自由主义发展的基本阶段

时间	时期	自由主义特征
18—19 世纪	革命时期	古典自由主义

---

① Rachel S. Turner, *Neo-Liberal Ideology*: *History*, *Concepts*, *and Policies*, Edinburgh：Edinburgh University Press, 2008, p. 1.

续表

时间	时期	自由主义特征
19 世纪末 20 世纪初	改革时期	新自由主义
1945 年二战以后	当代	多元发展

具体来讲，资产阶级革命时期形成的古典自由主义，表现为英国的自由主义、法国的自由主义、美国的自由主义和德国的自由主义等不同模式。革命之后的西方进入改革时代，资本主义也由自由资本主义时期发展到垄断资本主义时期，自由主义放弃了自由放任政策，转而主张国家干预，形成了新自由主义。第二次世界大战后，当代西方的自由主义呈现出多元发展的局面，主要表现为三种形态。一是沿着新自由主义的方向继续发展，产生了罗尔斯、德沃金、达尔等一批新自由主义政治思想家；二是向古典自由主义回归，形成了以哈耶克、诺齐克和萨托利等人为代表的新保守自由主义。除此之外，自由主义在民族主义、女权主义、文化多元主义、社群主义等诸种政治思潮的冲击下，形成了多种形态的复合，表现出多元发展的态势。

美国学者雷切·特纳按照内部各流派及时间线索，对自由主义的发展做了一个全面的梳理。将自由主义内部区分为古典自由主义（classical liberalism）、功利主义（utilitarianism）、新自由主义（new liberalism）、德式自由主义（liberalismus）、洛克式自由主义（lockean liberalism）、自由进步主义（liberal progressivism）、新保守自由主义（neo-liberalism），其学派分类、流行国家、时间、代表人物和代表观点的整理如表1-2[①]所示。

表1-2   自由主义的流派

学派	国家	时间	代表人物	代表观点
古典自由主义 （Classical liberalism）	英国 美国	18 世纪 60 年代至 19 世纪 80 年代	亚当·斯密 大卫·李嘉图 纳索·西尼尔	自由市场 最小国家 自然自由
功利主义 （utilitarianism）	英国	19 世纪 20 年代至 60 年代	杰里米·边沁 詹姆斯·密尔 约翰·密尔	个人主义 民主 社会自由

---

① 表格来源于 Rachel S. Turner, *Neo-Liberal Ideology：History，Concepts，and Policies*, Edinburgh：Edinburgh University Press, 2008, p. 8.

续表

学派	国家	时间	代表人物	代表观点
新自由主义 （new liberalism）	英国	19 世纪 90 年代至 20 世纪 40 年代	J. A. 霍布森 L. T. 霍布豪斯 托马斯·格林 威廉·贝伏里奇	个人主义 共同善 社会责任
德式自由主义 （liberalismus）	德国	18 世纪 70 年代至 19 世纪 70 年代	伊曼努尔·康德 G. W. F. 黑格尔 海因里希·特雷奇克 威廉·洪堡	法治国 个体个性 法律与理性
洛克式自由主义 （lockean liberalism）	美国	18 世纪 70 年代至 19 世纪初	托马斯·潘恩 托马斯·杰斐逊 约翰·亚当斯	自由 民主 宪政
自由进步主义 （liberal progressivism）	美国	20 世纪 30 年代至 50 年代	富兰克林·罗斯福 林登·约翰逊 约翰·杜威	社会自觉 理性 自我发展
新保守自由主义 （neo-liberalism）	英国 美国 德国	20 世纪 30 年代至 90 年代	F. A. 哈耶克 冯·米塞斯 米尔顿·弗里德曼 威尔海姆·罗波克 詹姆斯·布坎南	市场秩序 企业家精神 法治 私有财产 最小化社会

本书的重点是剖析当代西方的自由主义，时间上主要是 1945 年二战胜利以后。当代西方自由主义与革命时期、改革时期的自由主义有着千丝万缕的联系。为了厘清自由主义的发展线索，尤其是自由主义受社会存在的影响，在历史演进中不断发展的过程，本书在自由主义源流部分加入了革命和改革时期自由主义的发展状况，以便对自由主义有一个更全面的了解。

一、资产阶级革命时期自由主义的兴起

人的重新发现和民族国家的兴起为西方政治学提供了权利和权力的话语体系，也为自由主义的观念体系提供了基本分析框架。文艺复兴重新发现人，把人从中世纪的神学思想中解放出来，为自由主义权利观念的形成奠定了基础。随着宗教改革、启蒙运动等一系列运动的展开，近代自由主义在权力和权利的

理论和话语体系中不断走向成熟，并对实践产生了重要影响。马基雅维利、布丹、霍布斯、洛克、孟德斯鸠、卢梭等一大批政治思想家从不同的角度出发，在资产阶级革命时期论证了权力和权利的理论，为自由主义政治思潮的早期发展奠定了基础。在资产阶级革命的过程中，自由主义为革命进行了理论论证，并因为资产阶级革命的不同形成了不同的样式。

在英国资产阶级革命基础上形成的洛克传统以及在法国大革命基础上形成的卢梭传统对自由主义产生了重要影响。资产阶级革命时期形成的自然法、契约论为自由主义提供了重要的理论基础。尤其是在光荣革命的基础上，洛克将人的自然权利发展为生命、自由和财产，并阐释了法治和分权理论，主张建立议会主权的君主立宪政体，为英国自由主义的兴起作出了开创性的贡献，也奠定了自由主义的洛克传统。在经济领域，以亚当·斯密、大卫·李嘉图为代表的英国古典政治经济学在反对封建制度和重商主义的基础上，主张经济自由，为资本主义的生产方式做论证，并为自由放任和自由贸易做了经济学的论证。与英国强调个人、突出自由与宪政的洛克传统不同，法国大革命则造就了卢梭传统，从共同体的角度出发，突出国家权力，强调古代人的自由。

洛克传统以霍布斯为开端，以洛克为集大成者，直接影响了英美自由主义。洛克传统主张个人的独立性和对个人权利的保护，更强调不受侵犯的消极自由，最终形成了丰富的个人权利理论。在权力方面，洛克传统更重视对权力进行限制以保护个人自由不受侵犯，提出了法治、分权等理论，在制度设计上更重视宪政。卢梭传统则以哈林顿为开端，以卢梭为典型代表，主要包括欧洲大陆的一些自由主义者。相比之下，卢梭传统主张公民权对于个人的重要性，更强调自我实现的积极自由。在权力方面，卢梭传统则更注重发挥国家权力的作用，在人民主权的基础上，注重通过民主制度实现公民权利。这两个传统深刻地影响了当代西方的自由主义，这不仅体现在主题的确定上，还体现在价值的选择上。罗尔斯深刻地指出了两个传统的重大差异："与洛克相联系的传统更强调贡斯当所讲的'现代人的自由'，如思想自由和良心自由、某些基本的个人权利和财产权利、法律规则；而与卢梭相联系的传统则更强调贡斯当所讲的'古代人的自由'，如平等的政治自由和公共生活的价值。"① 自由主义两个传统的比较见表1-3。

① ［美］约翰·罗尔斯：《政治自由主义》，万俊人译，译林出版社2000年版，第4页。

表 1-3 自由主义的两个传统

两个传统	两种自由	两个方向	两个主体	两种制度	权力观念
洛克传统	现代人自由	个人权利	个人	宪政	消极限制权力
卢梭传统	古代人自由	国家权力	共同体	民主	积极行使权力

除了上面讲到的英法自由主义者以外，这一时期的自由主义者还包括美国独立战争时期的一些思想家，包括托马斯·潘恩、托马斯·杰斐逊、约翰·亚当斯等民主派代表，也包括詹姆斯·麦迪逊、亚历山大·汉密尔顿、华盛顿等宪政派代表。其他西方国家，如德国，也形成了适合本国国情的自由主义，出现了康德、黑格尔、威廉·洪堡、海因里希·特雷奇克等一批自由主义政治思想家，他们更偏重法律与理性，主张法治，对当代西方自由主义的发展也产生了深远的影响。

二、资本主义改革时期自由主义的转型

19 世纪末 20 世纪初，英、美、法、德等发达资本主义国家相继完成了从自由向垄断的转变，大多在革命之后进行了改革，进入了改革时代。[①] 在国内，垄断资产阶级利用对市场的控制，大肆攫取超额利润，社会财富日益集中在少数垄断寡头手中。在国外，资本主义对国际市场的依赖程度日益加深，西方国家之间争夺原料产地、商品倾销地的冲突也在不断加剧，第一次世界大战更是将帝国主义之间的斗争彻底暴露出来。

随着国内国际形势的变化，古典自由主义显然无法应对日益严重的经济危机和社会问题。资产阶级越来越重视国家的作用：一方面，国家需要对内缓和阶级和社会矛盾，维持秩序；另一方面，国家还需要对外保护本国生产和贸易，在国际上为本国企业争取利益。这就使得国家不能再满足于以往"守夜人"的角色，而是要积极地发挥作用，干预经济和社会发展。正是在这样的背景下，古典自由主义开始转向新自由主义。先是在英国出现了以托马斯·格林为先驱的英国新自由主义，后是在美国出现了以杜威为代表的美国新自由主义，同时在欧洲其他国家也出现了类似的政治思潮。

---

① 英国在资产阶级革命后，在众多西方国家中率先改革。在美国历史上，也有所谓的改革时代。差不多相同的时间里，欧洲大陆也经历了大众时代。这里的改革时期，大体上相当于资本主义由自由走向垄断、进行改革的时代。

当时英国的资本主义最发达，新自由主义的转变也最早。工业革命使英国在 19 世纪进入自由资本主义的鼎盛时期，自由主义也成为在 19 世纪的英国占主导地位的政治思潮。其中，边沁的功利思想与政府理论、约翰·密尔的自由思想和代议制理论、斯宾塞的同等自由和有机体论都体现了当时英国自由主义的特征，既有古典自由主义，也开始出现新自由主义的一些元素。如果说在密尔等人那里，人们还只是看到新自由主义的苗头的话，那么，以格林为代表的牛津唯心主义学派则通过借鉴康德以后的哲学、批判洛克的哲学而使这一苗头更加清晰。19 世纪 70 年代末 80 年代初，格林首先以道德学说为基础向古典自由主义发难，从积极自由的角度主张更大限度地发挥国家在社会政治生活中的作用。以格林的学生和追随者为主体的一批新自由主义者，其中包括牛津大学的教授、校友和学者，将格林奉为思想领袖，形成了阵容庞大、建树颇丰的新自由主义流派。除前文述及的几位外，这一流派还包括了博赞克特以及欧内斯特·巴克等人在内的一批政治思想家。

新自由主义在美国的进步主义时期和改革时代也得到了发展，出现了沃尔特·韦尔、赫伯特·克罗利、约翰·杜威等一批新自由主义者。韦尔是美国新自由主义的先驱之一，最早出来批评美国的个人主义与古典自由主义，重视国家的作用，呼唤民主制度。克罗利是美国进步时代的另一位典型的新自由主义者。他强调个人与社会的融合，主张扩大中央政府权力来保卫"国家的善"，建立一种"民主社会理想"。美国新自由主义的集大成者杜威则明确指出，早期的自由主义已经过时，必须把这一自由主义颠倒过来。杜威抛开了霍布斯-洛克的路线，强调斯宾诺莎-黑格尔的路线的重要性，试图用欧洲自由主义中对社会、国家重要性的认同来均衡英美自由主义重视个人的倾向。新个人观、新自由观与新民主观构成了杜威政治哲学的基本架构，成为美国新自由主义的坐标系。美国的新自由主义直接影响到了美国政治。1913—1921 年，美国总统伍德罗·威尔逊领导的"新自由"（New Freedom）运动，是美国新自由主义由理论变为实践的一次重要尝试。此外，在这方面最为典型的还是"罗斯福新政"（New Deal），其核心是复兴（Recovery）、救济（Relief）、改革（Reform）的"3R"计划，罗斯福提出的"四大自由"（包括言论自由、信仰自由、免于贫困及免于恐惧的自由）倡议被称为"第二权利法案"。

除了英美的新自由主义外，欧洲大陆各国的自由主义也提出了国家干预、大众民主等主张，并在政治生活中产生重要影响。在欧洲大陆，法国、意大利、西班牙出现了勒庞、莫斯卡、威尔弗雷多·帕雷托、罗伯特·米歇尔斯、奥尔特加等思想家站在保守的立场上抨击大众民主，主张精英政治，倡导自由民主。多数学者认为，这是保守主义的一部分，但也有人认为这是古典自由主义在新形势下的保守倾向。同时，这一时期欧洲大陆也出现了一批著名的自由主义思想家，如法国的贡斯当、托克维尔，意大利的拉吉罗、克罗齐，德国的韦伯、洪堡等人。他们的主张尽管各有不同，但是在很多方面都表现出与英美新自由主义的一致性。在权力方面，这些自由主义者更倾向于肯定权力的积极作用，倡导国家干预，尤其是通过国家干预提高社会福利；在权利方面，他们更相信大众民主，主张公民权利，倾向于积极自由。欧洲大陆的新自由主义为自由主义的发展作出了独特的贡献。比如，贡斯当对"古代人的自由"与"现代人的自由"的区分，开启了自由观念现代性的一个新时代，这一观念被伯林发扬光大，形成了积极自由与消极自由的体系，成为当代西方政治思潮的核心观念。

三、当代西方自由主义的分化

二战以后，在重建和科技革命的刺激下，西方国家的经济得到恢复和发展，自由主义也进入了一个新的发展阶段。大体上可以把自由主义在当代西方世界的发展分为三个阶段。第一个阶段是二战结束到 20 世纪七八十年代，新自由主义得到继续发展。这一时期，国家在经济社会发展中的重要性提高，权力不断扩张，政府职能也越来越膨胀，尤其是全球化使得国家在国际竞争中的重要性凸显。福利国家的兴起不仅推动了民主社会主义的兴盛，同时还推动了新自由主义的进一步发展。与此同时，在社会主义和资本主义两大阵营之间的斗争中，自由主义展开了对极权主义、乌托邦主义的反思和批判，形成了冷战自由主义。第二个阶段主要是 20 世纪七八十年代，新保守自由主义兴起。尽管新保守自由主义在二战后就存在，但只有这一时期才得到高度重视。这一时期，新保守自由主义在朝圣山学社（Mont Pelerin Society）的组织下得以复兴，声势浩大，影响深远。同时，原有的新自由主义也在思想上建树颇丰，与新保守自由主义形成了竞争的态势。第三个阶段是 20 世纪七八十年代后，不仅新自由主义和新保守自由主义继续发展，自由主义还与其他政治思潮交流、融合，形成了多元发展的态势。

（一）新自由主义继续发展

在资本主义由自由放任走向垄断之际，新自由主义首先在英美等国崛起，欧洲大陆也出现了一些具有代表性的新自由主义思想家，形成了改革时代的新自由主义。新自由主义逐渐发展成为西方社会的主流思潮，在二战后仍然保持着重要的影响力。新自由主义在一定程度上校正了传统自由主义过分重视洛克传统而批判卢梭传统的缺点，强调民主与公民权，在一定程度上恢复了积极自由应有的地位。

二战结束到 20 世纪七八十年代，是新自由主义继续发展的时期。二战后，西方国家在战后各种政策的刺激下，经济快速发展，"福利国家"大行其道。在欧洲，社会民主党执政和激进左翼运动的影响使得新自由主义的很多理念能够得以推行，尤其是"福利国家"的政策几乎成了战后欧洲各国的标配。偏左的民主社会主义走上前台，创造了欧洲战后的繁荣，公民福利大幅增加，同时刺激了新自由主义的发展进步。美国的情况与此大体相同，其战后政治实践大多带有明显的自由主义要素，更加注重从社会、国家的角度解决问题，继"罗斯福新政"后，杜鲁门政府的"公平施政"、肯尼迪政府的"新边疆"和约翰逊政府的"伟大社会"等新自由主义的政治主张得以推行，使得新自由主义也赢得了更多的信任。

当代西方新自由主义就个人、社会、自由、平等、正义等主题基本上形成了新个人、新自由、新平等、新民主等理论体系，并提出了相应的政治主张。比如，以罗尔斯为代表的对正义的讨论，以德沃金为代表的对平等的讨论，以达尔为代表的对民主的讨论等，将二战前就已经崭露头角的新自由主义发展到了一个新的高度。当代西方新自由主义的重要作品也大多发表在 20 世纪八九十年代，并与新保守自由主义展开了论战。具体到罗尔斯和诺齐克之间的争论，宽泛至自由主义与社群主义、多元文化主义的争论，都促进了新自由主义的发展。

（二）新保守自由主义的兴起

在新自由主义继续发展的同时，新保守自由主义也逐渐兴起。1947 年，哈耶克发起朝圣山学社是新保守自由主义兴起的一个标志。与新自由主义批评古典自由主义不同，新保守自由主义以复兴古典自由主义为主要特征，宣扬个人自由，强调市场经济，反对国家干预。以朝圣山学社为中心，迅速形成了一个新保守自由主义的派别。朝圣山学社以经济学家为主，除了以哈耶克为代表的奥地利学派以外，还包括以米尔顿·弗里德曼为代表的芝加哥学派、以詹姆斯·布坎南为代表的公共选择学派等。其中的哈耶克、弗里德曼、布坎南等核心成员先后获得过诺贝尔经济学奖，有着重要的影响力。同时，该学社还包括了各国的政要，西德前总理路德维格·艾哈德、意大利总统鲁伊奇·伊诺第、美国联邦储备委员会主席亚瑟·伯恩斯、美国国务卿乔治·舒尔茨、英国外交大臣杰弗里·豪等人。据称，罗纳德·里根1980年竞选顾问团的76位经济顾问中，有22位是朝圣山学社社员，足见其对美国保守派政策的影响。

尽管新保守自由主义的兴起是在二战后，但它却从20世纪七八十年代开始具有越来越重要的影响力。20世纪七八十年代，西方社会经济发展放缓，"福利国家"面临着税收减少、投入增加的双重压力，在全球遭遇困境。欧洲的社会民主党纷纷下台，包括撒切尔夫人、里根总统在内的保守派走上前台，推行自由放任政策，推行私有化、解放市场，同时大幅度削减原来的福利、削减税收，收到了一定的效果，新保守自由主义大行其道。比如，以哈耶克为代表的自由秩序论，以萨托利为代表的自由民主论，以诺齐克为代表的最弱意义国家理论，都与战后保守派上台，推行自由放任政策相关。

新保守自由主义的思想体系在基础上仍然是古典自由主义的，但却并不是古典自由主义的简单重复，而是一个否定之否定的过程。新保守自由主义仍然强调个人的独立和个人权利的不可侵犯，但是，这一理论体系和政治主张却是基于二战以后西方国家权力的大幅度扩张而提出来的，批评新自由主义扩大国家权力的冲动。哈耶克直接批评社会正义的幻象，认为社会正义会侵犯个人自由。新保守自由主义也主张平等，但它的平等与新自由主义主张的平等有着非常不同的内容。古典自由主义也主张自由市场，这与新保守自由主义一致。新保守自由主义主张的自由市场是国家职能的大幅度扩张后的自由市场，是在与凯恩斯主义论战之后的结果。一大批经济学家，如哈耶克、弗里德曼、布坎南等人运用更为精细复杂的经济学论证来为自由市场辩护。在自由和平等的选择当中，哈耶克明确地认为，为了自由，可以牺牲平等。从这种价值优先性的排序中，我们可以看出新保守自由主义的价值选择。在民主与法治的制度安排当中，这批新保守自由主义者仍然是毫不犹豫地选择了法治，并对民主的弊端大加批评。

新保守自由主义同时表现为"冷战自由主义"。二战结束后，国际格局根据意识形态的不同，逐渐形成了以美国为代表的资本主义阵营和以苏联为代表的社会主义阵营，在人类历史上第一次明确地以意识形态作为标准划定了国际政治格局。尤其是冷战开启之后，两种意识形态的竞争成为世界政治的重要内容。在冷战的过程中，一些自由主义者将矛头指向苏联的社会主义，形成了所谓的"冷战自由主义"，批评极权主义和所谓的"乌托邦主义"。哈耶克将苏联的社会主义称为"通往奴役之路"，波普则将集体主义称为"开放社会的敌人"，都是典型的例子。以汉娜·阿伦特、卡尔·波普等人为代表的对极权主义的批评也是其中典型的代表。冷战自由主义是美苏两个超级大国对垒的产物，对西方社会自身的影响力较弱。

新自由主义和新保守自由主义的并存与交锋，是这一时期西方自由主义政治思潮发展的基本格局。两种自由主义虽然同属一个家族，但其内部的争论之激烈使得自由主义明显地形成了二元对立的局面。这使得自由主义的思想家之间的交锋格外常见。罗尔斯在批评功利主义的基础上提出了作为公平的正义的思想。哈耶克则直接批判社会正义理论。尤其是诺齐克，同时对功利主义和罗尔斯的正义论发难，形成了自由至上主义的基本倾向。不仅如此，即使在新自由主义内部，德沃金也质疑福利平等和罗尔斯的正义观。

（二）自由主义的多元发展

当代西方自由主义发展的显著特征是多元。当代西方自由主义不仅在内部存在着新自由主义与新保守自由主义的激烈交锋，更在女权主义、生态主义、多元文化主义、社群主义等思潮的挑战下，与其互动，互相学习，形成了一些更为复杂的思潮，表现出多元发展的态势。比如自由主义与民族主义互动，在民族主义当中渗入了一些自由主义的因素，形成自由民族主义。其他如自由女权主义、自由多元主义等多种政治思潮的形成都表现出这样的特征。

作为当代西方主流政治思潮，自由主义受到来自各种政治思潮的挑战，并作出回应，在不断的互动过程中出现了综合发展和多元发展的趋势。例如，为了应对社群主义的挑战，新自由主义放弃了原子式的个人主义；为了应对多元文化主义的挑战，新自由主义开始承认族群等主体，接纳多元文化主义；为了应对保守主义的挑战，新保守自由主义强调效率，强调道德、宗教、传统的重要性；为了应对女权主义的挑战，新自由主义更加强调性别平等；等等。自由主义的多元发展，使得自由主义政治思潮的综合性进一步加强。这主要表现在，自由主义更加注重在价值选择、政治主张、政策诉求等方面回应各种经济、社会、文化和政治问题，成为政治思潮的"巨无霸"。

自由多元主义在20世纪80年代的兴起格外引人注目。以赛亚·伯林的价值多元论吹响了自由多元主义的号角，此后，以伯纳德·威廉姆斯、斯图亚特·汉普舍尔、约瑟夫·拉兹、史蒂文·卢克斯、米切尔·斯多克、托马斯·内格尔、查尔斯·泰勒、马莎·努斯堡、查尔斯·拉莫、约翰·格雷等人为代表的一大批学者逐渐开始在思想界为价值多元主义摇旗呐喊，极大地壮大了价值多元主义的声势。价值多元主义在西方世界的兴起不可避免地与作为主流思潮的自由主义发生互动。多元主义既是自由主义的产物，也是它的一个问题。①从伯林的《自由四论》开始，经乔治·克劳德，最后由威廉·盖尔斯顿进行集大成式的总结，完成了自由多元主义的综合命题。通过自由多元主义的理论创新与实践样式，自由主义一方面回应了多元主义的挑战，另一方面，它亦在这一过程中吸收了多元主义的某些命题，在价值认同、制度框架等方面实现了理论的自我更新。

自由主义的基础是个人主义。尽管新自由主义挑战古典自由主义，对古典自由主义原子式的个人主义提出过各种批评，主张从社会角度理解个人，但自由主义的理论框架中还是以个人为基本主体和分析单位的。当代西方兴起的社群主义则直接挑战自由主义的个人主义，并延伸到对自由主义的全面批评，产生了包括桑德尔、泰勒、沃尔泽、麦金泰尔等人在内的一批社群主义者。社群主义批评自由主义把个体放到社会、国家之上的优先性划分，更加注重从社会性的角度理解个人，强调社会的普遍福祉。在社群主义看来，理想的社会既不是个人主义，也不是国家主义，而是在个人和社群中间寻找一个平衡点。社群主义批评自由主义并不是颠覆自由主义，而是要纠正自由主义原子式的个人主义，实际上是发展了自由主义。

如果说社群主义、多元文化主义的挑战与自由主义还比较亲和的话，那么一些对自由主义发起全面挑战的政治思潮，如文化保守主义、民粹主义则构成了另一翼，从另一个角度挑战自由主义。比如，欧洲民粹主义兴起，尤其是2016年英国脱欧和特朗普当选美国总统，表明包括欧洲和美国在内的西方国家的自由主义正在面临严重的挑战。甚至有学者认为，民粹主义早已席卷全球，占据了世界政治的中心位置。自由民主在资本主义国家国内全面推行代议政

---

① Richard Bellamy, *Liberalism and Pluralism*, *Towards a Politics of Compromise*, London: Routledge, 1999, p. 10.

治、精英统治、政党政治，在国际上推行全球化，而民粹主义则全面反对代议政治、精英统治、政党政治，在国际上反对全球化，成为自由民主内部最成功的反对者。民粹主义对自由主义的挑战意味着，自由民主结构中最重要的代议政治、政党政治等安排越来越脱离公民的诉求，成为精英统治的代言人，在政治实践上越来越陷入困境。

第二节   当代自由主义的理论与争论

权力与权利两大主题的形成标志着政治现代性框架的确立，成为西方政治文明的两根支柱。通过内置国家、社会、个人等基本主体，权力与权利两条线索在两个方向规定了政治关系的内涵：包括私域自律与公域自治，人权与人民主权、民主与法治，这也是我们理解自由主义的基本框架。通过对自由主义理论发展的历史进行回顾，我们看到，在自由、平等等基本价值的基础上，自由主义政治思潮清晰地表达了对个人、社会、市场、国家等基本政治主体的理解，对国家制度提出了民主、法治等基本安排，不仅有着扎实的思想基础，还有着系统的政治安排、明确的政策诉求，表现为一种典型的综合性政治思潮。

一、消极自由与积极自由

自由是自由主义最核心的理念。用莫里斯·克兰斯顿的说法，所谓的自由主义者就是"信奉自由的人"①。事实上，自由主义的名称本身也说明了这一政治思潮对自由的重视。但是，人们对自由的理解却不尽相同，从早期的洛克传统与卢梭传统之争，到当代新自由主义与新保守自由主义之争，甚至是新自由主义与新保守自由主义内部的各种争论，都与对自由的理解有关。从这个意义上甚至可以说，理解了自由，就理解了自由主义。

自由主义对两种自由的体认来自古老的洛克传统和卢梭传统，这直接影响到新自由主义与古典自由主义关于积极自由与消极自由的争论。与两个传统相联系的两种自由在贡斯当那里得到明确的阐释，被称为古代人的自由与现代人

---

① Maurice Cranston, "Liberalism," in Paul Edwards eds., *The Encyclopedia of Philosophy*, New York: Macmillan and the Free Press, 1967, p. 459.

的自由。其中，"行使政治权利为我们提供的乐趣"即所谓"古代人的自由"；相应的，"个人的独立"则是所谓"现代人的自由"。其区别如表1-4所示。

表1-4　两种自由的理论倾向

两种自由	两种权利	两个目标	两个传统	两个派别
消极自由	个人权利	个人自主	洛克传统	新保守自由主义
积极自由	公民权利	公共自治	卢梭传统	新自由主义

对两种自由的区别由来已久，影响深远。当代明确区分消极自由与积极自由的思想家是伯林。在他看来，消极自由回答的问题是："一个主体——一个人或一群人——可以或应当保有什么样的领域去做他能做的事，或成为他能成为的人，而不受他人的干涉？"积极自由回答的问题是："什么东西，或什么人，是控制或干涉的来源，从而能决定某人去做某事，或成为某种人，而不是去做其他事，或成为另一种人？"① 前者把自由视为"免于……的自由（freedom from）"，后者把自由看作"去做……的自由（freedom to）"。

就当代西方占主流地位的自由主义思潮来看，关于消极自由与积极自由的探讨成为其内部理论具有多样性的基本原因。以两种权利和两种自由为取舍，自由主义在其形成的初期就表现出两种不同的面向，从最早的洛克传统与卢梭传统的分野，到19世纪新旧自由主义的互动与融合，再到当代消极自由与积极自由的争论，莫不与两种自由的主题联系在一起。在当代西方，围绕着两种权利与两种自由，自由主义明显分为两个阵线。详细到罗尔斯与诺齐克的争论，总括到新自由主义与新保守自由主义之争，如果再加上自由主义与社群主义、共和主义等政治思潮错综复杂的思想争论，其卷入人数之多，讨论层次之深就更加可观，为人们勾画了一幅错综复杂的观念图式。

二、消极个人与积极个人

从权利主体的角度来看，自由主义更偏重个体，在个人的基础上发展了个人主义。个人主义在西方政治思想史上有很多种表现。比如，在希腊整体主义衰落之后兴起的斯多葛派的个人主义。西方早期的原子式的个人主义虽然饱受诟病，但却成为自由主义个人主义的基础。自由主义的权利理论的第一条就是

---

① Isaiah Berlin, *Four Essays on Liberty*, Oxford：Oxford University Press, 1984, pp. 121—122.

确立权利的主体是个人，每个人是平等的，拥有与生俱来、不可剥夺的权利，包括生命、财产、自由等权利在内。当代新自由主义也并不否认古典自由主义对个人自由的主张，但却反对古典自由主义主张的原子式个人主义，强调人与人之间的合作，强调个人的社会性，强调个人对社会的适应，尤其是积极地参与社会生活、政治生活。新保守自由主义则再次复归个体，强调个体的独立性，反对社会对个人的建构，主张个体的自由，构成了对古典自由主义主张的个人主义的否定之否定。一般来讲，我们将强调个体独立性的个人主义称为消极个人主义，强调个体社会参与的个人主义称为积极个人主义。传统自由主义主张的个人主义是消极个人主义，而新自由主义则主张积极个人主义。

总的来看，当代西方自由主义仍然将个人主义视为基础性理论，个人是政治的主体，是社会和国家的基本单位；个人拥有生命、自由、财产等不可剥夺的权利；国家和社会要尊重和保护这些权利。个人主义是自由主义的理论，也是自由主义的方法。自由主义强调从个人出发，认为是个人构成了社会，成为国家的基础。也正因如此，社会不能干预个人，国家也不能强制剥夺个人的权利。在自由资本主义时期，古典自由主义强调自由放任，更加依赖个人主义，主张消极自由；到新自由主义时期，自由主义强调社会，主张个人与社会相一致，强调通过国家干预来实现积极自由。当代西方的自由主义，处于新自由主义与新保守自由主义交织，自由主义与各种政治思潮相融合的多元发展阶段。其中的个人主义受到多个方面的挑战。新自由主义替代古典自由主义的基本方面就在于新自由主义试图用社会因素来中和古典自由主义中原子式个人主义的倾向。来自社群主义的挑战就直接指向自由主义的个人主义，希望在自由主义政治思潮中提升社群的地位。

在"个人主义""集体主义""社群主义"等广泛的争论中，自由主义立场鲜明地站在个人一边。自由主义在认识集体、社会、国家的时候，常常会从个人出发，认为个人是组成社会的基础，是国家权力的来源。个人是独立的，独立的个人联系在一起构成了社会。个人是原子的，社会的总体性就是个人的加总。在新保守自由主义者那里，对集体主义、社会主义的批评也都是从个人的立场和角度出发的。比如，卡尔·波普尔在《开放社会及其敌人》中就对集体主义进行了批评，表现出强烈的个人主义方法论。布坎南和戈登·塔洛克等人在建构公共选择学派的时候，也以方法论的个人主义作为理论的根基。

当代的新自由主义与新保守自由主义在个人观上的差异主要体现在关于消

极个人与积极个人的认识。新自由主义从社会的角度认识个人，认为个人应积极参与社会与政治事务，国家与社会应该积极地为个人自由创造条件，从而形成了积极个人的理论与观念。与此不同，新保守自由主义则从个人的角度认识社会，强调政治与社会对个人权利的保护，尤其是保护个人不受国家权力的侵犯，从消极的角度来看待个人，强调个人的独立性。

三、消极权利与积极权利

在自由主义的话语体系中，除了自由外，最重要的概念就是"权利"。在自由主义的话语体系中，自由就是权利，权利也是为了让人自由。自由是没有制度化的权利，权利是制度化后的自由。自由是权利的本质内容，权利是自由的必然形式。正是因为人们对自由的理解存在差异，人们对权利的认识才并不相同，在消极自由和积极自由基础上形成的消极权利与积极权利，成为自由主义理论体系的第二个重要分野。

古典自由主义的权利大多是消极权利，即保护个体不受侵犯的权利，尤其是保护个体不受国家权力的侵犯，这与消极自由是一致的，相应的权利包括生命权、自由权、财产权等。新自由主义则在消极权利的基础上发展了积极权利，希望通过发挥国家的作用，以积极的方式去实现公民权利，相应的权利包括平等权、福利权等。新保守自由主义则是在当代西方经济与社会发展的语境中试图使国家重新回到自由放任的轨道，把国家行为限定在保护个人权利的范围内。

积极的社会权利与消极的个人权利之间存在着冲突，这成为当代西方两种自由主义理论争论的焦点。新保守自由主义拒绝各种积极权利，尤其是各种经济与社会权利，认为这些权利会过分追求平等，不必要地增加了政府的权力，把整个社会变成一个"全权主义社会"（totalitarian society）。① 对此，新自由主义者却不依不饶。在他们看来，反而是古典自由主义太过于保护个人权利，牺牲了集体自由。当代美国法学家罗纳德·德沃金明确指出，在保护个人权利这一点上，宪政"保护了消极自由，如言论自由与'隐私权'，这正是以自我决定的'积极自由'为代价的"。也就是说，宪法保护了个人权利，其结果却是

---

① ［英］弗里德利希·冯·哈耶克：《法律、立法与自由》第2、3卷，邓正来等译，中国大百科全书出版社2000年版，第184页。

牺牲了集体自由。①

　　新自由主义对社会正义的强调，是对积极权利的一种肯定。在罗尔斯的思想体系中，权利的内容来自第一个正义原则，即每个人对与其他人所拥有的最广泛的基本自由体系相容的类似自由体系都应有一种平等的权利。罗尔斯认为："公民的基本自由有政治上的自由（选举和被选举担任公职的权利）及言论和集会自由；良心的自由和思想的自由；个人的自由和保障个人财产的权利；依法不受任意逮捕和剥夺财产的自由。"② 与新自由主义对社会正义的追求形成鲜明对比的是，新保守自由主义不相信所谓的社会正义，甚至将其视为当代自由的威胁。比如，哈耶克等人就对"社会正义"或"分配正义"进行了严厉的批评。在哈耶克看来，正义是一种行为规则，是一种否定性的禁令，是法律的基础，是个人自由的保障。然而，"社会正义"更关注财富分配的结果，追求的是结果的平等，与市场秩序相违背，甚至会导致"法治的破坏"③。正是从这个意义上讲，哈耶克把"社会正义"称为"准宗教性质的迷信"、一种"幻象"、一个"空洞且毫无意义"的概念，甚至是一种"欺骗"、一种大社会中的"破坏性力量"。与罗尔斯的正义论针锋相对，诺齐克也提出了"持有正义"的理论。在诺齐克看来，"持有正义"才是"真正的正义"，是"权利原则"，因为这一正义与个人权利相吻合。侵犯个人权利是不正义的，即使是国家行动，也不能侵犯个人权利。在洛克"劳动所有权"的基础上，诺齐克以"持有正义"的理论再次论证了"所有权"或"财产权"，尤其是私有财产权。

四、消极民主与积极民主

　　古典自由主义的民主观是建立在消极自由基础之上的民主观。民主受到宪政法治体系的约束，同时还以实现自由为目的，这就使得资本主义民主能够有效地保护私有财产，不能伤害到个人自由。新自由主义的兴起改变了古典自由主义的民主观，使得民主更带有积极的内涵。杜威提出了"再造民主"的口

---

① ［美］罗纳德·德沃金：《自由的法：对美国宪法的道德解读》，刘丽君译，上海人民出版社2001年版，第26页。
② ［美］约翰·罗尔斯：《正义论》，何怀宏等译，中国社会科学出版社1988年版，第57页。
③ ［英］哈耶克：《通往奴役之路》，王明毅等译，中国社会科学出版社1997年版，第79页。

号，强调以民主的方式"使社会各种制度得到灵活机动的重新调整"①，突出民主的参与。民主思想家达尔将民主拓展到经济领域，提出了经济民主的理论，甚至带有一定的民主社会主义色彩。

新保守自由主义持一种消极民主的态度。他们认为不是民主太少，而是民主太多，甚至是过分发展了。对于公众的参与，他们认为政治无须公众的直接参与，交给选举出来的代表或是精英就可以了。哈耶克就明确地反对民主权力的扩张，认为这会导致腐败、贿选，因此必须用宪政法治体系来约束民主，避免民主权力的无限扩张。他还设计了新的宪法模式，用层层约束的方法来限制修宪机构、立法议会、政府议会、政府和行政官僚，并主张设立单独的宪法法院，以保证立法、行政等各级部门都能够在严格的宪法约束下行使国家权力。新保守自由主义的主要代表人物，除哈耶克外，像布坎南、塔洛克、罗伯特·瓦格纳都有类似以宪法来约束民主的理论和主张。另一位自由民主的倡导者萨托利也反对直接民主和参与民主，主张间接民主和精英统治。萨托利认为，政治事务就应该交给那些选举出来的政治家和代表来完成，人民的权利限于选举领导人，然后由这些精英实行精英民主。萨托利还主张自由民主，称其为"主流民主理论"。萨托利认为，自由和平等是现代民主追求的两个目标，但与平等比起来，他更倾向于能保护个人权利，防止权力滥用的自由。其对应的制度设计就是用分权、法治等方式保障自由的实现，他还提出自由民主的宪政工程来确保这一民主观念得到落实。

在积极自由的支持者看来，民主是一种力量，合理地运用民主权力，就会增进人们的利益与福利，从而增进人们的权利。因此，积极民主的支持者认为民主在政治上是好的，也应该将其运用到经济上，并提出了经济民主、社会民主等理论和主张。但在消极民主的支持者看来，尽管民主权力优于专制权力，但这并不是用来扩张权力的借口，即使是民主权力也要受到制约，不能损害自由，不能侵犯权利，不能干预市场。因此，他们在制度设计上倾向于以分权制衡、法治等方式限制民主。

五、消极平等与积极平等

从原初的价值选择来看，自由主义最核心的价值显然是自由。但在自由主

---

① ［美］约翰·杜威：《民主主义与教育》，王承绪译，人民教育出版社1990年版，第105页。

义的发展过程中，自由主义也逐渐接受了平等、民主等价值，使得自由主义能够最大程度地满足当代西方公民对政治权利的要求。平等界定了自由个体之间的关系。在处理不同个体关系的问题上，早期的自由主义者主张权利主体的平等性。人人生而自由，他们拥有权利，而这些权利具有普遍性，不分性别、年龄、种族、民族、财产、教育程度、社会地位等，在法律面前人人平等。每个人在享有各种基本自由的权利上，应该是平等的。这种平等更注重起点的平等，也就是机会平等，常常表现得比较消极，我们称之为"消极平等"。但是，这种起点的平等不但没有带来结果的平等，有的时候反而拉大了个体之间的差距，导致社会贫富分化严重。新自由主义开始在形式平等的基础上强调事实平等，试图通过社会的制度安排，突破机会平等，呼吁结果平等，保障最少受惠者的最大利益。这种平等已经超出了机会平等，主张国家和社会应该有所作为，积极地为公民争取结果的平等，我们称之为"积极平等"。

尽管自由主义者都主张平等，但平等的内涵却并不一样。到底是起点的机会平等，还是终点的结果平等，这给自由主义带来了持久的争论。新自由主义主张通过国家干预来促进福利，减少社会差距，加强平等。其中，新自由主义的代表人物德沃金甚至认为，自由主义者对平等的承诺优先于他们对自由的依恋。① 但是，为了促进平等和福利，政府会增加税收，这又会影响到经济自由。而在新保守自由主义看来，这种结果平等的模式并不是真正的平等，真正的平等是机会平等，而不是结果的平等。在弗里德曼看来，机会平等有利于增大自由，但结果平等却会减少自由，也不会真正地促进平等。弗里德曼还激烈地批评美国的福利政策，认为福利政策事与愿违，不利于经济发展。

著名的诺齐克同罗尔斯之争的核心便是自由和平等。以罗尔斯为代表的新自由主义强调平等，试图更大可能地促进社会正义；而以诺齐克为代表的新保守自由主义则重提古典自由主义的自由放任，试图更大可能地提升效率。这一争论之所以影响深远，在于这一主题是自由主义内部影响最大的新自由主义、新保守自由主义的基本理论和主张的核心之争。不仅如此，诺齐克"最弱意义的国家"，也与里根在竞选总统时提出的"管得最少的政府就是最好的政府"的口号同出一辙，而罗尔斯的主张也契合了克林顿的"第三条道路"，使得自

---

① Dworkin, "Liberalism," in S. Hampshire eds., *Public and Private Morality*, Cambridge: Cambridge University Press, 1978, pp. 113—143.

由主义的意识形态不仅在理论层次，而且对当代西方的政策实践提供了重要的理论论证。

在平等问题上，自由主义遇到的另外一个挑战来自文化多元主义。经过长时间的发展，自由主义在形式上排除了财产、教育程度、社会地位等各种因素的影响，实现了政治上的平等。但是，性别、种族、民族等因素对公民个人带来的不平等却越来越严重。在文化多元主义者看来，在政治中排除性别、种族、民族等因素而实现形式上的平等，本身就是一种严重的不平等。文化多元主义者强调，在性别、种族、民族、意识形态、语言等各个方面处于不利地位的公民应该得到补偿，这就使得平等不是形式平等那么简单，要通过不平等的政策来达到平等的结果。这实际上是将自由主义的平等拉向一个更为激进的方向，从而形成了自由多元主义的平等观。

六、当代西方自由主义的两个体系

当代西方自由主义仍然是沿着权力与权利的双重主题展开论证。权力与权利双重主题最终构成了"完善政治观念"的"基本问题"："（1）具体规定政府之一般结构和政治运行过程（包括立法、执法与司法权；多数人统治的范围）的根本原则；（2）立法的大多数人所尊重的公民的平等之基本权利和自由，诸如选举的权利和参与政治的权利、良心自由、思想和结社自由、以及法规保护。"[①] 如果说权力与权利的主题穿越时空成为当代西方自由主义的两大主题，那么，以民主为基本制度安排的人民主权理论和以法治为基本制度安排的人权观念就成为现代西方政治理论为合法性准备的"两个答案"。我们可以依据权力与权利两个维度分析自由主义的理论体系，如表1-5所示。

表1-5　自由主义理论体系的结构[②]

导向	主体	思想基础	价值基础	政治主张
权力	国家	人民主权	民主	人民主权
		分权制衡	法治	法治国家
权利	个人	保障人权	自由	法治政府
		推进公民权	平等	福利国家

---

① ［美］约翰·罗尔斯：《政治自由主义》，万俊人译，译林出版社2000年版，第241页。
② 本表只是示意表，具有高度概括性，具体内容非常复杂，需要具体对待。

自由主义不仅在空间上形成了权力与权利的双重结构，同时还在时间上形成了古典自由主义、新自由主义和新保守自由主义的发展脉络。自由主义有着悠久的发展历史，其理论基础和政策主张也发生了很多非常明显的变化，使得自由主义的流派更加复杂。从自由主义的发展出发，我们可以将自由主义分为古典自由主义、新自由主义、新保守自由主义。自由主义在不同的时期发展出了不同的理论体系，这就使得自由主义理论发展的时间与空间相结合，发展出内容丰富、结构完整的理论体系。本书对自由主义理论的分析就是结合了理论结构分析和变迁分析，同时也结合了政治主张，以便全面地理解自由主义。

作为一种综合性的政治思潮，自由主义有着系统的权力理论，既包括了权力的产生，也包括了权力的运作。在权力的产生方面，早期的自由主义者通过社会契约论等假设，阐释了权力来自人民，并形成了人民主权的思想。在权力的运作方面，自由主义在政治实践中形成了权力有限、权权制衡等基本的宪政原则，构成了自由主义的权力理论。尽管自由主义承认人民主权，但总的来讲，自由主义并不信任权力，而是认为权力是一种"必要的恶"，这是自由主义权力观的基础。比如，诺齐克在论证国家的时候，就是从个人和个人权利出发，得出"最低限度国家"①的结论，将国家职能限制在一个非常狭窄的范围。正是在对权力怀疑的基础上，自由主义形成了权力的分立与制衡的基本思想。对权力的怀疑、戒备，是自由主义的一个基本特征。正是因为自由主义者对权力认识的这一悖论，使得自由主义与国家主义、民族主义、权力中心主义等各种意识形态区别开来，同时也与无政府主义、民族主义、民粹主义区别开来。

早期的自由主义主要关心权力的问题，形成了权力理论。当代的自由主义则更加注重权利，主要是权利理论。资产阶级革命以后，早期自由主义的理论体系最为突出的还是体现在人民主权、有限政府、分权制衡等理论上。当代西方政治发展的实践越来越要求解决社会公平、民众福利、个人权利等一系列问题，尤其是在民主社会主义福利国家不断成功的压力下，自由主义需要对当代西方民众的要求作出回应。同时，女权主义、生态主义等一系列新兴政治思潮对自由主义的挑战与融合，也使得自由主义更加注重权利理论。事实上，无论是新自由主义，还是新保守自由主义，它们对权利都赋予了非常高的地位，这

---

① ［美］罗伯特·诺奇克：《无政府、国家和乌托邦》，姚大志译，中国社会科学出版社2008年版，第28页。

使得当代西方的自由主义"奠基在权利理论之上"①。

在权力与权利两个维度上，当代西方形成了新自由主义与新保守自由主义两大体系。这两大体系的差异源于对自由的不同认识，形成了消极自由与积极自由两大价值。在此基础之上，消极个人与积极个人、消极权利与积极权利、消极民主与积极民主、消极平等与积极平等等主题构成了自由主义的理论体系，在这两大体系基础之上，构成了当代西方自由主义的两大流派，即新自由主义和新保守自由主义，其基本理论和主张如表1-6所示。

表 1-6　两种自由主义的理论体系②

主题	新自由主义	新保守自由主义
个人认识	社会正义	个人自由
自由观念	积极自由	消极自由
制度理念	民主	法治
国家观念	国家干预	自由放任
思维方法	理性主义	经验主义
政治发展	改良主义	渐进主义
政治秩序	人为秩序	自发秩序
权力观念	有为国家	有限国家
民主观念	参与民主	宪政民主

新保守自由主义主张自由放任，反对政府干预市场，主张通过分权制衡等制度设计限制政府权力，保障公民权利。新自由主义则反对自由放任，主张国家干预，主张通过民主制度积极推进公民权利，发展了古典自由主义的基本主张。在自由方面，两者都主张自由，但与新保守自由主义主张消极自由相比，新自由主义更强调积极自由；两者都主张个人主义，但与新保守自由主义主张原子式的个人主义相比，新自由主义更强调合作的个人主义；两者都不否认对政府权力的限制，但与新保守自由主义主张政府只是"守夜人"相比，新自由主义更愿意政府承担更多的经济与社会责任。对待民主的态度，两者有更多的

① ［美］罗伯特·诺奇克：《无政府、国家和乌托邦》，姚大志译，中国社会科学出版社 2008 年版，第 2 页。

② 本表只是一种类型学的示意对比，实际上各种自由主义的理论和主张非常不同，任何简要的概括都会与实际有较大出入。

不同，新保守自由主义对民主抱有一定的警惕态度，更多主张限制民主；新自由主义则更加热情地拥抱民主，主张通过民主的方式进行社会改革。从这一历史发展脉络来看，新保守自由主义看起来与古典自由主义在主张上具有相似性，但却是古典自由主义的否定之否定。

第三节　新自由主义

沿着洛克传统，近代以来的自由主义适应了自由资本主义阶段的生产力和生产关系，推动了西方的经济发展和社会进步。然而，古典自由主义也带来了一系列的问题。比如，原子式个人主义导致的利己主义，破坏了社会团结；自由放任的市场经济拉大了社会差距，社会矛盾加剧；等等。西方思想界对此进行了反思，尤其是在自由资本主义走向垄断的过程中，人们重新反思个人、社会和国家的关系，重新反思自由、平等、福利和民主，推动了新自由主义的崛起。在当代西方，新自由主义政治思潮的影响力有增无减，不断地壮大声势，尤其是凯恩斯主义、福利国家的兴起，更是让新自由主义得以在改革时代获得成功并继续发展，从而形成了当代的新自由主义。这一派主要继承了卢梭传统，体现为积极自由的传统，相信人性、相信民主、相信人民主权，主张通过国家干预推进平等，主要的代表人物包括罗尔斯、德沃金、伯林、达尔、格雷等人。为了更好地理解新自由主义的基本主张，本书选取了伯林、罗尔斯、德沃金、达尔这几位代表了哲学、法学、政治学等不同领域的思想家，对新自由主义的主张加以介绍和分析。

一、伯林的自由主义思想

以赛亚·伯林（Isaiah Berlin，1909—1997 年）是英国著名的哲学家和观念史学家，被视为 20 世纪最著名的自由主义知识分子之一。伯林出生于俄国的一个犹太人家庭，童年时期曾目睹了俄国革命，1920 年随父母前往英国。1928年，伯林进入牛津大学学习哲学，1939 年撰写《卡尔·马克思》，1944 年转向观念史和政治理论研究。1957 年，伯林任牛津大学社会与政治理论教授，发表了著名的"两种自由概念"演说，并获封爵士。1966 年，伯林参与创办牛津大学沃尔夫森学院，并于 1966 年至 1975 年任该院的院长。在第二次世界大战期间，伯林先后在纽约、华盛顿和莫斯科担任外交职务，这段经历使伯林对政治实践有了更进一步的体验。1946年，伯林重新回到牛津大学教授哲学，并以观念史作为自己的主要研究方向。

伯林的主要著作包括：《卡尔·马克思》（1939年）、《启蒙的时代》（1956年）、《概念与范畴》（1958年）、《自由四论》（1969年，后来扩充为《自由论》）、《维柯与赫尔德：观念史两论》（1976年）、《俄国思想家》（1978年）、《反潮流》（1979年）、《个人印象》（1980年）、《扭曲的人性之材：思想史论》（1990年）、《现实感》（1996年）、《浪漫主义的根源》（1999年）、《观念的力量》（2000年）、《启蒙的三个批评者》（2000年）和《自由及其背叛》（2002年）等。伯林的作品产生了广泛的影响。作为观念史研究的主要奠基人，伯林先后被授予耶路撒冷文学奖和伊拉斯谟奖。

（一）消极自由与积极自由

伯林从价值多元论的立场出发阐述了他对自由的看法，价值多元论也为伯林对积极自由（positive liberty）的批判和对消极自由（negative liberty）的划分提供了重要的理论依据。自由的含义非常广泛，学界至少有200多种对自由的定义，但这并不影响人们对自由进行具体的分析。在继承贡斯当对"古代人的自由"和"现代人的自由"的区分的基础上，伯林提出了"消极自由"与"积极自由"的理论。

消极自由关注的问题是：主体被允许或必须被允许不受别人干涉地做他有能力做的事、成为他愿意成为的人的那个领域是什么？对于消极自由的内涵，伯林曾指出："我们一般说，就没有人或人的群体干涉我的活动而言，我是自由的。在这个意义上，政治自由简单地说，就是一个人能够不被别人阻碍地行动的领域。如果别人阻止我做我本来能够做的事，那么我就是不自由的；如果我的不被干涉地行动的领域被别人挤压至某种最小的程度，我便可以说是被强制的，或者说，是处于奴役状态的。"[1] 我们在此需要注意"强制"与一个人"本来不能够"做某事之间的区别。例如，一个人由于不能用自己的嘴巴咬自己的鼻子或者不能阅读黑格尔的晦涩文章，从而说自己是不自由的，这是非常荒谬的，因为这个人起初就不能用自己的嘴巴咬自己的鼻子或者不能阅读黑格尔的晦涩文章。也就是说，一个人因为自然规律的限制而致使自己不能做某件

---

[1] ［英］以赛亚·伯林：《自由论》，胡传胜译，译林出版社2003年版，第189页。

事，这并不意味着这个人是不自由的，这种无能为力不能被称为缺乏自由，更不能被视为缺乏政治自由。然而，倘若一个打算去某地旅行的人受到了某人的故意阻挠而无法外出旅行，这个人显然就是不自由的，因为这个本来可以去某地旅行的人受到了人为的阻挠而无法外出旅行。

消极自由可以被简略地概括为"免于……的自由"，意味着免受别人的故意干涉。判断一个人是否受到压迫的标准是一个人有没有被他人直接或间接、有意或无意地阻挠其实现自己的愿望，一个人的不受干涉的领域越大，就越自由。消极自由受到了很多自由主义者的青睐，如洛克、约翰·密尔、贡斯当和托克维尔等人就偏爱这种自由，认为应存在某种最低限度的、神圣不可侵犯的个人自由的领域，这也要求在私人领域和公共领域之间划定一条界线。

与消极自由关注的问题不同，积极自由关注的问题是：什么东西或什么人，是决定某人做这个、成为这样而不是做那个、成为那样的那种控制或干涉的根源？对于积极自由的内涵，伯林强调："'自由'这个词的'积极'含义源于个体成为他自己的主人的愿望。我希望我的生活与决定取决于我自己，而不是取决于随便哪种外在的强制力。我希望成为我自己的而不是他人的意志活动的工具。我希望成为一个主体，而不是一个客体；希望被理性、有意识的目的推动，而不是被外在的、影响我的原因推动。我希望是个人物，而不希望什么也不是。"① 也就是说，积极自由主要强调一个人要成为自己的主人，能够理解和实现自己的目标和策略。积极自由并不像消极自由那样强调"免于……的自由"，而是可以被简略地概括为"去做……的自由"。

在伯林那里，上述两种自由有着重要的区别，消极自由主要关注"控制的范围"，而积极自由主要关涉"控制的来源"。无论是消极自由，还是积极自由，都关注个人所享有的权利，消极自由强调的是一个人所享有的免受他人的外在干涉与强制的权利，这种权利主要与"政府干涉我到何种程度"这个问题相关，与"谁统治我"这个问题无关；积极自由的侧重点在于行为主体的自主性，较为强调行为主体的行为能力方面，比如行为主体是否有能力获取资源以及是否拥有从事某种活动的权利等。

虽然从表面而言，那种强调"不受他人任意干涉"的消极自由与那种强调"做自己主人"的积极自由是一枚硬币的两面，但是按照伯林的看法，从历史

①　[英] 以赛亚·伯林：《自由论》，胡传胜译，译林出版社 2003 年版，第 200 页。

上看，这两种自由最终会趋向不同的方向。在人类历史的发展中，消极自由和积极自由都存在被滥用的可能性，例如，消极自由可以被理解为经济自由主义，矿主可以以自由之名摧毁童工的生命。然而，积极自由被滥用的情况更加触目惊心，为什么会出现这种情形呢？这与"自主"这一积极自由的核心有紧密的联系。

伯林强调，一个人很难完全成为自己的主人，在一个人的心灵深处，"难道没有一个更高贵、更理性、更自由的自我？这个自我能够理解和主宰情感、无知以及其他不足；只有通过教育或领悟，我才能赢得它；只有那些比我更有智慧的人，才能教育我，让我意识到真正的、'实在的'、最深层的自我以及我所能达到的最高境界"[①]。自主的概念通常同"低级的"、"虚假的"、"非理性的"自我与"高级的"、"真实的"、"理性的"自我之间的区分密切相关，按照这种区分，倘若一个人不至于堕落为自己欲望和激情的奴隶，"虚假的"自我就应该受到"真实的"自我所给予的严格限制，"真实的"自我可以外化为国家、教会和种族等群体，这样的话，群体就可以将自身的意志强加在其成员身上，并以消除"虚假的"自我和实现"真实的"自我的名义代表人们，剥夺人们的自由。虽然一个人在表面上追求自由，但是这可能会导致自己受到强制，会导致其他人为自己做主的情况出现。这种情况会出现的原因就在于一些精英会以自己掌握真理或拥有知识为名，强行代表他人，并强调低级的自我应该绝对服从高级的自我，缺乏智慧的人应该绝对服从拥有智慧的人。在伯林那里，卢梭所追求的自由不是特定领域内的消极自由，而是一种典型的积极自由，即社会中所有有资格的人共享一种有权干涉每个公民生活的任何方面的公共权力。

根据伯林的看法，对积极自由的追求至少会带来两种不可预知的后果。一方面，追求积极自由，可能会导致一种遁世主义的出现。伯林认为，人们在追求积极自由的过程中，起初可能会追求幸福、权力或某种特定的东西，然而，经过一段时间之后，人们发现自己不能顺利地获取这些东西。"我决意不欲求自己得不到的东西。暴君用剥夺我的财产、监禁、流放、处死我的心爱者的办法来威胁我。但是如果我不再执着于财产，不再关心我是不是身陷囹圄，

---

① ［英］以赛亚·伯林、亨利·哈代：《观念的力量》，胡自信、魏钊凌译，译林出版社 2019 年版，第 24—25 页。

如果我在我的心中已经扼杀了我的自然情感，那么，他无法让我屈从他的意志，因为我剩下的一切已不再会屈服于经验的恐惧与欲望。我就仿佛做出了一个战略性的退却，退回到我的内在城堡。"① 在这种情况下，所谓的自由只是一种禁欲主义，一种对自我欲望的内在控制，显然，这不是一种真实的自由状态。

另一方面，对积极自由的追求有时会走向自由的反面，即奴役。伯林曾以法国大革命为例说明了这一点，认为"像所有大革命一样，法国革命，至少是其雅各宾党的形式，正是那种集体自我导向的'积极自由'要求的大爆发。这种自由使得大多数法国人感到作为一个民族被解放，尽管对他们中的许多人来说，其结果是个人自由受到严厉限制"②。人们在追求积极自由的过程中，那些被视为追求自由的某些行为恰恰包含着对自由的压制，不仅如此，对积极自由的追求还会摧毁很多自由主义者偏爱的消极自由。总之，就积极自由和消极自由而言，伯林更加偏爱消极自由，并强调自由主义者追求的自由是一种消极自由而不是积极自由。

（二）价值多元论

价值多元论是伯林的政治思想的主要内容之一，也深刻影响了伯林对自由的看法。为了论述自己的价值多元论，伯林首先批判了一元论。何谓一元论？伯林认为，一元论的基本理念可以被归结为下述三个命题：第一，一切真正的问题都有一个而且只有一个正确的答案，其他的答案都因为背离了真理而是错误的。第二，对于这些问题来说，正确的答案在原则上是可以为人们所知道的。第三，那些正确的答案彼此之间并不存在冲突，这些答案合在一起可以成为一个和谐的整体。③ 这种一元论通常强调在社会生活和人类历史中，存在一种所谓的客观真理，存在着一种最终的解决之道，同时，一切真正的问题都只有一个正确的答案，在众多的价值选择中只有一个选择是正确的。

对上述一元论模式的追求，构成了西方古代文明的典型特征。伯林对此持批判态度，他强调一元论与极权主义之间的关联性，认为一元论是他所偏爱的价值多元论的敌人。"从原则上可以发现某个单一的公式，借此人的多样的目的就会得到和谐的实现，这样一种信念同样可以证明是荒谬的。如果正如我所

---

① ［英］以赛亚·伯林：《自由论》，胡传胜译，译林出版社 2003 年版，第 204—205 页。
② ［英］以赛亚·伯林：《自由论》，胡传胜译，译林出版社 2003 年版，第 235 页。
③ ［英］以赛亚·伯林：《扭曲的人性之材》，岳秀坤译，译林出版社 2009 年版，第 211 页。

认为的，人的目的是多样的，而且从原则上说它们并不是完全相容的，那么，无论在个人生活还是社会生活中，冲突与悲剧的可能性便不可能被完全消除。于是，在各种绝对的要求之间做出选择，便构成人类状况的一个无法逃脱的特征。"① 在伯林那里，无数个体所追求的价值是多元的而不是一元的，人们的众多目标不可能根据某个单一的公式就能实现。这种一元论带来的后果是，那些自认为掌握了真理的人应该支配那些没有掌握真理的人，那些知道答案的人要求他人应该服从他，同时，对这种一元论模式的追求，恰恰是从雅各宾派专政到当代各种极权主义的理论基础之一。总之，依伯林之见，上述立场是一种危险的乌托邦，有可能滑向绝对主义乃至极权主义的深渊，我们应该抵制对一元论的追求。

伯林秉持一种与一元论完全对立的立场。对于一元论所推崇的一切真正的问题都只有一个正确的答案这一观点，伯林明确表示不赞成，认为"多元论确认：既然对于道德和政治问题以至任何价值问题不可能有一个最终的解答，并且，人们给出的或有权给出的某些解答是相互矛盾的，那么，在实际生活的某些领域，有些价值便可能变得互不相容，这样，如果要避免破坏性的冲突的话，就应该妥协，而最低限度的宽容，不管你情不情愿，都是必不可少的"②。价值多元论强调人类所追求的价值是多种多样的，这是人类历史文化的固有特征之一。正如伯林所言："人类的目标是多样的，它们并不都是可以公度的，而且它们相互间往往处于永久的敌对状态。假定所有的价值能够用一个尺度来衡量，以致稍加检视便可决定何者为最高，在我看来这违背了我们的人是自由主体的知识，把道德的决定看作是原则上由计算尺就可以完成的事情。"③ 一元论恰恰试图通过一个尺度来衡量人类所有的价值，以一个尺度来评价人类所有价值的高低。

伯林的价值多元论的核心理念是，虽然在人们所追求的众多价值之间有冲突的可能性，但是这些价值是不可通约的，这也致使当各种价值之间存在冲突时，以牺牲某些价值为代价而追求另一种价值就变得不可避免。不同的社会有着不同的文化传统，有着不同的特点和交往模式，因而不同的社会追求不同的价值以及不同的生活方式就是一种非常自然的现象。同时，既然人们追求的各

---

① ［英］以赛亚·伯林：《自由论》，胡传胜译，译林出版社 2003 年版，第 242 页。
② ［伊朗］拉明·贾汉贝格鲁：《伯林谈话录》，杨祯钦译，译林出版社 2011 年版，第 40 页。
③ ［英］以赛亚·伯林：《自由论》，胡传胜译，译林出版社 2003 年版，第 244—245 页。

种价值之间存在着不可调和的冲突，各种终极价值之间是不可通约的，追求单一的价值往往会在政治实践中造成巨大的灾难。

二、罗尔斯的自由主义思想

约翰·罗尔斯（John Rawls，1921—2002 年）是美国著名的哲学家、伦理学家和政治学家，哈佛大学教授。1939 年至 1943 年，罗尔斯在普林斯顿大学学习。1943 年至 1945 年，罗尔斯参加军事训练并被派往太平洋战区服役两年。1946 年至 1950 年，罗尔斯在普林斯顿大学学习并获得哲学博士学位。罗尔斯先后任教于普林斯顿大学（1950—1952 年）、康奈尔大学（1953—1959 年）、麻省理工学院（1960—1962 年）和哈佛大学（1962—2002 年）。罗尔斯是当代美国自由主义最主要的代表人物之一，他的自由主义思想主要体现在其《正义论》（1971 年）、《政治自由主义》（1993 年）、《万民法》（1999 年）、《罗尔斯论文全集》（1999 年）、《道德哲学史讲义》（2000 年）和《政治哲学史讲义》（2007 年）等著作中。

罗尔斯一生都在研究正义理论，内容涉及国内正义理论和国际正义理论。《正义论》出版以后，罗尔斯的思想一直主导着当代西方道德哲学和政治哲学界，正如他的论敌罗伯特·诺齐克曾高度评论的那样："《正义论》是自约翰·斯图亚特·密尔的著作以来，政治哲学和道德哲学领域中仅有的一部有力的、深刻的、巧妙的、内容广泛的和系统的著作。它是各种富有启发性的思想之源，并把这些思想整合进一种精致迷人的整体。现在，政治哲学家们要么必须在罗尔斯的理论框架内工作，要么必须解释为什么不这样做。"[1]《正义论》重新激发了人们对政治哲学的兴趣，从根本上扭转了政治哲学日益颓废的态势，颠覆了在政治哲学中长期流行的功利主义理论，并且复兴了业已处于边缘地位的契约主义理论，此书仅英文版就销售了 40 万册之多，并被翻译成数十种文字。在《正义论》出版之后的数十年间，数以百计不同学科、不同国家的学者从多种视角对罗尔斯的正义理论进行了系统的阐释、批判、修正或拓展，形成了一种蔚为壮观的"罗尔斯产业"。佩里·安德森就此曾言："在当代以任何语言写成的政治哲学著作中，没有任何一部著作能够像约翰·罗尔斯的《正义

---

[1] Robert Nozick, *Anarchy, State, and Utopia*, New York: Basic Books, Inc., 1974, p.183.

论》那样产生如此巨大的学术反响。"① 罗尔斯秉承康德传统，打破了功利主义一统天下的局面，将自由主义政治哲学的基础重新奠基在契约主义之上。罗尔斯将政治哲学的主题由"自由"转换为"平等"，实现了政治哲学主题的转变，这使得平等理论成为当代政治哲学中最为重要的和富有吸引力的理论之一，以至于当今任何一种具有一定可信度的政治理论基本上都在某种程度上诉求平等价值（或者至少不会公开反对平等），否则就有违道德直觉，缺乏吸引力。

罗尔斯的《正义论》出版后，褒贬不一，罗尔斯也对某些批评意见作出了回应，这主要体现在罗尔斯在 20 世纪 90 年代出版的《政治自由主义》中。罗尔斯还将其自由主义正义观应用于国际关系领域，在 1993 年发表的《万民法》一文以及 1999 年出版的同名专著《万民法》中，建构了一种国际正义理论。罗尔斯在建构其自由主义理论的过程中，为了回应他人的批判，在某些方面修正了自己的立场，但罗尔斯并未放弃其左翼自由主义的根本立场。

（一）对功利主义的批判

恢复社会契约论的传统，以一种正义理论取代功利主义是罗尔斯建构正义论的初衷。罗尔斯曾明确指出："我一直试图做的就是要进一步概括洛克、卢梭和康德所代表的传统的社会契约理论，使之上升到一种更高的抽象水平。藉此，我希望能把这种理论发展得能经受住那些常常被认为对它是致命的明显攻击。而且，这一理论看来提供了一种对正义的系统解释，这种解释在我看来不仅可以替换，而且或许还优于占支配地位的传统的功利主义解释。"② 在过去的两个多世纪中，功利主义在西方的伦理学、法学和政治学等领域取得了近乎支配性的地位。虽然功利主义理论有诸多缺陷，面临着诸多批评，但是在很长一段时间内仍然无人能够提出与之相匹敌的替代性理论，人们不得不在直觉主义和功利主义之间作出非此即彼的选择。罗尔斯在建构其正义论时主要以功利主义为靶子，试图打破功利主义在哲学、法学和政治学等领域中的支配地位，并力图复兴业已凋敝的社会契约论传统。罗尔斯对功利主义的批判主要有以下三点。

---

① ［英］佩里·安德森：《思想的谱系：西方思潮左与右》，袁银传等译，社会科学文献出版社 2012 年版，第 133 页。

② ［美］约翰·罗尔斯：《正义论》，何怀宏等译，中国社会科学出版社 1988 年版，序言，第 2 页。

第一，功利主义把人本身当作手段而不是目的。在罗尔斯看来，功利主义的突出特征在于它直接涉及效用总量的增加，而不关注效用怎样在人与人之间进行分配，这样就有可能出现一些分配不公的现象，即可能出现为了社会总体效用的增加而牺牲个人利益的情况，这就违背了康德传统，即人是目的，而不仅仅是手段："你的行动，要把你自己人身中的人性，和其他人身中的人性，在任何时候都同样看作是目的，永远不能只看作是手段。"①

第二，功利主义容许牺牲少数人的利益换取大多数人的利益，这是对少数人的自由平等权利的侵犯。功利主义者的目的是实现总体效用的最大化，其他的一切东西，如权利、权力、机会、财富和诺言等都是实现效用最大化的手段。依照功利主义的立场，只要能够实现效用的最大化，人们可以撒谎，可以不遵守自己的承诺，甚至可以犯下严重的错误而不受到任何惩罚。为了实现效用的最大化，功利主义者允许牺牲某些人的利益，甚至会为了更大的利益而剥夺少数人的自由和权利。正是从这个意义上看，罗尔斯认为功利主义是不公正的，它没有像康德一样尊重人的尊严，"社会的每一成员都被认为是具有一种基于正义、或者说基于自然权利的不可侵犯性，这种不可侵犯性甚至是任何别人的福利都不可逾越的。正义否认为使一些人享受较大利益而剥夺另一些人的自由是正当的"②。

第三，功利主义错置了善（good）与正当（right）。在罗尔斯看来，正当与善是伦理学的两个主要概念，对正当与善之间关系的不同阐发可以凸显伦理学理论的不同结构。目的论（teleological theories）认为善是独立于正当的，善与正当相比，具有更优先的地位。事物正当与否在于其是否能够产生善，即正当依赖于善。对善的理解不同，可以产生形态各异的目的论，如功利主义、至善论、幸福论和快乐主义等目的论。相反，义务论（deontological theories）主张正当是独立于善的，正当与善相比，具有更优先的地位。在罗尔斯那里，功利主义属于目的论，功利主义的"善优先于正当"这一立场是有问题的。

（二）作为公平的正义

罗尔斯主要通过契约论的论证方式，并辅之以道德直觉的证成方式，论证了"作为公平的正义原则"，并试图以其来取代功利主义原则。罗尔斯的作为

① ［德］伊曼努尔·康德：《道德形而上学原理》，苗力田译，上海人民出版社 2005 年版，第48 页。

② ［美］约翰·罗尔斯：《正义论》，何怀宏等译，中国社会科学出版社 1988 年版，第 25 页。

公平的正义原则的主要内容是下述两个正义原则："第一个原则：每个人对与所有人所拥有的最广泛平等的基本自由体系相容的类似自由体系都应有一种平等的权利。第二个原则：社会和经济的不平等应该这样安排，使他们：①在与正义的储存原则一致的情况下，适合于最少受惠者的最大利益；并且，②依系于在机会公平平等的条件下职务和地位向所有人开放。"① 罗尔斯认为上述两个正义原则有着先后之分，第一个正义原则优先于第二个正义原则，也就是说，只有在第一个正义原则获得满足以后，才能考虑第二个正义原则，即基本自由具有优先性。

罗尔斯的第一个正义原则被简称为"平等的自由原则"，其主要内涵在于每个人都享有平等的基本权利和基本自由，每个人所拥有的基本权利和基本自由是不能被剥夺的，某些基本自由比其他自由更加重要，这凸显了罗尔斯的正义理论是一种自由主义的正义理论。那么，哪些自由在罗尔斯的基本自由的清单之上呢？罗尔斯对此曾明言："在正义的第一原则中，平等的基本自由可以具体化为下列表项：思想自由和良心自由；政治自由和结社自由；由个人的自由与完整所具体规定的那些自由；最后是法律规则所包括的各种权利。"② 随之而来的问题是，为什么与其他自由相较而言，思想自由和良心自由等自由是更加"基本的"自由呢？对于其中的缘由，罗尔斯强调基本自由是开发和充分而明智地实践两种道德能力所必要的背景性制度条件，对于保护具有决定性意义的善观念的广泛范围来说，这些自由是必不可少的。

在罗尔斯那里，上面提及的道德能力是自由和平等之人所拥有的两种道德能力，即拥有正义感（sense of justice）和善观念（conception of the good）的能力，前者是"理解、应用和践行（而不是仅仅服从）政治正义的原则的能力，而这些政治正义的原则规定了公平的社会合作条款"，后者是"拥有、修正和合理地追求善观念的能力。这样一种善观念是由各种终极目的和目标组成的有序整体，而这些终极目的和目标规定了一个人在其人生中被看作最有价值的东西，或者被视为最有意义的东西"③。依罗尔斯之见，上述两种道德能力是自由

① ［美］约翰·罗尔斯：《正义论》，何怀宏等译，中国社会科学出版社1988年版，第292页。
② ［美］约翰·罗尔斯：《政治自由主义》（增订版），万俊人译，译林出版社2011年版，第270页。
③ ［美］约翰·罗尔斯：《作为公平的正义：正义新论》，姚大志译，上海三联书店2002年版，第31—32页。

和平等之人享有平等的道德价值的基础，自由和平等之人拥有从事终身的社会合作所需的道德能力，并作为平等的公民参与社会生活。基本自由对充分发展人们的两种道德能力来说是极为必要的，换言之，拥有基本自由是自由和平等之人能够运用两种道德能力的先决条件，能够保护对人们来说具有重要意义的切身利益。例如，倘若人们缺乏政治自由和思想自由，人们既不会拥有善观念这一道德能力，也不可能参与真正意义上的社会合作。

罗尔斯的思想自由和政治自由等基本自由具有优先性这一观点意味着：其一，与经济自由等非基本自由相较而言，这些自由是更加重要的。"自由的优先性意味着，正义的第一原则赋予各种基本自由以一种特殊地位，一如清单所示的那样。相对于公共善的理由和完善论价值的理由来说，它们具有一种绝对的分量。"① 由于各种基本自由之间不会和谐共存，而是会出现冲突，因此，一些调整基本自由之间的冲突的规则是必备的。我们需要注意的是，基本自由的优先性原则意味着一种基本自由只能因某种或多种其他的基本自由的缘故而受到限制（甚至受到否定），人们并不能像某些功利主义者所说的那样以提高社会整体福利水平为名而限制或剥夺某些人的基本自由，"甚至不会为了在第二个正义原则下向穷人提供更多的机会和资源，而使基本自由受到限制"②。其二，这些基本自由既不能被转让，又不能以民主的名义被剥夺。"基本自由的优先性意味着，任何一个人，或任何个人群体，甚至全体公民，都不能以这种契约是政治上多数派（无论它多么强大和持久）的欲望，或压倒性的偏好为由，来否认这些基本自由。自由的优先性将这些考虑排除在可以接受的理由之外。"③ 一旦公民拥有基本自由并且其优先性获得了保护，公民就拥有了平等的社会条件。其三，各种基本自由并不是对所有人来说都拥有同等的价值或同等的重要性。譬如，在自由主义传统中，贡斯当等人就认为良心自由和思想自由比政治自由更加具有价值。为了某种基本自由，可以限制其他基本自由，然而，自由只能因自由之故而受到限制，平等不能成为限制自由的理由。

虽然罗尔斯在其整个正义理论体系中主张自由优先于平等，但是这并不意

① ［美］约翰·罗尔斯：《政治自由主义》（增订版），万俊人译，译林出版社 2011 年版，第 273 页。

② Samuel Freeman, *Rawls*, Oxon: Routledge, 2007, p. 66.

③ ［美］约翰·罗尔斯：《政治自由主义》（增订版），万俊人译，译林出版社 2011 年版，第 337 页。

味着平等在罗尔斯的正义理论中是可有可无的，罗尔斯尤其通过其第二个正义原则，赋予了平等极其重要的地位。第二个正义原则主要由"公平的机会平等原则"和"差别原则"构成，这两个原则的地位并不是同等的，公平的机会平等原则优先于差别原则，换言之，只有在满足公平的机会平等原则的情况下，才能考虑满足差别原则。机会平等强调人们应当拥有平等的人生起点以及发展自身才能的平等机会，无论什么人为设置的障碍，都不应当阻止人们获得与自身才能相称的地位。一旦这些条件获得满足之后，任何不平等的结果都是人们应当为之承担责任的。事实上，这种机会平等仅仅是形式上的机会平等，因为对于同等的机会而言，人们把握机会的能力并不是同样的，人们把握机会的能力不仅受到自身的身体健康程度等自然偶然因素的影响，而且还受到自己的家庭背景状况等社会偶然因素的影响。依罗尔斯之见，仅仅追求形式上的机会平等是远远不够的，还应当追求比机会平等要求更高的实质的机会平等，即他所说的"公平的机会平等"。

罗尔斯认为，公平的机会平等意味着不仅各种职位在形式上向所有人开放，而且所有人都有平等的机会去获得它们。具体言之，那些拥有相似能力或才能的人应当拥有相似的生活机会："假定有一种自然禀赋的分配，那些处在才干和能力的同一水平上、有着使用它们的同样愿望的人，应当有同样的成功前景，不管他们在社会体系中的最初地位是什么，亦即不管他们生来是属于什么样的收入阶层。在社会的所有部分，对每个具有相似动机和禀赋的人来说，都应当有大致平等的教育和成就前景。那些具有同样能力和志向的人的期望，不应当受到他们的社会出身的影响。"① 同时，罗尔斯还强调了财富的过度积聚对公平的机会平等的影响以及所有人拥有受教育的机会平等的重要性，并重点述说了后者。在罗尔斯那里，一个人获得知识和技艺的机会不应当依赖其所处的阶级，公立学校和私立学校都应当被设计得有利于填平阶级之间的鸿沟。也就是说，国家应当对教育采取倾斜的姿态，以便那些生而处于不利境地之人能够同那些生而处于有利境地之人展开公平竞争。然而，一个人的家庭背景状况确实会影响人们把握机会的能力，罗尔斯对此曾言："公平机会的原则只能不完全地实行，至少在家庭制存在的情况下是这样。自然能力发展和取得成果的范围受到各种社会条件和阶级态度的影响。甚至努力和尝试的意愿、在通常意

① ［美］约翰·罗尔斯：《正义论》，何怀宏等译，中国社会科学出版社1988年版，第68—69页。

义上的杰出表现本身都依赖于幸福的家庭和社会环境。"① 罗尔斯的这一观点极
易使人们相信，为了使公平的机会平等原则能够真正发挥作用，家庭必须被取
消。倘若这是罗尔斯的本意，这种观点肯定与道德直觉相悖。事实上，罗尔斯
的公平的机会平等原则并没有主张取消家庭，罗尔斯强调通过差别原则来缓解
家庭背景和社会地位等社会偶然因素对分配份额产生的影响。

差别原则是罗尔斯的第二个正义原则的重要组成部分，亦是罗尔斯的正义
理论中最有争议性的部分，处于右翼和左翼的双重夹击之中。在右翼看来，差
别原则允诺了太多的平等，侵犯了个人的自由和权利。然而，在罗尔斯所属的
左翼看来，差别原则恰恰提供了太少的平等，虽然它减少了部分不平等，但是
它仍然允许大量不平等的存在。根据罗尔斯的观点，倘若人们要把每个人作为
一个平等的道德主体来看待，人们绝不应当根据个人运气的优劣来衡量其在社
会合作中利益和负担的份额，应该排除运气因素对分配份额所产生的影响。罗
尔斯认为，差别原则能够缓解社会偶然因素和自然偶然因素等运气因素对分配
份额的影响，差别原则意味着人们应当"把自然才能的分配看作一种集体资
产，并共同分享，无论它带来的利益是什么"②。在罗尔斯那里，没有人应得较
好的自然禀赋和人生起点，正如没有人应得较差的自然禀赋和人生起点一样，
我们没有理由忽视人们生而就存在的在诸如智商、身体健康程度和家庭背景状
况等方面的差别。差别原则的核心要义在于只有当那些先大处于较有利境地之
人能够有利于处境最差者的最大利益时，他们才能够从自身较为有利的境地中
获得更多的益处。换言之，那些处境较好之人被鼓励获得更多的利益，但是其
前提条件在于他们应当能够改善处境最差者的处境。

在差别原则中，为什么选择处境最差者的处境而不是处境最好者的处境作
为评估不平等正当与否的起点呢？罗尔斯认为，其中的原因包括两个方面：一
方面，社会是一个合作体系，无论是处境最好者的福利，还是处境最差者的福
利，都有赖于它。如果没有这种合作体系，任何人都不可能过上一种幸福的生
活，即使处境最好者也不例外。另一方面，在合作条款是公平的情况下，可以
要求人们的自愿合作，差别原则为这种社会合作提供了公平的条款，在这一基

① ［美］约翰·罗尔斯：《正义论》，何怀宏等译，中国社会科学出版社 1988 年版，第 69—
70 页。

② John Rawls, *A Theory of Justice*, Cambridge：The Belknap Press of Harvard University Press, 1971,
pp. 101—102.

础上，那些处境最好者能够期待别人同他们一起合作。实际上，按照罗尔斯的"最大的最小值规则"，即使"我们要按选择对象可能产生的最坏结果来排列选择对象的次序，然后我们将采用这样一个选择对象，它的最坏结果优于其他对象的最坏结果"①，人们以处境最差者的处境作为评估不平等的起点，这是一种较为稳妥的选择。因为在无知之幕的遮蔽之下，没有人事先知道自己的处境到底是好还是坏，选择以处境最差者的处境作为评估不平等的起点可以确保人们即使处于最差的处境，也仍然可以过上一种较为体面的生活。原初状态中的人都是理性的，一个人即使属于处境最差者，选择差别原则也是较为理性的。

在《正义论》中，罗尔斯认为他从原初状态中推导出的两个正义原则对所有的社会和时代都是有效的，可以被用来评判一个社会的正义与否，并假定在良序社会中，人们对良善生活有着普遍的共识。然而，自20世纪80年代以来，罗尔斯逐渐认识到这在一个民主的社会中是不可能的，于是他就放弃追求这种普适性的正义原则，从对客观真理的追求转而追寻一种"重叠共识"。现代民主社会不仅具有各种完备的宗教学说、哲学学说和道德学说，是一个价值多元的社会，而且任何一种学说都不可能获得所有公民的普遍认可。

《政治自由主义》解决的主要问题是在某个社会中，自由和平等的公民持有各种互不相同的但却合理的宗教学说、哲学学说和道德学说，正义和稳定如何得以实现？换言之，各种合理但是互相对峙的学说，怎样能够共存并一致认可宪政民主政体的政治观念？一种能够获得这种重叠共识支持的政治观念的内容和结构是什么？《政治自由主义》给出的回答是，《正义论》中的良序社会的理念是不现实的，良序社会不再是在基本的道德信念方面均统一的社会，而是在政治的正义观念方面统一的社会，同时，罗尔斯将其在《正义论》中提出的作为公平的正义理论转换为一种适应于社会基本结构的政治的正义观念。② 在罗尔斯那里，政治自由主义不是一种完备性的自由主义学说，而是为宪政民主政体制定一种政治的正义观念，在该宪政民主政体中，人们可以自由地认可各种合理的但是有可能相互冲突的学说，并可以自由地生活在该政体中，逐步理解该政体的美德。

罗尔斯在回应各种批判的过程中，认识到在现代民主社会中存在各种各样

① ［美］约翰·罗尔斯：《正义论》，何怀宏等译，中国社会科学出版社1988年版，第46页。
② ［美］约翰·罗尔斯：《政治自由主义》（增订版），万俊人译，译林出版社2011年版，第123—159页。

的宗教学说、哲学学说和道德学说的情况下，哪怕所谓最完备的学说，都不可能获得所有公民的普遍认可，因此，罗尔斯开始不断调整自己的立场，转而追寻一种"重叠共识"，并建构了一种政治性的正义观念。政治性的正义观念是重叠共识的核心，重叠共识是人们对社会基本政治制度、宪法原则及价值观所达成的一种共识，是在排除各种分歧的意见之后所留下的理性共识。

三、德沃金的自由主义思想

罗纳德·德沃金（Ronald Dworkin，1931—2013 年）是美国著名的法哲学家和政治哲学家，曾任牛津大学法理学首席教授、纽约大学萨默尔法律与哲学教授、伦敦大学边沁法理学教授，2007 年度霍尔堡国际纪念奖得主，被视为二战以后最有影响的法哲学家之一。德沃金去世以后，《每日电讯报》曾在讣告中这样说："对他的崇拜者来说，德沃金是自由与平等的旗帜性人物，反对的是肮脏政客的党派之见以及多数的暴政。而在他的右翼批评者看来，对于当今这种消耗精力的'权利文化'，以及反民主的司法能动主义（judicial activism）的兴起来说，德沃金是其在意识形态上的领军人物。"[①] 德沃金的著作主要包括：《认真对待权利》（1977 年）、《原则问题》（1985 年）、《法律帝国》（1986 年）、《生命的自主权：堕胎、安乐死与个人自由的论辩》（1993 年）、《自由的法：美国宪法的道德解读》（1996 年）、《至上的美德：平等的理论与实践》（2000 年）、《身披法袍的正义》（2006 年）、《民主是可能的吗？新型政治辩论的诸原则》（2006 年）和《刺猬的正义》（2011 年）等。

德沃金首先是作为法哲学家而闻名，后来又作为政治哲学家而为人称道。德沃金的法哲学和政治哲学并不是截然分开的，而是密切地关联在一起，"平等"是它们共同关注的主题。平等问题更是德沃金政治哲学的核心关注点，德沃金把平等的重要性提升到了前所未有的高度，在德沃金那里，平等是一种"至上的美德"（sovereign virtue）。

许多人认为，自由和平等都是自由主义与保守主义的核心理念，只是与保守主义相比，自由主义更加关心平等，与自由主义相比，保守主义更加关心自由而不怎么看重平等而已。然而，在德沃金看来，上述观点是有问题的，"无论对自由主义者来说，还是对保守主义者来说，平等都是一个基本的理念……

---

① 《每日电讯报》：《罗纳德·德沃金教授讣告》，曹钦译，《政治思想史》2013 年第 1 期。

保守主义者要求一种不同的平等观"①。实际上，保守主义者和自由主义者有着共同的平等主义共识，即使像诺齐克那样的自由至上主义者也不会反对道德平等，亦主张自由权的平等。当然，这种平等主义共识所主张的平等不是"结果平等"，而是应当将每个人"作为平等的人"来对待。依德沃金之见，对于自由主义的含义来说，越南战争是一个重要的分水岭。因为在越南战争之前，自由主义的含义是明确的，比如赞成更大程度的经济平等，赞成国际主义，赞成言论自由，赞成种族之间的更大的平等，反对新闻审查，反对种族隔离，等等。然而，越南战争以后，自由主义的含义变得非常模糊，肯尼迪及其支持者自称为自由主义者。②德沃金试图阐明自由主义的含义，并将自由主义与保守主义区分开来，当然，自由主义与保守主义在某些方面还是相似的，"自由主义与包括保守主义在内的许多其他政治理论分享着一些相同的基本原则，但是它通过赋予不同原则以不同的相对重要性而区分于其他的政治理论"③。德沃金此时强调的自由主义和保守主义所共同分享的基本原则主要是"自由"和"平等"，德沃金主要论述了自由主义所认可的平等观，并将自由主义的平等观视为自由主义的核心。

（一）质疑福利平等和罗尔斯的平等观

在论述德沃金所认可的自由主义平等观——资源平等（equality of resources）理论——之前，我们先看一下德沃金对福利平等（equality of welfare）以及同属左翼自由主义阵营的罗尔斯平等观的批判。在当代政治哲学界，德沃金对福利平等的批判是最为彻底的。德沃金主要通过逐一反驳不同形式的福利平等进而力图反驳整个福利平等理论，大体而言，他从界定福利的方式入手将福利平等分为两类，一类是从客观方面来界定福利平等，另一类是从主观方面来界定福利平等。在德沃金那里，无论主观的福利平等，抑或客观的福利平等，都是问题重重的。

德沃金还探讨了福利平等面临的最大的问题，即"昂贵嗜好"（expensive tastes）问题。德沃金认为，对于昂贵嗜好而言，福利平等似乎在建议有着昂贵嗜好的人应该获得更多的资源份额，因为倘若他们想同那些有着便宜嗜好的人

① Ronald Dworkin, *A Matter of Principle*, Cambridge: Harvard University Press, 1985, p. 190.
② ［美］罗纳德·德沃金：《原则问题》，张国清译，江苏人民出版社 2005 年版，第 235—236 页。
③ ［美］罗纳德·德沃金：《原则问题》，张国清译，江苏人民出版社 2005 年版，第 245 页。

有相同的福利水准，他们就需要拥有更多的资源。依德沃金之见，这与道德直觉是相背离的。那么，福利平等能否在不对昂贵嗜好进行补贴的同时又不背离福利平等的基本理念呢？譬如，有一个社会已实现了福利平等，每个人都有同等数量的财富，其中路易开始自觉地培养他现在还不拥有的昂贵嗜好，比如养成了喜欢喝香槟的嗜好。虽然对路易进行补贴有违道德直觉，但是由于以下两点原因，路易在福利平等的框架内不能获得补贴又是不可能的：第一，"这些被培养的嗜好经常是对某些信念——有关哪种生活总体上更加成功的信念——作出的反应，而这些信念本身并不是人们自己培养或选择的。也就是说，在一个致力于消除福利差别的共同体里，从任何意义上来说都没有理由忽视由这些信念而产生的福利差别"。第二，不补贴政策会抑制人们尝试新的嗜好，"这最终会产生一个单调的、墨守成规的、缺少想象力和吸引力的共同体，而且也是一个缺乏长远功效的共同体"①。虽然有一些嗜好起初非常昂贵，但正是因为少数人尝试之后才变得逐渐流行开来。因此，福利平等理论不得不补偿那些拥有昂贵嗜好之人，这样产生的结果就是在责任问题上的无能为力，拥有昂贵嗜好之人就把其自身应该担负的责任，转嫁给了那些并未主动培养昂贵嗜好的人，这是非常不公平的。德沃金指出了福利平等在直觉上、理论上和实践上所带来的诸多难题，认为福利平等并不像人们通常所认为的那样是一种自洽的理论。

德沃金主要从下述几个方面批判了罗尔斯的平等观。第一，批判罗尔斯的契约论的论证方式。罗尔斯对其正义理论主要采取了契约论的证成方式，这使得罗尔斯面临着与大多数契约论者同样的诘难，即既不存在历史的契约，又不存在契约的历史。德沃金认为罗尔斯从未考虑过那些并未签署过他所描绘的契约的人，罗尔斯的"契约是虚拟的，虚拟的契约并不能提供为了公平而强迫缔约者履约的独立理由。一个虚拟的契约根本就不是一个实际契约的某种形式。它根本就不是契约"②。德沃金认为，在原初状态中，人们预期的自我利益并不同于现代人预期的自我利益。如果认为在假想的原初状态下达成的契约对我们有一定的约束力，那么我们就等于接受如下荒谬的结论："如果我们用原初状态来论证适用两个正义原则的公平性，那么我们就必须用原初状态来证明：因

① Ronald Dworkin, "What is Equality? Part 1: Equality of Welfare," *Philosophy and Public Affairs*, Vol. 10, No. 3, 1981, pp. 232—236.

② Ronald Dworkin, *Taking Rights Seriously*, Cambridge: Harvard University Press, 1977, p. 151.

为如果提前征求一个人的意见，这个人将会同意某些原则，所以在不同的环境下，在他不同意这些原则的时候，将这些原则适用于他仍是公平的。但是，这是一个糟糕的论证。"① 依德沃金之见，原初状态中的人们选择两个正义原则是基于预期利益的考虑，而不是基于实际利益的考量，因此选择两个正义原则并不是每个人的实际的最大利益。

第二，差别原则没有补偿天生残障者。德沃金认为："罗尔斯仅仅以社会成员所拥有资源的多寡来界定处境最差者，对于那些因为生病或运气不好而生活较差的人以及那些因为不像别人那样努力工作或选择根本不工作而导致生活较差的人，他并没有作出任何区分。"② 罗尔斯以社会基本善为指标来界定处境最差者，这样罗尔斯就忽视了因自然基本善而处境最差者，这是有问题的。例如，先天残障者必须负担额外的医药费以及由残障所带来的痛苦。先天残障并不是个人选择的结果，是由道德上的任意因素所带来的结果，它不应该决定人生境遇。罗尔斯在界定处境最差者时仅以社会基本善为指标，这样就会将残障者排除在外，因此差别原则没有弥补人们在自然禀赋上的差异，这也是德沃金认为罗尔斯的平等观不够平等的地方之一。

第三，差别原则只关注那些基本善最少者的处境，并没有使个人对其选择承担责任。德沃金认为差别原则在改善处境最差者的处境这一点上缺少公正性：如果处境最差者是因为自己懒惰之故而处于最差的处境，政府从勤劳者那里征税以补偿处境最差者，那么处境最差者就没有对自己的懒惰行为负责。处境最差者的处境是个人选择的因素还是无法控制的环境因素所带来的结果？差别原则并没有解决这一问题，即差别原则在处理个人责任问题上存在局限性："比较一下这样两种福利计划：按照第一种计划，只有那些试图找工作的人会得到福利，按照第二种计划，凡是没有工作的人，不管是出于什么原因，都能得到补助。在第二种计划中，没有任何群体会像第一种计划中生活最差的人那样糟，在这种情况下差别原则会建议第二种计划。对此也可以回答说，这种事根本不可能发生，因为在任何社会里，如果它的经济系统为能够工作的人提供激励工作的机制，生活最差的群体就会生活得更好一些。然而未必如此：有些人（其人数多寡取决于如何定义生活最差的群体）也许极想选择无所事事，在

---

① Ronald Dworkin, *Taking Rights Seriously*, Cambridge: Harvard University Press, 1977, p. 152.
② Ronald Dworkin, *Is Democracy Possible Here*?, Princeton: Princeton University Press, 2006, p. 103.

不惩罚这种选择的计划中他们才会有较好的生活。"① 在德沃金那里，差别原则在这一点上消解了个人责任。譬如，两个在禀赋和基本善方面相同的人，他们的爱好存在差异，一个人喜欢奢侈品，另一个人非常勤奋，将其财富用于投资。显而易见的是，前者的处境会愈来愈差，而后者在社会竞争中会处于有利的境地。依照差别原则，勤奋者获得的有利地位只有在有利于处境较差者时，才是被允许的，也就是说，勤奋者需拿出一部分金钱补贴拥有昂贵嗜好的人，实际上这有悖于道德常识。

(二) 资源平等理论

通过批判福利平等和罗尔斯的平等观，德沃金已经为构建其资源平等理论扫清了道路。在他看来，福利平等和罗尔斯的差别原则的一个共同缺陷在于消解了责任，没有使人承担其应当担负的责任，这也是保守主义者对当代平等观不满的地方之一。为了能够更好地将责任纳入平等理论之中，德沃金建构了一种不同于罗尔斯平等观的资源平等理论。

德沃金认为资源平等理论的要求在于"一个分配方案在人们中间分配或转移资源，直到进一步的资源转移再也无法使他们在总体资源份额上更加平等，这时这个方案就把人作为平等的人对待"②。他将资源分为人格资源（personal resources）和非人格资源（impersonal resources），前者包括生理健康、心理健康、力量和才能等，这些资源是不能进行人际转移的。后者包括可以被支配和转让的资源，如土地、原材料、房屋以及现行法律制度为人提供的利用自己财产的机会等，这些资源是可以进行人际转移的。③ 资源平等的逻辑起点是公民享有的"平等的关心与尊重的权利"，并认为政府对所有公民的平等关心和尊重与政府的合法性是紧密相关的："我们不能彻底拒绝平等主义的原则，因为政府不应当对公民的生活给予关心的观点是荒谬的，政府应当给予某些人更多关心的观点是不道德的。"④ "一个具有合法性的政府，必须对其管辖下的公民

---

① ［美］罗纳德·德沃金：《至上的美德：平等的理论与实践》，冯克利译，江苏人民出版社2003年版，第383页。

② Ronald Dworkin, *Sovereign Virtue: The Theory and Practice of Equality*, Cambridge: Harvard University Press, 2000, p. 12.

③ Ronald Dworkin, *Sovereign Virtue: The Theory and Practice of Equality*, Cambridge: Harvard University Press, 2000, pp. 322—323.

④ Ronald Dworkin, *Sovereign Virtue: The Theory and Practice of Equality*, Cambridge: Harvard University Press, 2000, p. 130.

给予某种程度的关心，而且是平等的关心。"① 也就是说，如果政府不能对所有公民表达平等的关心和尊重，那么其就丧失了合法性。德沃金的"政府对所有公民表达平等的关心和尊重"之理念是极为抽象的，该理念与"人是目的而不仅仅是手段"这一康德传统紧密相关。

在德沃金那里，罗尔斯的原初状态不适合作为政治哲学的起点，他把资源平等建立在伦理个人主义之上，伦理个人主义也是资源平等的伦理基础。伦理个人主义由"平等的重要性原则"和"特别的责任原则"这两个原则组成，这两个原则与"集体责任"和"个人责任"相对应，其中"平等的重要性原则"与集体责任相对应，"特别的责任原则"与个人责任相对应。"平等的重要性原则"认为每个人生活的成功，从客观上说是重要的，而且具有同等的重要性，每个人的生活一旦开始，就应该不被虚度，应该蒸蒸日上。"特别的责任原则"认为每个人对其生活的成功与否负有最终责任，在某种意义上，一个人的生活与一个人之间的关系是特殊的。在德沃金看来，人应该有一种"责任感"，为自己的行动后果承担责任，不能将责任转嫁给他人。

德沃金曾这样表述其资源平等的理论目标："一方面，我们必须承受背离平等的痛苦，允许任何特定时刻的资源分配（我们也许可以说）敏于抱负。也就是说，它必须反映人们做出的选择给别人带来的成本或收益，例如，那些选择了投资而不是消费的人，或消费更加节俭而不是消费较高的人，或以收益较高而不是较低的方式工作的人，必须允许他们保留在自由交易条件下从拍卖后作出的这些决定中得到的收益；但另一方面，我们不能允许资源分配在任何时候敏于禀赋，也就是说，有相同抱负的人在自由放任经济中受到造成收入差别的那一类能力差异的影响。"② 如果我们用一句话来归纳德沃金资源平等理论的理论目标，那就是在资源的分配过程中，应该实现"敏于抱负，钝于禀赋"（ambition-sensitive, endowment-insensitive），即在资源分配的过程中，由"抱负"等选择因素所造成的不平等是被允许的，个人应该为之承担责任，然而，"禀赋"等原生运气（brute luck）因素对分配的影响应被排除，个人不应该为之承担责任。

德沃金与罗尔斯一样，并不主张消除一切不平等，而是承认一些不平等的

① Ronald Dworkin, *Is Democracy Possible Here?*, Princeton: Princeton University Press, 2006, p. 97.

② Ronald Dworkin, "What is Equality? Part 2: Equality of Resources," *Philosophy and Public Affairs*, Vol. 10, No. 4, 1981, pp. 283—345.

存在是合理的。在德沃金那里，完全的平等是无法实现的，平等与不平等并不是绝对对立的，不平等是被允许的，关键要仔细辨别是何种因素造成了不平等。通观资源平等的理论目标可以发现，资源平等承认一些不平等的存在是合理的，只要这些不平等源于人们应该承担道德责任的选择，同时必须纠正由人们不能为之负责的环境所带来的不平等。

"假想的拍卖"和"虚拟保险市场"是资源平等的理论目标的实现机制，其中前者针对非人格资源，后者针对人格资源。第一，德沃金通过假想的拍卖达到资源的初始分配的平等。所谓假想的拍卖就是在德沃金设计的一种思想实验中达到资源的平等分配的方式。比如，一群人在海上航行时突然遭遇了恶劣天气，其中幸存者被海水冲到一个渺无人烟的岛上，该荒岛上面的资源丰富。幸存者到了荒岛上之后，他们需要做的一件非常重要的事情就是对荒岛上现有的资源进行平等分配。那么，应当采取何种分配方式才能达到平等分配的目的呢？德沃金认为可以通过拍卖的方式达到资源的平等分配，并能满足资源平等分配与否的检验标准即"嫉妒检验"（envy test）："一旦分配结束，如果任何移民宁愿选择别人的资源份额而不要自己的那份，则资源的分配就不是平等的分配。"[①] 也就是说，倘若分配结束以后没有人嫉妒他人拥有的资源份额，分配就是平等的。

第二，德沃金迪过虚拟保险市场以达到资源分配的历时平等。资源的初始分配完成后，人们便开始进行生产和交易，此时嫉妒检验就会失效，因为初始的平等会因个人技能、身体健康程度、家庭环境、自然禀赋和运气等因素的差异而产生不平等。如果资源平等要有说服力，那么它就必须考虑到人际相异性，考虑到人们在个性、嗜好、抱负、才能、残障和运气等方面存在差异的情况下如何达到资源的平等分配。对于运气因素所造成的不平等，德沃金与罗尔斯一样，试图找寻一种可使其归于无效的正义观。为排除运气对分配的影响，德沃金设想了一种可以提供针对失明的险种的虚拟保险市场，人们可以决定是否购买该险种。倘若一个人购买了该险种，当这个人失明时就可以获得保险公司所提供的补偿。倘若这个人没有购买该险种，当他失明时就不能获得补偿。

然而，德沃金并不认为所有的运气因素都是道德上任意的和专横的因素，

---

① Ronald Dworkin, *Sovereign Virtue: The Theory and Practice of Equality*, Cambridge: Harvard University Press, 2000, p. 67.

而是将运气分为"选项运气"和"原生运气":"选项运气是一个自觉的和经过计算的赌博如何产生的问题——人们的得失是不是因为他接受自己预见到并本来可以拒绝的这种孤立风险。原生运气是一个风险如何发生的问题,从这个意义上说它不同于自觉的赌博。"① 对德沃金来说,人们应当对由选项运气所带来的结果承担责任,因为由人们应当为之承担责任的选项运气因素所带来的不平等是正当的,同时应排除原生运气对分配的影响。

在德沃金看来,虚拟保险市场可以把选项运气和原生运气联系起来,并把发生某种风险的原生运气转化为选项运气:"只要能够获得保险,保险提供了一个把原生运气和选项运气联系起来的纽带,因为决定购买或拒绝购买灾难险种是一个经过计算的赌博。当然,保险不能消除这种差别。购买了医疗保险而被不可预见的流星击中的人仍然遭受了坏的原生运气,因为这比购买了保险而无须使用的情况更坏。但和不买保险的情况相比,他仍然有着更好的选项运气,因为他的境况要好于他拒绝参与保险赌博的境况。"②

总之,德沃金试图将责任纳入平等理论之中,这主要体现在两个方面:一是资源平等的伦理基础:伦理个人主义。伦理个人主义包含的两个原则分别对应两种责任,即个人责任与集体责任。个人责任主要由个人承担,而集体责任主要由政府承担。二是资源平等的理论目标:"敏于抱负,钝于禀赋"。在德沃金看来,人们应该对自己的选择承担责任,但应该排除原生运气等因素对分配的影响。实际上,德沃金的资源平等理论试图将责任纳入平等理论之中,这种做法既可以在某种程度上弥补福利平等和罗尔斯的平等观存在的某些不足,又可以回击保守主义者对当代平等观在个人责任问题上的批判。

四、达尔的自由民主思想

罗伯特·达尔(Robert Dahl,1915—2014 年),美国著名的政治学家、民主理论家。达尔出生于美国艾奥瓦州,1940 年获得耶鲁大学哲学博士学位。博士毕业后,达尔到华盛顿为政府工作,并于 1943 年参军。1946 年,达尔重新回到纽黑文(New Haven)并与林德布罗姆一起创立了耶鲁大学政治学系。在

---

① Ronald Dworkin, *Sovereign Virtue*: *The Theory and Practice of Equality*, Cambridge: Harvard University Press, 2000, p. 73.

② Ronald Dworkin, *Sovereign Virtue*: *The Theory and Practice of Equality*, Cambridge: Harvard University Press, 2000, p. 74.

这里，达尔先后担任过尤金·迈耶讲座教授、斯特林讲席教授，1986 年成为荣誉退休教授。2014 年，达尔在家中逝世。达尔的一生经历了二战前的社会主义思潮、战后行为主义运动、60 年代美国的民权运动、"新左派"运动、东欧剧变、苏联解体、民主化浪潮等重大事件，也一直以一个学者的身份思考其所处的时代。达尔的著作一直与时代紧密联系在一起。也正因为如此，达尔获得了巨大的成功，其民主理论成为当代西方民主理论最具代表性的理论。达尔经历了一个民主的时代，写下了大量的民主著作，产生了重要的影响。通过对当代西方民主的观察，达尔创造性地提出了多元民主理论，并在程序民主、宪政民主、经济民主等多个领域中作出了杰出的理论贡献。

达尔一生完成著作 30 多部，论文 140 多篇。达尔几乎所有的著作都围绕着民主理论展开，其中很多著作已经被公认为民主理论的经典，包括《政治、经济与福利》（1953 年，与林德布罗姆合著）、《民主理论的前言》（1956 年）、《谁统治》（1961 年）、《革命以后》（1970 年）、《多头政体》（1971 年）、《规模与民主》（1973 年）、《多元民主的困境》（1983 年）、《经济民主理论的前言》（1985 年）、《民主及其批评者》（1989 年）、《朝向民主》（1997 年）、《论民主》（1998 年）、《美国宪法的民主批判》（2002 年）、《论政治平等》（2006 年）等。

（一）多头政体

多头政体理论是达尔民主理论的标识，贯穿了达尔研究民主的一生。达尔以多头政体理论成名，同时，其一生都在不断地发展多头政体理论。其多头政体理论大体上经历了早期的概念阐释、中期的科学研究转向、晚期的条件研究以及综合转向的过程。

在构建自己的民主理论之前，达尔首先对近代以来流行最广、影响最大的"麦迪逊式民主"和"平民主义民主"进行了分析，并在此基础上构建了多头政体理论。如果我们用一个词组概括的话，所谓的多头政体，就是"多重少数人的统治"。达尔创造性地将精英民主与利益集团这两个当代西方最流行的理论结合起来，"多重"是利益集团，"少数"则是精英民主。在英语中，精英民主的表述是"rule by minority"，而多头政体则是"rule by minorities"，只是将"少数"一词变成复数形式。在达尔看来，多头政体的根本特征，也就是使它卓尔不群的两大特征，即："公民身份在成年人当中被扩展到一个相当高的比例；公民的权利包括了投票反对和选举政府最高官员的机会。"① 这两个特征使多头政体同贵族共和与威权体制区别开来。

在这两个特征的基础上，达尔系统地提出了多头政体的 7 种制度。所有这些制度都存在的政府，才能称之为多头政体。基本内容如下。

1. 选举官员。从宪法上看，选举产生的官员对政府政策的决定具有控制权。

2. 自由与公正的选举。产生官员的选举是经常的、公正的，在那里，高压政治极其罕见。

3. 包容的选举权。在实践中，所有成年人都有权在产生官员的选举中投票。

4. 竞选官员的权利。在实践中，所有的成年人都有权竞选政府中的选任官员，尽管选任官员的年龄限制可能会比普选的年龄限制高。

5. 言论自由。公民有权表达自己对广泛的政治事务的批评，包括对官员、政府、体制、社会经济秩序以及主流意识形态的批评，不必担心受到严厉的惩罚。

6. 选择性的信息。公民有权通过不同的渠道得到信息。而且，可选择的信息来源的确存在，并通过法律得到保障。

7. 结社自治。为了得到各种各样的权利，包括上述所列，公民还有权组成相对独立的团体或组织，包括独立的政党和利益群体。②

达尔对现实中的多头政体进行了观察，在《民主及其批评者》《论民主》等多部著作中提出了实现多头政体的条件。在《民主及其批评者》中，他提出了"现代的、动态的多元社会"（MDP Society）对一个多头政体国家的重要性。在《论民主》一书中，达尔对有利于民主的条件作出了进一步的修正，重新提出了有利于民主的条件，即：民主的关键条件：①军队和警察控制在由选举产生的官员手里；②民主的信念和政治文化；③不存在强大的敌视民主的外部势力；有利于民主的条件：④现代的市场经济和社会；⑤弱小的亚文化多元主义。③

达尔还提到，很可能还会有其他一些有利条件，如法治、长期的和平以及其他必然会存在的条件。但达尔相信，他提到的五个条件是最为关键的条件。

---

① Robert A. Dahl, *Democracy and its Critics*, New Haven and London: Yale University Press, 1989, p. 220.

② Robert A. Dahl, *Democracy and its Critics*, New Haven and London: Yale University Press, 1989, p. 221.

③ ［美］罗伯特·达尔：《论民主》，李柏光、林猛译，商务印书馆 1999 年版，第 155 页。

达尔非常重视这些条件对于民主发展与稳定的作用。他一再强调："一个国家的某些基础性或背景性条件会有利于民主的稳定。这些条件如果过于脆弱，或者完全缺乏这些条件，那么，民主制度就不太可能存在，或者即使存在，这种存在也是非常不稳定的。"①

（二）程序民主

达尔认为，"民主"一词既可以指一种理想或目标，也可以指部分达到这一目标的现实。在民主既可以指理想民主又可以指现实民主的情况下，仅使用"民主"一词表达双重含义容易引起歧义。于是，达尔把现实的民主称之为"多头政体"，而把理想的民主留给了"程序民主"。程序民主理论是达尔民主理论的重要组成部分。根据所满足的条件，程序民主理论递进地区分了不同层次的民主，体现了达尔民主理论的丰富性。正是因为如此，在民主条件的问题上，显现了一种递进的逻辑，以6个假设、5项标准、4个程度为我们描绘了一幅层次分明、丰富多彩的民主图画。

达尔的程序民主理论经历了不断的发展过程。达尔在20世纪70年代末开始形成程序民主理论。在1977年的《消除美国民主的障碍》一文中，达尔提出了程序民主学说，并初步提出了三个基本标准。1979年，达尔专门写了一篇论文《程序民主》，标志着达尔程序民主理论的最终形成。达尔在文中较为全面、详细地阐述了程序民主学说。在此基础上，达尔提出了程序民主的五项标准，即政治平等、有效参与、开明理解、议程控制和包容性。② 此后，在《多元民主的困境》《经济民主理论的前言》等著作当中，达尔不断地修订程序民主的标准，到1989年出版《民主及其批评者》时，达尔的程序民主理论达到了一个高峰。后来在1998年的《论民主》、2006年的《论政治平等》等书当中，这一理论不断被丰富。《论政治平等》是达尔的最后一部学术著作。达尔在书中再次重申了这五项标准，并将基本权利也加到其中。他指出，在最低程度上，理想的民主需要具备以下这些特征：有效参与；平等投票；开明理解；议程控制；包容性；基本权利。③

---

① Robert A. Dahl, *On Democracy*, New Haven and London: Yale University Press, 1998, pp. 146—147.

② 达尔对五项标准的表述在不同的文献中略有不同，本书为理解方便，在对原文进行翻译时略作改动。

③ Robert A. Dahl, *On Political Equality*, New Haven: Yale University Press, 2006, pp. 8—10.

通过考察达尔程序民主理论的前后变化，我们发现，达尔的程序民主理论有着丰富的内涵，形成了一个梯次递进的民主概念。这个梯次包括狭义的程序民主、有关民众并考虑到议程的完全程序民主、有关民众的程序民主、完全的程序民主。这些不同梯次的程序民主满足了不同的标准。当满足了政治平等和有效参与标准，就达到了狭义的程序民主；如果同时满足了开明理解的标准，就达到了有关民众并考虑到议程的完全程序民主；如果进一步添加了议程控制，就成为有关民众的程序民主；而如果实现包容性，那就达到了完全的程序民主。同时，这些标准是建立在不同的假设基础上的。这些假设包括：集体要有决策的要求，决策包括了议程设定、最终决策两个阶段，服从决策的人做决策，同等正当要求同等份额，偏好同等正当。如果能够满足这些假设，就能够有效地支持政治平等、有效参与和开明理解。再进一步扩展，加入平等资格存在的完美状态，就会进入民众对议程的最终控制；再加上个人是自己利益的最好判断者，就可以实现包容性。这就是达尔以 6 个假设、5 项标准、4 个程度完整地勾画的程序民主的轮廓。如图 1-1 所示[①]。

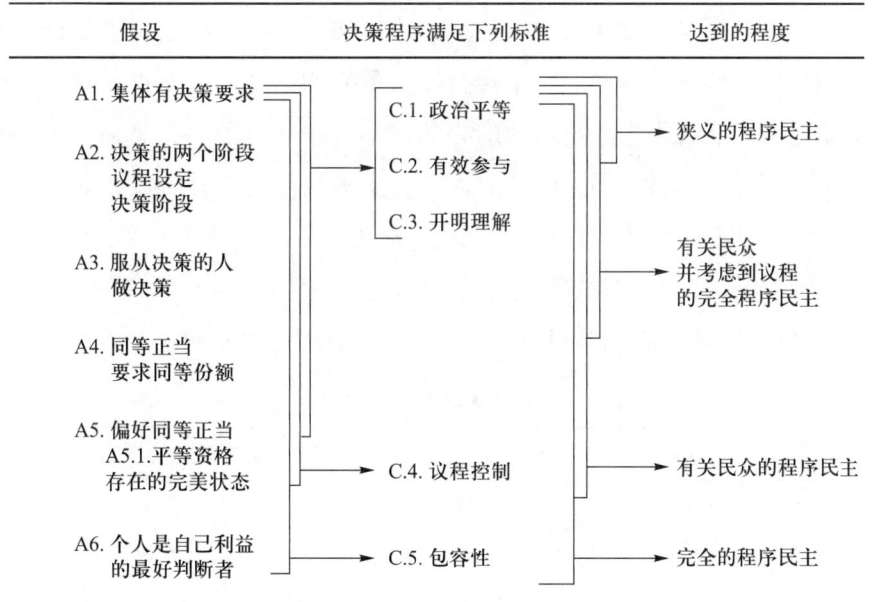

图 1-1 达尔的程序民主理论

在这里，达尔提出了民主政治秩序的本质标准，达尔称之为"理想的衡量

① Robert Dahl, "Procedural Democracy," in Robert E. Goodin and Philip Pettit: *Contemporary Political Philosophy: An Anthology*, Oxford: Blackwell Publishers, 1997, pp. 109—111.

尺度"。程序民主的五个标准：政治平等、有效参与、开明理解、议程控制和包容性等。这五个标准的具体表述如下。

1. 政治平等：在作出决策的决定性阶段，决定结果的规则必须考虑，而且必须同等地考虑每个公民所表达的对于结果的偏好，即必须在公民中平等地分配选票。

2. 有效参与：在制定具有约束力的集体决策的整个过程中，每个公民必须有充分且平等的机会来表达其对于最后结果的偏好，使其他成员知晓他们对于政策的观点。

3. 开明理解：为了准确地表达偏好，在决策所允许的时间内，每个公民必须有充分且平等的机会，发现并确认其在需要作出决策的事情上的偏好。

4. 议程控制：民众必须有绝对的机会决定什么事情由满足前三个标准的程序来决定，什么事情不能由其决定。

5. 包容性：民众必须包括除了间歇性精神病人和被证实精神不健全者之外的所有成年人。[1]

达尔对于程序民主的5项标准与多头政体的7种制度在逻辑上是前后一致的。达尔认为，多头政体之于民主具有极其重要的意义，它不仅是现代大规模民族国家范围内实现民主不可或缺的必然选择，而且对于所有想通过民主程序取得最高且可行的成就的国家的政府而言，多头政体的7种制度都是不可或缺的。这使达尔的多头政体与他的程序民主理论联系在一起，实现了理想与现实的沟通。可以说，达尔的多头政体与其程序民主的概念是前后贯通的。多头政体的7种制度正好对应程序民主的5项衡量标准。其对应关系如表1-7所示。

表1-7　多头政体的制度与标准对应表[2]

制度	需要满足的标准
1. 选任的官员	
2. 自由与公正的选举	Ⅰ. 政治平等

---

[1] Robert A. Dahl, *A Preface to Economic Democracy*, Cambridge：Polity Press, 1985, pp. 59—60. 另外参见 Robert A. Dahl, *On Political Equality*, New Haven：Yale University Press, 2006, pp. 8—10.

[2] Robert A. Dahl, *Democracy and its Critics*, New Haven and London：Yale University Press, 1989, p. 222.

续表

制度	需要满足的标准
1. 选任的官员	
3. 包容的选举	
4. 竞选官员的权利	
5. 表达自由	
6. 选择的信息	
7. 社团的自治	Ⅱ. 有效参与
5. 表达自由	
6. 选择的信息	
7. 社团的自治	Ⅲ. 开明理解
1. 选任的官员	
2. 自由与公正的选举	
3. 包容的选举	
4. 竞选官员的权利	
5. 表达自由	
6. 选择的信息	
7. 社团的自治	Ⅳ. 议程控制
3. 包容的选举	
4. 竞选官员的权利	
5. 表达自由	
6. 选择的信息	
7. 社团的自治	Ⅴ. 包容性

（三）经济民主

达尔早期十分关注政治与经济的关系。1953 年出版的《政治、经济与福利》一书是达尔与经济学家林德布罗姆合作的作品，体现了达尔对政治、经济关系的关注。1985 年出版的《经济民主理论的前言》是达尔经济民主理论研究的代表作，与《民主理论的前言》一书一脉相承，构成了达尔民主理论的"姊妹篇"。在完成《民主理论的前言》后，达尔进一步修正了自己的民主理论，不但回答了所谓的托克维尔问题，而且提出了经济民主理论，再次在西方学术界产生广泛影响。

达尔从市场资本主义的角度来确定民主的经济基础。市场资本主义与民主之间的关系是复杂的，仅就其对民主的影响来看，市场资本主义"在有些方面有利于民主，而在有些方面又不利于民主"。达尔将市场资本主义视为一把"双刃剑"，正如罗马神话中的门神雅努斯的徽章，有两张截然不同的面孔："一张是友善的，它朝向民主，另外一张是敌意的面孔，它朝向另一个方向。"①在达尔看来，公司资本主义的危害就在于巨型公司的私人所有与其社会性质之间的矛盾：一方面，巨型公司是私人性质的；另一方面，巨型公司又强势地影响到社会与国家，带有社会性质和政治性质。针对公司资本主义带来的种种弊端，达尔在经济民主的基础上提出了自治企业的解决方案。对于自治企业，达尔在不同的时间和地点使用过不同的称呼，包括工人合作社、自我管理、工业民主、工人控制、企业内部的控制方式等，但他更喜欢称之为"自治企业"。我们从自治企业的逻辑前提和实现方式来探讨一下达尔的自治企业模式。

既然巨型公司是一个社会系统、一个政治系统，那么，在政治系统、社会系统当中被广泛应用的民主也应该被运用于企业当中，实现自治企业的模式，这就是自治企业的逻辑前提。诚如达尔所指出的那样，公司资本主义在美国根深蒂固，甚至成为一种不证自明的信条。因此，实现自治企业的前提就是要指出自治企业的逻辑前提。达尔认为，与国家一样，一个公司的管理者与被管理者之间存在着权力关系，是一个政治系统，那么，民主就应该得到运用。达尔反问道："如同我们在国家范围内坚决主张的那样，坚持认为管理者与被管理者之间的关系应该符合民主过程的标准就不合适了吗？"②达尔进一步反问道："如果雇员可以有充分的资格参与公司的重大决策，为什么他们不能这样做呢？如果我们都同意他们拥有参与治理国家的道德权利，那他们是不是也有相同的权利参与治理公司呢？"③达尔提供的结论是："如果民主在治理国家中是正当

① ［美］罗伯特·达尔：《论民主》，李柏光、林猛译，商务印书馆1999年版，第181页。
② Robert A. Dahl, *A Preface to Economic Democracy*, Cambridge：Polity Press, 1985, p. 115.
③ Robert Dahl, "A Right to Workplace Democracy? Response to Robert Mayer," *The Review of Politics*, Vol. 63, No. 2, 2001, pp. 250—251.

的，那么，它在治理经济企业中也必然是正当的。"① 这是一个更强有力的正当性证明，一个更康德式的证明。

达尔试图在公司效率的基础上引入民主，从而实现自治企业的逻辑前提。达尔高度重视自治企业的经济民主方案，从自治企业对正义与民主价值的贡献两个方面探讨了自治企业的优势并提出了衡量自治企业优劣的标准。在他看来，"如果自治企业和现在的公司一样有效率，如果它们没有减少基本自由，如果它们同时在民主和正义的结果上是优越的，那么，从定义而言，它们是更好的。"② 达尔认为，自治企业虽然不会产生一个自我调节的平等主义秩序，但它比公司资本主义更接近古典共和主义方案，它会更广泛地在公民中分配经济资源。而且，自治企业中充分且平等的公民身份会大大地减少公司中的敌对与冲突，间接地减少整个社会和政治中的敌对和冲突。在国家统治中，它会减少利益冲突，在维持政治平等和民主制度中，给所有公民更近乎平等的利益，并促进关于公平标准更坚固的一致性的发展。达尔还相信，他描述的自治企业体制将会最大限度地消除或减少平等与自由之间的冲突。达尔从美国和其他发达国家的经验出发，高度评价了工人所有的经济体制（economic system of worker-owned）以及由工人控制的企业这两种企业模式，认为它们会比公司资本主义体系更能为民主、政治平等和自由提供一个良好的基础。

在谈到自治企业对民主价值的贡献时，达尔首先评价了三种可能性：一是企业中的民主通过把企业公民改造成更好（民主）的公民而提高国家治理中民主的质量；二是企业中的民主通过促进公民间更大的平等而提高国家治理中民主的质量；三是企业中的民主将政治自主扩展到等级权威占优势的经济企业治理领域。达尔对自治企业体制对国家统治中政治平等的影响充满信心。他从理论与事实两个方面考察了第一种观点，并发现，证据是"混合的"③：积极与消极并存，没有想象中的那么美好，通常不能对此抱有过高的希望。

从民主的观点来看，自治企业有许多明显的优势，但为什么它在民主国家没有被广泛地采纳呢？这与自治企业的实现条件相关，与国家一样，自治企业的实现需要适宜的条件，这些条件不会自动、必然或自然而然地出现，人们需要为自治企业的实现创造条件。达尔自治企业的模式就是"工作在经济企业中

---

① Robert A. Dahl, *A Preface to Economic Democracy*, Cambridge: Polity Press, 1985, p. 94.

② Robert A. Dahl, *A Preface to Economic Democracy*, Cambridge: Polity Press, 1985, p. 93.

③ Robert A. Dahl, *A Preface to Economic Democracy*, Cambridge: Polity Press, 1985, p. 96.

的所有工人集体地拥有企业，并民主地治理企业"①。这一模式包含了两个要素，一个是企业为工人集体所有；另一个是通过民主方式治理企业。

通过转移所有权来实现企业中的程序民主是达尔自治企业的基础。达尔认为："企业中的民主程序可以通过所有权的转移来实现，所有权的转移可以通过这样的形式实现，即为每个人（他们已不再是雇主，而是一个所有者）提供一个股份，每个工人所有者（owner-worker）拥有一张而且只拥有一张选票。"②达尔认为，在实现途径上，一种可能性途径是让有经济困难的公司中的雇员接管公司，地方和中央政府机构通过贷款、担保、减少或免除税收来帮助实现转换；另一种可能性途径是通过在某几项工业的一些有代表性的企业中发展自我管理，着手更加积极有效的实践，这是值得努力的。达尔比较欣赏瑞典和丹麦的方案，认为在自治企业转化的过程中，应该发挥立法机构的作用。

实行经济民主需要制度支持。通过对生产者合作社的失败教训和成功经验进行比较分析，达尔指出了生产者合作社成功的必要条件，而这些必要条件正是它们所缺乏的。达尔以西班牙蒙特拉贡为例，深入探讨了蒙特拉贡生产者合作社的成功所需要的必要条件，分析了管理问题，存款、投资、就业、增长的影响以及革新问题等。在这些经验的基础上，达尔提供了一个对自治企业的框架性的思考。比如，自治企业需要培养经理、资金储备、革新以及产生新企业的支持体制。经验显示，缺乏这些支持，许多生产者合作社注定失败；拥有这些体制，自治企业能够非常成功。达尔还特别强调了工人对自治企业支持的重要性。

作为一个民主理论家，达尔认为，现代民主不仅是自治的一种形态，还是调动各种资源和制度的权利。他曾经明确指出："一个拥有主权的人民不仅有资格统治自我，而且享有各种为此而必需的资源和制度。这一视角迄今仍然是现代民主思想的核心。"③ 正是从这个角度出发，达尔将避免财富的过分集中视为自治企业的重要内容。达尔建议："通过收入和遗产税，剩余集中的财富会逐渐分散。通过这种方式，一个国家会适时地产生一种在相对稳定的法律和规

---

① Robert A. Dahl, "Sketches for a Democratic Utopia," *Scandinavian Political Studies*, Vol. 10, No. 3, 1987, p. 195.

② ［美］罗伯特·达尔：《民主及其批评者》，曹海军等译，吉林人民出版社 2006 年版，第 467 页。

③ ［美］罗伯特·达尔：《民主及其批评者》，曹海军等译，吉林人民出版社 2006 年版，第 3 页。

则体系内运行的经济秩序，这一经济秩序会产生广泛的权威和经济资源分配，并因此为民主秩序提供一种适当的社会和经济基础。"①

　　达尔非常强调以民主的方式治理企业。按照他的设计，在每个自治企业里，决策制定要尽可能地满足民主过程的标准，并在企业内部实现政治平等，保护工人基本的政治权利。巨型公司带有社会性质和社会目标，这些目标是"在公共领域中由公众讨论、选择和决策的事务，应该通过满足程序民主标准的过程集体地决定"②。自治企业的一个非常重要的特点是，它们满足平等投票标准，因此，在企业里，每一个被雇佣的人都有一票，而且只有一票。他明确指出："在每一个企业中，决策制定尽可能多地满足程序民主的标准，这样，在企业里将会实现政治平等并且保护基本政治权利。"③ 达尔将在自治企业工作的工人称为"企业公民"（citizens of the enterprise），认为他们可以通过退出和发言权来影响企业决策。

第四节　新保守自由主义

　　沿着卢梭传统，近代以来的古典自由主义逐渐发展成为新自由主义。新自由主义主张积极自由，强调通过国家的积极干预发展权利，增进福利，推动平等。二战后，西方经济普遍发展，新自由主义取得巨大成功，比新自由主义更积极的民主社会主义甚至被欧洲许多国家奉行。然而，好景不长。随着西方经济发展放缓，经济危机出现，新自由主义的政策开始受到批评，凯恩斯主义、福利国家更是难以为继。在这种情况，新保守自由主义兴起，致力于恢复古典自由主义的传统，主张个人自由、市场经济，反对国家干预，并向新自由主义发难，并直接影响了当代西方国家的政治与政策。新保守自由主义的代表人物除了朝圣山学社的米塞斯、哈耶克、弗里德曼、布坎南等人，还包括诺齐克、萨托利等人。本教材分别选取了哈耶克、诺齐克、萨托利等人的思想对新保守

---

① Robert A. Dahl, *A Preface to Economic Democracy*, Cambridge：Polity Press, 1985, p. 160.

② Robert A. Dahl, "On Removing Certain Impediments to Democracy," *Political Science Quarterly*, Vol. 92, No. 1, 1977, p. 15.

③ Robert A. Dahl, "Sketches for a Democratic Utopia," *Scandinavian Political Studies*, Vol. 10, No. 3, 1987, p. 195.

自由主义的主张加以介绍。

一、哈耶克的自由主义思想

弗里德利希·冯·哈耶克（Friedrich August von Hayek，1899—1992 年），奥地利裔英国著名经济学家和政治学家。哈耶克的兴趣非常广泛，主要致力于研究经济理论、社会理论和政治理论，先后获得维也纳大学的法学和政治学博士学位。哈耶克曾执教于英国伦敦政治经济学院、美国芝加哥大学以及德国弗赖堡大学，1968 年退休。

哈耶克的主要作品有：《货币理论和商业循环》（1929 年）、《价格与生产》（1931 年）、《通往奴役之路》（1944 年）、《个人主义与经济秩序》（1948 年）、《科学的反革命：理性滥用之研究》（1952 年）、《感觉的秩序》（1952 年）、《自由秩序原理》（1960 年）、《货币的非国家化》（1976 年）、《法律、立法与自由》（1973—1979 年）和《致命的自负》（1988 年）等。1947 年，哈耶克主持创办了朝圣山学社，提出了有关当代社会理论和社会变革的普遍性问题，被视为奥地利经济学派最重要的成员之一。1974 年，哈耶克获得诺贝尔经济学奖。1991 年，哈耶克获得美国总统自由勋章。

在自由至上主义流派中，哈耶克是一个非常关键的人物，一方面，哈耶克反对西方福利国家所进行的再分配实践，拒斥分配正义理念；另一方面，他长期致力于捍卫自由的价值，认为自由是一种至上的价值。针对自由与平等之间的关系这一问题，哈耶克毫不犹豫地坚持高扬自由的价值，为了实现自由，甚至牺牲平等也在所不惜。

（一）批判社会正义

长期以来，哈耶克都不遗余力地批判社会正义，这可以从其《法律、立法与自由》第二卷的标题"社会正义的幻象"看出来。哈耶克认为在现代社会，社会正义理念已经征服了人们的想象力，已经变成了政治讨论中使用得最为广泛且最有效的一种论辩。绝大多数要求政府为了特定群体的利益而采取行动的主张均是以社会正义的名义提出来的，一旦这种主张以社会正义的名义呈现出来，它就立刻获得了合法性，也将会获得人们的普遍赞同，对它的反对意见也就顷刻变得软弱无力。同时，社会正义已经成为用来指导政治行动的标准。"在今天，很可能没有哪场政治运动或者没有哪个政客不是经由诉诸'社会正义'来支持他们所倡导的各项特定措施的。"① 社会正义已成为许多政治运动的目标，如罗马天主教会还特别把社会正义变成其正式教义的一部分，很多形形色色的威权政府或专制政府也宣称社会正义是它们的首要目标，可见，对社会正义的信奉已俨然成为一个宣泄道德情绪的主要通道，也成为人们是否具有道德良知的公认标准。虽然社会正义已经征服了人们的想象力，人们已经普遍接受了社会正义，但这并不意味着人们能够证明这个信念是普遍有效的或者是有意义的，就像人们在过去普遍相信幽灵是存在的，但是这不能证明这些东西就是存在的一样。对哈耶克来说，社会正义只是一种幻象，是空洞无物的，不值得人们追求。人们对社会正义的普遍信奉与人们过去普遍信奉巫术的情形一样，都不能证明其是真实的和有意义的。

哈耶克对社会正义的批判主要体现在以下几个方面。

第一，批判"社会正义"概念本身。虽然人们经常言说社会正义，但是社会正义究竟意味着什么，人们并不清楚，甚至人们不知道自己在言说什么，"'社会正义'这个皇帝原来没有穿衣服；这就是说，'社会正义'根本就是一个空洞无物、毫无意义的术语"②。哈耶克认为社会正义就是一种彻头彻尾且毫无意义的胡言乱语，对它可以说已经到了深恶痛绝的地步。

哈耶克1976年10月6日在纪念米尔斯的讲座上曾说，社会正义这一术语的空洞性可由以下事实得到说明："对于在具体情况下需要什么样的社会公正，根本就不存在共识；此外，如果人们各不相同，我们不知道用什么检验方法去确定谁是正确的，并且在个人享有自由，即他可以将自己的知识用于自己的目的的社会里，实际上也不可能事先设计出一种分配方案。"③ 另外，在"社会正义"这一术语中的"社会"一词是指那种与社会结构或社会活动相称的东西或特征，正义本来是一种社会现象，因此再在"正义"前面加上"社会"，显然是多余的。今天人们使用的"社会正义"已经不再是原来社会规范意义上的那个东西了，不是一种作为社会的产物或一种社会过程的产物，而是作为一种强加给社会的观念而存在。社会正义论者对社会进行了一种人格化的设定，采取

---

① ［英］弗里德利希·冯·哈耶克：《法律、立法与自由》第2、3卷，邓正来等译，中国大百科全书出版社2000年版，第120页。

② ［英］弗里德利希·冯·哈耶克：《法律、立法与自由》第2、3卷，邓正来等译，中国大百科全书出版社2000年版，序言，第2页。

③ ［英］弗里德利希·冯·哈耶克：《哈耶克文选》，冯克利译，江苏人民出版社2007年版，第263页。

一种"拟人化的社会观",已经使"社会"这个术语的原初含义发生了根本的变化,而且"社会"这一限定语已经把它所限定的每个短语的确切含义都掏空了。实际上,社会不是一个能行动、能进行财富分配的实体。哈耶克非常厌恶"社会"一词,甚至对其采取了一种公开敌视的态度,认为谋求社会正义是不道德的,也是徒劳的。

虽然哈耶克断言社会正义乃是毫无意义的或空洞无物的,但这仅是一种否定性的断言,他没有从正面证明"社会正义"这一术语是空洞无物的。因此,哈耶克并不限于批驳社会正义的概念本身,还从其他方面对社会正义理念进行了更加深入的批判。

第二,社会正义只适用于较为原始的小型社会,并不适用于现代的大型社会。哈耶克认为在社会正义的诉求中,有一种道德感,但是这种道德感实际上源于一种较为原始的态度,是在较为原始的境况下个人在对待其所属的小群体的同胞的过程中演化生成的态度。在一个空间狭小的社会中,个人向所属群体中某个熟识的成员提供帮助,同时根据该成员的需要来调适自己的行动,这完全可能是一种公认的责任。这种责任在该境况下之所以是可能的,是因为人们认识该成员,并熟知其所处的境况,认为自己有义务和责任去帮助同胞。但是,在现代社会中,情境已完全发生了变化,现代社会是一个陌生人社会,在大多数情况下,每个人的产品及其服务只会有益于陌生人。在现代社会,人们会对某些人承担责任,但是这种责任只是一种基于人道或慈善的道德责任,绝不能成为一种强制性的责任。① 对哈耶克来说,如果人们并不仅是将社会正义的范围限于民族国家的范围内,那么人们将发现并不能确定何为社会正义,同时在国际社会中,根本就不存在一种为各国公认的社会正义的标准,因此,社会正义只是一种骗人的谎言而已。

第三,对社会正义的追求会侵犯个人自由。在哈耶克看来,当下对社会正义的普遍信奉很可能对自由文明社会的大多数其他价值构成最严重的威胁,人们最终将会认识到社会正义仅仅是一种诱惑罢了,它已经诱使人们放弃了很多有益的价值,"就像大多数追求某种无法达到的目标的努力一样,追求'社会正义'的努力也同样会产生极不可欲的后果;尤其需要指出的是,这种努力还

---

① [英] 弗里德利希·冯·哈耶克:《法律、立法与自由》第 2、3 卷,邓正来等译,中国大百科全书出版社 2000 年版,第 152—154 页。

趋于把传统道德价值赖以演化扩展的不可或缺的环境给摧毁掉；而这个不可或缺的环境便是人身自由"①。社会正义预设了一个前提，即人们受具体的命令指导，不受任何正当行为规则的指导，任何个人的自由行动不可能产生这样的结果，社会正义只有在一个由中央计划的制度中才能得以实现。哈耶克认为，在一个自由的社会中，不同个人和群体的地位不是人为设计的结果，而是自发形成的结果。因此，只要对社会正义的这种笃信支配了政治行动，该行动必定会以一种渐进的方式趋于极权主义体制。② 可见，社会正义理念还违背了哈耶克笃信的"自生自发秩序"理念，对哈耶克来说，秩序不是任何人所建构的结果，而是自然演化的结果。在人类社会中存在一种自生自发的秩序，该秩序是人类社会的根本秩序，任何对这种秩序的妨碍都是难以接受的。

在哈耶克看来，社会正义与法治难以共存，其与法治下的自由也是不相容的，社会正义不但正在危及人们的道德情感，而且还正在把人类的善良情感变成一种摧毁自由文明社会的一切价值的工具，因此，哈耶克认为他有责任将人们从社会正义这个梦魇的支配下解放出来。

哈耶克认为虽然人们不应当追求社会正义，但是这并不意味着人们不应当追求正义。因为正义观念是人的行为的一种属性，是构成自由文明社会得以有效运转之基础的基本道德观念。正当行为规则意义上的那种正义乃是自由人进行交往不可或缺的一项条件，是所有法律不可缺少的基础。在哈耶克看来，人们应当追求自由主义的正义观，这种正义观是"建立在这样的信念上——找出独立于特殊利益的公正行为的客观规则是可能的；它所关心的仅仅是人类行为的正义或支配这种公正行为的规则，但不涉及这种行为给不同的个人或群体带来的结果。尤其是和社会主义相比，可以说自由主义关心的是交换的公正，而不是所谓的分配公正，或现在经常谈论的'社会'公正"③。自由主义者必须拒斥分配正义原则，因为不存在为人们所公认的分配正义原则，即使存在这样的原则，在一个自由社会中也不能采用这样的原则。

---

① ［英］弗里德利希·冯·哈耶克：《法律、立法与自由》第 2、3 卷，邓正来等译，中国大百科全书出版社 2000 年版，第 124 页。

② ［英］弗里德利希·冯·哈耶克：《法律、立法与自由》第 2、3 卷，邓正来等译，中国大百科全书出版社 2000 年版，第 124—127 页。

③ ［英］弗里德利希·冯·哈耶克：《哈耶克文选》，冯克利译，江苏人民出版社 2007 年版，第 305 页。

（二）　自由至上主义

哈耶克被视为自由至上主义的重要代表人物。哈耶克一生都在捍卫市场自由，反对计划经济，反对运用再分配的政策去实现平等理念。哈耶克语境中的自由是一种原始意义上的自由，他更重视个人自由，而不是集体自由。正如哈耶克所言，"一个人不受制于另一人或另一些人因专断意志而产生的强制的状态，亦常被称为'个人'自由（individual freedom）或'人身'自由（personal freedom）的状态"①。在哈耶克那里，自由是指不受制于他人的专断意志的强制，法律不属于专断意志，而是一种普遍的规则，法治不仅是自由的保障，而且也是自由在法律上的体现。哈耶克所说的自由不是为所欲为的自由，而是受到法律限制的自由，个人拥有的自由是一种法治下的自由。哈耶克还强调自由仅仅涉及个人与他者之间的关系，那些对个人自由构成侵犯的强制只是人的强制，"当一个人被迫采取行动以服务于另一个人的意志，亦即实现他人的目的而不是自己的目的时，便构成强制"②。按照上述观点，我们并不能说一个被困于半山腰上的登山者是不自由的，因为该人此时只是受到物理环境的限制，没有受到他人的限制。倘若该登山者是因为他人强迫而登山，那么他就是不自由的。依哈耶克之见，我们必须区分他人加于人们身上的强制和物理环境加于人们身上的强制，与自由相关的强制只是前一种强制。

哈耶克在将其语境中的自由限定在原始意义上的自由以后，为了更加明晰自由的含义，消除对自由的误解，哈耶克还澄清了有关自由的三种误解，即将原始意义上的自由与政治自由、内在自由、力量或能力意义上的自由相混淆。③政治自由主要指人们能够选择自己的政府，对立法过程以及对行政控制拥有一种参与权，这种自由主要是一种集体自由，并不属于哈耶克所认可的个人自由。依照政治自由，一个人只有享有政治自由，他才能成为自由的人。然而，在哈耶克看来，要成为一个自由的人，并不必以享有政治自由这种集体自由为前提条件，同时，虽然人民作为整体享有政治自由，是自由的，但是这并不必然意味着其中的每个人都是自由的。哈耶克认为倘若我们混淆了原始意义上的

---

① ［英］弗里德利希·冯·哈耶克：《自由秩序原理》上，邓正来译，生活·读书·新知三联书店 1997 年版，第 4 页。

② ［英］弗里德利希·冯·哈耶克：《自由秩序原理》上，邓正来译，生活·读书·新知三联书店 1997 年版，第 164 页。

③ ［英］弗里德利希·冯·哈耶克：《自由秩序原理》上，邓正来译，生活·读书·新知三联书店 1997 年版，第 6—11 页。

自由与政治自由，就有可能掩盖如下事实：一个人可以通过缔约或投票的方式而处于一种奴役的状态，从而放弃了自己所享有的原始意义上的自由。不但一个人可以这样做，人民也可以这样做，比如，虽然魏玛共和国末期的德国人民拥有投票的自由，即拥有政治自由，但是他们恰恰通过投票的方式将自己置于一种奴役状态，屈从于希特勒的极权主义统治之下。可见，拥有选择政府的政治自由，其结果并不一定使自己处于自由状态。我们需要注意的是，哈耶克在此并不是反对政治自由本身，只是不同意将政治自由与个人自由相混淆。

易与原始意义上的自由相混淆的另一种自由是内在自由或主观上的自由，这种自由是指一个人的行动受到自己的深思熟虑的意志、理性或者持之以恒的信念的驱使，而不是受到一时冲动的驱使。与内在自由针锋相对的，并不是他者所实施的强制，而是自己一时的情绪、道德缺失或知识不足所带来的影响。依照这种观点，倘若一个人不能成功地按其深思熟虑的结果做他想做之事，倘若他在紧要关头不能持之以恒地做自己想做之事，这个人就是不自由的。哈耶克显然不能接受这种主张，他认为一个人是否受到他者的强制，与一个人能否理智地做自己所欲做的事情，这是两个完全不同的问题。内在自由与哲学上的"意志自由"非常容易被混淆，当科学决定论勃兴之后，科学决定论已经摧毁了个人责任的基础。人们也很容易将力量或能力意义上的自由与原始意义上的自由相混淆，这种观点在 20 世纪有着很大的影响，比如杜威就将自由视为能力，强制的不存在仅仅强调了自由的消极方面，这是不够的，还应当强调能够实现自由的各种手段。

力量或能力意义上的自由被用来指称做一个人想做的某种事情的实质能力，在各种替代方案之间作出选择的能力或者满足一个人的某种希望的力量。这种自由观将不可避免地将自由与财富相等同，为了实现自由，必然会对财富进行再分配。换言之，这种自由并不纯粹像原始意义上的自由那样将自由视为消极意义上的自由，而是赋予自由一种更加积极的意义。哈耶克对此持反对意见，认为虽然一个身无分文的流浪汉过着朝不保夕的生活，但就享有的自由而言，他比享有各种保障且过着较为舒适生活的士兵更加自由。在哈耶克那里，将原始意义上的自由与力量或能力意义上的自由相混淆，所带来的后果会更加严重，力量或能力意义上的自由易导致对财富进行再分配，易支持那些用于保障个人自由的措施，易走向极权主义国家。

哈耶克语境中的自由重点关注的是排除他人专断意志的强制，与伯林指出的"消极自由"更为接近。作为一个自由至上主义者，哈耶克对平等的看法也较为独特，他只认可法律平等与道德平等，反对物质平等等分配正义理念，认为追求法律平等与道德平等以外的平等会伤害到自由。哈耶克认为，人们在追求自由的过程中要求政府给予人们以平等的待遇，其中的原因既不在于它认为人们实际上是平等的，又不在于它试图将人们变得平等，"就平等待遇的要求而言，最具危害的莫过于把它建基于所有的人在事实上都是平等的这一显然违背事实的假设之上"。对哈耶克来说，平等待遇仅仅要求法律平等与道德平等，而不要求某些分配正义论者所认可的物质平等。

哈耶克之所以认可法律平等和道德平等等最低限度的平等观，与哈耶克对自然不平等的笃信密切相关，他认为个人的能力及潜力是千差万别的，并引述生物学家罗杰·威廉斯的观点佐证人的自然不平等："以变异性或多样化为基石的生物学，赋予了每一个个人以一系列独特的属性，正是这些特性使个人拥有了他以其他方式不可能获得的一种独特的品格或尊严。……作为先天及后天的综合结果，每个新生婴儿都有可能成为迄今为止最伟大的人物之一。……如果忽视人与人之间差异的重要性，那么自由的重要性就会丧失，个人价值的理念也就更不重要了。"① 哈耶克认为有一种时尚的观点试图将人与人之间的先天差异的重要性减至最低程度，而将人与人之间所有重要的差异都归于环境所带来的影响，"然而，不论环境如何重要，我们都不应当忽视这样一个事实，即个人生来就极为不同，或者说，人人生而不同。……作为一种对事实的陈述，'人人生而平等'的说法就显然与事实相悖。不过，我们将继续运用这一神圣的说法来表达这样一种理想，即在法律上和道德上，所有的人都应当享有平等的待遇"②。可见，哈耶克拒斥法国启蒙运动时期一些思想家反复强调的"人人生而平等"这一观念，但哈耶克没有否认法律平等与道德平等。

虽然哈耶克认可法律平等与道德平等，但这也是哈耶克仅能接受的平等观，比该平等观要求更多的平等观（如罗尔斯等人的分配正义理念）是不能获得哈耶克承认的。哈耶克认为法律平等与物质平等不仅是不相同的，而且是相互冲突的，人们要么实现法律平等，要么实现物质平等，不可能两者兼得。

---

① ［英］弗里德利希·冯·哈耶克:《自由秩序原理》上，邓正来译，生活·读书·新知三联书店 1997 年版，第 103—104 页。

② ［英］弗里德利希·冯·哈耶克:《自由秩序原理》上，邓正来译，生活·读书·新知三联书店 1997 年版，第 104 页。

"自由所要求的法律面前的人人平等会导向物质的不平等。因此，我们的论点是，国家虽说出于其他理由而必须在某些场合使用强制，而且在实施强制的场合，国家应当平等地对待其人民，但是，自由社会却绝不允许因此而把那种力图使人们的状况更加平等化的欲望视作为国家可以行使更大的且歧视性的强制的合理依据。"① 对哈耶克来说，由于个人在天赋、家庭出身和努力程度等方面是极为不同的，一旦法律平等和道德平等实现以后，物质的不平等也将随之出现，那种试图追求比法律平等和道德平等要求更多的平等，一定会摧毁自由。

总体而言，哈耶克认为自由是一种至上的价值，有时为了维护自由，甚至可以牺牲平等。哈耶克曾高度评价自由的价值，认为自由不仅是一种特殊价值，而且还是大多数道德价值的渊源和条件。对哈耶克来说，正是因为个人拥有自由，整个人类文明才取得了巨大的进步，个人自由的依据何在呢？这主要与哈耶克的自由主义理论的知识论前提密切相关。

哈耶克认为："主张个人自由的依据，主要在于承认所有的人对于实现其目的及福利所赖以为基础的众多因素，都存在不可避免的无知（inevitable ignorance）。……为了给不可预见的和不可预测的事象提供发展空间，自由乃是必不可少的；我们之所以需要自由，乃是因为我们经由学习而知道，我们可以从中期望获致实现我们诸多目标的机会。"② 这就是哈耶克从苏格拉底那里承袭下来的、反复强调的"无知论"，该理论是哈耶克的自由理论的知识论前提，它认为人不是全知全能的，人是无知的，随着科学技术的发展和进步，人的无知的范围非但没有缩小，反而在不断扩大，那些陶醉于知识增长的人往往会成为自由的敌人，那些设想能够存在一个全知全能的中央机构的人，往往主张社会正义。倘若存在无所不知的人，能够预测到那些能够影响我们未来的需求和欲望的所有因素，自由就是毫无意义的。正是因为无所不知之人是不存在的，自由的至上性和重要性才得以彰显。

哈耶克还从无知论出发，重点阐发了其自由至上主义理论的重要基石，即源自亚当·斯密的"看不见的手"之观点的自生自发秩序理论。该理论强调："自发的秩序或 cosmos 是无目的的，而每一个 taxis（安排、组织）却要以某个

---

① ［英］弗里德利希·冯·哈耶克：《自由秩序原理》上，邓正来译，生活·读书·新知三联书店 1997 年版，第 104—105 页。

② ［英］弗里德利希·冯·哈耶克：《自由秩序原理》上，邓正来译，生活·读书·新知三联书店 1997 年版，第 28 页。

特定的目标为前提，构成这个组织的人，必须为同一个目标服务。cosmos 是从它所包含的各要素之间行为的相互协调中产生的，从这个意义上说，它是一种内生系统，或者如控制论专家所言，是一种'自我协调'或'自我组织'的系统。"① 基于此，哈耶克提出文明乃是多代人共同行动的结果，而不是某一个人人为设计或人为建构的结果。

哈耶克认为，社会和市场就是自生自发秩序的典型例子，作为一个自生自发的秩序，社会不是一个能够从事分配的机构——分配正义理论恰恰设想能够存在一种人格化的负责分配的机构。同时，在自由市场存在的情况下，分配正义理论是没有存在空间的，因此，哈耶克强调分配正义完全是对社会进行一种错误的拟人化解释所致，社会被解释成一个组织而不是一种自发的秩序，"支持分配公正（即每个人都应得到自己道义上应得的份额）的整个思想，在人类合作（或交换）的扩展秩序中是毫无意义的，因为可获得的产品（它的规模，甚至它的存在）都取决于在一定意义上与道义无关的产品分配方式。……没有不平等，人类既不可能达到也无法维持其现有的人口数量，而这种不平等既不受任何审慎的道德判断的左右，也与这样的判断不可调和"②。总之，在哈耶克那里，彻底的自由主义者必须放弃分配正义。

二、诺齐克的自由主义思想

罗伯特·诺齐克（Robert Nozick，1938—2002 年），美国著名哲学家、哈佛大学教授、自由至上主义的代表人物之一。1963 年，诺齐克获得普林斯顿大学的哲学博士学位，然后在普林斯顿大学任教。1965 年，诺齐克执教于哈佛大学，直至退休。罗尔斯的《正义论》出版以后，诺齐克紧接着在其 1974 年出版的《无政府、国家和乌托邦》一书中，批判了罗尔斯的正义理论，捍卫了其自由至上主义立场。1975 年，《无政府、国家和乌托邦》获得美国国家图书奖，被评为二战后最有影响力的一百本书之一。

诺齐克的兴趣广泛，涉及哲学、政治学和伦理学等多个领域。除了《无政府、国家和乌托邦》，诺齐克还著有《哲学解释》（1981 年）、《经过省察的人

---

① ［英］弗里德利希·冯·哈耶克：《哈耶克文选》，冯克利译，江苏人民出版社 2007 年版，第 318—319 页。

② ［英］F. A. 哈耶克：《致命的自负》，冯克利、胡晋华译，中国社会科学出版社 2000 年版，第 136 页。

生：哲学沉思录》（1989 年）、《个人选择的规范理论》（1990 年）、《合理性的本质》（1993 年）、《苏格拉底的困惑》（1997 年）和《恒常：客观世界的基本结构》（2001 年）等，但这些著作的影响力不如《无政府、国家与乌托邦》。

罗尔斯的正义理论是诺齐克的自由至上主义原则得以生发的背景，正如功利主义是罗尔斯的正义理论得以生成的背景一样。诺齐克在阐发其自由至上主义原则的过程中，既不像功利主义者那样强调人的幸福，又不像罗尔斯那样侧重于正义，而是秉承了以约翰·洛克和亚当·斯密等人为代表的古典自由主义传统，极力强调"自我所有权原则"，即如果人们拥有自己的身体及劳动力，那么人们就有资格获得自己的劳动果实。诺齐克反对曾一度在美国甚嚣尘上的分配正义理论，捍卫最低限度的国家，即人们经常言说的"守夜人式的国家"。

诺齐克曾为自由的至上性进行了不遗余力的辩护，在其政治哲学体系中赋予了"权利"以至高无上的地位，捍卫了以"生命权、自由权和财产权"等权利为内核的洛克式的权利。诺齐克所捍卫的洛克式的权利属于消极意义上的权利范畴，比如，虽然与富人一样，赤贫者亦享有生命权，但是为了确保自己的生命能够延续下去，赤贫者既无权要求富人为其提供免费的食物，又不能要求国家通过再分配财富来满足其衣食住行等方面的需求。在诺齐克那里，赤贫者之所以无权强行要求富人或国家为其提供免费的食物，与诺齐克所认可的"自我所有权"理念是紧密相关的，该理念认为一个人既然拥有自己的身体及其劳动，他就拥有自己的劳动所创造的一切东西。威尔·金里卡对此曾说道："诺齐克的平等观源于对自我的权利，但他却相信这些权利蕴含着我们对于外部资源的权利，这正是他与自由主义的再分配相冲突的地方。"[1] 在诺齐克那里，无论赤贫者，抑或国家，都无权强行剥夺富人手中的财富，人们拥有的自我所有权决定了人们享有的自由的类型及其范围。可见，自我所有权是诺齐克政治哲学的重要支柱之一。

（一）批判功利主义和罗尔斯的正义理论

诺齐克在批判功利主义时，与罗尔斯和德沃金一样诉诸康德传统，认为"对行为的边界约束反映了康德主义的根本原则：个人是目的，而不仅仅是手段；没有他们的同意，他们不能被牺牲或被用来达到其他的目的。个人是神圣

---

[1] ［加］威尔·金里卡：《当代政治哲学》上，刘莘译，上海三联书店 2004 年版，第 203 页。

不可侵犯的"①。在诺齐克看来，功利主义背离了康德传统，被"可能的功利怪物"纠缠着，而这种功利怪物"能够从他人的牺牲中获得比这些人所遭受的损失大得多的功利。这种理论看来要求我们所有人都牺牲在这个怪物的胃里，以便增加总的功利，而这是不可接受的"②。在诺齐克那里，个人有可能为了长远利益牺牲当下利益，但社会不能这样做，不能以整体利益之名而让某些人承受代价，所谓拥有利益的社会实体并不存在，存在的只是一个一个的人，也就是说，功利主义所主张的靠牺牲个人权利而促成的社会利益是根本不存在的。一个人的权利的丧失而带来的痛苦以及对道德边界的逾越所造成的不公正，是不能由另一些人得到快乐而被抵消或者成为正当的。

对个人权利的侵犯本身就是不公正的，诺齐克对此曾言说道："为了获得更大的整体社会利益，我们中间任何人的生命的道德分量都不能被压倒。为了别人而牺牲我们中间的一些人，这种做法的正当性无法得到证明。"③ 总之，对诺齐克来说，个人拥有的生命权、自由权和财产权等洛克式的权利是不能被褫夺的，我们不能以牺牲这些权利为代价，来提升某些分配正义论者所谓的社会福利。

诺齐克对罗尔斯正义理论的批评主要包括以下几个方面。

其一，针对罗尔斯的"反应得理论"，诺齐克在继承洛克观点的基础之上提出了"自我所有权"的观点。诺齐克认为个人对自己的权利就构成了自我所有权，即如果人们拥有自己的身体及劳动力，那么人们就有资格获得自己的劳动果实。在诺齐克看来，即使从道德观点来看人们的天资不是任意的，他们对它们也都是有资格的，从而对来自它们的东西也是拥有资格的。自我所有权必定导致对外在资源的所有权，诺齐克批判地继承了洛克的财产权理论，认为只要对资源的占有不使每个人的总体状况变坏（即不违背洛克式的条件），拥有自我所有权的人们就拥有了完全的财产权。对诺齐克来说，罗尔斯的差别原则要求自然禀赋较高者只有在有利于处境最差者的条件下才能从自己的较高自然禀赋中获利这种观点，同自我所有权是不相容的。诺齐克认同康德式的道德原

① ［美］罗伯特·诺奇克：《无政府、国家和乌托邦》，姚大志译，中国社会科学出版社 2008 年版，第 37 页。

② ［美］罗伯特·诺奇克：《无政府、国家和乌托邦》，姚大志译，中国社会科学出版社 2008 年版，第 50 页。

③ Robert Nozick, *Anarchy*, *State*, *and Utopia*, New York: Basic Books, Inc., 1974, p. 33.

则，主张人是目的而不仅仅是手段，个人具有不可侵犯的权利。"个人拥有权利，而且有一些事情是任何人或任何群体都不能对他们做的（否则就会侵犯他们的权利）。这些权利是如此重要和广泛，以致它们提出了国家及其官员能够做什么的问题。"①

其二，差别原则忽视了责任问题，使个人对本不应当承担责任的行为承担了责任，同时，差别原则也属于诺齐克曾批判过的即时原则和模式化原则。诺齐克质疑处于原初状态中的人们利用"最大的最小值原则"来选择差别原则："原则状态中的个人为什么要选择一种关注群体而非关注个人的原则。应用最小—最大化原则不是将会使原初状态中的每个人都赞成最大程度地提高处境最差个人的地位吗？……为什么排除了抑郁病患者群体、酗酒者群体或者有代表性的截瘫病人？"② 对诺齐克来说，差别原则不应该针对某一群体的处境，应该具体到个人为什么处于最差的处境，因为在原初状态中作出选择的人的动机应该是个人的动机，而不是群体的动机。同时，差别原则在界定处境最差者时，将抑郁症患者、截瘫病人等因自然基本善而处于处境最差的群体排除在外。既然这些因自然基本善处于处境最差者被排除在差别原则的补偿范围之外，他们就不能获得任何补偿。这就使他们承担了本不应当承担的责任，这是不正当的。当然，倘若差别原则真的将酗酒者群体排除在外，那也是无可厚非的。诺齐克认为，罗尔斯的差别原则是一种即时原则和模式化原则。差别原则以处境最差者为基点来决定何种不平等是正当的。"差别原则在禀赋更好者与禀赋更差者之间并不是中立的。"③

社会合作体系是罗尔斯的差别原则的根据之一，但在诺齐克看来，罗尔斯仅仅注意到接受者的合作，忽略了给予者的合作，给予者有可能不接受这种社会合作体系。实际上，合作从来不是单方面的，而是双方面的。禀赋较低者和禀赋较高者在从事社会合作时，应该处于对称的地位，但是差别原则仅仅提出了禀赋较低者愿意接受的条件，并没有提出有利于禀赋较高者的条件，因此，它并不能确保禀赋较高者一定会接受社会合作体系。

---

① ［美］罗伯特·诺奇克：《无政府、国家和乌托邦》，姚大志译，中国社会科学出版社 2008 年版，第 1 页。

② ［美］罗伯特·诺奇克：《无政府、国家和乌托邦》，姚大志译，中国社会科学出版社 2008 年版，第 228 页。

③ ［美］罗伯特·诺奇克：《无政府、国家和乌托邦》，姚大志译，中国社会科学出版社 2008 年版，第 231 页。

其三，差别原则没有使个人对自身的选择承担责任。在罗尔斯那里，自然的自由体系之所以是不公正的，就在于自然的自由体系允许分配的份额受到道德上非常任意和专横的因素的影响。诺齐克认为，罗尔斯所给出的理由根本没有提到人们如何发展他们的自然禀赋，认为罗尔斯的"这一论证只有通过把人的一切值得注意的东西完全归因于某种'外在'的因素，才能成功地阻止援引人的自主选择和行为（以及它们的结果）。对一个本来希望支持自主存在物拥有尊严和自尊的理论来说，如此贬低一个人的自主性和对其行为的首要责任是一条危险的路线，特别是对于一个在很大程度上依赖于人们的选择而建立的理论（包括一种善理论）来说，就更是如此。人们会怀疑，这种作为罗尔斯理论前提和依据的不崇高的人类形象，是否能与它试图达到和体现的人类尊严的观念相适应"①。也就是说，罗尔斯完全没有提到人们怎样选择发展以及是否发展了他们的自然禀赋，也就隐含着差别原则忽视了责任问题。如果两个有同等自然禀赋的人，一个人选择发展其自然禀赋，另一个人作出了截然不同的选择，那么前者就应该获得由自然禀赋所带来的利益。如果依照差别原则在他们之间进行资源的再分配，那么这就把没有发展其自然禀赋的人本应当承担的责任转嫁给了他人，这在道德上是错误的。没有去发展其自然禀赋的人应得较差的处境，相应地，选择发展其自然禀赋的人也应得较好的处境。

另外，在诺齐克看来，罗尔斯的自然偶然性和社会偶然性从道德上看是任意的这一观点是不成立的："如果由任意的因素所产生的东西不具有任何道德重要性，那么任何一个特定个人的存在也都毫无道德重要性，因为从一种道德立场看，在众多精子中，哪一个要成功地与卵子结合（就我们所知道的而言）完全是任意的。这意味着对罗尔斯立场的精神实质而非字面意义的另一种不具体的反对。每个现存的人都是这样一种过程的产物，其中成功的这个精子并不比其他成千上万个失败的精子更加应得。我们是否应该期望一个按照罗尔斯的标准来判断的'较公平'过程，也就是要求矫正其中的所有'不平等'吗？我们应该对任何在道德上谴责产生我们的过程的原则感到焦虑不安，因为这个原则削弱了我们现存的合法性。"② 换言之，如果任何道德应得背后的基础本身必须也是应得的，那么往后进行追溯的话，就根本没有任何应得可言。对罗尔斯

---

① Robert Nozick, *Anarchy*, *State*, *and Utopia*, New York: Basic Books, Inc., 1974, p. 214.

② Robert Nozick, *Anarchy*, *State*, *and Utopia*, New York: Basic Books, Inc., 1974, p. 226.

来说，自然禀赋的分配是一种集体资产，既没有人应得较高的自然禀赋，又没有人应得较差的自然禀赋，而在诺齐克那里，我们找不到任何有说服力的论据来证明由自然禀赋差别所产生的不平等应当排除或尽量缩小，个人拥有较高的自然禀赋不会侵犯别人的利益。一个人从其自然禀赋中获利，只要没有侵害到别人的利益，就是正当的。个人对其自然禀赋拥有资格，同样地，个人对其自然禀赋所带来的利益也拥有资格，因此，人们不应当把自然禀赋看作一种集体资产而纳入再分配的范畴。

（二）最低限度的国家

诺齐克的自由至上主义理念大体上包含两个部分，一是上述批判性部分，二是建构性部分，也就是说，诺齐克在对罗尔斯的正义理论进行批判的基础上，建构了自己所认可的"资格理论"（entitlement theory）。诺齐克批判了罗尔斯的分配正义理论，认为"分配正义"并不是一个中性词，并用"持有正义"（justice in holdings）替代它。

诺齐克认为，持有正义由三个原则构成。第一个原则是"获取的正义原则"（the principle of justice in acquisition），它讨论的是持有的最初获得或者对无主物的获取问题，比如，无主物是通过何种方式成为人们的私有财产的。倘若该持有完全是个人通过"合法"的手段获取的，该持有就是正义的。

第二个原则是"转让的正义原则"（the principle of justice in transfer），探讨的是持有物在人们之间的转让问题，比如一个人通过何种过程可以将其合法的持有转让给另一个人。倘若人们之间的转让是通过合法的自愿交换、馈赠而不是欺诈的方式来完成的，那么这种转让也是正义的。如果一个人按照上述两个正义原则持有某物，那么他也就对该持有拥有了资格。诺齐克将上述两个原则归结为："①一个人依据获取的正义原则获取了一个持有物，这个人对这个持有物是有资格的。②一个人依据转让的正义原则从另外一个有资格拥有该持有物的人那里获取了一个持有物，这个人对这个持有物是有资格的。③除非通过1和2的（重复）应用，否则任何人对一个持有物都是没有资格的。"[①]

第三个原则是"矫正的正义原则"（the rectification of justice）。并非所有的实际持有都与上述两个持有的正义原则相吻合，有些持有是通过非正义的方式

[①]　［美］罗伯特·诺奇克：《无政府、国家和乌托邦》，姚大志译，中国社会科学出版社2008年版，第181页。

获取的，比如有些人通过偷盗、欺诈或者勒索等方式攫取了他人的财物。这些过去的不正义的存在促使诺齐克提出了持有正义的第三个原则，即"矫正的正义原则"。诺齐克认为上述三个原则共同构成了持有正义的一般纲领："如果根据获取和转让的正义原则或者根据对不正义的矫正原则（由前两个原则所规定的），一个人对其持有物是拥有资格的，那么他的持有就是正义的。如果每一个人的持有都是正义的，那么总体的持有（分配）就是正义的。"[①] 持有正义的一般纲领凸显了资格理论是一种"程序导向"的理论，也就是说，只要某种分配没有背离持有正义的三个原则，它就是正义的，无论分配的结果是什么，人们都应当接受。

诺齐克的资格理论有两个特点：其一，资格理论是一种"历史原则"，即一种分配是否正义，依赖于它是如何发生的。与历史原则相对的是"即时原则"，即某种分配是否正义，依赖于东西是如何被分配的，比如功利主义原则就是一种即时原则。其二，资格理论是一种"非模式化的原则"。在诺齐克那里，人们经常谈到的很多分配正义原则都是模式化的原则，如按照道德功绩和需要等因素来进行的分配。模式化的原则只关注谁应当得到什么，并不问有待分配的物品来自何处，即模式化的原则忽视了生产问题。

诺齐克还从以下两个方面捍卫了其自由至上主义原则。

第一，最低限度的国家是合理的，这种类型的国家并不是像无政府主义者所认为的那样会侵犯个人权利。在无政府主义者看来，国家是暴力和强制的集合体，以国家为代表的各种权威非但没有提升人类的福祉，相反，它是人类自由的障碍，任何国家一旦建立，都会侵犯他人的权利，因此，国家的存在不仅毫无必要，而且在本质上还是一种不必要的恶。诺齐克并不同意无政府主义者贬低国家的上述观点，而是认为最低限度的国家在道德上是合法的，不是不道德的。诺齐克从自然状态出发开始其对最低限度的国家的合法性的论证，他采用了洛克对自然状态的描述：在自然状态中，人们是自由、平等和独立的，受到自然法的约束，自然法要求人们不得侵犯他者的生命、自由和财产等基本权利。如果人们的这些基本权利受到了侵犯，那么人们可以行使自己的权利，保护自己，并进行索赔和惩罚违规者。比如，人们可以成立一个"保护性社团"以击退侵略者，所有人都会响应任何一个成员为保护自己的权利所提出的请

---

① Robert Nozick, *Anarchy, State, and Utopia*, New York: Basic Books, Inc., 1974, p. 153.

求。然而，由于这种保护性社团并不是专职的，还有一些不便之处，例如，为发挥社团的保护作用，每个人总是处于随时待命的状态，这会影响到人们的生产活动，同时，一些成员也许会谎称自己的权利受到了侵犯，从而不正当地利用保护性社团去侵略他人。为了克服这些不便之处，人们可以成立"专职性的保护社团"。各种专职性的保护性社团会在同一地区提供竞争性的保护服务，一些既能提供优质服务，收费又低廉的社团最终会击败其他社团从而脱颖而出，成为一种"支配的保护性社团"。但这种支配的保护性社团"不仅缺少对强力使用的必要垄断，而且也不能为其领土内的所有人都提供保护，所以，这种支配的机构看起来还不能成为一个国家。但是，这种表面现象是骗人的"①。

如何由支配的保护性社团过渡到最低限度的国家呢？诺齐克又进行了两种论证。第一种论证是从"支配的保护性社团"过渡到"超低限度的国家"。在支配的保护性社团建立之后，有一些人不想加入或没有能力加入这种机构，仍然是独立者。对于这些没有购买其保护和强制保险的人来说，支配的保护性社团是不提供保护的。当这些独立者与支配的保护性社团的"委托人"发生冲突时，独立者可以通过强行正义以保护自身的权利，支配的保护性社团则无权加以禁止。然而，为了实现整个社会的安定与繁荣，支配的保护性社团可以禁止任何人的强行正义，垄断全部惩罚和索赔的权力，这种社会就是"超低限度的国家"。

第二种论证是从"超低限度的国家"过渡到"最低限度的国家"。超低限度的国家只是依靠强力获得了对暴力的垄断权，这种权力本身还缺乏合法性，仅是一种介于私人性保护社团与守夜人式的国家之间的临时安排。这种安排有可能侵犯独立者的利益，超低限度的国家要使自己对暴力的垄断以及禁止独立者强行正义是合法的，必须对独立者的损失予以补偿。此时支配的保护性社团所提供的保护并不仅限于其委托人，而是扩大到了所有人。这种为所有人提供保护的机构就是诺齐克所说的"最低限度的国家"。

诺齐克至此已经完成了其解释任务："解释一个国家如何从自然状态中产生出来，而在此过程中任何人的权利都没有受到侵犯。个人主义的无政府主义者对最低限度国家的道德指控被克服了。这种垄断权的强加不是不正义的；这

---

① ［美］罗伯特·诺齐克：《无政府、国家和乌托邦》，姚大志译，中国社会科学出版社 2008 年版，第 31 页。

种事实上的垄断权是从一种看不见的手的过程中并以道德上允许的方式产生出来的，而任何人的权利都没有受到侵犯，也没有对任何一种别人所不拥有的特定权利提出要求。"① 因此，在诺齐克看来，最低限度的国家并不是像无政府主义者所认为的那样侵犯个人权利。诺齐克接下来的任务就是论证最低限度的国家是否还应当过渡到其他形式的国家，如罗尔斯式的国家？当然，正如上述所言，诺齐克认为，比最低限度的国家履行的功能更多的国家是不正当的，会侵犯人们的权利，最低限度的国家是唯一合理的国家。

第二，最低限度的国家是一种"乌托邦"，拥有美好的前景。在诺齐克那里，只有最低限度的国家才是可以为人们接受的，任何比其承担更多职能的国家都无法获得证成。然而，一个接踵而至的问题是，这种最低限度的国家是不是太枯燥无味了？人们会不会弃之不顾？诺齐克正是要证明这种最低限度的国家是一种鼓舞人心的梦想，能够获得人们的普遍认可。人类不能没有理想和激情，传统的乌托邦通常被视为理想和激情的体现，但是传统的乌托邦都将乌托邦模式化了，这是令人难以接受的。诺齐克认为他的乌托邦是一种元乌托邦，有多种通向它的途径，并提出了三种论证思路：第一，人们在抱负、兴趣、精神追求以及生活方式等方面都是存在差别的；第二，并非所有的善都能够同时加以实现，人们不得不对它们加以权衡；第三，人们是复杂的。② 对诺齐克来说，他的最低限度的国家就是一种乌托邦，是道德上唯一合法的且唯一可以为人们容忍的国家，在其中能够实现人们对理想和善的追求。

三、萨托利的自由民主思想

乔万尼·萨托利（Giovanni Sartori，1924—2017 年），美国著名政治思想家。1924 年，萨托利出生于意大利的佛罗伦萨，后加入了美国国籍。1946 年，萨托利获得佛罗伦萨大学哲学博士学位，毕业后即留校任教。1976 年，萨托利接任阿尔蒙德的职位任斯坦福大学的专职教授，后来任哥伦比亚大学阿尔伯特—史维泽人文科学讲座教授。萨托利的研究领域主要包括民主理论、政党理论、宪政制度和治学方法等，由于对政治学研究作出了重要贡献，萨托利于

---

① ［美］罗伯特·诺奇克：《无政府、国家和乌托邦》，姚大志译，中国社会科学出版社 2008 年版，第 136 页。
② ［美］罗伯特·诺奇克：《无政府、国家和乌托邦》，姚大志译，中国社会科学出版社 2008 年版，第 370—375 页。

2005 年和 2006 年先后获得了欧洲政治研究联合会终身成就奖和美国政治科学学会终身成就奖。

萨托利的著作主要有：《民主论》（1962 年）、《政党与政党体制》（1976年）、《社会科学的概念》（1984 年）、《民主新论》（1987 年）和《比较宪法工程学》（1994 年）等。《民主新论》是萨托利最为有名的著作，萨托利因在其中清晰地阐述了他的精英民主立场、恢复其所谓的"主流民主学说"而成了保守主义民主理论的重要代表人物。《民主新论》出版后立刻引起了学术界的共鸣，获得了学术界的盛赞，也成了政治学领域的经典之作，目前仍然是研究民主理论的必读之书。《政党与政党体制》一书被认为是研究政党政治的经典之作。

（一）民主观的混乱

为了恢复自由主义民主观这一主流民主理论，萨托利首先批判了所谓的错误的民主观，指出了民主观的混乱之处。萨托利认为，错误的民主观会导致民主的错误，这构成了他撰写《民主新论》的充分理由。在 1940 年以前，人们知道民主的清晰含义，并对民主表达支持或批判的态度，40 多年后，虽然人们都声称自己喜欢民主，但是人们已经不再知道民主的含义，人们生活在一个以民主观的混乱为特色的世界里。"过度简化的错误、过度现实主义（如果我可以这样说的话）的错误以及至善论的错误，是我们讨论民主时最容易掉下去的陷阱。"① 萨托利着重论述了过度简单化、过度现实主义和至善论这三种关于民主的错误理解。

第一，过度简单化。过度简单化的错误是指只是简单地从原初字面的意义上理解民主，将民主理解为人民的统治或者人民的权力。在萨托利那里，将民主视为人民的统治或权力并不真正有利于把握民主的确切含义，其中的主要原因在于"人民"的概念是模糊不清的。萨托利从词源学的角度仔细审视了"人民"的含义，认为至少可以归纳出六种对"人民"的不同解释："①人民字面上的含义是指每一个人。②人民是指一个不确定的大部分人，一个庞大的许多人。③人民是指较低的阶层。④人民是一个不可分割的整体，一个有机整体。

---

① ［美］乔万尼·萨托利：《民主新论》上卷，冯克利、阎克文译，上海人民出版社 2015 年版，第 37 页。

⑤人民是绝对多数原则所指的大多数人。⑥人民是有限多数原则所指的大多数人。"①

通过仔细分析，萨托利认为前五种关于人民的理解都是含混不清或有重大缺陷的，唯有第六种关于人民的理解是可行的，也就是说，萨托利将"有限多数"视为民主概念中的"人民"的确切含义。另外，这种词源学上的民主所带来的一个天然产物是"人民崇拜"，换言之，虽然人民经常被大谈特谈，但是这种人民的崇拜者只是想塑造出一个虚无缥缈的人民偶像，这导致人民通常遭到忽视。可见，那种仅仅将民主视为人民的统治或权力的做法并不能真正反映民主的真实含义，同时也会带来一些灾难。

第二，过度现实主义。过度现实主义通过否定民主理想而对民主本身持一种怀疑或批判的态度，这种现实主义也可以被称为劣等的现实主义。萨托利将政治现实主义追溯到马基雅维利那里，将马基雅维利视为政治现实主义之父，认为自马基雅维利时代以来，政治现实主义要么强调政治就是政治而不是其他别的什么东西，要么强调纯政治，纯政治是指那种不顾理想而只以权势、欺诈和无情地运用权力为基础的政治。依萨托利之见，纯政治以及完全理想化的政治（即纯政治的对立面）都是不切实际的，每一项政策都是理想主义和现实主义的混合物，人们不可能成功地制定纯政治的政策或者严格的理想政策。

萨托利还认为："对现实主义的误解可以概括为两种论点。第一种是，我不相信民主，因为它同现实是矛盾的。第二种则是对第一种的反驳：既为民主主义者，我拒绝成为现实主义者。这两种观点都经不住推敲。"② 按照萨托利的立场，驳倒别人所提出的事实的恰当方法是提出相反的事实，如果人们不信仰民主，那是因为人们信仰别的什么价值，而不是因为需要排斥现实或者现实同民主价值相悖。倘若以民主不符合事实为由而坚持不信仰民主，这与逻辑相悖，同时，由于现实主义的发现未能支持民主信仰而否定民主，这同样是不合逻辑的。

第三，至善论。至善论是一种劣等的理想主义，它会给民主带来威胁，正

———————————

① ［美］乔万尼·萨托利：《民主新论》上卷，冯克利、阎克文译，上海人民出版社2015年版，第47页。

② ［美］乔万尼·萨托利：《民主新论》上卷，冯克利、阎克文译，上海人民出版社2015年版，第83页。

如劣等的现实主义也会给民主带来威胁一样，劣等的现实主义和劣等的理想主义会相互强化。"至善论者不过是这样一批人，他们把并不是理想的东西错认为理想，他们很少留意理想和现实之间的必然差别，所以他们不知道如何把规定转化为或应用于现实。至善论者的特点是，他希望弘扬理想——他的脚总是踩着加速器——却没有对他宣扬的理想加以控制。"① 至善论者通常将民主理解为人民主权和人民自治。"民主原则按其纯粹的和最充分的状态来说，要求'一切权力归全体人民'。正如所知，这个纯粹的原则只是肯定了一种有名无实的权利，它对行使权毫无帮助。这时我们就需要贡斯当所说的中介原则。迄今为止，已经发现的中介原则是代议制（已在宪政国家的保障制度中实现的制度）。"② 萨托利在此并不是否定人民主权原则，而是认为至善论者只是鼓吹人民主权原则，不知道采取何种方式践行人民主权原则。

根据萨托利的立场，代议制是一种有效的备选方案，在代议制政治制度中，谁也不能行使绝对的、不受限制的权力，同时，在代议制中，人民仍然能够监视和更换掌权者，实际行使着权力。然而，此时仍然要防止权力被滥用的现象出现，代议制的中介作用一定不能被抛弃，因为人民主权原则崇尚的"一切权力属于人民"肯定了一种绝对权力论，如果蔑视代议制的中介作用并将其作为障碍抛诸脑后，将人民主权理想强化到极致，那么就会出现假人民之名而行使绝对的权力的情况，这也是至善论者常犯的一种错误。

（二）自由主义民主观

在澄清了民主观的混乱以后，萨托利指出了其所偏爱的民主，即自由主义民主。与一般性的民主定义不同，这种自由主义民主必须以自由主义为依归，限制多数，实行以代议制民主为特征的精英民主。

第一，自由主义之中的民主。萨托利推崇的民主是自由主义之中的民主，而不是自由主义之外的民主。自由主义之中的民主主张人们从自由主义强调的自由出发可以获得民主主义所偏爱的平等，但从民主主义偏爱的平等出发不一定能够获得自由主义强调的自由，民主本身不能脱离自由主义，同时，在自由主义民主中，自由优先于民主，自由是目的，民主是实现自由的手段。自由主

① ［美］乔万尼·萨托利：《民主新论》上卷，冯克利、阎克文译，上海人民出版社2015年版，第101页。
② ［美］乔万尼·萨托利：《民主新论》上卷，冯克利、阎克文译，上海人民出版社2015年版，第119页。

义之外的民主恰恰试图在追求民主的同时抛弃自由主义，这是萨托利所不认可的。

他明确指出："摒弃了自由主义的民主，真正能看到的不过是'民主'这个字眼，也就是用作修辞手段的民主，因为某种杜撰出来的人民支持可以助长最横暴的奴役。坦率地说，这就意味着，无论我们谈论的是现代形式的民主还是古代形式的民主，也无论那是基于个人自由的民主还是仅仅要求由全体会议集体行使权力的民主，只要自由主义的民主死了，民主也就死了。"① 自由主义民主观也是萨托利试图恢复的主流民主观。在萨托利那里，自由主义民主观主要由有限多数原则和精英民主理论构成。

第二，有限多数原则。萨托利既看到了在现代西方社会中多数原则的合理性，又看到了多数原则可能存在的缺陷。萨托利认为，民主既不纯粹是人民的权力，又不纯粹是单纯的多数。他看到，在人类历史上，那些种族、宗教或民族中的多数事实上一直在迫害着少数，有时甚至到了灭绝少数的地步，这种做法通常是以多数的名义和以民主的名义做出来的。如果多数可以不受限制地行使权力，那么多数必然会不公正地对待少数，这也使得这种多数可以非常轻易地、永远地维持多数，托克维尔和密尔等政治思想家所担心的"多数人暴政"就会成为现实。

在多数原则的基础上，萨托利批评了公决式民主。在他看来，公决式民主"建立起了一个纯粹的零和决策机制，即一个排除了少数权利的、地地道道的多数统治的制度。在每个问题上都是多数通吃，少数一无所获。不但多数统治会成为绝对的无限制的统治，而且在各种问题之间也不会出现交易和补偿"②。公决式民主恰恰是萨托利反复批判的不受限制的多数统治，这种公决式民主只是将每个人的需要简单地加总在一起，这种民主模式所带来的结果可能不是任何人想要的结果，也很难实现公民的意愿。

萨托利民主理论中的有限多数原则强调要接受多数的统治，同时多数的统治又要受到少数人的权利的限制。在萨托利看来，民主并不意味着"一切权力属于人民"，这种民主观既会带来人民实际上缺乏权力的民主不足的危险，又

---

① ［美］乔万尼·萨托利：《民主新论》下卷，冯克利、阎克文译，上海人民出版社 2015 年版，第 599 页。
② ［美］乔万尼·萨托利：《民主新论》上卷，冯克利、阎克文译，上海人民出版社 2015 年版，第 187 页。

会带来民主权力过大的民主过度的危险。在这两种危险中，萨托利更加担心第二种危险。那么，如何化解这种危险呢？萨托利主张通过有限多数的原则进行解决。萨托利的有限多数原则就是对多数人暴政的一种限制。有限多数原则强调，即使基于多数原则的政治权力也应当受到限制，应当尊重少数派的权利和宪政原则，而不是不受限制。在萨托利那里，倘若我们信奉民主过程，我们就必须尊重受到少数权利限制的多数统治原则，民主的存续要求我们要确保全体公民（少数当然也被涵盖在内）的权利能够得到有效保护，要求少数派必须享有反对权，这对于民主来说是必不可少的。他明确指出："当把民主等同于单纯的多数统治时，人民的一部分（往往是很大一部分）就会因此而变成非人民（non-demos）。相反，如果把民主理解为受少数的权利限制的多数统治，它便与全体人民即多数加上少数的总和相符。正是由于多数统治受到限制，人民才总是包括全体人民（所有有投票资格的人）。"[①]

第三，精英民主理论。萨托利深受以维尔弗雷多·帕累托、罗伯特·米歇尔斯等人为代表的精英主义传统的影响，提出了精英民主理论。在他看来，只有精英才能为治理供给必要的技能和知识。"贬低能人统治，我们只能得到低能儿的统治；贬低择优，我们只能得到不加选择；贬低基于功绩的平等，我们只能获得基于缺点的平等，这是不会有错的。"[②]在他看来，普通选民的能力以及基于这种能力之上的公共决策并不可行。

萨托利以横向政治和纵向政治的区分为标准，将民主分为横向民主和纵向民主，参与式民主和公决式民主等民主模式都是横向民主的体现。萨托利虽然认为公众舆论、选举、参与以及享有决定权的民众是民主大厦的根基，但他还是对直接民主等民主模式有着深深的担忧，认为纵向民主的代议制民主才是理想的民主。

基于这种精英主义民主观，萨托利主张恢复权威的作用，"如果认识到权力和权威需要相互平衡，没有权威的权力便会是一种压制性的权力（赤裸裸的强制取代权威并最终毁灭权威的情况），或软弱无力的权力（缺少权力的情况）。由此不难理解，权威对民主是至关重要的。为了使镇压（强制）少之又

---

① ［美］乔万尼·萨托利：《民主新论》上卷，冯克利、阎克文译，上海人民出版社2015年版，第65页。

② ［美］乔万尼·萨托利：《民主新论》上卷，冯克利、阎克文译，上海人民出版社2015年版，第268页。

少而又不至于软弱无力，民主需要有权威支持的权力"①。权威和民主并不冲突，权威是民主最典型的权力准则，民主应当以将权力转化为权威为目标之一，应当用掌握权威者取代掌握权力者，权威的作用和范围越大，权力的作用和范围就越小。当然，萨托利在强调精英主义民主的重要性时不是推崇精英可以为所欲为，不是推崇精英可以不受人民主权原则的制约，而是试图在精英统治和大众统治之间达到某种平衡。

第五节　自由主义评析

　　自由主义在当代西方有着重要的影响，对其理论体系中表达的价值观念和政治主张，我们需要高度重视，运用马克思主义理论加以分析，并予以回答。习近平在哲学社会科学工作座谈会上的讲话指出，20世纪以来，社会矛盾不断激化，为缓和社会矛盾、修补制度弊端，西方各种各样的学说都在开药方，包括凯恩斯主义、新自由主义、新保守主义、民主社会主义、实用主义、存在主义、结构主义、后现代主义等，这些既是西方社会发展到一定阶段的产物，也深刻影响着西方社会。② 自由主义作为西方长期占主流地位的政治思潮，随着资本主义的发展而得到发展，并在当代西方社会仍然有深刻的影响。我们必须高度重视自由主义等政治思潮提出的一些价值观念和政治主张，并运用马克思主义的立场、观点和方法予以回答。如何看待马克思主义的真理性，如何看待社会主义本质特征，如何看待中国特色社会主义理论体系的科学性，如何看待加强和改善中国共产党的领导，如何看待自由、民主、平等的科学内涵和实践，如何看待西方所谓"普世价值"，都需要重点加以回答。③

　　在马克思、恩格斯生活的年代，自由主义已经产生并具有重要的影响。马克思、恩格斯虽然没有直接、系统地对自由主义进行批评，但对于自由主义的价值观念和政治主张，包括自由主义的一些代表性人物，马克思、恩格斯还是从不同的角度，在不同的语境中进行了丰富的评价，这是我们学习自由主义

---

① ［美］乔万尼·萨托利：《民主新论》上卷，冯克利、阎克文译，上海人民出版社2015年版，第283页。
② 习近平：《在哲学社会科学工作座谈会上的讲话》，人民出版社2016年版，第4页。
③ 习近平：《在全国党校工作会议上的讲话》，人民出版社2016年版，第16页。

政治思潮的重要指南。马克思主义承认自由主义的进步性，但同时对自由主义的个人主义、价值体系、政治主张，尤其是背后的资本逻辑进行了深刻而广泛的批评。

在论证方法上，自由主义早期是以自然法、契约论作为其方法论的基础的，其论证前提是抽象的人。为了论证人权、法治这样一整套的制度安排，自由主义从一开始就提出了自然权利、社会契约等假设，并把人设想为到处同一的，不分性别、民族、种族、出身、财产等。自由主义对于个人的认识是建立在"抽象的人"的基础之上的，也就是说，自由主义试图通过建立一个"到处同一的人"。这种对个人的认识有其进步的一面。古代和中世纪将人区别为等级的人，根据人的出生、性别、民族、种族，甚至是宗教、财富状况等将人区别对待。自由主义则将人从这些自然属性或者社会属性中分离出来，对他们平等看待，这是一种进步，有利于打破封建的等级制度。但在马克思主义看来，不存在到处同一的人，人是一种社会存在，不存在抽象的人，所以也就不存在到处同一的人。

自由主义最大的功绩就是祛除了神学的束缚，发现人，解放人，并在人的基础上建立起现代国家。马克思指出："现代的市民社会是实现了的个人主义原则；个人的存在是最终目的；活动、劳动、内容等等都只是手段。"① 但是，早期的自由主义将个人视为完全独立的个人，甚至是"原子化"的个人。自由主义视域下的"自由这一人权不是建立在人与人相结合的基础上，而是相反，建立在人与人相分隔的基础上。这一权利就是这种分隔的权利，是狭隘的、局限于自身的个人的权利"②。尽管新自由主义强调了人的社会性，但是，这并没有从总体上改变自由主义对个人的认识，新保守自由主义甚至回到了古典的个人主义原则。这直接影响到了自由主义的价值观念、权利观念、社会观念和国家观念等观念，也是当代西方自由主义衰落的一个根源。

对个人的这种认识直接影响到了自由主义的价值观体系。马克思指出："平等，在这里就其非政治意义来说，无非是上述自由的平等，就是说，每个人都同样被看成那种独立自在的单子。"③ 自由主义视域下的"任何一种所谓的人权都没有超出利己的人，没有超出作为市民社会成员的人，即没有超出封

---

① 《马克思恩格斯全集》第 3 卷，人民出版社 2002 年版，第 101 页。
② 《马克思恩格斯文集》第 1 卷，人民出版社 2009 年版，第 41 页。
③ 《马克思恩格斯文集》第 1 卷，人民出版社 2009 年版，第 41 页。

闭于自身、封闭于自己的私人利益和自己的私人任意行为、脱离共同体的个体。在这些权利中，人绝对不是类存在物，相反，类生活本身，即社会，显现为诸个体的外部框架，显现为他们原有的独立性的限制。把他们连接起来的唯一纽带是自然的必然性，是需要和私人利益，是对他们的财产和他们的利己的人身的保护"①。自由主义宣扬的自由、平等、民主、法治等价值只是一种美好的理想。马克思曾经明确地指出，只有把那些作为市民社会成员的人解放出来，把利己主义的个人转变共同发展的人，使"每个人的自由发展是一切人的自由发展的条件"②，从而最终实现自由人的联合，才会最终解决这一问题。

从产生的那一天起，自由主义就是资本主义的意识形态。一直到现在，自由主义都在积极地为资本主义生产关系的调整和资本的全球化提供理论论证。在资本逻辑的驱使下，资本主义国家出现了财富高度集中、不平等加剧等问题。早在自由主义产生的早期，马克思就指出了当时资本主义社会的两极分化。"在一极是财富的积累，同时在另一极，即在把自己的产品作为资本来生产的阶级方面，是贫困、劳动折磨、受奴役、无知、粗野和道德堕落的积累。"③ 在当代的西方，这种情况仍然存在。法国学者托马斯·皮凯蒂撰写的《21世纪资本论》在国际学术界引发了广泛讨论。该书用翔实的数据证明，美国等西方国家的不平等程度已经达到或超过了历史最高水平，认为不加制约的资本主义加剧了财富不平等现象，而且将继续恶化下去。④

事实上，无论是新自由主义，还是新保守自由主义，其本质都是资本主义在其发展的不同阶段为了应对不同的政治、经济、文化和社会问题而对资本主义生产关系作出的调整，其中包含的资本逻辑是不会有本质变化的。在全球化背景下，自由主义不仅在本国国内形成了国家与资本的合谋，而且还成为以美国为首的西方发达国家控制世界的意识形态，使得资本的扩张遍及全球。

自由主义思潮对中国社会有着一定的影响。在西学东渐的过程中，中国的思想界不仅接触到马克思主义，同时还对西方流行的一些政治思潮，比如自由主义、保守主义，甚至无政府主义进行了广泛的译介。在近代中国，也产生了以胡适为代表的一批自由主义者。在改革开放的过程中，中国社会，尤其是思

---

① 《马克思恩格斯文集》第1卷，人民出版社2009年版，第42页。
② 《马克思恩格斯文集》第2卷，人民出版社2009年版，第53页。
③ 《马克思恩格斯选集》第2卷，人民出版社2012年版，第289—290页。
④ 习近平：《在哲学社会科学工作座谈会上的讲话》，人民出版社2016年版，第15页。

想界对西方自由主义思潮也进行了大量的译介和研究，甚至在思想界产生了自由派与新左派这样的学者群体，在国家与社会、政府与市场、个人和集体、民主与法治等诸多问题上展开了广泛的争论，对中国思想界产生了重要影响。

应该指出的是，在毛泽东等党和国家领导人的话语体系中，也在不同情景下多次提到"自由主义"。但这个概念不是当代西方政治思潮意义上的自由主义，多是用来指中国革命过程中的小资产阶级，尤其是自私自利、自由散漫的思想与行为，与革命精神、组织纪律性相违背，要坚决反对。在中国共产党的意识形态建设过程中，党和国家领导人也多次在不同场合讲到过资产阶级自由化、自由派、右派等概念，应该注意的是，这些概念都是在特定场合下有特定的指向，与当代西方的自由主义的理论基础和政治主张并不相同。

当代西方自由主义理论体系中的很多概念，如自由、平等、民主、法治、公平、正义，包括其背后蕴含的价值观念，在当代西方政治生活中得到了广泛的运用，成为资本主义价值观念中的组成部分。这些概念，在中国特色社会主义核心价值观体系中，也有相应的表述。有一些价值观念，已经成为全人类的共同价值。习近平指出："和平、发展、公平、正义、民主、自由，是全人类的共同价值，也是联合国的崇高目标。"① 我们要清醒地认识到，这些在表述上甚至完全一致的概念，在价值观内涵上并不相同。在不同的国家，不同的时间，遇到不同的问题，基于这些价值观提供的解决方案就更不相同。

阅读文献

1. 习近平：《在哲学社会科学工作座谈会上的讲话》，人民出版社 2016 年版。

2. ［美］约翰·罗尔斯：《政治自由主义》，万俊人译，译林出版社 2000 年版。

3. ［美］约翰·罗尔斯：《正义论》，何怀宏等译，中国社会科学出版社 1988 年版。

4. ［英］弗里德利希·冯·哈耶克：《法律、立法与自由》，邓正来等译，中国大百科全书出版社 2000 年版。

---

① 《习近平在联合国成立 70 周年系列峰会上的讲话》，人民出版社 2015 年版，第 15 页。

5. ［美］罗伯特·诺奇克：《无政府、国家和乌托邦》，姚大志译，中国社会科学出版社 2008 年版

6. ［英］以赛亚·伯林：《自由论》，胡传胜译，译林出版社 2003 年版。

7. ［美］罗伯特·达尔：《民主及其批评者》，曹海军等译，中国人民大学出版社 2016 年版。

思考题

1. 当代西方自由主义经历了怎样的发展历程？

2. 当代西方自由主义有哪些争论？

3. 罗尔斯的自由主义有哪些特征？

4. 达尔的自由民主思想有哪些理论主张？

5. 萨托利的自由民主思想有哪些理论主张？

6. 如何评价自由主义？

第二章　保　守　主　义

保守主义（conservatism）是强调传统的政治思潮。保守主义是当代西方的主流政治思潮之一，自 19 世纪产生以来一直与自由主义、社会民主主义并称当代西方三大政治思潮，在当代西方政治生活中扮演着重要角色。作为一种与激进主义相对立的政治意识形态，它的基本特点是主张维持现有的秩序、反对激烈的社会变革。保守主义经历了产生与发展的历史进程，在特定的哲学基础上形成了对政治、经济与文化等各个领域事务的理解，提出了相应的政治主张，形成了哲学保守主义、政治保守主义、文化保守主义等流派。

第一节　保守主义的定义与源流

在当代西方所有的政治思潮中，对保守主义的界定无疑是最为困难的，不但其词根"保守"没有提供任何实质性的价值承诺，而且其"反哲学"的特征更增加了概括保守主义理论要素的难度。同时，与其他政治思潮相比，保守主义的发展始终与历史情境紧密关联，随着历史的发展产生了诸多流派，这些流派之间的关系也颇为复杂。因此，在具体介绍当代保守主义的观点与主张之前，有必要首先厘清保守主义的定义，并对保守主义的起源、流变与当代保守主义的不同分支做一个梳理。

一、保守主义的源流

保守主义是在西方特定的历史情境中产生和发展的，保守主义的情境性决定了它的民族和文化特性。纵观西方国家的历史发展，仍然可以发现一些全局性的重大社会政治变革，它们引发了广泛的、超越国界的保守主义浪潮。赫希曼在《反动的修辞》一书中简要地勾勒了柏克以降西方保守主义历史演变的线索。他认为，法国大革命之后的两百多年间，西方政治思想史上出现过三次大规模的反对当时社会政治变革的保守主义浪潮。需要强调的是，由于《反动的修辞》出版于 1991 年，所以该书未能涵盖苏联解体后保守主义发展的历史，因而也未能涵盖 20 世纪末西方保守主义的第四次浪潮。

　　学界一般认为，作为一种政治思潮的保守主义诞生于 1789 年法国大革命之后。保守主义的第一次浪潮所针对和反对的便是法国大革命以及《人权宣言》所张扬的法律面前人人平等的公民权思想。在此期间，英国政治思想家柏克在 1790 年发表的《法国革命论》中系统阐述了保守主义的理论和主张，他本人也被视为保守主义的鼻祖。柏克通过批判法国大革命，反对政治改革或社会变革过程中对传统的破坏和对个人权利的侵犯，强调宗教的重要性以及社会发展的连续性和继承性，认同社会等级和地位差别，反对平等观念。长期以来，这些观点不仅成为英国保守党的思想基础，而且也奠定了保守主义的理论体系。

　　进入 19 世纪，保守主义在西欧各国得到传播。在英国，在自由主义占据主流的情况下，保守主义表现为对自由、平等和民主观念的批评，以及对贵族政体、等级制度与旧的伦理道德的怀念。在法国，由于长期处于革命洪流之中，保守主义具体表现为竭力维护天主教信仰和传统君主制度。在德国，保守主义主要由两种思想构成：其一是重视民族传统文化，并与当时兴起的浪漫主义运动相结合，最终形成浪漫保守主义；其二是当时主导社会发展的官僚体系所反映的思想，最终形成官僚保守主义。[①]

　　保守主义的第二次浪潮是对民众参与政治进步的反动。这种进步在整个 19 世纪通过扩大选举权和增加议会中下院的权力而实现。到了 19 世纪中叶，资本主义制度在西方各国逐渐得到巩固的同时，社会主义思潮的影响也日益扩大，工人阶级争取政治权利和要求改造社会的斗争不断发展，这些都在强烈地冲击着资本主义秩序。在此情况下，保守主义的主要议题就从初期对封建传统的维护，转变为对资本主义秩序的捍卫；在政治上主要表现在对下层民众要求分享统治权（实现普选权、增加议会下院的权力）的反对。

　　从 19 世纪后期到一战前后，西方国家在各个领域（从哲学、心理学、政治学、社会学到纯文学）都产生了一批贬抑"大众"、多数人、议会政治和民主政治的作品，其中最具代表性的有：法国社会心理学家勒庞的《乌合之众》、德裔著名政治社会学家米歇尔斯的《寡头统治铁律——现代民主制度中的政党社会学》、意大利政治学家莫斯卡的《统治阶级：政治科学原理》等。保守主义的这种反民主态度，一方面推动了进步派对民主政治本身的理论反思与制度

---

① 朱德米：《自由与秩序：西方保守主义政治思想研究》，天津人民出版社 2004 年版，第 83—97 页。

探索，另一方面也使得某些保守主义者成为反社会主义的急先锋和法西斯主义的同盟者。

保守主义的第三次浪潮则是二战后从经济与政治的角度对福利国家经济和社会政策的批评。二战后，各国的保守派由于在二战期间同情或支持法西斯主义运动而声名狼藉，其他左翼势力则由于领导或参加反法西斯斗争而声名鹊起。再加上美国从 20 世纪 30 年代开始推行的"罗斯福新政"收到了一定的效果，西欧的自由派和左派信心大增。因此，二战后至 20 世纪 70 年代初，社会民主党或自由主义政党等中左派势力占据上风，他们倡导的福利国家政策开始盛行，而保守派则基本处于守势。尽管如此，保守主义作为一种政治思潮并未就此偃旗息鼓。这一时期，一批保守主义的著作和刊物在美国先后问世：1949年，维里克出版《重温保守主义》；1953 年，柯克发表《保守主义的精神》，同年，尼斯比特出版《寻求社群》；1955 年，美国保守主义的代表威廉·巴克利创办了《国家评论》；1965 年，新保守主义的重要舆论阵地《公共利益》创刊。此外，像施特劳斯、沃格林这样的保守主义思想家在这一时期笔耕不辍，著述颇丰。

20 世纪 70 年代初，西方社会在经济、政治和文化领域出现的一些危机为新保守主义的崛起提供了契机。在经济上，福利国家政策的大力推行虽然增加了人民的生活保障，使政府赢得了更高的支持率，但由于政府福利支出的增长超过经济增长，给国家带来了巨大的财政负担；高工资低工时的政策导致产品成本提升，丧失了在国际贸易中的竞争力；公共工程和国有企业因效率低下、亏损严重而难以维持。在政治上，国家干预的扩大使得政府机构日益膨胀，官僚主义的弊端日渐显现，引发了诸多的不满。在文化上，二战后西方国家在文化领域推行自由化政策，导致传统道德标准的崩溃，造成了诸如信仰丧失、精神空虚等社会问题。这时刚刚崛起的新保守主义的各种切中时弊的社会文化批评，以及与自由主义不同的政策与主张，开始受到关注和拥护。

到了 20 世纪 70 年代中后期，社会舆论的风向标发生重大转变，各种形式的保守主义——经济保守主义、传统保守主义、新保守主义——实现大联合，保守主义思潮在政治上开始占据上风。在英国，1979 年撒切尔夫人领导保守党赢得大选胜利；在美国，1980 年共和党总统候选人里根入主白宫。这两次选举的结果标志着新保守主义代替自由主义和社会民主主义，开始主导 20 世纪 80

年代西方社会的政治舞台。此后，由撒切尔夫人掀起的私有化和削减社会福利的浪潮席卷欧美，欧洲大陆的保守主义者纷纷响应。即使是由左翼政党执政的欧洲国家，也迫于形势的压力不得不改变政策。

到了 20 世纪末，随着苏东社会主义阵营的瓦解和冷战的结束，西方世界一度陷入所谓"历史终结论"的幻觉，但社会现实很快让他们惊醒。欧美国家产生的各种社会政治问题，尤其是大量外部移民和难民涌入，各国内部族裔增多、文化呈现多样性、人口结构产生变化，激起了西方保守主义的第四次浪潮，即对多元文化主义思想与政策的批判、反思。多元文化主义支持亚文化群体和少数族群的权利，这对西方传统的价值体系构成了极大的冲击，并在教育、就业、福利等公共政策领域产生了广泛的影响。由于多元文化主义主要盛行于素有"种族熔炉"之称的美国，因此最新一轮的保守主义浪潮与论战主要出现在美国，但在欧洲国家也产生了类似的反应。

二、保守主义的内涵

对保守主义提出一个清晰明了、能够被各方都接受的定义几乎是不可能的，谈及保守主义的思想家、研究者以及以保守主义者自居的政治家，无不是依据自己的立场、观点和视角来使用这一术语的。

美国政治学者亨廷顿指出了三种定义保守主义的方式，即贵族式定义、自主式定义和情境式定义。[①]"贵族式定义"把保守主义理解为一种个别、独特且唯一之历史运动的意识形态，是在 18 世纪末和 19 世纪上半叶，封建贵族阶级对法国大革命、自由主义以及资产阶级兴起的一种反应；"自主式定义"认为保守主义是一套普遍有效的、自主的观念体系，它依据正义、秩序、平衡、中庸这样一些普遍的价值来定义自身；"情境式定义"则认为保守主义产生于一种特殊的但又经常重复出现的历史情境中，即确立已久的体制受到根本性的挑战时，那些支持该体制的人就会运用保守主义来捍卫它。对于这三种定义保守主义的方式，亨廷顿更赞成情境式定义，因为在他看来，贵族式定义过于狭隘，而自主式定义又不够充分。

亨廷顿所支持的情境式保守主义定义代表了许多人的看法。例如，经济保

---

① ［美］塞缪尔·亨廷顿：《作为一种意识形态的保守主义》，王敏译，《政治思想史》2010 年第 1 期。

守主义的代表人物哈耶克在辩称自己为什么不是一个保守主义者时就指出，"保守主义，从其性质来看，无法对我们现在的行动方向提供一种替代性选择。它或许能通过对当前潮流的抗拒而成功地延缓那些并不可欲的发展变化，但是由于它并不能指出另一种方向，所以它也就无力阻止它们继续发展。正是基于这一原因，保守主义的命运就必定是在一条并非它自己所选择的道路上被拖着前行"。① 又如，一本保守主义文选的编者马勒也强调，"一般来说重要的社会政治思想著作在情境中得到最好的理解。这特别适用于保守主义文本。因为保守主义思想的出现主要是为了回应对现存制度的种种挑战，大部分由通过具体的历史分析来反驳那些挑战的尝试组成"。②

情境性毫无疑问是保守主义最重要的特征之一，但保守主义显然也有超越民族文化和历史时期的连续性与连贯性，这就意味着保守主义的自主式定义自有其合理性。保守主义的自主式定义通常又存在两种类型的概括：第一种是归纳保守主义的基本信念，如凯克斯将其归纳为四条，即多元主义、怀疑主义、传统主义和悲观主义。③ 昆顿将其归纳为三条，即传统主义、怀疑主义、有机论。第二种是罗列保守主义的主要议题，如塞西尔、斯克拉顿、尼斯比特（又译"尼斯贝"）有关保守主义思想的阐述，这些议题大致包括历史、传统、道德、宗教、财产、权威、家庭、国家等。④

在使用自主式保守主义定义时需要注意两个问题：其一，较之于简单地罗列某些价值或原则，将它们按照一定的逻辑组织起来才更为重要，所以，在诠释和理解保守主义时，必须以独特的理论脉络展现这些价值或原则；其二，归纳出来的原则或特征在很大程度上都属于"理想类型"或"家族相似"，而非绝对的界定，它并不普遍适用于每一种民族—文化背景或历史情境，不同的保守主义流派可能会各有侧重甚至相互冲突，同时也不是所有的保守主义思想家都共享这些原则与特征。

---

① ［英］弗里德里希·冯·哈耶克：《自由秩序原理》下，邓正来译，生活·读书·新知三联书店 1997 年版，第 188 页。

② ［美］杰里·马勒编著：《保守主义：从休谟到当前的社会政治思想文集》，刘曙辉、张容南译，译林出版社 2010 年版，第 2 页。

③ ［美］约翰·凯克斯：《为保守主义辩护》，应奇、葛水林译，江苏人民出版社 2003 年版，第 1 页。

④ 参见［英］休·塞西尔：《保守主义》，杜汝楫译，商务印书馆 1986 年版；［英］罗杰·斯克拉顿：《保守主义的含义》，王皖强译，中央编译出版社 2005 年版；［美］罗伯特·尼斯贝（尼斯比特）：《保守主义》，邱辛晔译，桂冠出版公司 1992 年版。

　　将情境式定义与自主式定义结合起来，才能更加准确、全面地展现和揭示保守主义的本质与理论特征。从根本上说，作为政治思潮的保守主义是指在历史发展进程中，在每一次重大社会政治变革发生之后，西方政界和知识界所产生的具有一定规模的"反动式"回应，包括对此类变革的各种怀疑、反对、反思和批判，而这些回应通常会诉诸特定的议题、信念、原则和理由，并以此来捍卫、维护既定社会政治秩序的正当性与合理性。在理论表达形态上，保守主义又表现为不同的层次。

　　首先，保守主义是人们所持的一种自发的处事态度和风格气质。对于这种态度和气质，保守主义哲学家奥克肖特（又译"欧克肖特"）有集中而生动的描述："宁要熟悉的东西不要未知的东西，宁要试过的东西不要未试的东西，宁要事实不要神秘，宁要实际的东西不要可能的东西，宁要有限的东西不要无限的东西，宁要切近的东西不要遥远的东西，宁要充足不要过剩，宁要方便不要完美，宁要现在的欢笑不要乌托邦的极乐。"① 它们构成了各种保守主义理论的心理基础。

　　其次，尽管在不同的历史情境下，保守主义者试图保守的对象在变，批评的目标也在变，但他们确实存在着一些固定的思维模式和论证套路。对此，当代著名社会政治理论家赫希曼归纳了保守主义者为维护现状而提出的三个命题（他称之为"反动的修辞"）：悖谬论、无效论和危险论。按照第一个命题，任何旨在改善政治、社会或经济秩序某些特征的、有意识的行动都将恶化其希望救治的状况；第二个命题相信，任何试图实现社会转变的尝试最终都是徒劳无益的；第三个命题则认为，人们所提议的变革尽管其本身可能是可欲的，但却包含了这种或那种不可接受的成本或结果。② 这三个命题代表了形形色色的保守主义者反对激进变革的主要理由和依据。

　　最后，在具体议题上，保守主义者往往表现出对秩序、权威、宗教、家庭等价值和机制的推崇、信赖与支持，而怀疑和贬斥平等、民主、个人自主等价值和机制。当然，对于国家（政府）的作用这样更为复杂的问题，不同的保守主义者的看法和态度又截然不同。

---

① ［英］迈克尔·欧克肖特：《政治中的理性主义》，张汝伦译，上海译文出版社 2003 年版，第127 页。

② 参见 ［美］阿尔伯特·赫希曼：《反动的修辞》，王敏译，江苏人民出版社 2012 年版。

三、当代西方保守主义的理论主张

二战以来，西方国家在政治、经济、社会与文化等领域发生了诸多剧烈的变革，在推动社会进步的同时，也激起了保守主义多方面、多层次的质疑、批判与反思。在此情形之下，各种政治思潮不断分化与重组：一方面，一些新的成分开始融入保守主义，使之呈现出形式更为多样、流派更为众多的特征；另一方面，保守主义与自由主义、社会主义等其他政治思潮之间的关系也变得更加复杂。虽然当代保守主义的不同分支和流派有着各自的理论、侧重点与政策诉求，从而在哲学基础、政治、经济、文化这几个层面形成了多个分支，但它们在如何看待个人、家庭、社会、国家（政府）等问题上仍然存在着广泛的共识。

当代西方保守主义大致可以划分为以下几种：在哲学基础方面，从哲学层面和纯粹理论视角批驳当代自由主义观念的，被称为"哲学保守主义"；在政治领域，推崇政治权威、警惕大众参与的，被称为"政治保守主义"；在经济领域，维护自由市场、反对国家干预的，被称为"经济保守主义"；在文化领域，捍卫西方传统文明和价值，批判现代自由主义文化的，被称为"文化保守主义"。

在哲学基础上，当代保守主义不同的分支和流派有着共同的或者说大体一致的哲学倾向，正是这些哲学倾向使得他们与西方现代一直占据主流的自由主义政治思潮保持着距离。在他们看来，自由主义的主要问题在于其理性主义与个人主义特征。理性主义者（或者更准确地说唯理主义者）过度崇尚人类的理性，崇拜技术理性，忽视和排斥历史、传统、经验与价值理性，并且相信理性是政治活动的可靠向导，可以为政治秩序提供放之四海而皆准的标准。自由主义者在坚持和强调个人权利与自由的同时，又由于推行福利国家等政策而导致政府权力和职能的扩大，越来越多地侵蚀了诸如家庭、教会、行会、地方共同体等中间性群体的活动空间，导致它们逐渐丧失生机和活力。对此，不同的保守主义思想家从基础理论展开了批判。在这个方面，既有英国著名哲学家、思想史家奥克肖特关于"技术知识"与"实践知识"的区分以及对"理性主义政治特征"的揭示，有美国著名社会学家尼斯比特对"介于国家和个人之间的中间性社团（或共同体）"的强调，也有当代德性伦理学与社群主义政治哲学的领军人物麦金太尔对"美德伦理与传统价值"的挖掘，还有英国新保守主义的代表性思想家斯克拉顿对"保守主义基本原则"的重申和"第一人称复数"概念的阐发；此外，施特劳斯、沃格林等政治哲学家在他们对西方思想史的重新诠释中，也提出了保守主义的一些理论与主张。

在政治领域，自由主义的民主理论相信，每个人都具有平等地参与政治并影响政府决策的权利；然而，对平等和民主观念的信奉，在使政府用于福利的支出大大增加的同时，也导致了民众对权威的蔑视，这不仅体现在政治活动中民众对政治领袖和政党等组织的信任度减弱，而且表现为政府权力和影响力的下降。由此，一方面，保守主义者质疑人民的政治能力和人民的意志，认为人民的作用仅仅在于选出领导人，而根本没有能力肩负起更大的政治责任；另一方面，他们强调领袖权威，鼓吹精英政治，认为只有领袖和精英才能为现代民族国家的发展提供强有力的、富有创造性的指导。在这个方面，最具代表性的思想家有德国著名社会学家韦伯、美籍奥地利政治经济学家熊彼特、德国著名公法学家及政治学家施米特。

在经济领域，19 世纪末 20 世纪初产生的新自由主义（new liberalism）看到了自由放任主义的弊端，认为它会导致私人垄断，破坏竞争，加剧社会不平等，从而危害自由，并且不利于社会经济的稳定发展。为此，新自由主义者以及后来的左翼平等自由主义者都主张加强政府干预，实施再分配政策，以此弥补自由市场的不足，增进社会公平正义。这些主张遭到了坚决捍卫自由市场秩序的自由至上主义（libertarianism）的反对。自由至上主义者立足于资本主义私有制和市场经济，因而也被视为经济保守主义者，他们从多个方面对国家干预的理论与实践进行了批判。政治上，他们认为国家干预导致政府"超载"、官僚主义盛行、行政效率低下，破坏自由与法治；经济上，他们揭露"政府失灵"和政府干预经济的危害，重申市场机制的有效性。此外，他们还从哲学上批判国家干预主义的理论基础，比如，积极自由、分配正义或社会正义以及建构论理性主义，同时为自由市场秩序提供新的哲学论证。这方面比较有代表性的理论是哈耶克的自发秩序理论、诺齐克的持有正义理论。

在文化领域，随着激进自由主义政策的不断推进，以及现代文化的进一步自由化，西方社会出现了许多新的问题和弊端：社会福利的扩大导致人们过度依赖政府、个人责任意识减弱；社会的世俗化和现代性的发展使人们的宗教信仰和道德观念日益淡漠；享乐主义、消费主义盛行，文化虚无主义及反主流文化思潮蔓延，对整个社会的传统价值观念造成了毁灭性破坏。实际上，从 20 世纪 60 年代开始，这些问题与弊端不仅成为文化保守主义者激烈批判的对象，而且在美国的自由主义者内部引起了分裂，一批自由主义者开始转向保守主义阵营，他们在综合自由主义和保守主义思想的基础上形成了一种新的意识形态，即所谓的"新保守主义"（neo-conservatism），成为文化保守主义的主力军。比较有影响力的美国新保守主义者包括丹尼尔·贝尔、欧文·克里斯托尔、莫伊尼汉等。

文化保守主义者对西方文化具有强烈的危机意识，因此当西方传统的文化认同和价值观念面临挑战时，他们发起了对多元文化主义思潮和政策的反思与批判。在这场对多元文化主义的批判中，既有美国著名历史学家小施莱辛格关于"美国正在丧失统一"的警告，有社会学家格莱泽对"美国文化的忠诚"的呼吁，也有美国新保守主义先驱施特劳斯的大弟子、政治理论家布卢姆关于"走向封闭的美国心灵"的惊呼与警觉，还有资深政治学家亨廷顿在国际问题上关于"文明冲突论"的预言以及对"美国国家认同"的忧虑。

四、当代西方保守主义的政治实践

与自由主义相比，保守主义在西方一直没有得到应有的重视。当然，如果将新保守自由主义也归入保守主义，那后者的阵营就显得可观了。① 通过梳理当代西方保守主义的理论主张，可以看到，即使不把新保守自由主义囊括进来，保守主义的阵营也涵盖了政治保守主义、经济保守主义、文化保守主义等多种理论体系和政治主张，并产生了广泛的政治影响。

新保守主义不仅形成了系统的理论观念，还将这些观念落实到政治实践中，提出了诸如贸易战、反全球化等一系列政治和政策主张，对当代西方的政治实践产生了深远的影响。比如，美国的文化战争、政治极化，全球范围内产生的一些贸易冲突等，都与新保守主义有密切的联系。2016年，特朗普的当选和英国的脱欧公投让人始料不及，但如果我们反思 21 世纪以来美国和西欧的一系列变化，如自由民主的衰落、民族主义和民粹主义的崛起等，便不难发现，一种不同于传统保守主义的新保守主义正开始逐渐兴起。

---

① 本书将新保守自由主义归入自由主义，但我们注意到，也有教材将其归入保守主义。本书主要依据主题的相似性、延续性以及可比性进行分类，以便于分析自由主义的否定之否定的发展过程。

美国的新保守主义虽然至少从小布什时期开始，但奥巴马上台后推行的医改和文化多元主义政策表明，新保守主义的基础尚且不稳。如果说新保守主义于 2008 年初具特征，那么 2016 年特朗普当选则意味着它的正式形成。通过特朗普对小布什减税政策的延续可以判断其保守主义者身份，但其在任四年提出的很多不同于传统保守主义的主张得到国内保守主义的认可，成为新保守主义的代表。同样，在欧洲兴起的民粹主义与民族主义也得到了保守派的支持，这些主义与保守主义合流，成为新保守主义的组成部分。

新保守主义继承了传统保守主义的一些基本特征。例如，新保守主义对道德、宗教的推崇，也是保守主义的典型特点。

新保守主义的新，主要体现在其与民粹主义和民族主义的结合上。第一，就是与民粹主义结合在一起。特朗普作为共和党候选人上台以后，带有浓重的保守主义色彩，但很多西方学者却认为他是一个民粹主义者。保守主义和民粹主义本是很难融合在一起的，而在特朗普身上却并不那么违和。第二，就是与民族主义结合在一起。欧洲和美国的保守主义更倾向于贸易保护、反全球化，热衷提出本国优先、限制移民等政治主张，这在传统保守主义的政治主张那里是很少见的。进入 21 世纪，尤其是 2016 年以来，一些西方学者提出了一系列民族主义的理论和主张，甚至出现了民族主义复兴的气象。重提民族主义，并且与保守主义合流，被认为是振兴本国的重大举措，它们都强调自身的立论宗旨在于保护本国利益，发展本国工业，促进本国公民就业，增强本国在国际上的竞争力。

在政治上，保守主义一般主张精英主义、建制主义，但新保守主义带有一定的反精英、反建制色彩。比如，特朗普的言行中有大量的反精英内容。虽然总统竞选者为赢得选民，在竞选时多会发表一些反精英说辞，但如特朗普那般程度地指责政客，反对精英的言说却并不多，这恰是其被视为民粹主义及新保守主义者的重要原因所在。传统的保守主义大多是建制主义，维护现政权和现有政治秩序，强调政治发展应该是渐进式的演进、改革，而不是激烈革命。但特朗普却表现出激烈的反建制特征，而这恰是新保守主义的又一特色。同时，欧洲的一些新保守主义也呈现出明显的反建制特征。

在文化主题上，新保守主义提出了一些新的主张。新保守主义在坚守传统保守主义强调道德、宗教作用等立场的基础上，与多元文化主义在性别、性取向、种族、移民等问题上展开直接对抗，形成了新的以道德保守主义或者道德绝对主义为典型特征的文化维度。小布什执政期间，特别强调家庭、道德、宗教等的重要性，在新保守主义激进强调基督教地位时，甚至有一部分极右翼提倡基督教原教旨主义。同时，在正面对抗多元文化主义时，保守主义展现出诸多新的特点，如反对同性恋、堕胎乃至种族主义。在美国，虽然国人对性别、性取向、种族等议题已经形成了相对政治正确的话语体系，但新保守主义兴起以后，还是对性别问题，尤其是性取向问题表达了非常清楚而明确的反对态度，并直接进入了反主流的行动领域。在他们看来，多元文化主义走得太快、太远，以致诱发了新的专制。在文化保守主义的阻击下，当代西方的文化多元主义的传播与行动大大受阻。

新保守主义观念的政策也产生了多重后果。第一是贸易冲突。中美贸易冲突加剧，美欧之间、欧洲和其他国家之间的贸易冲突频频发生，实际上都是实施新保守主义经济政策的结果。第二是政治极化。美国国内形成了非常严重的政治极化，两党之间的冲突日益加深，直接导致了两党甚至社会在政治文化、公共政策等各个方面的对立。欧洲的民粹主义政党、右翼势力抬头，也加剧了区域内的政治极化态势。第三是文化战争。在多元文化主义不断发展的同时，文化保守主义势力抬头，两者在价值偏好、政策选择等多方面发生着冲突。第四是逆全球化。新保守主义与民粹主义、民族主义、地方主义结合在一起，提出了一系列自恃有利于本国家、本民族，甚至是本地方的政治和政策主张，从而直接推动了逆全球化潮流的出现。

综上所述，新保守主义在观念上除了继续坚守传统保守主义的道德、宗教主张以外，还在与民族主义、地方主义、种族主义、民粹主义、文化保守主义等思潮的结合中生发出了诸多新的特征。同时，新保守主义的一系列政治和政策主张，比如，推崇 WASP 文化①、逆全球化、美国优先等，引发了贸易冲突、政治极化、文化战争等不良后果。可以说，当代西方新保守主义已然在价值、观念和主张上形成了三位一体的复合结构。

---

① WASP（白人盎格鲁-撒克逊新教徒），即 White Anglo-Saxon Protestant 的简称，是指盎格鲁-撒克逊裔的、富裕的、有广泛政治经济人脉的上流社会美国人，现多用于泛指信奉新教的欧裔美国人。这些人是美国共和党的重要支持者，共和党也一直将实现他们的价值观作为自己的目标之一。

第二节　哲学保守主义

虽然保守主义具有所谓反哲学的特征，但它从诞生以来已经有两百多年的历史。在此过程中，保守主义者对一些具体的议题形成了比较稳定的态度与看法，特别是不同的保守主义者在反对各种激烈的社会政治变革时所提出的那些固定思维模式和论证套路，使得当代保守主义大体上形成了共同的哲学基础。在这个方面，著名哲学家奥克肖特、经济学家哈耶克、政治思想史家施特劳斯、社会学家尼斯比特、哲学家和政治学家斯克拉顿以及伦理学家麦金太尔等人在各自的领域进行了较为深入和系统的阐述。

一、警惕理性主义的自负

在奥克肖特看来，理性主义已经扩张到西方现代社会生活的方方面面，特别是政治领域，以至于"今天几乎所有政治都成了理性主义或近理性主义的"[1]。启蒙运动以来的西方主流政治哲学家基本上都认为，只要通过理性的引导，人类就可以摆脱种种自然的限制，达至理想世界；这些理性主义者为此提供了各种具体的方案，认为只要按照既定的计划推进，就能够建立完美社会。

保守主义者对这种理性主义提出了批评，他们认为现实是一个美与丑、善与恶之间永恒冲突的世界，一味根据抽象的思想观念来改造社会，则必然脱离实际经验。自由主义以及各种激进主义思潮都没有考虑到现实的复杂性和特殊性，只是基于纯粹的空想便推出了各自系统性、简单化和普遍主义的社会模式或者乌托邦。在奥克肖特、哈耶克等人看来，这就是理性主义的自负。

奥克肖特认为，理性主义者偏爱激进变革，拒斥渐进改良，他们总是意图通过"技术知识"对社会进行有目的的改造。"技术知识"与"实践知识"相对，理性主义者认为只有可以写在纸上的规则、原理等"技术知识"，才是真正的、唯一的知识。因此，理性主义者希望通过"技术知识"来创造普遍愿景中的世界，实现整齐、确定和完美的标准。奥克肖特并不否定"技术知识"的

---

[1] ［英］迈克尔·欧克肖特（奥克肖特）：《政治中的理性主义》，张汝伦译，上海译文出版社2003年版，第1页。

地位与作用，但是他批评理性主义者对"实践知识"的无视和否定——他们忽略了"技术知识"其实来源于"实践知识"这一事实。在他看来，理性主义者对人类认识能力的判断是不切实际的，对知识作用的看法明显是高估的，特别是他们对"技术知识"作用的夸大实际上还消解了价值和各种精神追求对于人类生活的重要性。由此，奥克肖特认为，政治不能完全由理性来规划，它不仅是做当下之事，更意味着一种追求，包含着有待实现的意义。

现代理性主义者认为可以实现和推广理想世界模式，从某种程度上讲，这是在无视个人的生存体验的重要性。对此，哈耶克指出，理性主义者寄予厚望的种种社会变革方案，一旦付诸实施就极有可能导致人类的灾难。按照他的区分，西方政治思想史上存在着建构理性主义和演进理性主义两种传统。建构理性主义传统认为政治制度是为实现某种目的而人为建构的产物，由此人类可以创造出某种理想世界；建构理性主义者还把人的精神视为一种独立的实体，无视自然和社会对它的影响。演进理性主义传统则立足于人与社会的复杂关联，特别是人类理性的有限性，认为社会秩序会增进人类行动的效果。换言之，演进理性主义者强调人为或人力的有限性，反对种种改造人性和激烈变革社会的理性方案；在他们看来，社会秩序是一种自发秩序，人的理性只属于其一部分。① 哈耶克遵循演进理性主义传统，认为既然人类理性存在如此明显的限度，那么就不能仅仅凭借理性设计出一种社会秩序来代替自发秩序。他还认为，人类文明的自发秩序源于私有财产制度的演化，其价格机制便表示了一种"由人类行为而非人类设计"的秩序。② 正是在自发秩序的引导下，各种资源可以被充分调动并被充分使用，形成一个能够不断产生新力量的、充满活力的社会。

此外，尼斯比特对柏克有关"偏见"观点的挖掘，揭示了传统、权威、经验、习俗的作用，也被用来反对启蒙运动以来"理性主义的自负"。③ 在他看来，政治社会的法律是以意见、习俗等为基础的，其中就包括了"偏见"，它们才是政治社会的真正根基。"偏见"把人们的思想带入稳定的智慧和道德系统，遇到紧急情况可以自然并迅速地运用，免除了犹豫不决的情况。因此，

---

① 参见［英］弗里德里希·冯·哈耶克：《自由秩序原理》，邓正来译，生活·读书·新知三联书店 1997 年版。

② 参见［英］弗里德里希·冯·哈耶克：《致命的自负》，冯克利等译，中国社会科学出版社 2000 年版。

③ 参见［美］罗伯特·尼斯贝（尼斯比特）：《保守主义》，邱辛晔译，桂冠出版公司 1992 年版。

"偏见"是一种传统的遗产，包含着真正的实践智慧和政治理性，如果抛弃"偏见"而只剩下赤裸裸的理性主义，那么一切都将是虚幻或者灾难。

总的来看，正是基于这种对理性主义自负的警惕，保守主义者均强调理性的限度，反对激进的社会变革，而更加注重人类的历史经验和实践智慧，主张渐进的改良。

二、批判价值虚无主义

按照施特劳斯的思想史叙事，古代政治哲学与现代政治哲学的对比（有时也被称作"古今之争"）揭示了现代社会与现代政治的病症。在他看来，霍布斯以降的西方现代政治哲学大多以自然权利作为其论证的起点，它赖以成立的根基在于自然法得到确立，但自然法在何种意义上存在以及被人信服，却还是一个悬而未决的问题。不仅如此，施特劳斯等人相信，自然权利论还将导致相对主义乃至价值虚无主义，最终会瓦解共同体生活的根基，甚至反过来破坏权利得以实现的条件。对此，施特劳斯找到了柏拉图、亚里士多德等古代政治哲学家所推崇的自然正当论，他试图通过阐释古今之变来批判自然权利论和现代社会的价值虚无主义，并重新建立"自然正当"对人类政治事务的指导。

施特劳斯认为，西方现代政治思想的发展经历了所谓"现代性的三次浪潮"，它们构成了一种文明意义上的"下降"。[①] 首先，现代自然科学的出现摧毁了古代政治哲学的理论基础。知识或者真理不再具有永恒性，而是取决于人；人类为世界立法，国家和政府变成契约的产物，所有意义和目的都被纳入人类自身的控制之下。同时，"自然正当"被自然权利摧毁，原本的秩序丧失意义，最终社会越来越依赖经济，人变成欲望的动物。第一次浪潮将价值和政治问题技术化，这一点遭到了卢梭的批评，现代性的第二次浪潮正是从卢梭开始的。但是，卢梭认为关于人的问题无法通过返回自然得到解决。自然状态同样是卢梭的出发点，但人的自然（本性）并不足以对人提供引导，在特定条件下，人除了建立政治社会之外，甚至无法做到自保。现代性的第三次浪潮是历史主义，"历史主义的顶峰就是虚无主义。要使得人们在这个世界上有绝对的家园感的努力，结果却使得人们绝对地无家可归了"。施特劳斯将海德格尔与

[①]　参见［美］列奥·施特劳斯：《现代性的三次浪潮》，汪民安等编：《现代性基本读本》（上），河南大学出版社 2005 年版。

尼采、韦伯一同视为历史主义的代表人物。历史主义导致一种相对主义，即对价值进行重估，而最终结果却是价值被消解，人类社会走向了虚无主义。

在施特劳斯看来，现代社会价值虚无主义的根源就在于背离了"自然正当"。在古代政治哲学中，"自然正当"是人类社会的终极价值标准，是一种永恒秩序。现代政治哲学虚构出自然权利，构造了一种普遍主义的权利社会，使得人类失去了来自永恒价值或者秩序的指引。这就意味着政治事务没有了真正的标准，人类社会也无法再用关于最佳政体的知识来对现实政治进行判断和引导。古代政治哲学家奉行的"自然正当"，首先意味着对不完美的人类社会的种种限制，包括个人灵魂层面、共同体政治领域以及整个世界；不过，发现"自然正当"只是哲学家的任务，哲学家将引导人们过具有美德的生活，追求最佳政体或者理想国度。其次，"自然正当"在根本上是分等级秩序的；在古代政治哲学家看来，人类当中有的灵魂更加高贵，有的则比较卑劣，高贵者应该统治卑劣者。然而，现代理性主义者却攻击自然的等级秩序，营造出一种权利的普遍主义幻象，导致对"自然正当"的偏离越来越严重。

此外，施特劳斯还提出了"双重教诲论"："一种是具有教谕性质的大众教诲，处在前台；另一种是关于最重要的问题的哲学教诲，仅仅透过字里行间暗示出来"。① 他认为，古代政治哲学家强调双重教诲的区别，目的是引导少数人追求真正的智慧，同时不冒犯普通的多数人；鉴于日常意见是政治社会的共同心理基础，因此如果在追求政治智慧的过程中超越了日常意见，将危及共同体秩序，所以古代政治哲学家意图通过"双重教诲"来避免自己遭到政治迫害。

不难看出，施特劳斯的思想史叙事蕴含着强烈的保守主义内涵，是对自由主义辉格式史观的一种逆转。针对与西方现代政治思想相伴而来的相对主义与价值虚无主义，施特劳斯提出的补救之道是诉诸古代的"自然正当"，"古典形式的自然权利论是与一种目的论的宇宙观联系在一起的。一切自然的存在物都有其自然目的，都有其自然的命运，这就决定了什么样的运作方式对于它们是适宜的。就人而论，要以理性来分辨这些运作的方式，理性会判定，最终按照人的自然目的，什么东西本然地（by nature）就是对的"。② 不过，施特劳斯从未明确论证过，这种"自然正当"是否真的是人类社会超越时空限制的永恒价

---

① ［美］列奥·施特劳斯：《迫害与写作艺术》，刘锋译，华夏出版社 2012 年版，第 29 页。
② ［美］列奥·施特劳斯：《自然权利与历史》，彭刚译，生活·读书·新知三联书店 2016 年版，第 8 页。

值。无视世易时移背后社会结构和社会形态的巨大变迁，返回古代人那里寻找药方，真的能够医治现代人的病症吗？特别是在西方现代社会，当与之相应的宇宙观和世界观瓦解之后，这种"自然正当"将以何种面貌出现，又将指向何种政治秩序与哪些社会政策？在这些问题上，保守主义者再次体现了他们批判性有余而建设性不足的特点。

三、反对个人权利至上观念

如果说在对于西方现代政治思想尤其是作为其主流的自由主义是否带来或者导致了相对主义、价值虚无主义这个问题上，还存在着很大争议的话，那么，说它推崇和坚持个人权利至上观念，则几乎是一项共识。西方现代最重要的几位政治哲学家都主张个人权利优先，认为政府是由人们通过自愿订立契约的方式缔结而成，其唯一的目的就是维护和保障个人权利。

保守主义在个人权利至上观念诞生之初，便对其持怀疑态度，认为它会导致传统秩序和权威的瓦解。到了当代，随着个人主义在西方社会的进一步发展，保守主义者虽然不便再直接反对个人权利，但他们始终批判个人权利至上观念，认为它对共同体的价值以及社会团结造成了破坏。

从某种意义上讲，保守主义者是从共同体的存续出发来看待个人的存在和意义的，共同体既是前提也是归宿。保守主义者批评个人主义，强调应从共同体出发来看待个人非自愿的义务、责任和忠诚的重要性。他们认为，现代政治哲学的自然权利论是一种虚构，根本不符合人类真正的历史；而且，在缺乏共同体权威的情况下，个人权利至上观念会引发权利与权利之间的冲突，即使进入政治社会，它也会导致个人原子化，危及美德与秩序。换言之，个人如果不想沦为只会追逐欲望满足的动物，就应该追求某种美德，并且这种美德不能破坏共同体的权威；共同体的权威先于个人，只有共同体才能为个人提供获得认同和实现价值的条件。

尼斯比特借对柏克的阐释批判了现代政治哲学中自然权利的抽象和空洞，倡导回归共同体的价值。他认为，一方面，柏克在批评辉格党和进步主义哲学时，提出了一种与之相对的历史哲学，强调历史经验的重要性；另一方面，柏克还解释了既存制度和历史性结构的重要作用，比如家庭、地方组织、教会、同业公会乃至宗教，都对人类社会的发展和意义的追寻起着重要作用。在《寻求共同体》一书中，尼斯比特强调了上述各种共同体的重要性，特别是家庭、教会等中间性共同体的重要价值。他指出，对共同体的渴望是人类最强烈且正当的冲动之一，是人类历史发展的重要推动力。① 但是，政治权力的扩张却严重削弱了这些共同体的功能，导致形成了孤立、异化的个人，他们一旦把集体认同安置到某个领袖身上，就有可能引发社会的灾难。尼斯比特意图通过复兴共同体来抵制政治权力的扩张，克服异化、恢复人的个性。在他看来，国家虽然是不可缺少的，但它的职能主要是在人们的生活中维持一种多元主义机能，而共同体的存在却能够真正实现社会健康运行。

针对自由主义的自由观和社会契约论，斯克拉顿在《如何做一个保守主义者》② 一书中提出了"第一人称复数"的哲学概念。他认为，人不可能是超验自我，因为人生来即进入一个"联结之网"，人们的生存本身负担着爱和感恩的债务，他们在回应这些负担的过程中开始认识到"应当"的力量。所谓"第一人称复数"，就是将个人自由置于给定的社会与文化环境之中加以考察，从而合理地诠释"成员关系"中个人自由之间的紧密关系，而国家便是"成员关系"最重大的显现。

在倡导复归共同体价值这个问题上，社群主义（communitarianism，也译"共同体主义"）的观点颇值得关注。当代社群主义者有两个基本特点：一是主张用"社群"代替自由主义的"个人"，二是强调"公益"高于个人的"权利"。但社群主义者内部较为复杂，不同的思想家有不同的立场和相应的主张，甚至还有激进主义的一面，但至少就一些社群主义者反对个人权利至上观念、倡导回归共同体生活和传统美德来看，他们也具有保守主义的一面。具有保守主义倾向的社群主义者以麦金太尔为代表，他希望通过恢复某些传统的伦理价值来摆脱西方现代社会的危机。

在麦金太尔看来，现代社会中个人与共同体之间存在断裂，人们精神空虚，社会道德缺失。因此他试图通过恢复对古代政治和美德的理解，找回被启蒙运动遗弃的传统，重建被破坏的美德共同体。自启蒙运动以来，在个人与共同体之间关系的问题上，自由主义者认为后者是前者的工具，个人对共同体的忠诚和责任会威胁权利的实现；麦金太尔反对这种权利与责任分离的观点，认为公民应该承担起更多责任，只有这样才能纠正国家权力扩张造成的挤压，建

---

① Robert Nisbet, *The Quest for Community*, San Francisco: ICS Press, 1990, p. 250.

② 参见 Roger Scruton, *How to be a Conservative*, London: Bloomsbury Publishing PLC, 2014.

立起由负责任的个人组成的社会，形成一种美德共同体。这种共同体强调公民的德性，类似各种宗教性团体，以情感为纽带，提倡通过参与来实现共同体的善。①

保守主义者对个人权利至上观念的批判，无疑击中了西方现代社会的软肋，但他们所倡导的重建共同体和美德生活主张，在多大程度上具有可行性，又是否真的能够纠正西方社会的种种弊病，这些仍是问题。

第三节　政治保守主义

从一开始，保守主义者便对人民参与政治生活和政治决策的能力表示质疑和反对。尽管随着西方民主政治的发展、工人运动的兴起，特别是普选权的确立，广大民众在政治生活中开始发挥重要作用，但保守主义者仍然以各种理由对民主政治提出批评，主张对其进行限制。当然，由于民主政治在西方各国有着不同的历史进程与发展模式，因此在这个问题上，不同国家的保守主义者所针对的对象和采取的形式都是有很大差别的。相比于英国和美国，法国、德国以及意大利等国的民主发展进程相对落后，它们的政治情境更容易激发保守主义者对民主的质疑和批判。

一、倡导精英主义

19 世纪以来，尽管民主政治在西方世界取得了很大的发展，但它在进一步发展的过程中也遇到了一些问题和挑战，由此产生了一些对其理论预设进行反思、批判与改造的思想流派，其中自然包括保守主义。对于民主政治，保守主义者持有一种相对悲观的看法，他们认为现实中的绝大多数人都不具备统治的智识，真正能够掌握权力的人永远是极少数精英。换言之，传统民主理论所设定的人民主权只是一种理想而已。帕累托、莫斯卡和米歇尔斯等人的精英主义政治理论可以看作是 19 世纪末 20 世纪初保守主义者在民主问题上的代表性理论。

①　参见［美］阿拉斯戴尔·麦金太尔：《追寻美德：道德理论研究》，宋继杰译，译林出版社2011 年版。

　　精英主义者认为，人类政治的本质决定了人民的统治只是一种政治理想。意大利社会学家帕累托认为，任何社会都存在精英与大众的对立，前者是占据统治地位的一小部分人，而后者则是被统治的大多数。所谓精英，广义上指社会各个领域的杰出者，狭义上则专指政治上的少数统治者。[①] 正是这些少数政治精英实际上掌握着决策权，在政治生活中真正起着决定作用。意大利政治学家莫斯卡进一步提出政治分层概念，把精英的识别与特定的组织联系起来。他认为判别特定社会的精英，需要首先确定该社会中最重要的组织，其次才是该组织内真正掌握实权的人物，他们才是该社会的精英。归根到底，精英主义者认为现实中的任何社会都是由少数精英实际掌握着统治权，他们根本不相信存在所谓人民的统治。

　　由此，精英主义者对传统民主理论的一些前提预设和价值理念进行了批评。在精英主义者看来，传统民主理论所预设的共同利益或人民意志根本无法被证实，所谓自然权利也是一种虚构，根本不存在对所有人来说都是好的政治善。如果政治社会中确实存在共同价值的话，那么这种价值也只能是共同生活底线意义上的安全或者秩序；但安全和秩序作为一种价值，并不是民主政治所独有的，也不能成为民主政治优于其他类型之政治的理由。对于传统理论所认为的民主政治内在包含的自由与平等价值，他们认为这些价值实际上是相互矛盾的：如果所有人都是自由的，那么便不可能同时都是平等的；反过来说，如果所有人都是平等的，那么他们也不可能同时都是自由的。要普遍平等，就要牺牲自由；要普遍自由，就要容忍不平等。在现实社会中普遍存在的情况是：总有少数人因为这样那样的原因而变得出类拔萃，成为超越大众之上的精英。他们的优越地位是自然形成的，也是社会发展所必需的。

　　精英主义者还强调社会政治权力的不平等结构。根据莫斯卡的政治分层概念，人类社会存在着少数人为统治阶级和多数人为被统治阶级的恒常特征，前者垄断政治权力并享受相应利益，后者则被控制和领导。[②] 即使在民主政治中，统治阶级也会将他们自身的意志强加给被统治阶级，所谓民主制不过是实现这种目的的形式而已。不仅如此，他们还强调，现实中政治能力的差异导致了多数人统治的不可能性。根据帕累托的观点，精英与大众的差别不仅表现在社会

① 参见［意］维尔弗雷多·帕累托：《精英的兴衰》，刘北成译，上海人民出版社 2003 年版。
② 参见［意］加塔诺·莫斯卡：《统治阶级》，贾鹤鹏译，译林出版社 2012 年版。

地位方面，而且更表现在素质和才干方面。普通大众根本不具备作为统治者的素质，他们往往是情绪化的存在，是一群"乌合之众"。米歇尔斯进一步提出了著名的"寡头统治铁律"，认为所有组织都无可避免地会滑向寡头制，走向"寡头统治"是人类社会的必然性。[①] 因此，所谓的"多数统治""人民主权""向人民负责"都只是一种幻觉。

强调精英作用还贬抑"大众"、多数人，这方面最具代表性的有法国社会心理学家勒庞对大众心理的研究，以及西班牙哲学家奥尔特加关于"大众的反叛"的论断。[②] 他们的观点反映了保守主义者在特定情境下对民主政治的恐惧，强化了精英主义者对人民参与政治能力的质疑，最终导致他们对领袖权威与政治决断的推崇。

二、推崇领袖权威与政治决断

20 世纪二三十年代，魏玛共和国时期的德国出现宪政危机，议会变成政治多元主义的展示厅，地方财阀主义和党派主义充斥其间，这使得国家毫无行动能力，几乎陷入瘫痪。这一时期，韦伯、施米特（又译"施密特"）等人继承精英主义的观点，基于德国当时的政治形势，极力批判自由主义民主，寻求领袖权威和政治决断。

在韦伯看来，"理性化"在现代社会的各个层面全面扩张，造成了对个人自由的侵害。理性化使整个世界完成"祛魅"，个人被全面卷入经济性获利的事务当中，人生的意义成了问题；世界完全理性化，社会最终变成"铁笼"，而人们毫无能力从中摆脱，也毫无从事政治活动的主动性和创造性。在这种情况下，韦伯呼唤卡里斯玛型领袖（charismatic leader），意图打破理性化或官僚制支配下的僵硬局面，为政治注入活力。"政治，是一种并施热情和判断力，去出劲而缓慢地穿透硬木板的工作。……一个人必须是一个领袖，同时除了是领袖之外，更必须是平常意义下所谓的英雄"[③]。但民众崛起的事实也让韦伯不得不进行回应，他在维护领袖地位的基础上提出了一种领袖式民主（Führer

---

① 参见［德］罗伯特·米歇尔斯：《寡头统治铁律：现代民主制度中的政党社会学》，任军锋等译，天津人民出版社 2003 年版。

② 参见［法］古斯塔夫·勒庞：《乌合之众：大众心理研究》，冯克利译，中央编译出版社 2000 年版；［西］奥尔特加·伊·加塞特：《大众的反叛》，刘训练、佟德志译，山西人民出版社 2020 年版。

③ ［德］马克斯·韦伯：《学术与政治》，钱永祥等译，上海三联书店 2019 年版，第 286 页。

Demokratie）。在他看来，现实中人民总是处于感情和非理性的影响下，而领袖式民主正好将之转化为积极因素，其主要特征就是一种"饱含情感地忠于并信赖领袖的类型"，也"不同于那种完全废除领导权的类型"。[①] 相应地，只有"向大众灌输对政党实力的认识和必胜的信念，尤其是要让大众确信领袖的超凡魅力资格"，才能更好地实现领袖式民主。[②] 在领袖式民主下，领袖负责实际决策，其权威高于一切，而大众实质上只是增加领袖"魅力"、助其摆脱或独立于官僚制及政党派系的工具性存在。

施米特对民众的看法与韦伯类似，不过他更强调人民内部的同质性，而他在取消人民内部差异性的同时，也抹掉了构成人民的不同个体的独立价值，使"人民"变成由同一模型复制而来的集合。因此，这一"集合"实际上并不具有相应的创造性和判断力，也就无法真正肩负起作出政治决策的责任。同时，施米特也没有赋予人民任何明确的政治能动性，在决定什么是"例外状态"、谁是敌人谁是朋友等关键问题上，显然不是人民而是领袖被赋予了真正的权力。根据他描绘的图景，政治最终变成了由领袖构成的"大脑"和经过复制而成的"人民"的组合，前者负责领导和决策，后者被动服从和配合。

施米特对领袖权威的强调，首先出于其理论的内在逻辑。在他看来，政治生活中有大量的非常状态。非常状态"最好被描述为一种极端危险的情况，威胁到国家的存亡，或诸如此类的情况"[③]。既然"非常状态"是人类社会不可根除的现象，那么就需要相应的政治行动能力来进行应对，而施米特认为行动的关键就在于领袖对主权的行使：主权就是决断非常状态（者），这是他的著名论断。相比而言，自由主义者不太重视权力行使的主体，认为这是次要问题，他们更关心权力的行使是否合乎规范；但保守主义者恰恰认为，权力由谁行使才是实质性问题。施米特需要一个人格化的主权者来作出决断，宣布什么是非常状态，或判定谁是共同体的敌人，因此，其理论内在地要求领袖权威。对领袖作用的强调，不仅见于施米特的非常状态论，而且贯穿于他的决断论和对国家的本质等问题的看法中。

---

① ［德］马克斯·韦伯：《经济与社会》第 1 卷，阎克文译，上海人民出版社 2019 年版，第 468 页。

② ［德］马克斯·韦伯：《经济与社会》第 2 卷，阎克文译，上海人民出版社 2019 年版，第 1544 页。

③ ［德］卡尔·施米特：《政治的神学》，刘宗坤等译，上海人民出版社 2014 年版，第 25 页。

其次，施米特对领袖权威的强调是基于对当时德国现实情况的考察。在他看来，自由主义民主的议会制已经蜕变成多种政治势力竞相逐利的舞台，他批评由此带来的对政治共同体的危害，"只要这些权力集合体在政治上还生存着，就不可能放弃从自身和自己的政治生存出发对宪法的概念和宪法的解释产生决定性影响"①。多元主义会削弱政治共同体"联合"的强度，甚至变质成纯粹的分离主义力量，最终，被多元主义分裂的议会将导致政治共同体瘫痪，在应对非常状态时倍显无能。既然自由主义民主的议会制已经臣服于多元利益，破坏政治共同体的统一和主权，那么就只能寄希望于创造出一个独立于议会的更强大的政府。根据他的观点，这个强大政府的制度核心是总统，"宪法特别试着让帝国总统之权威有机会能直接与德国人民之政治总意（politischer Gesamtwillen）结合，并藉此以宪法统一体之守护者、捍卫者及全体德国人的身份而行动"②，即"领袖守护共同体"。

保守主义者对人民的贬抑和对领袖的推崇，在当时德国的政治环境下，客观上助推了法西斯主义的崛起，甚至与之进行不光彩的结盟，特别是施米特本人一度成为所谓"第三帝国的桂冠法学家"，这使得保守主义在民主问题上的传统看法名誉扫地。

三、重新定义民主

二战以后，人们开始反思、检讨保守主义者关于民主的观点，但民主政治在得到捍卫与辩护的同时，一些西方学者开始重新定义民主，并从理论上对民主进行了约束与限制，其思路在某种意义上是对保守主义观念的延续。

拉斯韦尔重新区分精英和大众。他指出，能够在跨域取得最多价值的人就是精英，反之则是普通大众中的一员。这种调整后的精英观在一定程度上意图重新塑造大众与精英的关系，但本质上仍然因循了精英主义的套路。不过，拉斯韦尔确实修正了莫斯卡和帕累托的观点，他认为在精英统治下也能够实现民主政治，关键就在于实现对精英的有效控制。在他看来，民主政治的关键不在于谁掌握权力，只要大众能够建立起监督和制约机制，迫使精英的统治和决策

---

① ［德］卡尔·施米特：《合法性与正当性》，冯克利等译，上海人民出版社 2014 年版，第 175 页。
② ［德］卡尔·施密特：《宪法的守护者》，李君韬、苏慧婕译，商务印书馆 2017 年版，第 219 页。

同样有利于自己，两者就完全可以相得益彰。① 拉斯韦尔将大众参与内化为精英统治的支持性因素，主张扩大精英的来源与实现对精英的控制，这既是对大众参与时代来临的主动修正和调整，也是受到熊彼特影响的结果。

首先，与传统的精英主义者一样，熊彼特并不相信所谓人民统治的存在，他否定传统民主理论所预设的共同利益和人民意志的概念，认为简单多数作出的决定在许多情况下其实是在歪曲人民意志，而并非是对人民意志的实施。其次，他还借用勒庞对群体心理的观察结果，指出大众是易受情绪影响的非理性存在，根本不具备参与政治或者作出决策的能力。不过，熊彼特并没有因此直接否定民主本身，他在批驳人民意志、共同利益等传统民主理论的核心预设以及现实中大众统治的弊病与无能的基础上，继承精英主义的原则，重新定义了民主："民主方法就是那种为作出政治决定而实行的制度安排，在这种安排中，某些人通过争取人民选票取得作决定的权力。"② 根据熊彼特的民主定义，民主仅仅是一种方法，一套选择执政政治家或领袖的制度；同时，人民的选择空间是有限的，只能在被提名的精英中进行投票选择。因此，民主并不是人民的直接统治，也不能把民主与共同利益直接联系起来理解，民主是人民选举政治家即精英来进行间接统治。

与熊彼特等人通过精英来限制和重塑民主政治不同，美国著名政治学家达尔早期的多元主义理论着眼于利益集团，利用利益集团之间的竞争和维持来重新定义民主。③ 以达尔为代表的多元主义者认为，首先，在政治领域，冲突的存在是一个基本事实。多元主义者对古典民主所推崇的由人民直接进行统治的政治形式并没有多少兴趣，也不相信通过人民的直接统治能够实现包括所有人的利益在内的公共利益。相反，他们认为冲突的永恒存在表明了利益的多元性，因此根本问题是找到表达和维护多元化利益的政治制度。多元主义者不认为冲突或者多元化利益会威胁民主，毋宁说它们的存在恰恰是民主的生命力所在，由此民主就被转化成如何让多元化的利益得到保障的问题。其次，多元化利益反映在政治上就是存在着不同的、相互独立的利益集团，它们相互竞争，

---

① 参见［美］哈罗德·拉斯韦尔：《政治学：谁得到什么？何时和如何得到？》，杨昌裕译，商务印书馆 2009 年版。

② ［美］约瑟夫·熊彼特：《资本主义、社会主义与民主》，吴良健译，商务印书馆 1999 年版，第 396 页。

③ 参见［美］罗伯特·达尔：《多元主义民主的困境：自治与控制》，周军华等译，吉林人民出版社 2006 年版。

但又维持着基本的统一局面。在多元主义者看来，民主就是这些具有明确利益取向和行动能力的多元化利益集团的统治。不过，就利益集团内部或单个利益集团而言，多元主义者同样强调集团精英和领袖的重要作用。但多元主义者将精英和领袖扩展到了民选政治代表之外，认为包括商会、宗教团体、草根组织等中间组织的重要人物也属于精英和领袖的范畴。

多元主义者同样不相信所谓公共利益的存在，也不相信人民具有直接统治的能力。归根到底，他们只是认为政治权力是被多元化的精英而非单一的精英所占有，而人民统治就是多元化精英的统治，或者说，民主的本质就是多元化精英群体表达和维护自身利益的竞争性场域。因此，多元主义者尽管因不满足于精英主义民主理论中精英的有限开放性，而将精英扩展到多元化的利益集团，但在本质上仍然只是将民主视为一种没有独立价值的工具。

对多元主义的这种保守主义解释，虽然可能并不符合达尔提出其理论的初衷，而且他本人的观点和立场后来也发生了转变，但在客观上多元主义确实可以看作是早期所谓精英主义民主的翻版，同时它也是二战后利益集团之间的竞争和妥协成为西方国家政治中的首要因素这一政治发展趋势的理论体现。

第四节　文化保守主义

文化保守主义作为当代保守主义的一支，是对产生于 20 世纪 60 年代的激进自由主义思潮的回应与反思。20 世纪 60 年代末，随着社会福利化与文化自由化的推进，西方社会出现价值追求堕落、文化观念混乱等现象，引起一些知识分子对现实的不满。尤其是在美国，有一批人逐渐由自由主义转向保守主义，形成所谓"新保守主义"。他们的议题主要集中在社会和文化问题上，因而成为文化保守主义的主力军。文化保守主义者指责资本主义对物质享乐的纵容销蚀了人们的精神与价值追求，批判现代主义文化发展对基督教信仰的抛弃所带来的社会精神危机。正是这种对传统文化保持的危机意识，使他们在西方文明面临多元文化主义的威胁时奋起抵抗，捍卫西方主流文化认同与传统价值观念，由此拉开了一场以美国为主战场、从 20 世纪 80 年代后期开始而持续至今的"文化战争"。

一、反思现代社会精神危机

如果说文化保守主义在某件事情上能够达成一致的话，那就是对过去深刻影响美国生活的反主流文化思潮的憎恶。20 世纪 60 年代后期，旷日持久的越南战争引发了规模越来越大的反战运动，美国成千上万的青年学生公然反对主流道德价值观念，标榜个性解放，崇尚标新立异和离经叛道的生活方式。到了 70 年代，这股反主流文化思潮并没有随着越战的结束而消失，反而开始深入人们的思想，腐蚀着社会生活。吸毒、犯罪和性泛滥等问题日趋突出，青年人失去精神追求，沉迷物质与感官享乐，社会面临着前所未有的精神危机。

文化保守主义的"教父"克里斯托尔认为，现代社会精神危机的根源是清教信仰的消失，其结果是资本主义经济发展失去了传统清教伦理的牵引，个人奋斗、自我负责、节制欲望等资本主义美德渐渐被抹杀。他批评不受约束的资本主义经济，认为经济保守主义者所推崇的自由市场本身就容易引导人们追求物质享受，而如今日益完善的福利体系更是激发了人性中的这一倾向。人们贪婪懒惰，事事都仰赖政府，先辈们在追求财富时的艰苦奋斗、积极进取精神荡然无存，传统资本主义所提倡的克勤克俭美德一去不复返。克里斯托尔对此感到十分忧虑，他认为，美国在建国初期有着浓厚的清教氛围，人们将个人的世俗成功与上帝的恩典密切相连，而将懒惰造成的贫穷视作奇耻大辱；贫富不均可以被接受，而贫穷的责任只能由个人来承担；清教精神指引着父辈们开荒拓土，敢于冒险追求象征着荣耀的财富。然而，随着资本主义社会的"去道德化"，原先维系社会的清教信仰已经消失，从清教徒的"先劳后享"到超前消费、及时行乐，现代社会已然堕入物欲追求的深渊。克里斯托尔在其著作《为资本主义欢呼两次》①中表示，他愿意因为自由市场经济提供了社会财富与个人自由而为资本主义"欢呼两次"，却因为它对物质享受的狂热丧失了精神追求而不愿意给它第三次欢呼。

按照经济保守主义者的说法，为了让个人自由得到最大的发展空间，应当暂时悬置价值判断，哈耶克就坚定地相信自由主义的"自我实现"最终会带来最好的结果。但是，克里斯托尔却没有这么乐观。他认为，这些自由主义者大

---

① 参见 Irving Kristol, *Two Cheers for Capitalism*, New York：Basic Books, 1978.

大高估了人性中的善，却对基督教所警告过的人性中的恶不加提防；事实上，人类在获得自由后并不会自然趋善，因为当人性中的恶缺乏宗教、道德、传统等机制的遏制时，人类会自然而然地走向堕落。当前社会必须远离享乐主义和不负责任的价值观，对此，克里斯托尔寄希望于传统的新教精神的复归，主张恢复美国传统的清教主义优良传统，通过向旧正统注入活力来将它们改造成能够适应现代社会的新正统，让清教徒所强调的种种美德重新成为美国人珍视的伦理价值。

贝尔认为，现代社会精神危机的罪魁祸首是大行其道的现代主义文化。现代主义也是自由资本主义长期发展的产物，其核心是"个人解放"；它所宣扬的"自我实现"，就是要把自身从传统束缚和归属纽带（家庭或血统）中解脱出来，以便完全按照主观意愿来塑造自我；它所推崇的"原子式"个人主义成就了目无传统的独立艺术家与自私自利的企业家，前者全面消解一切传统价值，后者则推动这些现代文化成为大众消费品。贝尔在分析资本主义社会发展的历程之后指出，文明在上升时期是严于克己的，人们对上帝的信仰纯真坚定，恪守禁欲苦行主义，摒弃肉体享受，遵守苛刻的纪律；资本主义的繁荣也让文人得以摆脱对贵族的依附，从而能够自由地创造出更真实的作品。但是，资本主义经济本身就极力排斥价值选择，只允诺追求幸福的自由，却没有对何为更好的生活作出规定。随着文明的发展，财富越来越丰裕，人们被物质享受吸引，逐渐丧失价值与精神上的追求；企业家贪得无厌，艺术家高举"个性解放"旗帜，整个社会逐渐堕入追求感官刺激的享乐主义，文明开始走下坡路。

贝尔指出，当今社会中的人之所以精神如此空虚，是因为传统基督教文化已被现代主义文化全面取代。原先内在于资本主义的两个相互制约的因素，即经济冲动与宗教信仰，如今只剩下前者。代表着人类精神信仰的宗教先是被工业时代的现实主义文学、实用主义哲学和科技理性割去了超验之维，而后又被当下的现代主义文化彻底粉碎，"结果是文化——尤其是现代主义文化——承接了同魔鬼打交道的任务。可它不像宗教那样去驯服魔鬼，而是以世俗文化（艺术与文学）的姿态去拥抱、发掘、钻研它，逐渐视其为创造的源泉"[①]。现

---

① ［美］丹尼尔·贝尔：《资本主义文化矛盾》，赵一凡等译，生活·读书·新知三联书店 1989年版，第 65 页。

代主义文化就这样取代基督教文化成为正统，使社会一步步跌入"无神无圣"的世俗化深渊。

在物欲横流的后工业化时代，如何应对资本主义社会的精神危机呢？贝尔认为，现代主义文化的根本问题是信仰缺失，因此要想走出精神危机，就必须恢复宗教对于社会成员的教化作用。在他看来，资本主义在前工业化阶段的主要任务是征服自然，工业化阶段是制造机器，而到了后工业化时代，社会面临的首要问题便是人与人、人与自我的问题。科技的发展虽然大大提升了人类认识世界的能力，但有的东西是科技永远无法提供的，那就是终极关怀。关于人类自身，比如人性的善恶之争，科学永远无法给出答案，人类的文化仍然需要借助宗教来塑造。因此，要想摆脱危机，就必须使整个社会重新向某种宗教回归，恢复对人性的清醒认识，保持对未知事物的敬畏之心，对现代人无限制地扩张和实现自我持有怀疑与克制的态度，等等。

此外，贝尔还提出要建立一种"公众家庭"（Public Household）意识，以取代现代主义文化成为后工业社会的精神支柱。"公众家庭"要求社会在进行分配时，应当兼顾适用于所有人的一般规则与适用于不同群体的特殊规则，既关注社会共同利益，让政府来提供个人无法提供的公共服务，也关切多样的社会需求，在制定规则时考虑特殊群体。总之，"公众家庭"在承认社会差异合理性的同时，也支持动用政府的力量来避免社会差距过大的现象；在强调崇尚贤能和机会均等的同时，也重视处于不利地位的其他社会阶层，缓和私有财产与公共福利之间的矛盾。于是，"公众家庭"之下的个人不再目无传统、自私自利、贪图享乐，但他能够得到私人财富与工作报酬上的保障，并且能够为公益作出牺牲。

可以看到，文化保守主义者对资本主义传统文化有着强烈的维护意识。正是对文化自始至终的关注和有增无减的文化危机感，促使他们在西方文明面临多元文化主义的威胁时奋起反击。

二、重拾西方主流文化认同

20 世纪 60 年代以来，美国通过了各种与移民相关的法律，其他西方国家紧随其后，国门前所未有地对第三世界开放。此后，随着大量拉美裔、亚裔以及穆斯林移民的涌入，加上不同时期对大量难民的引进，欧美国家的人口结构发生了重大变化。来自非西方国家的移民在文化上依然与母国保持密切的联系，而他们的原生文化与欧美主流文化往往相去甚远，在这种情况下，要想消除他们对原属族群的文化认同和政治忠诚，把他们同化到主流社会是非常困难的。文化保守主义者担心的问题是，随着人口结构的根本性变化，加上各种多元文化主义政策的支持，越来越多的社会成员将会丧失对西方主流文化的认同。

产生于 20 世纪 60 年代社会进步论浪潮下的多元文化主义（multiculturalism）是一种反传统的意识形态，其核心观点是：不同群体拥有不同的文化，而一切文化在本质上都是平等的，任何文化都没有资格声称比另一种文化更为先进。多元文化主义批评主张对少数族群和移民实施同化政策的"熔炉论"，鼓励少数群体保留自己的文化特性，避免西方主流文化的侵蚀。

首先遭受多元文化主义冲击的是素有"种族熔炉"之称的美国。尽管美国是一个多种族、多文化共存的移民国家，但从历史上看，美国文化仍然是一种"白人盎格鲁-撒克逊新教徒"（WASP）文化，从未放任过多元文化的发展。各方移民初来美国时可能还会保留着本族群的文化特性，但到了第二、三代，他们原先的文化认同便会在主流文化的影响下慢慢消失，从而融入美国文化的大熔炉。

长期以来，美国的教育一直以"熔炉主义"为核心，它的核心是追求美利坚民族在文化与价值方面的一致性。来到美国的移民需要学习美国历史并熟练掌握英语，如此才有可能得到主流群体的认可从而站稳脚跟。对此，多元文化主义者指责说，这种文化观念和政策是欧洲中心主义、种族主义、精英主义、男权主义的产物，对于各个族群之间文化的差异性从未给予足够的尊重，完全忽视了具有同样价值的少数群体的文化。然而，在保守主义者看来，多元文化主义者对各种亚文化及其历史的强调无疑会让少数群体对主体民族及其历史产生一种分离情感，从而引发社会成员对西方主流文化的认同危机。

1987 年，美国芝加哥大学教授布卢姆的《美国精神的封闭》出版，标志着保守主义对多元文化主义的首次重要反击。[①] 在这本书中，布卢姆以对美国高等教育的批判为起点，系统论述了多元文化主义给整个西方文化带来的灾难。

---

① 参见［美］艾伦·布卢姆：《美国精神的封闭》，战旭英译，译林出版社 2007 年版。

他指出，多元文化主义赋予每一种文化与价值不容置疑的至上性，认为各种文化之间不存在交融，也不会产生冲突，而这实际上恰恰导致了每种价值的绝对封闭。在多元文化主义的影响下，大学生们渐渐失去了对西方经典文献的兴趣和敬畏之情，心智也变得狭隘与平庸。布卢姆认为，历史与文化本来就有高低贵贱之分，多元文化主义者无视历史，妄图追求不同文化的平等地位，其结局注定要失败。

几乎在同时，美国保守派历史学家小施莱辛格认为，消灭一个民族的第一步便是毁灭其历史、抹去其共同记忆。多元文化主义者宣扬移民对母国文化的忠诚，主张对不同文化的"区别对待"，这使得美国不再是一个由"同样效忠美国"的个人组成的国家，而越来越成为那些"或多或少保持着原先民族特性"的群体的拼合物，这威胁了美国的统一性。小施莱辛格指出，成为一个美国人的基础应当是认同美国的历史与文化，那种同时又忠诚于另一个小团体的"半心半意"的认同是不存在的。美国之所以能够把不同种族、不同信仰的人群结合起来，构筑成一个统一的国家，完全是因为其文化内在的民主原则提供了一种超越族属认同的一致性，这种超越种族的忠诚将各个不同种族和文化背景的群体结合为一个整体，连接了所有的社会成员。① 多元文化主义的理论与实践分裂着美国文化的基础，多元一体的"熔炉"正慢慢变为四分五裂的"巴别塔"。

语言是文化的载体，相同的语言是文化认同的基础，语言政策在多元文化主义者与保守主义者的争论中占据着独特的地位。在多元文化主义者眼中，英语作为美国唯一的官方语言，标志着一种"文化帝国主义"，意味着对弱势语言群体的歧视。大部分美国新移民都是使用西班牙语的拉美裔，许多学者据此提出双语制。根据 1968 年的《双语教育法》，学校应当实施双语教学，母语为非英语的少数民族儿童可以接受本民族语言的教育。在社会学家格莱泽看来，双语教育并不只意味着多学几种语言，它不仅有学习成绩与工作便利等实用性意味，更重要的是，它会导致"忠诚"的替换——新移民会渐渐抛弃对美国文化的忠诚，以一种依系于母国文化和语言的忠诚取而代之。② 双语制虽然体现

---

① ［美］阿瑟·施莱辛格：《美国的分裂：种族冲突的危机》，马晓宏译，正中书局 1994 年版，第 148 页。

② Nathan Glazer, *Ethnic Dilemmas*, *1964–1982*, Cambridge：Harvard University Press, 1983, p. 152.

了对少数群体文化的尊重，却严重阻碍了同化新移民的进程，悬搁了他们对美国文化的认同问题。

亨廷顿也看到双语制对西方主流文化地位的破坏，并认为这实际上挑战了美国人对其国民身份的认同。他指出，新移民中的很大一部分人使用相同的非英语语言——西班牙语，且他们人口分布集中，拒绝融入主流社会，结果使美国出现了拉美裔化的趋势。亨廷顿强调"白人盎格鲁-撒克逊新教徒"文化对于美国国民身份而言处于中心地位，并提出著名的"文明冲突论"，将世界上现有的文明划分为西方文明、拉美文明、伊斯兰文明等七个（或八个）文明。亨廷顿认为，这些不同文明之间存在着难以消除的差异，尤其是在"后冷战时代"，西方文明和非西方文明之间必然会产生严重的冲突。如今"白人盎格鲁-撒克逊新教徒"文化的优势地位正遭受着异质文明的攻击，植根于此的美国国家认同受到了挑战。对此，必须保存和维护西方文明独一无二的特性，而不是放任其他文明对它的侵蚀。

进入 21 世纪以后，随着"后冷战时代"的到来，多元文化主义浪潮进一步席卷西方世界，欧美国家的社会政治危机日益加重，导致了保守主义者对多元文化主义更为激烈的批评与反对。2017 年，包括斯克拉顿在内的欧洲十位保守主义知识分子联合发表了长篇声明《一个我们能够信靠的欧洲》。声明痛斥多元文化主义"冒用了基督教的普世仁爱观念"，并"要求欧洲人以圣母的标准去牺牲掉自我"，从而导致了"欧洲家园的被殖民"和"欧洲文化的覆灭"。面对被异质文明侵蚀得千疮百孔的欧洲，这些知识分子呼吁欧洲人"拒绝那种无国界的多元文化世界的乌托邦幻想"，拯救那个以基督教为根基的"真实的欧洲"。

然而，在如今的欧美各国，由于多年来放任移民与难民的涌入，加上多元文化主义思潮与政策的影响，促进移民同化的因素明显处于弱势，越来越多的移民保持着双重文化认同和双重忠诚。在这种情况下，文化保守主义者呼吁重拾西方主流文化认同的前景并不乐观。

三、捍卫西方传统价值观念

文化保守主义者认为，社会成员共同的价值观深深植根于其历史与文化传统之中；基督教作为西方文明的根基，深刻地塑造了西方人的价值与信念。多元文化主义者否认西方文化的主导地位，这不单单弱化了社会成员对于共同文化的认同，使国家丧失凝聚力；更为严重的是，文化相对主义对西方文化的否定带来了对传统信念的抛弃——它对集体福祉和群体权利的诉求威胁了西方传统价值观念（特别是西方的政治价值观念）中的"个人主义"与"机会平等"信条，由此催生的身份政治更是导致了一些国家的社会分裂。

在对美国传统价值观念——亦即"美国信念"——的认识上，亨廷顿引用米达尔的观点认为，"美国信念"涉及这样一些理想，即"人作为个人享有必不可少的尊严、人人享有根本的平等，在自由、公正和机会平等方面享有一定的不可剥夺的权利"[1]。而如今，以"个人主义"与"机会平等"为核心的"美国信念"正摇摇欲坠。在这个问题上，亨廷顿将矛头指向了被认为是美国多元文化主义最大成就之一的"肯定性行动"（Affirmative Action）。20 世纪 60 年代以来，为了在体制上消除对少数群体的歧视，美国制定了一系列照顾边缘群体的政策。《民权法案》便要求雇主在录用员工时按照一定的配额照顾边缘群体，学校也被要求在录取学生时优待少数族群。1965 年，美国政府开始全面推行"肯定性行动"，确立了入学和就业等方面的强制性性别和种族配额原则。在亨廷顿看来，民权运动争取的取消种族隔离和消除种族歧视是符合"美国信念"原则的；然而，随即出现的在就业、入学、选举等方面实施的政策倾斜，却在事实上将超越其他公民的"特权"赋予了那些历史上处于边缘地位的群体，这实属矫枉过正，是对"美国信念"的反叛。

格莱泽曾指出，"肯定性行动"看起来会导致这样一种结果："一个人在获取教育、生存和晋升的机会时，其种族、肤色与民族起源会有至关重要的影响。"[2] 首先，这改变了"无歧视"的本义，"无歧视"应该致力于将公共政策与社会成员的种族背景脱钩，而多元文化主义影响下的一系列举措不仅不会消除族裔矛盾，反倒会使人更加注意自己的族群身份；其次，多元文化主义者意图将权利赋予某个群体，根据人的种族、性别、民族等背景来对待个人，以具有种族意识的法律代替不具有种族差异的法律，以族群为单位进行的政策倾斜

---

① ［美］塞缪尔·亨廷顿：《谁是美国人？美国国民特性面临的挑战》，程克雄译，新华出版社 2010 年版，第 108 页。

② Nathan Glazer and Daniel Patrick Moynihan, eds., *Ethnicity: Theory and Experience*, Cambridge: Harvard University Press, 1975, p. 162.

偷换了西方传统价值中人人平等的概念，破坏了机会平等的传统；最后，把群体权利所要求的结果平等诉诸政策优待，将不可避免地带来政府权力的扩大，对个人自由产生威胁。格莱泽认为，个人主义信条是西方文明的基石，若要走出多元文化主义的困境，最重要的便是回归以个人而非群体为核心的权利；政府在多样的文化中应当保持"价值中立"，而不是介入其中，对某些文化群体给予照顾。

西方传统的价值观念着眼于"个人"，认为所有个体作为共同体的成员一律平等，无差别地享有各种权利；而"肯定性行动"以"群体"为关注点来进行政治动员，这就诱发了各个群体身份意识的迅猛觉醒。20世纪60年代以来，许多过去的边缘群体都高举"身份"旗帜来争取权利，这种强调"群体身份"的现象，被称作"身份政治"（Identity Politics，也译"认同政治"）。

这些边缘群体突出自己的种族身份和独特的文化，尤其强调自身所在群体受到主流群体压迫与歧视的历史，认为公共政策与社会生活必须照顾到每一个边缘群体的独特身份。为了矫正历史上主流群体对他们的种种"不正义"，他们甚至要求"补偿"与"优待"。身份政治追求对社会成员群体身份的承认，但边缘群体不必融入主流群体，而是应当争取与主流群体平起平坐的地位，其他群体（特别是主流群体）则必须尊重其独特性。

身份政治完全抛弃了"个人主义"信条，将每个人仅仅视为某个群体的成员。在他们看来，个人是作为某个社会群体的成员而存在的，其经历与感受都与其所属群体的语言、文化、历史、社会地位相联系，个体间的差异取决于其所属群体的不同。他们还特别强调各个群体之间相互冲突的历史，认为边缘群体在历史上不断遭受主流群体的歧视，只有反抗主流文化的压迫、变革现有的政治制度，才能改变他们的不幸处境。对此，文化保守主义者持有非常不同的观点和看法，他们认为身份政治不但不能改善边缘群体的处境，反而会恶化边缘群体的境遇。晚近一些学者对身份政治的反思便与文化保守主义者在这一问题上的立场不谋而合。

著名思想家里拉在分析2016年美国大选中民主党的失败时，对自由主义的身份政治提出了尖锐的批评。他在美国总统选举结束后不到两周便发表了一篇题为《身份自由主义的终结》的文章，将民主党失败的原因归结为其诉诸的身份政治。里拉认为，自由主义者在推动社会平等方面的努力是值得肯定的，但就政党的政纲与大选而言，赢得选举需要争取"最大公约数"，而身份政治却着眼于各个群体的特殊性。身份自由主义者过分强调差异，不能描绘出一幅全体美国人共享的政治愿景，因而也就无法说服不同身份的美国人投票给他们。里拉特别举了"黑人的命也是命"（Black Lives Matter）运动这个例子，他认为这一运动虽然引发了对黑人处境的社会关注，但其方式却是诉诸黑人的身份，居然要求作为主流群体的白人公开进行忏悔。身份政治原是居于劣势的多元文化主义者对占据主流地位的白人男性文化的一种反抗形式，但他们对身份的执念却让白人基督徒感受到了威胁，使他们意识到自己是身份受到威胁的"弱势群体"，这反而激发了白人民族主义——一种右翼的身份政治。这显然是与身份政治的初衷背道而驰的。

特朗普当选美国总统和英国脱欧也促使著名学者福山反思身份政治带来的问题。他在 2018 年出版的著作《身份》① 中指出：多元文化主义过度着眼于对特定群体的保护，只去关注如何矫正特殊社会群体遭受的不公，却忘记了整合少数群体与多数群体的身份，这反而刺激了右翼身份政治的兴起，让国家滑向左右两种身份政治的对立。特朗普宣称捍卫传统基督教文明、高调反对多元文化主义宣扬的"政治正确"，试图拉回已经脆弱不堪的美国认同，福山对这种做法感到忧心忡忡。在他看来，美国政府采取的在边境建墙阻挡非法移民等一系列举措，意味着一种主流族群和基督徒的身份政治，这只会加深美国社会的分裂。

文化保守主义者表面上反对的是"肯定性行动"以及"身份政治"之类具体的政策和社会政治运动，而实际上反对的是这类政策与运动对集体福祉和群体权利的诉求。因此，从根本上说，文化保守主义者的目的，还是要维护和捍卫"个人主义""机会平等"等西方传统的政治价值观念。

第五节　保守主义评析

保守主义是西方政治思想史上非常复杂的一种政治思潮，很难对其给出

① 参见 Francis Fukuyama：*Identity*：*The Demand for Dignity and the Politics of Resentment*，New York：Farrar, Straus and Giroux, 2018.

一个非常明确的总体性评价。但针对不同时期、不同领域的保守主义立场、观点和政策主张，我们还是能够站在马克思主义的立场上作出一些具体的评析。

首先，从其产生的历史条件来看，保守主义是对法国大革命的一种反应，它是对古典自然法学派的各种社会政治观点的反思与批判。在这个意义上，保守主义"力图尽可能充分地恢复贵族在社会中的统治地位"①，违背了历史发展潮流，具有政治反动性。同时，我们也应看到，保守主义也对超越社会发展阶段的激进运动发挥了一定的制约作用，维护了资本主义经济发展所必需的社会政治秩序。因此，对于西方现代早期的保守主义要辩证分析，特别是对于不同国家和地区的保守主义，不可一概而论。马克思指出，柏克就曾扮演过"反对英国寡头政治的自由主义者的角色"，也曾扮演过"反对法国革命的浪漫主义者的角色"。②

在后来的进一步发展中，保守主义开始与逐渐成为西方主要政治思潮的自由主义相互影响、相互制约，共同维护资本主义制度，反对社会主义革命。总体上看，自由主义与保守主义大致代表了资本主义社会中"寻求进步"与"维持秩序"的两大社会力量和思潮。就此而言，不管是当代哪种保守主义、哪个领域和分支的保守主义，从根本上说，它们所维护和辩护的最终还是资本主义的秩序，他们之间的差异仅仅在于视角和侧重点的不同。

其次，从保守主义的理论基础来看，保守主义者固守传统和现状，尽管他们也不是完全反对变化和改良，但总的来说对人类的理性和主观能动性过于悲观，正是这种悲观主义导致保守主义者反对革命和一切重大社会政治变革，看不到革命在人类发展史上的进步作用。马克思主义唯物辩证法强调，在人类历史发展进程中、在实践活动中，应该一切从实际出发，实事求是：既要尊重物质运动的客观规律，又要充分发挥人的主观能动性；既要反对唯意志论，又要反对宿命论；认识世界的根本目的在于改造世界。

同时，保守主义者对价值虚无主义和个人权利至上观念的批判，实际上也缺乏稳固的价值立场和坚实的理论基础。保守主义的批判往往采取"向后看"的姿态，诉诸西方的古典思想资源；然而，西方传统的价值观本身就可能是历

---

① 《马克思恩格斯选集》第 1 卷，人民出版社 2012 年版，第 577 页。
② 马克思：《资本论》第 1 卷，人民出版社 2004 年版，第 871 页。

史虚无主义和价值虚无主义的根源，在这种情况下，厚古薄今显然不能让人信服。保守主义对个人主义的批判也显得力不从心，回归传统社会机制的共同体主义视角并不能正确处理个人与集体之间的辩证关系，因而也就不能指出个人主义的真正缺陷所在。只有坚持马克思主义的价值观和集体主义的价值观，才能更加有力地驳斥虚无主义和极端个人主义，维护公共利益和个人的正当权益。

再次，从保守主义在政治上对民众的不信任以及反对民主的态度来看，保守主义反映了历史上一切统治阶级及其理论家对普通民众的蔑视和敌视。尽管近代以来英国、美国和法国的资产阶级革命鼓吹自由、平等和人权，但实际上，西方主流的思想家、政治家们始终对民主持一种怀疑和批判态度，反对广大民众以及后来登上历史舞台的无产阶级借助普选权等民主政治方式参与政治生活，影响资本主义国家的政策走向，从而威胁资本主义私有制和资产阶级统治。

保守主义对民主的不信任，对人民的不信任，其目的是为资本主义民主辩护，只有社会主义才能做到相信人民、依靠人民、以人民为中心。在民主问题上，马克思主义的观点非常明确。资本主义民主是少数人的、富人的民主，是一种"残缺不全的、贫乏的和虚伪的民主"[①]。在这种情况下，西方保守主义者怀疑人民参与政治生活的能力是毫不奇怪的。

最后，就当代欧美国家新近出现的针对多元文化主义的保守主义风潮而言，持守这种保守主义的评论家和政治家，基于一贯的自我文化优越感，面对移民、难民涌入带来的种族、文化和宗教多样性，深切地感受到了西方主流价值观和传统政治体制面临的压力与挑战。由此，他们对身份政治以及多元文化主义政策提出了质疑，主张重建西方主流文化认同，抵御非西方文化的"侵蚀"。

这种保守主义虽然有其政治和政策上的现实主义考量，但如果不能保持合理的限度，逾越现代民主政治的基本价值承诺，那么很可能就会滑向右翼极端主义，被各种极端势力和有野心的政客所利用，取消进步的社会文化政策，激化种族和宗教矛盾，造成整个国家和区域性的局势动荡，甚至带来世界性的灾

---

① 《列宁选集》第 3 卷，人民出版社 2012 年版，第 191 页。

难。对此，全世界的进步力量都应该保持高度警惕，防范右翼极端保守主义的兴起。

正如习近平在 2019 年亚洲文明对话大会开幕式上的主旨演讲中所强调的，"文明因多样而交流，因交流而互鉴，因互鉴而发展"①。我们应该倡导各种文明相互尊重、平等相待，加深对自身文明和其他文明差异性的认知，推动不同文明的交流对话、和谐共生，只有这样才能消除隔阂、对抗与冲突，创造和平的国际环境，共同发展。

阅读文献

1. ［美］杰里·马勒编著：《保守主义：从休谟到当前的社会政治思想文集》，刘曙辉、张容南译，译林出版社 2010 年版。

2. ［美］阿尔伯特·赫希曼：《反动的修辞》，王敏译，江苏人民出版社 2012 年版。

3. ［美］罗伯特·尼斯贝（尼斯比特）：《保守主义》，邱辛晔译，桂冠出版公司 1992 年版。

4. ［英］迈克尔·欧克肖特（奥克肖特）：《政治中的理性主义》，张汝伦译，上海译文出版社 2003 年版。

5. ［英］休·塞西尔：《保守主义》，杜汝楫译，商务印书馆 1986 年版。

6. ［英］罗杰·斯克拉顿：《保守主义的含义》，王皖强译，中央编译出版社 2005 年版。

7. ［美］塞缪尔·亨廷顿：《谁是美国人？美国国民特性面临的挑战》，程克雄译，新华出版社 2010 年版。

8. ［美］约翰·凯克斯：《为保守主义辩护》，应奇等译，江苏人民出版社 2003 年版。

思考题

1. 如何看待保守主义的情境式定义与自主式定义？

---

① 《习近平谈治国理政》第 3 卷，外文出版社 2020 年版，第 468 页。

2. 如何看待西方保守主义发展的四次浪潮?

3. 保守主义的哲学基础包括哪些内容?

4. 政治保守主义有哪些观点和主张?

5. 文化保守主义有哪些观点和主张?

6. 如何评析西方的保守主义政治思潮?

第三章　民主社会主义

民主社会主义是围绕着民主和社会主义形成的政治思潮。作为一种完备性的政治思潮，民主社会主义有着悠久的历史传统，与自由主义、保守主义并称当代西方三大政治思潮。时至今日，世界上最大的政党联盟——社会党国际，仍然把民主社会主义作为其指导思想和政策主张，在世界范围内，特别是在发达资本主义国家有着重要的影响。在长期的历史发展过程中，民主社会主义由早期的社会民主主义发展成为民主社会主义，最终又试图回到社会民主主义，形成了民主与社会主义的基本理论，并形成了英国的福利国家、"第三条道路"，德国的社会民主党改革，法国式社会主义，北欧三国的"人民之家"等政治主张和政治实践。

第一节　民主社会主义的源流

民主社会主义早期称"社会民主主义"，更多体现了对马克思主义的"修正"。早期的社会民主主义以社会民主党为组织方式，形成了工联主义、费边主义，以及伯恩斯坦（旧译"伯恩施坦"）的修正主义等理论体系。二战后，尤其是《法兰克福宣言》发表之后，这一思潮正式定名为"民主社会主义"，体现了对社会主义制度的一种追求，也形成了广泛的影响。苏联解体、东欧剧变后，英国、德国、法国、北欧三国开始转回到社会民主主义。[①] 民主社会主义的历史源流有三个重要的阶段，即由社会民主主义转变为民主社会主义，再转变回社会民主主义，形成了否定之否定的历史逻辑。

一、社会民主主义的兴起

社会民主主义产生于 19 世纪的西欧，是在批判资本主义制度的基础上产生的。19 世纪中期，资本主义制度在西欧各国逐步确立，资本主义生产方式有

---

① 民主社会主义和社会民主主义的称呼不断变化，并在不同时间、不同理论中交叉使用。本书除专门指出外，一律使用"民主社会主义"统称这一政治思潮。

了很大的发展。但资本主义制度并没有像它的鼓吹者最初宣扬的那样，给人们带来一个自由、平等、博爱的新社会，它在破坏封建生产关系的同时又制造了新的社会对立与分化。所谓的自由、平等事实上仅仅变成了极少数有产者的特权，对于占人口绝大多数的无产阶级来说，他们的命运反而更加悲惨。正是在这种情况下，社会民主主义应运而生，并不断发展壮大。

人们对资本主义社会制度的种种弊端进行了普遍的批评，其中最为深刻、影响最大的思想主张被人们称为"社会主义"，社会民主主义就是其中的一派。1869 年，世界上第一个民族国家范围内的无产阶级政党——德国社会民主工党成立。与此同时，西欧其他国家的工人不仅先后建立了工会组织，也先后组建了工人政党。1864 年，英、法、德、意等国的工人代表集聚在英国伦敦。作为德国工人代表，马克思出席并领导了这次集会。大会决定建立国际工人协会（International Workingmen's Association），即"第一国际"。这是世界上第一个国际性的工人组织。

早期的社会民主主义形成了不同的主张和流派，比较突出且产生了较大影响的是工联主义和费边主义。伯恩斯坦理论体系的最终形成，则表明社会民主主义与马克思主义正式分道扬镳，走上了修正主义的道路。

工联主义（trade unionism）于 19 世纪中期形成于英国。英国产业革命完成后，越来越多的农村劳动力流入城镇，受雇于新兴的资本家。由于单个工人在与雇主就工资、工作条件等的谈判中处于非常不利的地位，他们便自发组织起来，与雇主进行集体谈判。工联主义注重维护工人的利益，要求改善工人的经济条件和法律地位，主张工会的规模应该尽量扩大，工会之间应该加强团结，通力合作。这些对早期的工人运动显然是有益的。1864 年第一国际创建时，英国工联主义的代表人物乔治·奥哲尔被推举为第一国际总委员会首任主席。但是，工联主义者反对工会参与任何政治斗争。工联主义者的一个代表性口号是："做一天公平的工作，得一天公平的工资。"而争取公平的工资的主要手段，就是由资方代表和劳方代表组成仲裁法庭调解劳资纠纷，以达成劳资两利的协议。工联主义在早期西欧，特别是在早期英国的工人运动中有一定影响。由于没有触碰到资产阶级的根本利益，工联主义被资产阶级所接受，这也是为什么英国工联主义的另外一位代表人物，当时的工党领袖拉姆齐·麦克唐纳早在 1924 年就能入主唐宁街 10 号，成为英国近代第一位工人出身、靠选票当选的首相的。这一事实本身对民主社会主义后来的发展和传播有着某种示范作用。

　　费边主义也形成于英国。19 世纪末，英国出现了许多社会主义团体和组织，费边社只是其中之一。与同时期英国的其他社会主义团体不同，费边社的成员中没有工人群众，而是学者、律师、新闻记者等高级知识分子或职员。其早期的主要成员如悉尼·韦伯、萧伯纳、华莱士等都受到马克思主义的影响，他们都认为，社会主义是历史发展的必然趋势，必须废除土地及各种生产资料的私有制，消灭人剥削人的丑恶现象。但与马克思主义不同的是，费边主义者不赞成马克思的阶级斗争和暴力革命学说，认为马克思的理论不符合英国国情。他们接受了斯宾塞的普遍进化论思想，认为阶级斗争可以转化为阶级合作，用阶级斗争的手段去推翻现存的国家政权会导致社会解体。费边主义者认为，正确的方法是通过和平协商与议会道路，对现存的制度进行逐步改进。如在英国，对资本主义的改造需要渐进进行，社会主义能够一步一步地实现，"任何时候都无需破坏整个社会组织的连续性或者把整个社会组织突然地加以改变"①。由于费边社主张改造资本主义制度是一个长期的过程，应该采取迂回战略，一点一滴地向前推进。因此，这个组织在成立之初就选择了古罗马将军，著名的拖延迂回战术家费边（Fabius）的名字作为组织的名称。

　　1900 年，英国的 60 多个工会组织和 3 个社会主义团体决定联合组建为英国工党，费边社作为其中一员成为英国工党的一部分。许多工党领导人如当时的工党领袖詹姆斯·哈迪、拉姆齐·麦克唐纳、阿瑟·亨德森以及后来的哈罗德·拉斯基、克莱门特·艾德礼等都加入了费边社。自英国工党成立以来，包括它的章程以及竞选纲领在内的许多纲领性文件几乎都出自费边社。该社事实上成为英国工党的智库，还有人则认为工党实际上就是费边主义的执行者。特别是英国工党赢得二战后第一次大选，艾德礼有条不紊地创建福利国家制度，也为费边主义增添了一定的说服力。时至今日，费边主义在欧洲政坛仍然有着重要的影响。

　　伯恩斯坦的修正主义也是在西方资本主义社会矛盾缓和的情况下出现的。19 世纪下半叶，特别是巴黎公社运动失败后，整个西欧的工人运动转入了低潮。第一国际也于 1876 年宣告解散。同时，西方资本主义制度进入相对稳定时

---

① ［英］肖伯纳主编：《费边论丛》，袁绩藩等译，生活·读书·新知三联书店 1958 年版，第 83 页。

期，西欧各国政府对待工人运动的态度逐渐发生了变化，从早期的强力镇压的单手政策逐步转变为"大棒加胡萝卜"的两手政策。工会组织甚至工人政党在许多国家都取得了合法地位，一些紧迫的社会问题开始得到关注。例如，最先确立资本主义制度的英国，出台了一系列限制工作时间、限制使用童工、规范劳资关系的法令。而在 19 世纪末的德国，俾斯麦政府还颁布了一系列由政府财政补贴的、有利于缓和社会矛盾的社会保险法令。在这样的社会条件下，各种改良主义思潮迅速发展起来。其中影响最大的当属伯恩斯坦的修正主义。

爱德华·伯恩斯坦（Edward Bernstein，1850—1932 年）出生于柏林的工人家庭，曾经是马克思和恩格斯的学生，早年接受了马克思主义并且加入了德国社会民主党，长期担任德国社会民主党的机关报《社会民主党人报》的编辑。伯恩斯坦与恩格斯的关系非常密切，被恩格斯指定为遗嘱执行人。1895 年恩格斯逝世以后，伯恩斯坦在德国社会民主党内的影响日益增大，成为颇有影响的理论家。在 1896—1898 年间，伯恩斯坦连续发表了 6 篇文章，对马克思的学说提出了"修正"。1899 年，伯恩斯坦出版了《社会主义的前提和社会民主党的任务》一书，系统地阐发了他的修正主义理论。

在伯恩斯坦看来，资本主义生产方式的内在矛盾不是日益加剧而是在不断缓和，资本主义具有以前的所有制所不曾有过的"伸缩能力""变形能力""进化能力"，所以"不应加以破坏，而应使之进化"①。同时，随着资本的集中日趋放缓且有大量中小企业持续存在，必然会出现一个人数越来越多的中产阶级。伯恩斯坦甚至认为，"阶级是相当抽象的东西，它的精确的本质只能被间接地认识和理解"②，要实现"全世界无产者联合起来"更是不可能的。

伯恩斯坦提出了自己的社会主义理论。在他看来，社会主义必须以生产力的充分发展为前提，必须以广大工人群众的充分就业、充足的工资、良好的教育、良好的道德、良好的生活环境为条件，而当时的德国还不具备这些条件。社会民主党的任务应该是立足现实，一步一步地改变现实，一步一步地向社会主义迈进。他对自己的思想做了这样的概括："人们通常称为社会主义的最终

---

① ［德］爱德华·伯恩施坦（伯恩斯坦）：《社会主义的前提和社会民主党的任务》，殷叙彝译，生活·读书·新知三联书店 1965 年版，第 200 页。
② 中共中央马克思恩格斯列宁斯大林著作编译局资料室编：《伯恩施坦言论》，生活·读书·新知三联书店 1966 年版，第 286 页。

目的的东西，对我来说是微不足道的，运动就是一切。"① 伯恩斯坦更加重视民主。在政治上，伯恩斯坦对于德国当时已经实现的普遍选举权和政治民主制度给予了充分肯定。他认为，民主在原则上就是阶级统治的消灭，议会道路是走向解放、走向完全自由的必由之路。社会主义不能绕开、更不能破坏议会道路。他曾经举例子说，议会通过的一部好的法律，会比把几百个工厂收归国有，更能体现出社会主义。

二、民主社会主义的转型

二战后，社会民主主义迎来了高潮。首先是英国率先宣布建成福利国家。工党迅速崛起，定下了社会主义的目标，并在福利国家的建设当中异军突起，很好地满足了战后人民的要求。与此同时，德国社会民主党的改革也取得了成功，法国也开创了"法国式社会主义"的模式。北欧三国的"人民之家"虽然未带来广泛的国际影响，但成功更早，成绩也更大，成为社会民主主义的典型。

早在 1943 年二战正酣之时，英国议会就通过了一份由著名经济学家贝弗里奇起草的名为《社会保险和相关服务》的报告，即著名的《贝弗里奇报告》。报告指出，贫困、疾病、愚昧、肮脏、懒散是五大恶魔，社会应该通过收入再分配机制来建立一套完善的社会保障体系，其中包括儿童补助金、全民义务教育、失业津贴、医疗保险、伤残补助、养老金等，即所谓"从摇篮到坟墓"的福利国家体制。这一体制的目标是："确保每个公民只要各尽所能，在任何时候都有足够的收入尽自己的抚养职责，以满足人们的基本需要"②。

1945 年，工党顺应英国人民对战后新生活的期盼，发表了竞选纲领《让我们面向未来》，明确提出工党决心把人民的福利当作自己的神圣职责，认为必须保证全体英国人民群众的整体生活水平都得到提高。纲领认为，所有英国人民都应该有一个美好的未来，并把建成"大不列颠社会主义共和国"作为自己的最终目标。最终，在 1945 年 7 月举行的战后第一次选举中，工党大获全胜，以第一大政党并且拥有议会绝对多数席位的身份上台执政，工党领袖艾德礼出

---

① ［德］爱德华·伯恩施坦（伯恩斯坦）：《社会主义的前提和社会民主党的任务》，殷叙彝译，生活·读书·新知三联书店 1965 年版，第 245 页。

② ［英］贝弗里奇：《贝弗里奇报告——社会保险和相关服务》，社会保险研究所译，中国劳动社会保障出版社 2008 年版，第 157 页。

任政府首相。工党上台后对银行、航空、交通运输、煤炭、钢铁、电报通信等行业实现了国有化。随后，按照《贝弗里奇报告》的规划，接连通过了《国民医疗保健法》《国民保险法》《国民救济法》《工伤赔偿法》《儿童法》等一系列法律，基本建立了《贝弗里奇报告》所设想的社会保障体系。1948 年 7 月，英国首相艾德礼正式向全世界宣布：英国已经建成了福利国家。

二战后，各国社会党人经过多次讨论协商，于 1951 年 6 月 30 日在德国的法兰克福举行了社会党国际（Socialist International）代表会议。34 个政党的106 名代表参加了社会党国际第一次代表大会，通过了《民主社会主义的目标与任务》的宣言，即《法兰克福宣言》。该宣言展现了战后社会党人在指导思想、奋斗目标、实现途径、社会党的性质和任务等方面达成的共识，确认了民主社会主义是国际所尊奉的意识形态。《法兰克福宣言》宣布，社会党国际是一个寻求建立民主社会主义的政党和组织的联合会，各国社会民主党的共同目标是实现民主社会主义，即要建立一个全面的民主社会主义社会。后来，1959年德国社会民主党的《哥德斯堡纲领》和 1989 年《社会党国际原则声明》，又对《法兰克福宣言》所表述的思想进行了补充完善。

《法兰克福宣言》（以下简称《宣言》）的第一个重点是社会主义。社会党国际及其所属各成员党在指导思想方面经历了一个长期的、富有争议的演变过程，其主题是如何对待马克思主义，演变的最终结果是指导思想的非马克思主义化。《宣言》虽然坚持了社会主义的目标，但同时又特别强调要与苏联式的社会主义（《宣言》将其称之为"共产主义"）划清界限，因为苏联共产主义违背了民主。为了突出"民主"的重要性，同时也体现与苏联共产主义的区别，《宣言》正式使用了"民主社会主义"这个提法。《宣言》在指导思想上虽不排斥马克思主义，但却认为马克思主义只是多种指导思想中的一种，主张指导思想的多元化，为民主社会主义定下了思想多元化的基调。《宣言》指出："不论社会党人把他们的信仰建立在马克思主义的或其他的分析社会的方法上，不论他们是受宗教原则还是受人道主义原则的启示，他们都是为共同的目标，即为一个社会公正、生活美好、自由与世界和平的制度而奋斗。"[1] 这就使得民主社会主义的思想来源变得非常多元，既包括在传统社会民主主义历史演进过

---

[1] 社会党国际文件集编辑组编：《社会党国际文件集（1951—1987）》，黑龙江人民出版社1989 年版，第 3 页。

程中影响较大的马克思主义、拉萨尔主义、费边主义、伯恩斯坦主义，又包括了自由主义、新康德主义、基督教伦理学等。

《宣言》的另一个重点是民主。这里的民主是全面的民主，包括政治民主、经济民主、社会民主和国际民主。具体来说，政治民主就是建立多党制的议会民主制；经济民主就是实行多元化的混合经济；社会民主就是要保证人们享有各方面的平等、自由和发展的权利；国际民主就是世界各国都享有同等的权利，强国不能以战争方式迫使弱国服从自己的意志，要建立一个自由、平等、和平的世界。

社会党国际建立后，西方资本主义进入相对稳定、高速发展时期。为了缓和社会矛盾、保证资本主义生产方式的持续运转，西方各国普遍效仿英国建立和完善了各种社会保障制度。随后，西方各国也相继宣布建成了福利国家。而随着福利国家的发展，民主社会主义思潮也得到了广泛传播，从西欧走向了世界。社会党国际的成员党从最初仅限于西欧国家的 30 多个扩大到遍布世界各地的 100 多个，以至于许多西方思想家都认为，如果把 19 世纪称之为"自由主义的世纪"的话，那么整个 20 世纪可以说是一个"民主社会主义的世纪"。

三、社会民主主义的复归

20 世纪 90 年代后，民主社会主义接连受挫。在 1990 年东、西德统一后的德国第一次大选中，德国社会民主党仅获得了 33.5%的选票，为 1957 年以来的新低，而右翼执政联盟的得票率则达到了 54.8%。随后社会民主党在丹麦、瑞典、芬兰等国的选举中也接连失利。在英国，工党自 1979 年沦为在野党之后，在 1992 年的大选中连续第四次败北，领袖金诺克被迫引咎辞职。在意大利 1992 年大选中，左翼联盟的得票率也降到了最低点，仅为 16%。在法国，曾经长期执政的社会党在 1993 年大选中的得票率也降到了历史最低点，为 17.6%，仅获得 54 个议席，而右翼势力却获得了 460 个议席。

在严重的危机面前，西欧各国社会民主党不得不重新调整战略思路和政策主张。由于各国的历史文化条件和政治氛围各有不同，各国社会民主党的战略调整重点和幅度也不尽相同，但在方向上却完全一致：各党都明确淡化甚至干脆放弃了社会主义，不约而同地转向了社会民主主义。苏联解体、东欧剧变后，尤其是在英国"第三条道路"的引领下，德国走上了"新中间道路"，法国形成了"法国式社会主义"，北欧三国则继续"人民之家"的理论与实践，社会党国际又开始转回到社会民主主义。

为应对危机，各个国家的社会民主党都对民主社会主义作出了一些改革，逐渐转变为社会民主主义。在英国，20世纪70年代中期的经济衰退直接影响了工党，作为"现代派"的布莱尔在成为工党领袖后发表讲话，提出了"新工党，新英国"的口号，立志改革工党。新工党先是放弃了对公有制的承诺，同时改变了阶级党的形象。正是在布莱尔的带领下，工党走上了"第三条道路"，在传统的福利国家制度和新自由主义之间寻找折中点。在德国，社会民主党也经历了由民主社会主义向社会民主主义的转向。虽然1989年的《柏林纲领》仍然使用"民主社会主义"这一称呼，但之后的争论开始表面化。德国社会民主党内的相关争论表面上是民主社会主义和社会民主主义之争，但深层次的争论却在于社会民主党的目标、政策等方面的转向。虽然这些争论没有形成定论，但在德国社会民主党的正式文件中，民主社会主义却逐渐被社会民主主义取代了。施罗德上台后更是模仿英国工党的"第三条道路"，在德国推行"新中间道路"以及"中间道路"，加剧了这一转变。

进入21世纪，民主社会主义仍然没有走出颓势。西欧各国深陷"金融危机""债务危机"，经济增长仍非常缓慢，失业率居高不下。从2008年以来的议会选举看，西欧的政治钟摆仍然在向右倾斜，各国左翼政党包括社会民主党、社会党、工党等在得票率上持续下跌并在选举中接连失败。在2009年的欧洲议会选举中，社会民主党更是全线失败，由上届选举中的217席减少为184席，比主要对手——中右联盟的欧洲人民党党团少了81席，在全部议席中仅占25%。甚至在一直被视为社会民主党的样板和堡垒的瑞典，社会民主党继2006年选举失败后，在2009年再次败北。随着2010年英国工党选举的失败，民主社会主义在整个西欧似乎已经偃旗息鼓。

苏联解体、东欧剧变是民主社会主义遭遇失败的一个导火索。苏联解体、东欧剧变是社会主义事业的一大挫折，对世界社会主义运动产生了深刻的影响。西方反社会主义势力，包括一些新自由主义者和保守主义者开始大肆攻击社会主义，在西方舆论中，"社会主义"几乎变成了一个贬义词，这也影响了西欧民主社会主义的发展。冷战时期，欧洲各国社会民主党及社会党国际对以苏联为代表的"现实社会主义"就一直持严厉批判、坚决反对的立场。但是，在他们各自的纲领以及社会党国际历次代表大会通过的各种纲领性文件中，消灭阶级、消灭剥削，取代资本主义制度的社会主义目标和理想始终没有被放弃。正因为如此，欧洲的保守主义和自由主义者们一直把以苏联为代表的"现实社会主义"称为"外部社会主义"，而把欧洲民主社会主义称为"内部社会主义"。民主社会主义与苏联社会主义虽然有着原则上的区别，但它毕竟是社会主义中的一种。为了再次与苏联社会主义划清界限，避免一些不必要的误会和不良影响，从 20 世纪 90 年代开始，社会党国际决定放弃"民主社会主义"这一提法，重新使用"社会民主主义"这一概念。此后，在社会党国际的所有官方文件中，所有原来使用"民主社会主义"的地方，都一律改为"社会民主主义"。

经济社会结构的变化是民主社会主义遭遇失败的根本原因。从 20 世纪 60 年代开始，由第三次科技革命引发的生产结构的变迁，使得传统的工人阶级规模急剧萎缩，各发达国家的白领职员在人数上先后超过蓝领工人，民主社会主义赖以存在的社会结构发生了变化。知识经济的来临更是加剧了这一变化。这一转变使得社会政治的行为主体发生了变化，政治吸引力和政治支持的模式也随之全面改变。在吉登斯看来，"几乎在所有的西方国家中，选票都不再是按照阶级分界线来划分的了，而且已经从左—右两极格局转变到一种更加复杂的图景"，"社会民主党派不再拥有一个可以为其提供稳定支持的'阶级集团'。由于它们无法依赖自己以前的阶级认同，因此不得不去寻找适应于在社会和文化上更具多样性的环境的新的社会认同"①。

经济放缓，福利国家政策难以为继是民主社会主义遭遇困难的一个重要原因。20 世纪 70 年代以后，福利国家政策遭遇双重挑战。一方面，西方经济的增长速度明显放慢，税源枯竭、财政吃紧；另一方面，社会民主党人的福利国家政策使得国家的福利开支不断增加。欧洲社会民主党推行的福利国家制度在不同国家虽然有着不同内容，但在总体上都是以国家干预社会福利的分配和再分配为特征的。在 20 世纪五六十年代，西欧各国的社会福利开支逐年提高，占各国国内生产总值的比例先后都突破 20%，在一些国家甚至超过 30%，再加上其他公共开支，西欧各国的公共开支在这一时期先后超过各国国内生产总值的 40%，有的甚至超过了 50%。

新保守自由主义的挑战是这一时期民主社会主义遭遇低潮的另一个重要原

① ［英］安东尼·吉登斯：《第三条道路——社会民主主义的复兴》，郑戈译，北京大学出版社、生活·读书·新知三联书店 2000 年版，第 24—25 页。

因。以撒切尔-里根主义为标志的所谓新保守自由主义正是在这样的背景下形成的。新保守自由主义主张放松和减少国家干预，大力推进私有化，紧缩财政，减少税收，削弱社会福利，限制工会权力。这实际上都是对民主社会主义的否定。不仅如此，这些政策在经济危机、财政吃紧的情况下提升了效率，带来了经济振兴，得到了选民的拥护，给民主社会主义带来了严峻的挑战。

第二节　民主社会主义的核心理论

作为一种具有一百多年历史的政治思潮，民主社会主义在不同的历史发展阶段有着不同的基本理论和政策主张。早期的民主社会主义与科学社会主义的主张非常接近，后期又逐渐与科学社会主义分道扬镳，从早期的民主社会主义，到后来的社会民主主义，这一历史发展过程中，不同的政治思想家提出了各种各样的主张，由此形成了不同的派别。从这个意义上讲，我们很难归纳出一个民主社会主义的基本理论体系。尽管如此，为了更好地掌握这一思潮的基本主题以及不同理论和主张，我们还是要对这一思潮作一个简要的总结。

大而化之地讲，民主社会主义的主题可以总结为两个：一是民主，二是社会主义。这不仅仅是对民主社会主义字面意义上的理解，同时也是对民主社会主义基本主题和基本主张的概括。所有的民主社会主义者、民主社会主义的理论家、民主社会主义的思想派别，都离不开对这两个主题的理论回答。那些否定民主的，不能称其为民主社会主义；那些否定社会主义的，也不能称其为民主社会主义。对于到底要什么样的民主、要什么样的社会主义，不同的思想家和思想流派却持不同的主张，形成了内容丰富的理论。

一、民主

尽管在发展的历史进程中，民主社会主义有过不同的理论和主张，但其对民主的追求，一直没有发生变化。例如，法国社会党在 1969 年的《原则声明》中将社会党人定义为"彻底的民主派"，而"资本主义社会里不可能有真正的民主"。在这个意义上，社会党是一个"革命的党"。1987 年的《原则声明》也表明了法国社会党对民主的态度，指出"社会党是民主的党。它的行动和计划是建立在尊重人权和公民权的基础上；它确认自由的各种形式相互不可分离；自由既和经济民主相联系，也要充分发挥政治民主、社会民主和文化民主"①。1990 年的《原则声明》也重申："社会党是一个民主的政党。在一个建立在普选基础上的法治国家里，社会党将行动和计划建立在人权和公民权的基础上。"②

民主理论与主张是近代资本主义革命的产物，以人民主权、多数决定等为基本原则。由于符合广大工人群众的根本利益，所以，包括马克思在内的早期社会主义者几乎无一例外地都接受了这一理论和主张。在 1848 年的欧洲资产阶级革命中，"民主"更是成为资产阶级反对封建等级制度最响亮的口号。而作为既反对封建等级制度又反对资本主义制度的无产阶级，自然会想到把社会主义和民主两种理论结合在一起。于是从 1848 年起，"社会民主主义"这个提法在欧洲开始流行起来。在相当长的一个时期内，"社会主义""社会民主主义""民主社会主义"这几个概念几乎可以相互交替使用。

社会主义的不同流派对民主的理解有所不同。马克思主张通过阶级斗争乃至暴力革命，推翻资本主义制度，消灭阶级、消灭剥削，最终实现全面的民主。民主社会主义者反对阶级斗争、反对暴力革命。早在 1899 年，伯恩斯坦就明确提出："民主是手段，同时又是目的。它是争取社会主义的手段，它又是实现社会主义的形式。"③

对于民主社会主义者来说，在不同的历史发展阶段，民主有着不同的内容。19 世纪末 20 世纪初，西欧各国社会民主党几乎都把争取普遍选举权当作民主的主要内容和当时的奋斗目标。十月革命以后，特别是第二次世界大战以后，民主社会主义者认为：民主的主要任务就是反对专制、反对不民主，苏联的社会主义是民主的主要敌人。1951 年社会党国际重建时，明确宣称他们所信奉的是民主社会主义，而不是苏联的社会主义。《法兰克福宣言》不仅对苏联共产主义进行了尖锐批评，声称一定与其划清界限，还专门把自己的宣言命名为《民主社会主义的目标与任务》。而苏联解体、东欧剧变之后，为了进一步与苏联的社会主义划清界限，也为了更加突出"民主"的重要性，社会党国际

---

① ［法］让·马雷、阿兰·乌鲁：《社会党历史——从乌托邦到今天》，胡尧步等译，商务印书馆 1999 年版，第 189 页。

② ［法］让·马雷、阿兰·乌鲁：《社会党历史——从乌托邦到今天》，胡尧步等译，商务印书馆 1999 年版，第 190 页。

③ ［德］爱德华·伯恩施坦（伯恩斯坦）：《社会主义的前提和社会民主党的任务》，殷叙彝译，生活·读书·新知三联书店 1965 年版，第 191—192 页。

甚至放弃了"民主社会主义"而改用"社会民主主义"这个提法。用早年伯恩斯坦的话来说，就是社会党国际已经把它的"最终目标"和"运动"都统一在民主之中了，"民主就是一切"！

民主社会主义所追求的"民主"包含以下四个方面的内容。

首先是政治民主。所谓政治民主就是在现存的政治制度下逐步进行改革。在现存的政治制度中，"国家"无疑最为重要。马克思和恩格斯认为，国家是阶级统治的工具。而民主社会主义者认为，随着普遍选举权的实现，国家已经摆脱了阶级属性，它代表全社会的利益。如果说在第一次世界大战期间，西方各国社会民主党还只是羞羞答答地跟本国资产阶级政府合作，从而背离了马克思主义的话，那么，第二次世界大战后，西欧各国社会民主党则无一例外地公开声明要保卫"国家"。例如，法国社会党在其1946年的《原则声明》中就提出："由于摆脱隶属状态，由于工人经过一个半世纪的努力和牺牲重新与国家合而为一。因此，今天的国家已经是他们的财产，并且在很大程度上是他们的手工制品，他们是决心要保卫它的。"[1]

国家既然已经变成了全民国家，社会党也应该变成全民党。曾担任过社会党国际主席的德国社会民主党领袖勃兰特强调："社会民主党不是精英党，而且从未是过。我们是，而且仍将是全民运动。社会的改变只能在绝大多数人同意时才能实现，这一思想在社会主义中是根深蒂固的。"[2] 民主社会主义者坚决反对一党专政。他们认为，一党专政，等于把政治权力完全给予或至少是优先给予某些个人或集团，这显然有悖于民主。因此他们认为，要实现政治民主，就必须实行议会民主制度，就必须实行多党竞争、轮流执政。

其次是经济民主。民主社会主义者认为，消灭私有制并不能解决所有问题。与政治上主张多党制相一致，民主社会主义者在经济上主张实行混合经济。民主社会主义者虽然不否认生产资料公有制的进步作用，但他们认为，这种进步作用是有条件的。社会党国际第十八次代表大会通过的原则宣言曾明确指出，经验表明，社会化在某些情况下可能是必要的，但它本身并不是医治社会弊病的特效药。无论私有制还是国家所有制，都既不能保证经济效率又不能保证社会公正。[3] 他们认为，经济发展的目标必须是"蛋糕"越来越大，只有

---

① 《各国社会党重要文件汇编》，世界知识出版社1959年版，第341页。
② ［德］维利·勃兰特等：《社会民主与未来》，重庆出版社1990年版，第13页。
③ ［苏］西比列夫：《社会党国际》，中国社会科学出版社1983年版，第99页。

这样，公平分配才有意义。而在现阶段，影响经济发展和公平分配的实际障碍是经济权力集中在少数人手中而不受民主监督。这种集中在私有制、公有制和合作制中都可能发生。因此，问题的关键在于使经济决策民主化。为了实现这一点，许多国家先后颁布了一系列相关法律，甚至明确规定，超过一定规模的企业的董事会，必须有雇员代表参加等。

再次是社会民主。民主社会主义者认为，民主不能仅仅停留在政治领域、经济领域，还必须推进到社会领域，必须实现社会民主。所谓社会民主包括三个方面。第一是社会财富的分配必须以满足人类的基本需求为第一原则，反对以利润作为第一原则。也就是说，民主社会主义反对分配领域的两极分化。在社会民主党人的推动和主导下，20 世纪五六十年代，西方各国普遍实行了累进征税制，有些国家的最高税率甚至一度达到了95%。第二是建立从摇篮到坟墓的福利国家制度。在该制度下，公民接受教育、医疗服务，参加各种社会保险等都是一种社会权利。第三是要求在不同性别、不同种族、不同宗教、不同地域、不同社会集团之间全面实现平等。显而易见，社会民主包含着更多、更深刻的内容。民主社会主义在这方面虽然做了很多工作，推动制定了很多制度、法律，但社会民主的推进依然任重道远。

最后是国际民主。民主社会主义者认为，社会主义是全世界人民共同的事业，它不可能在一个国家单独实现，因此它一直呼吁全世界劳动人民团结起来。1951 年社会党国际重建的一个主要目的就是促进社会主义事业的国际合作。因为在他们看来，只有通过国际合作，才能实现和平，才能实现国际民主。1951 年的《法兰克福宣言》号召：社会党人要为"建立一个和平与自由的世界而努力。在这个世界中，没有人对人或民族对民族的剥削和奴役。个人个性的发展是人类充分发展的基础。社会党人呼吁所有劳动人民团结起来，为这个伟大的目标而奋斗"[1]。1976 年社会党国际第十三次代表大会的决议更为明确地指出："对于实现社会主义的总目标来说，和平是必不可少的。国际社会主义的主要目的是以各国人民之间的合作来代替国与国之间的对抗"[2]。

---

[1] 社会党国际文件集编辑组编：《社会党国际文件集（1951—1987）》，黑龙江人民出版社1989 年版，第 9 页。

[2] 社会党国际文件集编辑组编：《社会党国际文件集（1951—1987）》，黑龙江人民出版社1989 年版，第 295 页。

具体来讲，国际民主包含五个方面的内容。第一，尊重各国社会民主党在民主社会主义道路上的多种探索。各国社会民主党都应该根据本国的具体情况制定相关的政策。各国社会民主党应该对本国选民负责而不是对社会党国际负责。第二，各国之间应当相互尊重，保障民族自由和国际人权法。《联合国宪章》的原则必须得到尊重和履行，联合国在建立新的国际共同体中应该发挥更大的作用。第三，反对任何形式的帝国主义，反对战争。强调集体安全的重要性。第四，反对贫困，主张对世界财富进行重新分配，缩小乃至消除南北之间的巨大差距。第五，注重环境保护。环境问题是全人类面临的共同挑战，环境保护必须是国际性的行动，各国之间必须加强合作。

二、社会主义

社会民主主义对社会主义的态度在不同的历史阶段呈现出不同的特征。早期的社会民主主义不仅批判资本主义，而且主张实行公有制，建设社会主义，但同时也提出"修正"马克思主义，以伯恩斯坦等人的修正主义为典型。二战后，民主社会主义迎来了春天，福利国家、市场社会主义、公有化等措施代表了民主社会主义对社会主义的理解。在苏联解体、东欧剧变的影响下，民主社会主义向社会民主主义的转型则构成了新一轮的"修正"，代表了当代社会民主党人对社会主义的理解。

民主社会主义者对社会主义的理解一直在变化。布莱尔认为，社会民主主义应该是"永恒的修正主义"，这成为社会民主主义者的名言。早期的民主社会主义与马克思主义的科学社会主义同宗同源，理论基础和政策主张也基本相近，但很快伯恩斯坦的修正主义使社会民主党放弃了马克思主义。二战后的民主社会主义阶段，社会民主党人对民主社会主义的理解强调了社会主义目标。苏联解体、东欧剧变后的社会民主主义则淡化了社会主义目标。法国的社会民主党人一直坚持社会主义目标，但西方社会在政治右倾的大趋势中还是走上了社会民主主义的道路。二战后英国的民主社会主义取得了巨大成功，但在东欧剧变后进行了理论上的"修正"，走上了"第三条道路"，淡化了社会主义色彩。德国的民主社会主义与英国有着很多的相似性，先是坚持社会主义，坚持无产阶级革命，后来转变为走议会道路，主张社会市场经济，最后重新回到社会民主主义，走上了"新中间道路"。

在如何对待资本主义，如何对待计划与市场，如何建设福利国家等诸多问题上，社会民主主义者提出了自己的理论与主张，形成了他们对社会主义的理解，也构成了社会民主主义理论体系的基本内容。

对待资本主义的态度，是社会民主主义者理论体系的起点。对资本主义的批评是民主社会主义始终不变的理论倾向，也是其建立社会主义的基础。社会民主主义者对资本主义社会制度的弊端进行了深刻的批评。传统民主社会主义者在理论上还承认其目标是消灭资本主义，消灭剥削。社会党国际在其1951年通过的《法兰克福宣言》中就这样说："社会主义作为一个反抗资本主义社会固有弊病的运动在欧洲诞生。"[①] 1990年，法国社会党还在《原则声明》中明确地批评了资本主义，强调混合经济。这份《原则声明》指出，资本主义加深了不平等、加重了世界的不平衡、剥削了第三世界的财富，使很多国家的人民遭受失业、流离失所。

针对资本主义的弊病，社会民主党人也提出了革命的主张。比如，法国社会党1946年的《原则声明》指出，社会党本质上是革命的党，是建立在劳动者组织基础上的阶级斗争的党，社会党的本质特点是使人类获得解放，废除资本主义所有制，用另一种制度取代资本主义所有制，是它的宗旨。这清晰而准确地表明了法国社会党的本质、目标和宗旨。事实上，德国、法国等国的社会民主主义都接受了马克思主义，甚至得到马克思的支持，但在修正主义的影响下，社会民主主义理论体系中的社会主义成分逐渐被淡化，阶级斗争、革命道路被放弃，社会民主党人走上了议会道路。正如伯恩斯坦所说："人们通常称为社会主义的最终目的的东西，对我来说是微不足道的，运动就是一切。"[②] 在"第三条道路"的鼓吹者看来，最终目标已经没有了。红极一时的"第三条道路"就是一种社会改良主义，实际上是认可现存的资本主义制度，社会民主党的任务只是对现存的资本主义制度做一点修修补补。早期的社会民主党人曾经被马克思称为资本主义的掘墓人，后来改革的民主社会主义者则可以被看作资本主义的医生，但到了"第三条道路"这里，社会民主党人已经沦为资本主义制度的按摩师了。

---

① 社会党国际文件集编辑组编：《社会党国际文件集（1951—1987）》，黑龙江人民出版社1989年版，第2页。

② ［德］爱德华·伯恩施坦（伯恩斯坦）：《社会主义的前提和社会民主党的任务》，殷叙彝译，生活·读书·新知三联书店1965年版，第245页。

　　福利国家是民主社会主义最重要的理论，也是最重要的政策，是社会民主党赢得政权的利器。第一次世界大战后，英国工党迅速崛起，其中一个重要原因就是它接受了社会主义的目标。英国工党早期对社会主义的理解还停留在"做一天公平的工作，得一天公平的工资"这一信条上，但后来逐渐把重点转向增进社会福利。在英国成为福利国家的过程中，工党的作用不可或缺。受伯恩斯坦等人的影响，北欧的社会民主党从一开始就选择了"人民之家"作为自己的口号，并被广泛接受。他们在就业、失业、医疗、保险、生育、教育、养老等各个领域当中贯彻了福利国家的理念和政策。

　　如何对待市场，尤其是搞清楚计划与市场、公有和私有的关系，是社会民主主义理论体系当中最重要的主题。工党领袖艾德礼以个人名义发表的《走向社会主义的意志和道路》的竞选宣言就主张国家应积极作为，对重要部门实行国有化，引导经济发展，强调计划，体现了英国民主社会主义者对社会主义的理解。《贝弗里奇报告》是对社会主义理解的另一篇经典。布莱尔在 1994 年出任英国工党领袖后，还专门对工党党章做了修改，放弃了实现生产资料公有制的承诺，放弃了社会主义的目标。新工党的理论主张将公有制变为一种价值取向，提出"在效率和公平基础上的公有制"理念，淡化了社会主义的色彩。在保守主义的步步紧逼下，工党调和了传统福利国家与新自由主义，提出了"第三条道路"的理论，也是逐渐淡化公有色彩，肯定市场经济，强调效率。在法国，密特朗提出的"民主、社会主义、正义、幸福"的纲领代表了法国社会民主主义对社会主义的一种理解。其基本的政策主张是解决贫富差距问题，解决失业问题，实行国有化和民主化。

　　在经济问题上，社会民主党人主张以公共财富而不是个人利益作为其目标，一定程度的社会化对国家来说不可或缺。因此，社会民主党人一般主张建立强大的公共部门，并运用和发挥计划的作用。但同时，社会民主党人也不排斥私营部门，主张发挥市场经济的作用。"社会党赞成混合经济，这种经济不会不知道市场规律，它还为公共权力机构和社会角色提供实现符合全体利益的目标的手段。社会党将通过新的经济形式和社会形式，提高社会实现这种目标的水平，在企业中，给工薪阶层以真正的公民身份。"[①]

[①]　[法] 让·马雷、阿兰·乌鲁：《社会党历史——从乌托邦到今天》，胡尧步等译，商务印书馆 1999 年版，第 190 页。

第三节　民主社会主义的理论实践

与一般的政治思想不同，政治思潮非常强调政治实践，尤其是将政治主张转化为政策实践，进而对现实政治产生重要影响。民主社会主义作为一种政治思潮，之所以能够历经一个多世纪的曲折，至今仍然有着广泛的影响，一个很重要的原因就是，执政的社会民主党能够利用自己的执政机会，不断地将其政治理念和政治主张付诸实践。特别是在英国、德国、法国、意大利以及北欧的一些国家，民主社会主义曾经得到了较长时期的全面实践，这些实践反过来又促进了民主社会主义理论的丰富和发展。

一、英国工党与"第三条道路"

作为老牌资本主义国家，英国的社会民主主义实践历史悠久。传统社会民主主义的福利国家政策在当代英国社会民主主义的政治实践当中仍然占有重要的地位，在布莱尔等人的带领下，英国工党经历了改革，发展为"新工党"，在英国推行"第三条道路"，这不仅为工党赢得了选票，也为英国赢得了发展。

（一）工党的崛起

早在 17 世纪，英国便确立了资本主义制度。19 世纪 40 年代，英国率先完成了产业革命，经济也因此而实现了腾飞，并很快发展成为"世界工厂"，甚至变成了"日不落帝国"。与此同时，资本主义生产方式的内在矛盾也首先在英国暴露，1825 年第一次经济危机首先在这里爆发。人们开始反思资本主义制度，并试图联合起来反抗资本主义制度。1900 年，英国的 60 多个工会组织和包括费边社在内的社会主义团体联合组建了英国工党，联合起来进行抗争。英国资产阶级也意识到当时英国社会分化和阶级对立的严重性，英国政府开始进行改革，陆续颁布了一些限制自由竞争、明显有利于工人群众的法令。

英国工党在成立之初并没有提出一个系统的章程，甚至满足于"做一天公平的工作，得一天公平的工资"。后来工党接受了费边社为其起草的章程，确立了社会主义目标，但同时也明确反对暴力，反对阶级斗争。这样的政党不仅能够得到工人群众的支持，也能够被资产阶级所接受。工党在 1918 年首次以独立身份参加选举，一举赢得了 20.8% 的选票和 50 个议席。在四年之后的选举中，工党的得票率又上升到 33.3%，议席达到了 142 个，成为英国议会第二大政党。到 1923 年，工党就获得了执政的机会。工人出身的工党领袖拉姆齐·麦克唐纳登上了英国首相的宝座。

作为一个少数派政府，工党显然不可能实施宏大的社会主义计划，它选择了在社会政策领域推行其主张，并沿着先前的保守党政府已经开辟的道路，把一些政策又向前推进了一步。例如，工党政府把失业救济金的发放范围明显放宽，把救济金的标准明显提高。此外，工党政府还通过了著名的"惠特利住宅计划"，提出由国家财政提供补贴，在 15 年内建造 250 万套住宅，以此来改善中下层人民群众的居住条件，同时也起到刺激当时低迷的经济、增加就业、增加政府财政收入的作用。虽然由于工党很快下台，这一计划未能实现，但这一计划所体现的原则对后来特别是二战后英国的住房政策产生了直接的影响。

虽然工党在执政 10 个月后就被迫下台，但这毕竟是一次管理国家、管理社会的实践。对于广大选民来说，"社会主义"不再是一个"幽灵"，而成为一种现实的选择。有了这次实践，工党领袖们也信心大增。在 1929 年的选举中，工党重整旗鼓，再一次公开表明了自己的社会主义目标，提出要逐步地对矿山和铁路实行国有化，对银行和金融业实行监管，一步一步地把工业改造成为公众服务的合作企业。同时工党再次声明：它要靠合法手段逐步实现自己的目标。结果，工党以 37.1% 的得票率和 288 个议席的成绩成为英国议会第一大党，再次上台执政，麦克唐纳再度出任首相。

1929 年经济危机的爆发，使刚刚组建的工党政府很快又被迫辞职，工党也因此发生了分裂。由于危机更深刻地暴露了资本主义生产方式的内在矛盾，从而也使工党领袖们更加坚信，社会主义必然要取代资本主义。在 1935 年的选举中，新当选的工党领袖艾德礼在《走向社会主义的意志和道路》的竞选宣言中，针对 1929—1933 年的经济危机，重申了工党锐意改革的政策主张。艾德礼指出：随着科学技术的进步和生产力的发展，英国当时已经能够生产出足够多的产品来满足人们的需要。只要合理组织，就不应该出现过剩产品与贫困并存这种现象。国家在社会生活中必须扮演更加积极的角色，必须通过控制银行、金融业来引导投资，必须通过将铁路、运输、土地、矿山等资源实行国有化的办法来引导经济发展。工党要建立一个有计划的、协调发展的社会，逐步消除无序竞争和浪费。但工党决不违反宪法。工党的国有化要通过公平合理的购买和补偿逐步进行。① 工党虽然未能赢得这次选举，但工党的政策主张在英国社会引起了强烈的反响。工党不仅保住了第二大党的地位，而且在随后的补充选举中又逐步赢得了更多的胜利。这就为它参加战时联合政府、在 1945 年全面崛起打下了基础。

第二次世界大战的爆发，客观上为英国工党全面推行改革提供了契机。在民族存亡的危急情况下，英国工党动员全体人民团结一致，共同战胜法西斯。1940 年 5 月，英国工党响应保守党的建议，停止竞选，全面参加了联合政府。工党领袖艾德礼出任联合政府副首相，另外还有 15 位工党议员出任了联合政府的部长。战争期间，英国社会各界普遍意识到社会团结的重要意义，认识到分配不公、两极分化、阶级对抗的不合理性，从而也意识到国家调控、国家在社会生活中发挥积极作用的合理性。这就为战后英国工党的社会改革提供了依据。正是因为民心所向，1943 年 2 月，英国国会毫无争议地通过了《贝弗里奇报告》。

在战后第一次选举中，英国选民选择了工党。工党执政后仅用了三年时间就使英国经济恢复到了战前水平。这一事实不仅说服了英国选民，也使保守党人逐渐转变了自己的立场和态度。在 1950 年的选举中，保守党明确表态，获胜后不会改变工党政府已经建立起来的福利国家。不过，英国的选民还是更看好新兴的工党，工党赢得了连任，在英国政坛上站稳了脚跟。尽管工党在 1951 年大选中失利，但它所推行的社会改革、福利国家制度已经不可逆转了。自那时起一直到 20 世纪 70 年代后期，英国进入了所谓的"共识政治"时期，保守党和工党虽然不断交替执政，但由工党创建的福利国家制度的原则一直没有改变。

（二）新工党

20 世纪 70 年代中期，英国经济的衰退直接影响了处于执政地位的英国工党。由于经济衰退、通货膨胀和失业率猛增，工党先后输掉了 1979 年、1983 年大选，使得工党领导层不得不进行反思，对其政策主张和发展战略进行调整，其中的重头戏就是改革工党。金诺克担任工党领袖时期，虽然工党进行了一些改革，但工党上下对改革的必要性尚未形成统一的认识，改革的步伐太

---

① ［英］克里门特·艾德礼：《走向社会主义的意志和道路》，商务印书馆 1961 年版，第 20—35 页。

慢。接连输掉1987年和1992年两次大选后，金诺克引咎辞职，继任者史密斯继续进行工党内部的改革。不幸的是，史密斯于1994年突然去世。此时，年仅41岁，被认为是工党内最有现代意识的托尼·布莱尔脱颖而出，成为工党有史以来最年轻的领袖。

作为"现代派"的布莱尔思想开放，下定决心改革工党。他接任工党领袖后即发表讲话，认为工党的"死穴"是：英国社会已经变了，工党却未能随之一起变化。在他看来，英国前途美好，应该把英国建成一个"年轻的国家"，让工党"成为变革的推动者，而不是沦为变革的对象"。工党应该为此做好准备，"为新的不断变化的世界制定一种新的基本政治纲领"①。布莱尔的名言是，社会民主主义应该是"永恒的修正主义"。布莱尔进一步论证说："如果世界改变了，而我们没有改革，那么我们对世界没有意义。我们的原则将不再是原则而只是僵化为教条。不变革的政党将会死亡，我们的政党是生机勃勃的政党，而非历史纪念碑。"② 因此，布莱尔接任工党领袖伊始就锐意改革，提出了"新工党，新英国"的口号，他选择的路径就是修改党章。

新工党改革一方面放弃了对"公有制"的承诺和义务，淡化自己"左派"及"社会主义"的色彩。布莱尔出任工党领袖后，积极推动修改党章。在1995年4月的工党特别代表大会上，党章修正案终于获得通过。修改后的党章第四条提出：本党赞成在公共利益的基础上管理强大而来源丰富的公共服务，这种服务的存在既是公正社会，也是有生命力的成功经济的重要基础；本党既需要有社会责任感和适当控制的私有因素，也需要有奠定在效率和公平基础上的公有制。在这里，工党虽然没有否认公有制，但公有制已经不是一种制度取向，而仅仅变为一种价值取向，变成了实现社会公正的一种手段。

新工党改革的另一个重要内容是改变政党形象。英国工党最初就是由60多个工会组织和3个社会主义团体联合而成立的，工党与工会始终保持着一种特殊的伙伴关系。自20世纪50年代开始，英国社会结构发生了变化。作为工党及传统社会主义最重要社会基础的传统工人已经由工党成立之初占人口的绝大多数，萎缩到只占总人口的大约6%。布莱尔认为，工党之所以屡屡败给保

---

① ［英］托尼·布莱尔：《新英国：我对一个年轻国家的展望》，曹振寰等译，世界知识出版社1998年版，第2、9页。

② ［英］托尼·布莱尔：《新英国：我对一个年轻国家的展望》，曹振寰等译，世界知识出版社1998年版，第59页。

守党，很重要的一个原因就是工会组织的分散、分裂及基础萎缩。他认为，作为传承，工党与工会的联系要保持，但关系要改变，工党应该代表全社会的利益。在淡化了工党的社会主义性质之后，布莱尔进一步改变了工党的性质，使其由工人阶级的政党变成全体人民的党。1995 年 9 月，在费边社召开的纪念 1945 年大选胜利 50 周年的大会上，布莱尔公开号召："要使工党变成一个开放的党，一个成员包括私营业主和无产者、小商人及其顾客、经营者和工人、有房者和住公房者、熟练的工程师以及高明的医生和教师的党。"①

新工党改革扩大了工党的阶级基础，为工党赢得了更多的选票。在 1997 年大选中，工党得到 1350 万张选票，占投票总数的 44%，而 1992 年只得到 200 万张。1983 年的民意测验表明，在技术工人中保守党比工党领先 8 个百分点，而在 1997 年，工党比保守党领先 21 个百分点。在中产阶级和房产主阶层中，工党的选票第一次超过保守党，其支持率由 30% 上升到 41%，而保守党则从 54% 降到 25%。更重要的是，工党不但在保守党的传统地盘上和南部农业区获得了更多选票，在大多数城市地区和北方工人阶级选区的得票也增加了。工党赞成票的 19% 来自专业人员、低级管理人员和职员，15% 来自技术工人、工头和自由职业者，他们的支持率由 1992 年的 40% 上升到 1997 年的 54%。

（三）第三条道路

随着党章的修订和党的性质的改变，老工党完成了向新工党的蜕变。蜕变后的新工党显然不能走老工党的道路，而必须走一条新路。布莱尔把这条所谓的新路称为"第三条道路"，用他的话来说就是："第三条道路是通向现代社会民主主义的复兴和成功之路。它并不是左派与右派之间简单的妥协，它力图吸取反对派和中—左派的基本价值，把它们运用于社会经济发生了根本性变化的世界中，而这样做的目的是摆脱过时的意识形态。"② 工党理论家、伦敦政治经济学院院长，被认为是布莱尔政治高参的安东尼·吉登斯把英国工党的转变及其所谓的"第三条道路"的性质概括得更清晰。他说："过去，社会民主主义总是与社会主义联系在一起。现在，在一个资本主义已经无可替代的世界上，它的取向又应当是什么呢？战后的社会民主主义是在两极化的世界格局中形成

---

① 转引自王学东、陈林等：《九十年代西欧社会民主主义的变革》，中央编译出版社 1999 年版，第 61 页。

② 杨冬雪、薛晓源主编：《"第三条道路"与新的理论》，社会科学文献出版社 2000 年版，第 25 页。

的。社会民主主义者至少在某些观点上是与共产主义者相一致的——尽管他们把自己确定为共产主义的对立面。既然共产主义在西方已经土崩瓦解、而更一般意义上的社会主义也已经衰落，那么，继续固守左派立场还有什么意义呢？"① 也就是说，所谓的"第三条道路"不过是自近代资本主义社会以来就有的社会改良主义的一种新的表述，这也是所谓的社会民主主义的实质。

"第三条道路"实际上只不过是传统福利国家制度与新自由主义之间的一种调和与折中。布莱尔在其自传中曾对此做了精辟的解释：无论如何不能妨碍富人致富，但要关心穷人。再通俗一点说，所谓的"第三条道路"就是在尊重和承认市场机制的条件下对其进行一定的限制。正是在这个意义上，我们才把"第三条道路"看作是民主社会主义的一个新的变化。

在经济政策方面，"第三条道路"的民主社会主义主张混合经济体制，既不能以国有化取代私有制，也不能把所有公共部门私有化。公共部门与私人企业和私营部门应该相互协调、相互补充。国家在经济生活中的主要作用是把握方向，而不是直接组织社会生产。吉登斯说："社会民主党人需要一个不同的思路，其中国家'不应该划桨，而是掌舵；它应迎接挑战，而不是太多地控制'。……现代化的民主党人并不是自由放任主义的信仰者。必须重新定义积极国家的角色，毕竟还得靠国家来继续实现社会计划。"② 布莱尔认为，国家应该适度后撤，不直接参与经济活动，不当运动员，而是扮演掌舵人或裁判员的角色。

二、德国社会民主党的改革与民主社会主义

德国社会民主党自 1863 年创建以来，几经沉浮，在德国政治生活中写下了浓墨重彩的一笔。而德国社会民主党的几次转向也成了社会民主党，甚至是民主社会主义思潮发展演变的一个缩影。德国社会民主党先是从坚持社会主义、坚持无产阶级革命转向议会道路，主张社会市场经济，继而转向社会民主主义，再走"新中间道路"和"中间道路"。德国社会民主党根据德国的国情和本党的党情不断改革，成为德国政坛不可忽视的力量。

① ［英］安东尼·吉登斯：《第三条道路——社会民主主义的复兴》，郑戈译，北京大学出版社、生活·读书·新知三联书店 2000 年版，第 25 页。
② ［英］安东尼·吉登斯：《第三条道路及其批评》，孙相东译，中共中央党校出版社 2002 年版，第 7 页。

（一）转向社会市场经济

德国社会民主党最初是一个马克思主义的政党，在后来的发展中逐渐淡化了革命性，走上了议会道路。在议会道路的行进过程中，德国社会民主党接受了社会市场经济的理论，成为德国政坛一支重要的政治力量。

德国社会民主党于 1863 年创建时，坚持社会主义道路，坚持无产阶级革命，带有很强的革命性。在马克思和恩格斯的直接关怀下，社会民主党发展迅速。俾斯麦政府于 1878 年颁布了《非常法令》，德国社会民主党被宣布为非法。当资本主义统治秩序稳定后，《非常法令》于 1890 年被废除。但此后的德国社会民主党也开始淡化革命色彩，接受了伯恩斯坦"运动就是一切"主张，放弃了阶级斗争的理论，走上了议会道路。在 1912 年的选举中，社会民主党得票率达到了 34.8%。

转向"社会市场经济"是德国社会民主党最重要的一项政策转向。所谓社会市场经济，就是以市场经济为主、国家调节为辅的经济政策。1959 年，德国社会民主党在哥德斯堡举行党的特别代表大会，并通过了《哥德斯堡纲领》。这一纲领不仅公开放弃了阶级斗争的提法，还放弃了社会主义的最终目标，开始接受社会市场经济理论。这种转变使其在 1961 年的选举中，得票率上升到 36.2%，在 1965 年上升到 39.3%，与基督教民主联盟的差距越来越小。

德国社会民主党从 1966 年参与执政到 1969 年主导政府，德国不仅在外交上有了重大突破，在经济上也出现了良好的发展势头，德国人民的整体生活水平，特别是社会保障水平有了明显提高。执政的社会民主党扩大了医疗保险的范围，规定了灵活的退休年龄，扩大了住房补助金的收益范围。尤其是在劳资关系领域，社会民主党人让工人更多地参与企业管理和决策，缓和了劳资矛盾，从而有利于企业持续、稳定的发展。从 1965 年到 1972 年，德国的人均社会保障费差不多翻了一番，成为当时世界上社会保障水平最高的国家，同时，德国的社会凝聚力也达到了空前的水平。

德国社会民主党于 1966 年开始参与执政，在 1969 年"新左派"运动浪潮中，该党成为执政联盟的主角。此后，社会民主党又相继赢得了 1976 年和 1980 年两届选举。社会民主党连续执政 10 余年，社会市场经济体制日臻完善。随后，基督教民主联盟和社会民主党虽然交替执政，但社会市场经济体制没有发生根本性改变。在某种意义上，社会市场经济（即"莱茵模式"）已经成为德国引以为豪的一个标记，也是民主社会主义的一次成功实践。

（二）转向社会民主主义

由民主社会主义转向社会民主主义是德国社会民主党最重要的转变。在苏联解体、东欧剧变的背景下，《柏林纲领》向《哥德斯堡纲领》回归，提出"建立一个自由、公正和团结的社会制度"，成为这一转向的宣言。

1989 年，德国社会民主党经过充分调查和反复讨论，在党的全国代表大会上通过了标志该党转型的一个新纲领——《柏林纲领》。《柏林纲领》实际上是对社会民主党自 1969 年执政以来政策主张的反思，在很大程度上是向《哥德斯堡纲领》的回归，即重申了该党对现行社会制度，特别是宪法、国家制度等的肯定，重申了其改良主义的基本立场。《柏林纲领》明确声明，民主社会主义是一项任务，即通过社会民主化，通过社会和经济的改革来实现自由、公正和团结互助；社会民主党是一个左翼人民党。《柏林纲领》还对刚刚发生的东欧剧变表明了自己的态度：作为国家和政党的共产主义在欧洲已经成为过去。社会民主党人的基本信仰就是要"建立一个自由、公正和团结的社会制度"，民主社会主义者决心在民主和人权的基础上实现一个美好的社会制度，这已经被证明是一条走向未来的正确道路。

《柏林纲领》并没有让右翼保守派善罢甘休，他们极力宣扬，东欧剧变不仅仅意味着共产主义的失败，而且还表明包括民主社会主义在内的所有社会主义的失败。《柏林纲领》并没有达到其预期的目标，未能使社会民主党重整旗鼓，党员队伍仍然日益萎缩，在随后的全国及地方选举中，该党依然节节败退，这一局面引起社会民主党内理论家们的进一步反思和争论。

争论集中在是否继续使用"民主社会主义"这一概念上。《柏林纲领》虽然已经有了表态式的声明，但它仍然使用了"民主社会主义"这一提法，并且仍然坚持要用一种更加公平、自由、合理的新制度来代替现行制度。与此不同的是，德国社会民主党内的一些理论家提出了放弃"民主社会主义"的提法，主张改用"社会民主主义"，退回到民主的立场。

德国社会民主党的理论家、党的基本价值委员会成员托马斯·迈尔就主张改用"社会民主主义"。在《民主社会主义——社会民主主义导论》修订第三版和《社会主义还剩下什么》等著作以及许多其他场合中，他反复论证了这一主张。他认为，苏联解体、东欧剧变以后，"民主社会主义"信誉扫地，几乎成为贬义词；原东欧国家的许多共产党已纷纷改名为社会民主党，而且在纲领上也纷纷改为民主社会主义，这使"民主社会主义"这一概念变得更加模糊。德国社会民主党如果继续使用"民主社会主义"这一表述，不可避免地要遭到许多误解和诋毁。迈尔主张重新使用"社会民主主义"这一概念，既可表明德国社会民主党与其他政党的区别，又不致引起不必要的误解，而且符合德国工人运动的传统。除了迈尔外，党内其他一些理论家也纷纷表达了类似的观点。

德国社会民主党内也有相反的观点，其代表人物是基本价值委员会的另一位成员——波鸿大学欧洲工人运动研究所所长赫尔加·格雷宾和社会民主党的前主席汉斯·福格森。格雷宾在《德国工人运动史国际学术通讯》1993 年第 4 期上发表文章指出：用社会民主主义来代替民主社会主义，这不仅仅是个概念问题，而是涉及是否保持工人运动的传统问题。格雷宾认为，德国工人运动在选择了民主社会主义时，摒弃了乌托邦思想，与极权主义也划清了界限，但同时又坚持了建立公正世界的理想。否定民主社会主义实际上是对工人运动的背叛，这对整个世界文明和人类发展都将是一个悲剧。福格森在《新社会》1994 年第 4 期上发表文章宣称：必须坚持民主社会主义，必须坚持使用"民主社会主义"这一概念。他认为，任何一个社会都需要一个关于未来的总的设想，借以使人们认识到应该向什么方向努力，认识到政策要为什么目的服务，同时分清哪些目标应该被置于优先的位置，以及如何去实现这些目标。有了这样的总体设想，才有可能有预见地制定政策，否则就只能被各种事件所迫而制定一些应急政策，最终会迷失方向。他认为，民主社会主义被证明是一种关于未来社会的一个有刺激力的设想和主张。

对于党内这两种截然不同的意见，德国社会民主党的领导层既没有组织讨论以求统一认识，也没有做正式的公开表态。党的理论权威机构——基本价值委员会只是发布了一份题为《社会主义——关于处理一个概念的困难》的文件就算了事。文件罗列了各种不同的观点，但对任何一种观点都未作评判。在 1998 年的大选中，德国社会民主党的得票率又上升到了 40.9%，在绿党的支持下，德国社会民主党重新执政。自那时以来，德国社会民主党虽然没有通过新的纲领，但在其所有正式文件中，已看不到"民主社会主义"这个提法，取而代之的是"社会民主主义"。一贯注重理论问题的德国社会民主党这一次悄悄地完成了转型。

（三）新中间道路

施罗德上台后，效仿英国工党的"第三条道路"，在德国推行"新中间道路"，推出了一整套的改革措施，其规模之大、程度之深，在德国二战后的历史上都是罕见的。施罗德也被称为"德国的布莱尔"、德国"第三条道路"的"总设计师"。即使在后施罗德时代，施罗德提出的"新中间道路"战略依然对德国社会民主党产生了深远的影响。在 2005 年当选德国社会民主党新主席的普拉泽克明确支持施罗德的政策，强调会与施罗德保持高度一致。2008 年当选社会民主党主席的明特费林也明确支持施罗德的改革措施，德国社会民主党后续提出的"中间道路"也与"新中间道路"保持了一定的一致性，这些都足以证明施罗德和"新中间道路"的影响力。"新中间道路"充分考虑到了德国的国情和德国社会民主党的现实，但改革也淡化了社会民主党的左翼身份，导致了传统支持者的不满。

"新中间道路"在坚持社会民主党传统理论的同时也有所创新。在价值观方面，"新中间道路"重申了社会民主党一贯的"自由、公正和团结"的理念，坚持福利国家建设，坚持社会市场经济。但是，"新中间道路"毕竟是一种改革，形成了很多具有自身特点的理论体系和政策主张。在施罗德看来，自由在新的世界中意味着为集体和个人承担更多的责任。只有建立在个人自由决定和负责基础上的互助才是真正的互助，否则就只是施舍者的同情。而公正不是简单的平等，社会和就业不排斥个人，但个人也不能过分依赖国家的支持。[1]

在"新中间道路"理论的支撑下，社会民主党进行了一系列改革。在经济方面，注重市场作用的发挥，将新自由主义与凯恩斯主义结合起来，在推动经济增长的同时扩大就业。在经济方面更加追求可持续发展和平衡性，试图兼顾国家与市场、供给与需求、公平与效率、权利与义务，在推动经济振兴的同时减税、节支，实施"新经济化"战略，推动信息技术、生物技术等新经济产业的发展。在政治方面致力于打破国家过度干预的传统，主张建立新"公民社会"，通过《2010 年议程》推出一揽子方案，改革福利体系和就业政策。在福利国家建设方面，"新中间道路"试图改革传统福利国家，通过鼓励企业竞争提高生产效率，加强个人在公共福利中的责任。

进入 21 世纪，施罗德和明特费林提出了"中间道路"。"中间道路"和"新中间道路"虽然只有一字之差，在基本原则上也没有太多的变化，但代表

---

[1] 裘援平、柴尚金、林德山：《当代社会民主主义与"第三条道路"》，当代世界出版社 2004 年版，第 200 页。

了社会民主党向左翼的一种回归。2002 年，德国社会民主党在柏林举行了以"德国的中间"为主题的大会，不再使用"新中间"的概念，转而强调"中间"的概念。会后，总书记明特费林发表了《在德国中间是红色的》讲话和题为《德国的中间政治》的报告，表明德国社会民主党发生了一些转变。"新中间道路"适应了新经济的发展要求，表达了社会民主党对新经济的重视，强化市场竞争、改革税制、扶持中小企业是其重点。而"中间道路"没有了对新经济的热情，用"持久性"替代当初的"大干快上"，强调教育和家庭等问题的重要性。

三、法国的社会民主主义与"法国式社会主义"

法国社会党的前身——工人国际法国支部最初接受了马克思的思想，认为社会主义革命必须由所有发达国家的无产阶级同时采取行动才可能成功。1929—1933 年的经济危机严重动摇了整个西方的资本主义制度，也重创了法国的资本主义统治秩序。法西斯势力在法国甚嚣尘上。1934 年，数万名法西斯暴徒武装包围了法国议会大厦，公开提出要取消议会制、建立法西斯政权。面对如此严峻的局面，法国社会党、法国共产党和法国激进社会党决定采取联合行动，组建反法西斯的"人民阵线"。"人民阵线"在 1936 年议会选举中获胜，布鲁姆出任政府总理，法国社会党终于站到了法国政坛的最前沿。布鲁姆就任总理的两个多月内，法国议会就通过了一百多个法案，更倾向于保障广大人民群众的利益，为后来的"法国式社会主义"建设开了先河。

二战后，法国共产党和法国社会党一度于第四共和国时期执政，组建了清一色的社会党政府，但并没有太大的作为。第五共和国时期，社会党人密特朗以"民主、社会主义、正义、幸福"的纲领向当时政治威望仍处于巅峰的戴高乐发起冲击，并成功地进入第二轮竞选，这给了法国社会党以巨大的鼓舞。这证明社会民主主义在法国是有着深厚的社会基础的。1981 年 5 月，密特朗终于登上了总统的宝座，成为第五共和国以来第一位左翼总统。之后，社会党以37.5% 的得票率成为议会第一大党，在 577 个议席中独得 269 个。社会党毫无争议地组建了政府，社会党第一书记皮埃尔·莫鲁瓦出任政府总理，社会党可以实施它的社会改革计划了。

密特朗在入主爱丽舍宫时发表了这样的演说："改造社会的伟大方案是伟大民族的特权。在今天的世界，在我们的国家，没有比铸就一个社会主义和自由主义的结盟更为紧迫的了，没有比把这样的结盟贡献给明天的世界更大的雄心壮志了。……1981 年 5 月 10 日所见证的唯一胜利者就是：希望！"① 随后，法国社会党推行了四个方面的改革。

第一，解决贫富差距问题。针对 20 世纪 70 年代中期以来法国收入分配贫富两极分化日益严重的趋势，社会党政府决定用国内生产总值的 2% 来提高弱势群体的生活水平，促进大众消费，由此来促进经济增长。法国将最低保障工资提高了 10%，养老金提高了 20%，贫困家庭补贴提高了 25%。同时政府还加大了公共开支，特别是加大了对教育、科技和文化事业的投入。据统计，社会党政府执政的前 18 个月，法国公共部门就新增加了 10 万个就业岗位，这对当时已经逼近两位数的高失业率有一定的缓解作用。

第二，解决失业问题。为了进一步解决失业率居高不下的问题，社会党政府缩短了法定工作时间，增加了带薪休假时间，提前了退休年龄。二战后，随着生产力水平的提高，西欧各国又先后实现了每周双休制，每周实际工作时间减少为 40 小时。为了让更多的人参与工作，法国社会党政府修改了劳动法，从 1982 年起，在不减少工资的前提下，法定工作时间减少至每周 39 小时。与此同时，社会党政府还把 1936 年布鲁姆时期建立的带薪休假时间再一次延长，由此前的每年四周延长至五周。领取退休金的年龄，由先前的工作满 37.5 年、年龄达到 65 岁，改为工作满 37.5 年、年龄达到 60 岁即可。所有这些措施的目的都是为了在增加人们的休闲时间的同时，让更多的人进入劳动力市场，从而减轻大规模失业的压力。

第三，国有化。为了促进经济发展，与当时刚刚上台的英国保守党大力推行的私有化改革相反，法国社会党政府推动了一次大规模的国有化浪潮。用时任法国总理、社会党领袖莫鲁瓦的话来说，就是"新的经济增长必将与无政府的新自由主义做出了断，后者之所以失败，是因为它让企业和劳动者受市场游戏左右，新的经济增长将更加自觉，也就是说，它依靠的是计划、积极的预算，有活力的和动力的公共部门"②。法国的这次国有化，共动用了 250 亿法郎，对涉及电子、机械、制药、玻璃、化工、计算机等行业的共 11 个产业集

---

① ［英］唐纳德·萨松：《欧洲社会主义百年史》下册，姜辉等译，社会科学文献出版社 2008 年，第 622 页。

② ［法］阿兰·贝尔古尼欧、吉拉德·戈兰博格：《梦想与追悔：法国社会党与政权关系 100 年（1905—2005）》，齐建华译，重庆出版社 2013 年版，第 273 页。

团、36 家私人银行和两家金融公司进行了不同程度的国有化。经过这一轮国有化之后，法国公共部门的生产总值占到了法国国民生产总值的 17%，就业人数占到了全国就业总人数的 15%，信贷额则占到了全国信贷总额的 95%。[①] 当时的西方媒体甚至把法国称为社会主义国家。

第四，民主化。在推行国有化的同时，社会党政府还在私营企业内推行了民主化。1982 年 12 月，法国议会颁布了以当时的劳动部部长让·奥鲁的名字命名的新的关于劳工权利的法律，即《奥鲁法》。该法对劳动者的权利做了明确规定，例如，在工资、工作时间、工作条件等问题上，雇主必须同工会进行谈判协商；工人通过他们自行选举产生的工作委员会，可以在工厂倒闭、工人健康、安全以及技术改造等重大问题上与雇主协商；等等。虽然由于产业结构调整及失业人数增加等因素的影响，《奥鲁法》对保障工人在生产过程中的权利产生的实际影响较为有限，但必须承认，该法还是反映了法国工人群众希望能够参与企业管理、参与生产过程的管理与决策的想法。

法国社会党的这些改革，说到底还是试图以赤字预算、通过提高有效需求来刺激经济，但取得的效果有限，尤其是在经济全球化的背景下，法国出现了巨大的贸易赤字，社会党政府不得不对法郎大幅贬值，冻结工资和物价，大幅减少公共福利开支。经过这些调整，法国经济开始有所复苏，这为密特朗赢得 1988 年的总统连任打下了基础。赢得 1988 年的总统选举后，密特朗决定解散当时的右翼政府，提前进行议会选举。社会党虽然如愿重新执政，但由于欧洲一体化的推进，密特朗总统和社会党政府在政策选择上的余地非常有限。不过，社会党的改革已经对法国社会产生了深刻的，甚至是不可逆转的影响，例如，自 20 世纪 80 年代以来，法国就成为世界上政府开支最高、社会保障开支最高、税收最高的国家。在这个意义上，"法国式社会主义"这个说法也不无道理。

四、北欧三国的"人民之家"

二战后，虽然几乎所有西方国家都建立了完善的社会保障体系，都宣称建成了福利国家，但一提到福利国家，人们首先想到的还是瑞典、丹麦、挪威这

---

① ［法］阿兰·贝尔古尼欧、吉拉德·戈兰博格：《梦想与追悔：法国社会党与政权关系 100 年（1905—2005）》，齐建华译，重庆出版社 2013 年版，第 272 页。

三个北欧国家，认为它们才是真正的福利国家。而由于在北欧三国，社会民主党长期以来一直处于主导地位，所以，北欧三国通常也被看作是民主社会主义的样板，北欧模式也因此被看作是民主社会主义最成功的实践。

北欧三国的社会民主党在其实际行动中一开始就接受了社会民主主义，在各自的国家长期处于执政的地位。1924 年，丹麦社会民主党在选举中以 36.6%的得票率成为议会最大政党，并组建了历史上第一届社会民主党政府，党的领袖斯陶宁出任首相。在瑞典 1921 年的选举中，瑞典社会民主党的得票率达到39.4%，以最大政党的身份第一次上台执政，社会民主党领袖布兰亭出任首相。1927 年，挪威工人运动重新联合起来，挪威工党以 36.8%的得票率成为挪威议会最大政党，1928 年上台执政。1929—1933 年经济危机爆发后，三国社会民主党先后在本国政坛确立了主导地位。瑞典社会民主党自 1932 年上台执政后，连续执政到 1976 年，创下了近代政党政治史上的一项纪录。丹麦和挪威的社会民主党虽然比他们的瑞典伙伴表现得稍有逊色，但在各自的政治舞台上，也无可争议地占据着主导地位。二战后，北欧三国的工业迅速发展，社会民主党也一直在推行改革，也使得北欧的社会民主党在工人运动中处于主导地位。

北欧的工人运动从一开始就接受了以伯恩斯坦为代表的修正主义的影响，选择了非暴力、合法的、渐进的社会改良之路。北欧三国的社会民主党对社会主义革命不感兴趣，不愿意公开打出社会主义的旗帜，而是选择了"人民之家"这样一句既能为工人群众争取利益，也能为广大农民群众所接受的口号作为自己的宗旨。"人民之家"的口号最初是瑞典社会民主党的第二任主席阿尔宾·汉森在 1928 年的演讲中提出来的。在这次讲演中，汉森把国家与家庭做了类比。他认为，家庭的基础就在于共有和团结。一个好的家庭中不应该有特权者和被剥削者，应该只有平等、关心、互助、合作。国家也应该如此。社会民主党的目标就是要把瑞典建成"人民之家"。汉森 1918 年当选国会议员，1925年接任布兰亭担任瑞典社会民主党主席，1932 年起担任瑞典首相直至 1946 年去世。他的"人民之家"的思想不仅对瑞典，而且对整个现代社会民主主义的发展都产生了重要影响。

"人民之家"的政治理念在具体的政策当中得到了落实。早在 20 世纪 30年代，即"人民之家"初建时期，北欧社会民主党人就提出：只有当影响人们社会安全的四大隐患即疾病、年老、事故、失业等情况发生，贫困却不会随之而来时，"人民之家"就算基本建成。①

在具体的政策中，"人民之家"的原则体现在就业、失业、医疗、保险、生育、教育、养老等各个环节当中。北欧三国建立了一个超党派的，由政府、工会和资方代表组成的劳动力市场委员会，把整个国民经济的发展纳入了计划的轨道，这使得北欧三国保持着很高的劳动力参与率和就业率，在很长一段时期内几乎实现了全员就业。北欧三国还建立了失业保险制度，失业津贴在很长一段时期高达失业前收入的 90%~95%。北欧三国还建立了覆盖全民的医疗保险体系，在全民养老法的规定之外还增加了补充养老金。北欧三国还承担起劳动力再生产的责任，保证每一个新的社会成员从出生就有相对平等的、良好的发展机会，体现了"人民之家"的原则。除了慷慨的带薪产假之外，北欧三国还普遍建立了托儿所、幼儿园，对于低收入家庭的子女，托儿所和幼儿园都是免费的。除了 9 年义务教育制度以外，政府还会向在 16 岁后选择继续深造的学生发放一笔奖学金，其数额能够保证基本的生活需要，在读期间还可以得到可在毕业后陆续分期偿还的低息贷款。

高福利意味着高税收。1978 年，瑞典的社会福利开支占到了国内生产总值的近 1/3，它的税收也超过了其国内生产总值的 50%。② 北欧三国的社会福利开支之所以达到了如此高的比例，是因为，为了体现"人民之家"的原则，他们把许多在其他国家商业化的服务——如教育、医疗、养老等都变成了公共福利，用艾斯宾·安德森的话来说，就是对许多商业化服务实行了"去商品化"，把它们变成了公民权利的一部分。③ 北欧三国很早就实行了累进征税制，并且是以家庭的实际生活水平来确定最终的税率。在 20 世纪六七十年代，北欧三国的高收入家庭，其最终税率最高可以达到其毛收入的 80%。也就是说，这种高福利、高税收的政策，实际上具有明显的"劫富济贫"的功能。正是由于这个原因，20 世纪六七十年代以来，北欧三国就一直是世界上实际收入分配差距最小、人类发展指数最高的国家。后来，随着全球化特别是欧洲一体化的推进，北欧三国的社会政策虽然有了一些调整和改革，但其福利国家的基本架构

①　Gunnar Heckscher, *The Welfare State and Beyond*, *Success and Problems in Scandinavia*, Minneapolis: University of Minnesota Press, 1984, p. 48.

②　Esping-Andersen, *Politics against Markets*, Princeton: Princeton University Press, 1985, p. 168.

③　参见［丹麦］哥斯塔·埃斯平-安德森：《福利资本主义的三个世界》，苗正民、滕玉英译，商务印书馆 2010 年版。

没有改变。北欧模式至今仍被认为是民主社会主义的一个典范。

五、意大利左翼民主党及其政策调整

在当代，共产党在多党制的意大利政治当中占有重要地位，即使被排挤出政府，并受冷战和"黑共"的影响，意大利共产党仍然在二战后的第一次大选即1948年大选中获得了31%的选票，在参选的20多个政党中，得票率位居第二。自那时以来，意大利共产党第二大政党的地位从来没有动摇过。该党不仅在意大利政坛中具有举足轻重的地位，同时也是西欧最有影响力的共产党。1989年，意大利共产党总书记奥凯托发表讲话，建议解散共产党，建立左翼民主党。经过党内长达14个月的复杂而又激烈的辩论，意大利共产党的第二十次代表大会终于通过了解散共产党、成立左翼民主党的决议。

新成立的左翼民主党越来越成为一个全民党。在指导思想中，左翼民主党删除了马克思列宁主义的理论和观点，甚至对葛兰西和陶里亚蒂的理论和观点也只字未提。新党章明确宣布：左翼民主党是一个"非意识形态的，不以任何预先构想的模式为指导的党"，把"自由、平等、团结"作为自己根本的价值观。左翼民主党的第二任总书记甚至更明确地提出所谓"民主即社会主义"的新社会主义理论。同时，左翼民主党也完全消除了阶级的痕迹，在党章中明确规定左翼民主党是一个群众性政党。奥凯托在解散共产党、成立左翼民主党后，建立了一个进步联盟，作为这个联盟之核心的左翼民主党就变成了一个名副其实的全民党。

1994年选举失败之后，奥凯托引咎辞职，达莱马出任党的总书记。为了赢得更广泛的选民的支持，达莱马上任后不顾党内左派的反对，发动了新一轮向中间进军的所谓"自由革命"，在党的章程中还删除了"源于意大利共产党文化和政治传统""反对阶级压迫和剥削"等字样，修改了自己的党徽，去掉了其中的镰刀和锤子，把原来的"进步联盟"改为"橄榄树联盟"。"橄榄树联盟"终于赢得了1996年的大选，不过这一胜利多少有些苦涩。正像人们评价1997年英国大选一样，英国的大选是布莱尔赢了，工党败了，意大利的选举则是橄榄树联盟赢了，左翼民主党败了。

左翼民主党的策略调整很快得到了意大利国内外的认可。梵蒂冈的态度也有了改变。特别是1996年橄榄树联盟在大选中获胜后，梵蒂冈以友好的态度接受了这一现实，并且认为这一发展是不可避免的。在国际上，左翼民主党在

1992 年社会党国际第十九次代表大会上，被接受为正式成员党。可以这样说，经过这样一系列的蜕变，意大利左翼民主党已经由最初资本主义制度的掘墓人变成了保健医生。

第四节　民主社会主义评析

对于民主社会主义的理解，重点在两个关键词，即民主和社会主义，这两个关键词的前后转换，形成了民主社会主义否定之否定的三个阶段。至于其具体的理论和主张，则非常复杂，各个国家的实践也有异同。

一方面，民主社会主义与科学社会主义有着本质的区别。民主社会主义主张以合法的、非暴力的手段改良资本主义，逐步实现社会主义，这与主张以暴力手段打碎旧的国家机器、彻底消灭资本主义制度、建立社会主义新制度的科学社会主义显然有着重大的、原则上的区别。因此，必须要区别民主社会主义和科学社会主义。为了跟民主社会主义区别开来，马克思和恩格斯最初把他们的学说称为"共产主义"。马克思和恩格斯在《共产党宣言》1888 年英文版序言中指出："当我们写这个《宣言》时，我们不能把它叫做社会主义宣言。"① 其原因就是马克思和恩格斯要将那些与科学社会主义不同的空想社会主义和修正的社会主义区别开来。在 1847 年，所谓社会主义者，"一方面是指各种空想主义体系的信徒，即英国的欧文派和法国的傅立叶派，这两个流派都已经降到纯粹宗派的地位，并在逐渐走向灭亡；另一方面是指形形色色的社会庸医，他们凭着各种各样的补缀办法，自称要消除一切社会弊病而毫不伤及资本和利润"②。

另一方面，马克思和恩格斯最初并不反对"社会民主主义"或"民主社会主义"这样的提法，甚至还曾声称自己是社会民主主义者。马克思和恩格斯不仅经常为社会民主党的机关报纸撰写文章，还亲自参与该党一些纲领性文件的制定。在恩格斯看来，"共产主义者在行动的时候，只要民主主义的社会主义者不为占统治地位的资产阶级效劳和不攻击共产主义者，就应当和这些社会主

---

① 《马克思恩格斯选集》第 1 卷，人民出版社 2012 年版，第 384 页。
② 《马克思恩格斯选集》第 1 卷，人民出版社 2012 年版，第 384—385 页。

义者达成协议，同时尽可能和他们采取共同的政策"①。

进入 19 世纪下半叶后，情况又发生了变化。资本主义生产方式在西欧已经站稳了脚跟，西欧各国资产阶级政府的统治方式也逐渐发生了变化，对工人阶级的反抗由先前的强力镇压转变为"大棒加胡萝卜"的两手政策，西欧各国工人阶级不仅先后获得了组织工会、组建政党的权利，而且还获得了选举权。这使得民主社会主义的影响力迅速上升并且逐渐在工人运动中占据了主导地位。马克思和恩格斯也因此改变了对民主社会主义的态度和看法。他们不仅积极参与了德国社会民主党早期的活动，在用词上，他们也接受了"社会民主主义"这样的表述。恩格斯在 1867 年为马克思的《资本论》第一卷所写的书评中这样写道："社会民主主义的种子在一些地方的青年一代和工人居民中间已经发芽生长，他们无论如何都会在这本书中找到充足的新的养料。"② 但是，恩格斯还是明确指出了两者之间的区别。恩格斯根据当时工人运动的实际情况指出，随着情况的变化，社会民主主义"这个词也许可以过得去"，但是，"对于经济纲领不单纯是一般社会主义的而直接是共产主义的党来说，这个词还是不确切的"③。

马克思主义虽然主张打碎旧的国家机器，但并不排斥、不拒绝合法斗争，特别是不主张在条件不成熟的条件下贸然发动社会革命。因此，在 19 世纪后期，当西欧各国资产阶级调整统治策略，西欧各国工人阶级先后获得选举权并且在议会选举中逐步取得突破时，恩格斯曾经给予了充分肯定。在英国 1892 年的议会选举中，伦敦的两名宣称自己是社会主义者的工人当选为议员后，恩格斯兴奋地评价道："英国工人运动又向前迈进了一大步。"④ 当德国社会民主党在德国议会选举中稳步地接连取得突破时，恩格斯也给予了充分的肯定，认为德国社会民主党"给了世界各国的同志们一件新的武器"⑤。总之，恩格斯对合法斗争给予了充分肯定，认为合法斗争是实现共产主义的一个有效的，甚至是必要的手段。

民主社会主义和科学社会主义都高度重视民主，但两种民主的社会基础并

① 《马克思恩格斯选集》第 1 卷，人民出版社 2012 年版，第 310—311 页。
② 《马克思恩格斯全集》第 21 卷，人民出版社 2003 年版，第 315 页。
③ 《马克思恩格斯全集》第 22 卷，人民出版社 1965 年版，第 490 页。
④ 《马克思恩格斯选集》第 1 卷，人民出版社 2012 年版，第 79 页。
⑤ 《马克思恩格斯文集》第 4 卷，人民出版社 2009 年版，第 544 页。

不相同。马克思、恩格斯、列宁都非常重视民主。科学社会主义主张的民主与民主社会主义主张的民主是不一样的。在马克思、恩格斯、列宁看来，只有共产主义才能完全、彻底、真正地实现民主，而民主社会主义试图在资本主义生产方式不变的情况下实现民主，实质上是一种资本主义民主。民主社会主义者自称实现了社会主义，甚至认为当今世界存在着资本主义、社会主义和共产主义三种制度、三种国家类型，但民主社会主义所声称的社会主义并不是社会主义，只是一种带有左翼倾向的资本主义而已。虽然北欧国家建立起非常好的社会福利，甚至声称建成了社会主义，但这只是资本主义的一种改良，与社会主义制度不可同日而语。

对于在社会主义社会发展民主，中国共产党人一直有着明确而坚定的认识。毛泽东早在 1937 年就提出过"只有民主才能救中国"[1]，到 1957 年，毛泽东又提出"只有社会主义能够救中国"[2]，这不仅明确地区分了新民主主义革命和社会主义革命两个阶段，还明确提出了中国有建设社会主义、发展民主这两项任务。但是，这两项任务与民主社会主义或社会民主主义存在着本质的区别，不是民主社会主义救中国，而是社会主义救中国，发展民主，发展中国。改革开放以来，中国的社会主义建设更加重视民主政治建设。早在改革开放之初的 1979 年，邓小平就指出："没有民主就没有社会主义，就没有社会主义的现代化。"[3] 这在之后的党和国家领导人那里得到不断重申[4]，成为我们党对待民主与社会主义的基本原则。

进入中国特色社会主义新时代，中国共产党对民主与社会主义的认识也有了新的发展。习近平明确指出，"没有民主就没有社会主义，就没有社会主义的现代化，就没有中华民族伟大复兴"[5]，将民主与社会主义、社会主义现代化，尤其是将民主与中华民族伟大复兴联系了起来。在这一原则的指导下，中国特色社会主义民主政治建设也逐渐形成了全面发展人民民主的新形势。中国特色社会主义民主实现了过程民主和结果民主、程序民主和实质民主、直接民主和间接民主、人民民主和国家意志相统一，成为全链条、全方位、全覆盖的

---

[1]　《毛泽东文集》第 3 卷，人民出版社 1996 年版，第 272 页。

[2]　《毛泽东文集》第 7 卷，人民出版社 1999 年版，第 214 页。

[3]　《邓小平文选》第 2 卷，人民出版社 1994 年版，第 168 页。

[4]　参见《江泽民文选》第 2 卷，人民出版社 2006 年版，第 28 页。《胡锦涛文选》第 3 卷，人民出版社 2016 年版，第 537 页。

[5]　《习近平谈治国理政》第 4 卷，人民出版社 2022 年版，第 259 页。

民主，是最广泛、最真实、最管用的社会主义民主。党的十八大以来，协商民主得到广泛、多层、制度化的发展。尤其是在 2019 年首次提出全过程民主后，2021 年，习近平在庆祝中国共产党成立 100 周年大会上明确提出了"全过程人民民主"的重大理念，提出了发展全过程人民民主的要求①，这也被写入了《中共中央关于党的百年奋斗重大成就和历史经验的决议》。

中国特色社会主义与民主社会主义有着本质的区别，是中国政治发展的正确道路。一方面，中国特色社会主义坚持的是科学社会主义，而不是民主社会主义，这是根本的区别；另一方面，中国特色社会主义以马克思主义为指导，而不是指导思想多元化，这又是一个重大区别。民主社会主义对于提高资本主义社会的民主与福利，确实起到了一些积极的作用，但是，它推行的社会改良路线决定了它不是科学社会主义，更与中国特色社会主义相去甚远。"只有民主社会主义才能够救中国""中国特色社会主义属于民主社会主义"，纯属无稽之谈。必须以马克思主义为指导，坚持走中国特色社会主义道路，全面发展人民民主，才是中国政治发展的正确道路。

阅读文献

1. ［英］肖伯纳主编：《费边论丛》，袁绩藩等译，生活·读书·新知三联书店 1958 年版。

2. ［德］爱德华·伯恩施坦（伯恩斯坦）：《社会主义的前提和社会民主党的任务》，殷叙彝译，生活·读书·新知三联书店 1965 年版。

3. ［英］安东尼·吉登斯：《第三条道路——社会民主主义的复兴》，郑戈译，北京大学出版社、生活·读书·新知三联书店 2000 年版。

4. ［德］维利·勃兰特等：《社会民主与未来》，丁冬红、白伟译，重庆出版社 1990 年版。

5. ［英］克里门特·艾德礼：《走向社会主义的意志和道路》，郑肃译，商务印书馆 1961 年版。

6. ［英］托尼·布莱尔：《新英国：我对一个年轻国家的展望》，曹振寰等译，世界知识出版社 1998 年版。

---

① 习近平：《在庆祝中国共产党成立 100 周年大会上的讲话》，人民出版社 2021 年版，第 12 页。

思考题

1. 简述民主社会主义的发展历史。

2. 民主社会主义在民主方面有哪些主张?

3. 民主社会主义在社会主义方面有哪些主张?

4. 简述第三条道路的理论。

5. 德国的"新中间道路"与"中间道路"有什么不同?

6. 法国社会党在密特朗时期推行了哪些改革?

第四章　西方马克思主义

西方马克思主义是当代西方研究和主张马克思主义的思想潮流。这种思想潮流与马克思主义有着直接的联系，但却不同于马克思主义，而是在马克思主义的基础上形成了自己的理论体系，提出了相应的政治主张。西方马克思主义经过一个多世纪的发展，批判资本主义，思考社会主义，对马克思主义进行了探索，形成了法兰克福学派、存在主义的马克思主义、结构主义马克思主义等众多派别。

第一节　西方马克思主义的源流

西方马克思主义的崛起是 20 世纪西方政治思想界最重大的事件之一。20世纪上半叶，西方马克思主义在与第二国际、第三国际争论的过程中，逐渐形成了成熟的理论体系。到 20 世纪下半叶，西方马克思主义与人道主义的马克思主义合流，声势不断壮大。经过 20 世纪 90 年代初的沉寂，西方马克思主义又在 90 年代中期掀起热潮，并直接影响到 21 世纪西方马克思主义的走向，与激进左派、后现代主义等思潮融合，形成了较为重要的影响，进入了复兴时期。

一、西方马克思主义的形成

西方马克思主义源起于恩格斯去世后马克思主义内部的论战。1895 年恩格斯逝世以后，对马克思主义的理论探索和阐发逐步产生分化，形成了三种基本的解释路向：一是由伯恩斯坦、考茨基等人开创的第二国际；二是由列宁开创的第三国际；三是由卢卡奇等人立足西欧社会条件下创立的西方马克思主义。

到 20 世纪上半叶，西方马克思主义在马克思主义内部形成了与第二国际、第三国际三足鼎立的局面。三种解释路向在社会政治理论方面的分歧点很多，但核心问题还是在于如何看待当代资本主义。第二国际率先提出对马克思主义基本原理的"修正"，为资本主义辩护，主张改良；第三国际和西方马克思主义则向第二国际的修正路线提出反驳，坚决批判当代资本主义。第三国际坚持经济的决定作用，注重从资本主义经济危机中得出无产阶级革命的必然性；而西方马克思主义的思想家则强调主客体统一的实践哲学，强调主体方面因素如阶级意识和文化领导权等的历史作用，并以异化劳动理论作为社会批判的理论依据。

西方马克思主义是在 20 世纪新的历史条件下形成和发展起来的。西方马克思主义的几个早期代表人物卢卡奇、柯尔施、葛兰西，被公认为西方马克思主义的创始人。卢卡奇的《历史与阶级意识》、柯尔施的《马克思主义和哲学》被认为是早期西方马克思主义的代表作。

卢卡奇在分析无产阶级革命失败的基础上提出了"总体革命"的思想。在他看来，第二国际不可能正确认识无产阶级革命的道路，因为它本来就是失败的罪魁祸首；西欧革命的失败也证明第三国际行不通。他认为革命失败的原因在于存在着"无产阶级意识的危机"，即要么把革命成败归于经济条件，要么强调哲学上的机械唯物主义，而这些都是错误的。在卢卡奇看来，革命不是简单地夺取政权和实现公有化的纯技术行动，而应当从总体上改变整个人类社会，这就是"总体革命"的道路。"总体革命"思想认为，革命要想取得成功，不仅要搞政治革命、经济革命，还要搞思想革命、文化革命。

卢卡奇、柯尔施等人提出了"重建马克思主义哲学"的口号，这主要是指所谓的马克思原有的以人为主体、以研究主体和客体相互关系为唯一对象的历史辩证法。卢卡奇和柯尔施还追溯了马克思主义的"黑格尔来源"。早期西方马克思主义者的思想直接影响了法兰克福学派，为其"社会批判理论"的形成作出了重要贡献。

二、西方马克思主义的发展

20 世纪上半叶，马克思主义的三种不同的解释路向尽管在如何看待资本主义等问题上仍存在尖锐的分歧，但在哲学观点上却出现了合流的倾向，都强调马克思主义哲学是一种人道主义。西方马克思主义中具有人道主义倾向的理论派别，如法兰克福学派和新形成的"存在主义马克思主义""弗洛伊德主义马克思主义"等，都更注重对马克思主义作人道主义的解释，并用他们所认定的人道主义的马克思主义作为价值标准来衡量资本主义社会，对当代资本主义展开更激烈的批判。

面对把马克思主义人道主义化的运动，西方马克思主义内部也出现了一股抵制的力量，形成了把马克思主义科学主义化的思潮，主要代表包括"结构主义马克思主义""新实证主义的马克思主义""分析的马克思主义"等流派。这些流派的兴起打破了 20 世纪上半叶人道主义的马克思主义独领风骚的局面，在 20 世纪下半叶形成了人道主义和科学主义"两刃相割"的局面。人道主义的马克思主义与科学主义的马克思主义围绕着一系列问题展开争论，比如，马克思主义的本质特征是"批判"还是"科学"，马克思主义是"人道主义"还是"反人道主义"，真正能体现马克思主义的是马克思的早期著作还是晚期著作，马克思主义哲学是对黑格尔理论的反动还是继承等。

当代西方马克思主义越来越关注现实问题，形成了多样化的发展趋势。马克思主义被运用到一些特定的领域当中，形成了一些新的马克思主义政治思潮。比如，马克思主义女权主义就是马克思主义理论在女权主义领域的一种体现，尤其是在与自由主义女权主义、激进主义女权主义等当代西方女权主义众多派别的争论过程中，马克思主义女权主义展现出了思想上的革命性。再如，面对生态问题的挑战，生态马克思主义将马克思主义运用到生态环境领域，提出了解决环境问题的方案。值得一提的是，西方马克思主义往往与西方世界此起彼伏的"新社会运动"结合在一起，为西方左翼思潮的发展提供了重要的理论支撑。

各流派的西方马克思主义者对马克思主义的态度也存在着很大的差异。有的研究者还是坚持马克思主义的立场，在基本认可马克思主义的前提下进行马克思主义研究。当代西方绝大多数的生态马克思主义思想家和一部分马克思主义女权主义思想家都是如此。有的研究者则是对马克思主义进行否定性、批判性的研究，马克思主义在他们那里，实际上只是一个批判的、否定的对象。比如，"后马克思主义"对马克思主义的"解构"多于"建构"，法兰克福学派在实现"政治伦理转向"进入了第三个发展阶段以后，实际上离马克思主义也越来越远了。但当今英美的部分马克思主义研究者和法国"马克思主义批评学派"的有些成员也致力于强调马克思主义的现实性。

三、西方马克思主义的复兴

20 世纪 90 年代，苏联解体、东欧剧变等一系列历史事件对西方马克思主义也形成了较大的冲击，使其一度处于沉寂状态。然而，这种沉寂并没有持续很久，从 90 年代中期起，西方世界重新掀起了一股研究和宣传马克思主义的热潮，引导了西方马克思主义的复兴。国际马克思主义大会接连不断地召开，研究马克思主义的书籍和探讨马克思主义的报刊相继推出，一些大思想家纷纷"走近"和"走进"马克思主义。进入 21 世纪，西方一些主流媒体对 20 世纪最有影响的思想家进行民意测验，马克思在其中名列前茅。

西方马克思主义在 20 世纪末 21 世纪初的"复兴"，并不是简单地回到以前的那种研究，而是出现了许多新的趋向。这些新的趋向有：以政党为依托的研究转为知识分子的独立研究；经院式的研究转为密切联系实际的研究；单学科的孤立研究转为跨学科的整体研究；争吵不休的论战式的研究转为求同存异的共同探讨式的研究。这些新的特点的形成，标志着走向 21 世纪的西方马克思主义研究进入了一个新的发展阶段。

时至今日，西方马克思主义的复兴，非但没有随着时间的推移而有所减缓，反而呈方兴未艾之势。2008 年爆发的金融危机对西方资本主义国家来说是一次历史性的关键节点，这次危机直接打击了新自由主义，也为批判资本主义的理论提供了事实根据，成为西方马克思主义发展的又一个重要历史节点。金融危机使《资本论》与《共产党宣言》成为热门读物。围绕着对资本主义的新认识、对社会主义的新思考、对马克思主义的新探索，西方马克思主义也产生了一些新理论。

四、西方马克思主义发展的基本特点

西方马克思主义在一个多世纪的发展中经历了与第二国际、第三国际的分歧与合流，也走过了 20 世纪 90 年代的沉寂与复兴，经历了曲折的发展过程，仍然保持了顽强的生命力。

其一，曲折性。西方马克思主义经历了各种曲折，仍然能从 20 世纪 90 年代的沉寂中走出来，在一定意义上也是对世界社会主义运动起伏的一种反映。

其二，坚韧性。西方马克思主义在 20 世纪所遭受的打击和挑战是空前的，但西方马克思主义在打击和挑战面前，表现出了顽强的生命力。比如，法兰克福学派历经几十年而不衰，也离不开这一学派的骨干所表现出来的那种百折不挠的精神。特别是在深受法西斯主义的迫害，被迫逃亡至美国的境遇中，他们还坚持法兰克福学派的社会批判理论传统，坚持对马克思主义哲学的探讨。

其三，现实性。20 世纪西方马克思主义的发展过程是不断地与现实相结合的过程。西方马克思主义之所以能对 20 世纪西方的历史进程产生重大影响，

主要在于其具有现实性的特征。尽管有西方马克思学这样的把马克思主义哲学作为纯学术进行研究的派别，但总的来说，20 世纪西方马克思主义的绝大多数派别都注重面对社会现实。一战、十月革命、二战、生态危机、苏联解体、东欧剧变、金融危机、生态危机、女权运动等都是西方马克思主义者研究的主题，而西方马克思主义的命运也与时代联系在一起。

其四，开放性。西方马克思主义的发展历程是一个开放的过程，这突出表现为对非马克思主义学说的开放性。20 世纪西方马克思主义的发展往往是借助与其他西方思潮的结合而实现的，西方马克思主义内部各种流派的形成，都是西方马克思主义与其他思潮相互交融、相互渗透的结果。他们更多的是试图把一些现代西方思潮吸收进自己的思想，只要一出现有影响的新的思潮，他们都会把其纳入自己的理论视野，寻找可以用来修正和发展自身理论的"闪光点"。

其五，多样性。西方马克思主义内部流派众多，除法兰克福学派之外，"存在主义的马克思主义""弗洛伊德主义的马克思主义""结构主义的马克思主义""新实证主义的马克思主义""分析的马克思主义""生态马克思主义""女性主义马克思主义"等先后呈现在人们面前，表现出西方马克思主义发展的多样性。

西方马克思主义研究的发展趋向和新动态在一定意义上证明了马克思主义仍是解读当代时代问题的科学理论，以往一切关于马克思主义的质疑不攻自破。西方马克思主义思潮在非主流意识形态背景下坚持对马克思主义展开集中的理论研究，在一定程度上加强了国际社会对马克思主义的重新认识，在理论方向、研究内容、解释方式等方面更加多元化。虽然西方马克思主义在诸多方面作出了一定贡献，但具体到其理论体系、思想观点、话语逻辑上则既有精华亦不乏糟粕。同时，就西方马克思主义思潮整体而言，其内部也并非是在某一方面达成共识的统一整体，而是呈现出碎片化、分裂化的特点，甚至存在矛盾与冲突。

第二节　当代西方马克思主义的理论体系

在一个多世纪的发展过程中，西方马克思主义形成并发展了自身的理论体系，提出了自己的政治主张，这不仅体现在对资本主义的批判上，还表现在对社会主义的思考和对马克思主义的探索上。

一、对资本主义的批判

西方马克思主义继承了马克思主义的批判传统，对资本主义的种种社会现象进行了深刻的批判。这些批判既有对新自由主义、新帝国主义的批判，也有对自由民主、生态、空间资本化、消费社会的政治控制等问题的批判。在这些批判性研究中，赌场资本主义、债务资本主义、灾难资本主义、传媒资本主义、技术资本主义、认知资本主义等对资本主义新变化的概括如雨后春笋般出现，深化了对资本主义的认识。

第一，对新自由主义的批判。新自由主义一直是西方左翼思潮批判的焦点，2008 年金融危机的爆发更是使这一批判成为显学。西方马克思主义的研究者认为，这次危机是新自由主义在西方蔓延数十年带来的灾难性后果。在他们看来，新自由主义主张彻底的市场化、私有化，放任资本积累的盲目冲动，最终令市场吃不消，从而导致危机。作为灾难始作俑者的新自由主义不仅没有对这一后果进行反思，反而借机继续强化自身的逻辑，也引起西方马克思主义的不满，引发了对新自由主义的猛烈批判。这一批判声势浩大，法国的安德烈阿尼和吉拉德·杜梅妮尔，德国的哈贝马斯和弗里兹·豪格，英国的麦克莱伦和卡利尼科斯，美国的大卫·哈维、贝拉米·福斯特、爱德华·沃勒斯坦、大卫·科茨，加拿大的莫里·斯密等人都参与到讨论中来。许多国际知名的左翼论坛，如"世界社会论坛""国际马克思大会""社会主义大会"，国际知名杂志如美国的《每月评论》、英国的《新左派评论》等，都通过主题会议、专栏文章等各种形式对新自由主义进行了批判。

第二，对新帝国主义的批判。帝国主义论是列宁在马克思资本主义批判的基础上，对资本主义新特点的理论概括和思想延展，在马克思主义发展史、资本主义批判史上都有重要的价值和意义。新帝国主义则是列宁帝国主义论的延伸，是左翼思潮批判的焦点，用以指当代资本主义进入全球化后的新帝国主义阶段。这一路向较有代表性的著作是大卫·哈维的《新帝国主义》、艾伦·伍德的《资本的帝国》以及哈特和奈格里的《帝国》。围绕此三部著作，理论界掀起对"新帝国主义"的热烈讨论。哈维提出，在新帝国主义阶段，"权力的领土逻辑"最终要服从"权力的资本主义逻辑"。罗伯特·布伦纳认为，与以往以排他性为特点的帝国主义相比，当今以美国为代表的新帝国主义借经济全球化形成的国际经济与政治战略更容易实现资本的增殖。查默斯·约翰逊、阿明等人指出，当今资本主义出现了如军事基地取代殖民地、跨国公司取代特许公司等新变化，强调新帝国主义的发展充满了矛盾和危机，而且近年来愈加尖锐。

第三，对资本主义生态危机的批判。资本主义生态批判是近年来西方马克思主义研究的热点。大量的论坛，都以生态危机为主题对资本主义进行批判，如2013年美国左翼论坛的主题就是"为生态—经济转型而动员"，瑞典斯德哥尔摩"马克思2013"会议讨论了马克思的生态思想，《生态与资本主义》杂志围绕着环境危机展开了激烈的争论。西方马克思主义理论家多从对生态环境危机的认识出发，努力挖掘马克思主义的生态思想，从生态危机的资本逻辑归因展开对资本主义的批判。他们认为生态环境问题的总根源并非"天灾"，而是"人祸"，不能简单地从道德层面进行批评，应抓住导致生态危机的根本原因展开具体分析并进行批判，即生态危机是以资本增殖逻辑为主导的资本主义社会制度的弊病。他们还认为，这一危机的解除不可能通过纯粹技术手段或道德呼吁实现，只有限制和超越资本逻辑，建立新的生产方式和生活方式，才能实现生态文明。他们进而借资本主义生态批判论证人类走向社会主义的必然性，因为资本主义经济危机同生态危机都是"资本主义自身导致其垮台的因素"。

第四，对自由民主制度的批判。西方马克思主义对资本主义的批判具有鲜明的政治哲学转向，对政治制度的批判是其表现之一。苏联解体、东欧剧变使资本主义更加肆无忌惮地对外推行自由民主的制度和价值观，借自由民主之辞，行极权、殖民之实，人们开始质疑自由民主的承诺。加之21世纪以来，恐怖主义、金融危机、民粹主义、民族主义等的此起彼伏，更是将自由民主制度推上风口浪尖。西方马克思主义者从批判福山"历史终结论"切入，直指资本主义自由民主制度的局限性，重申马克思主义的自由、民主、平等思想。如G. A. 科恩、艾伦·伍德等人分别从对正义问题、民主问题的分析出发，来破解"历史终结论"的虚幻性。

二、对社会主义的思考

在社会现实层面，金融危机的爆发表明了新自由主义的破产，直接引发的各种群众运动呼吁以制度的替代性方案来解决经济问题；在理论思想层面，对金融资本主义和新自由主义的批判必然追问更合理的制度形式与社会组织结构。因此，关于社会主义与共产主义的论题重新进入批判者们的视野。

第一，论证社会主义是"另一种选择"。福山的"历史终结论"和撒切尔夫人的"别无选择"都意指资本主义社会形态不仅是人类最优的选择，也是最后的选择。然而，经济危机及其带来的社会问题打破了这种乐观。西方马克思主义开始在对资本主义批判的基础上提出了"另一种选择"，也就是他们认为的社会主义道路，并进行了理论论证。一时间，"社会主义是另一种选择""另一个世界是必要的"等纷纷成为左翼国际论坛的主题。卡利尼科斯明确表示，自己的意图就在于"能说服更多的人：寻找另一个世界是实际可行的"，所谓"另一个世界"，其实就是在反抗与批判资本主义全球化运动中寻找的"社会主义民主社会"。施威卡特也指出，当资本主义被批判时，其辩护者会要求批判者拿出新方案进行说服和佐证，这就对寻找替代方案提出了客观要求。哈贝马斯赞同替代性方案的可期性，认为左派应坚定其所坚持的社会主义目标，在观察、分析、批判历史事实的过程中推进社会主义。

第二，复兴共产主义观念。除论证社会主义为资本主义社会提供"另一种选择"外，西方马克思主义还提出了复兴共产主义观念。齐泽克提出"告别社会主义先生，欢迎共产主义先生"的口号，吉亚尼·瓦蒂莫的《解释学共产主义》可以作为共产主义复兴的一个标志。事实上，复兴共产主义观念可以追溯至奈格里的《告别社会主义先生》。西方马克思主义者在伦敦召开了主题为"论共产主义的观念"的国际研讨会，在巴黎召开了主题为"论共产主义的潜在可能性"的会议等，共同围绕现实形势与问题探讨"共产主义"理念及其政治策略，齐泽克、巴迪欧、哈特、奈格里、朗西埃等人从不同角度阐释了共产主义复兴的现实意义。他们对共产主义观念的阐释，大体上包括以下三种思路：一是以巴迪欧为代表，从事件出发认识历史，认为共产主义观念是一个具有永恒性的假设；二是以哈特和奈格里为代表，从马克思政治经济学出发，认为共产主义是全球化资本主义和非物质劳动发展的内在趋势；三是以朗西埃为代表，从美学艺术角度出发，认为共产主义是文化与艺术的共同创造，并由文化与艺术来体现。

第三，倡导生态社会主义。生态环境问题早已不是某个区域的个别现象，而成为 21 世纪全球共同面临和承担的重要问题，解决生态危机成为国外马克思主义关注的焦点之一。他们一方面认识到生态危机的本源在于资本主义的不合理性，另一方面也关注到社会主义在环境友好、可持续发展方面的特质对解决生态危机的意义。如福斯特的《马克思的生态学：唯物主义与自然》、奥康纳的《自然的理由——生态学马克思主义研究》等代表性著作都体现了生态批判理论家努力从马克思主义经典中挖掘生态思想，回应当代严峻的生态环境问题，将资本主义生态危机批判与实现社会主义联系起来。福斯特认为，马克思生态学的核心在于对人与自然有机关系的认识，包括人对自然的非私人占有、人与自然之间的和谐共处、人以自然为对象展开实践活动满足共同体所需。因此，实现社会主义就是实现人与自然关系的合理性，这等同于解决生态环境问题。奥康纳从资本主义生态危机推论社会主义的必然性，进一步拓展了马克思有关"两个必然"的逻辑论证。

第四，探讨市场社会主义。市场社会主义的理论有着较为悠久的历史，传统观点认为，社会主义是计划经济，资本主义是市场经济；市场经济与社会主义之间并不相融。西方马克思主义另辟蹊径，主张将市场与社会制度区别开来，把市场作为一种手段，将市场与社会主义结合起来，提出了市场社会主义的理论。米勒的"合作制的市场社会主义"、罗默的"证券的市场社会主义"、斯韦卡特的"经济民主的市场社会主义"等都是这一理论的代表。在市场社会主义看来，资本主义国家的股份制、合作经济等经济组织形式能够充分体现公有制经济的特点，市场与公有制相结合的方式是现实有效的。进入 21 世纪，市场社会主义理论进一步发展，众多思想家对原有的市场社会主义作出了修正，进行了大量的探索。

第五，融合乌托邦社会主义。"乌托邦社会主义"是近年在西方马克思主义中兴起的概念，主张打破以往科学社会主义与空想社会主义之间的对立，重新审视社会主义。在乌托邦社会主义者看来，社会主义是乌托邦的理想寄托，是对资本主义社会底层的慰藉，是对资本主义的批判，而非实体性的社会形态。乌托邦社会主义的构想可以追溯到布洛赫的"希望哲学"。面对当代资本主义的问题凸显和精神困局，这一思考路向被重新捡拾，成为为资本主义危机寻找出路的一个理论方案。大卫·哈维的《希望的空间》、华伦斯坦的《乌托邦学》、雅克比的《不完美的图像》、杜克斯的《乌托邦之后的明天》、布恩伊的《乌托邦和自然幻想》、詹姆逊的《未来考古学：乌托邦欲望和其他科幻小说》等，都是乌托邦社会主义的代表作。

三、对马克思主义的探索

2008 年，美国次贷危机引发的席卷整个资本主义世界的金融危机，使人们重新思考资本主义，有人提出了"回到马克思"的口号。2018 年 5 月 5 日，马克思诞辰纪念日当天，纽约时报中文网罕见地以"马克思，你是对的"为标题发表文章，表达了对资本主义的反思。历史事实一再证明，一再被西方世界宣称"过时"的马克思，总是在危机时刻现身，为人们提供认识世界与改造世界的智慧。事实上，西方马克思主义正是以回溯马克思为逻辑起点，展开对资本主义新变化的新认识、新批判，同时也是对马克思主义的探索。

第一，论证马克思主义为什么是对的。金融危机在现实层面再次证明了马克思主义对资本主义社会基本矛盾的分析和经济危机的理论判断，从事实层面上反映了马克思主义的正确性，引起理论界的反思。西方马克思主义以理论分析的方式强调马克思主义的时代性、当代性，确证马克思主义理论的价值意义。伊格尔顿以答疑解惑的行文方式，反驳当前理论界对马克思的主要责难，增强了马克思主义理论的说服力。霍布斯鲍姆通过对《共产党宣言》的再阐释，说明了当今人类社会为什么仍然需要马克思主义。

第二，总结左翼反抗活动的马克思主义意义。以"占领华尔街"为标志的当代左翼反抗活动在西方世界此起彼伏，对这些激进运动的理论反思成为西方马克思主义关注的焦点。他们认为，当今群众运动的复起与激烈化意味着马克思主义的阶级斗争、反资本主义革命等社会革命运动的回归。齐泽克认为，"占领华尔街"等群众运动表达了人们对现有制度的不满，不同于以往只从伦理层面反对资本主义，当下人们的意识已经上升为对资本主义制度本身进行革命批判，这标志着 20 世纪的终结。瑞恰德·沃尔夫在《民主的作用：对资本主义的医治》一书中指出，工人和底层劳动者正在打开一扇改变世界的新的历史视窗，他们基于对生产场所的直接控制而展开的反资本主义运动，成为另一种民主形式。沃尔夫"经济民主"的观点得到了理论界的诸多关注。

第三，对《资本论》与政治经济学的研究。由于金融危机以事实再次印证了马克思对资本主义周期性危机的判断，人们重新燃起研究《资本论》的热情。2010 年，一本题为《〈资本论〉：为民请命》的书在德国出版，一时成为新闻热点事件，此书迅速走红成为畅销书。该书以模拟与马克思对话的方式反复强调马克思《资本论》对资本逻辑的揭示，竭力证明马克思主义对资本主义批判的正确性。另外，美国詹姆逊的《重读〈资本论〉》、法国艾蒂安·巴里巴尔的《马克思的"两次发现"》、意大利奈格里的《从对抗到共同性：重新发现马克思》，都从资本主义危机的时代问题和理论根源上指出重读《资本论》

的必要性。与"《资本论》热"相伴而来的是马克思主义政治经济学的复兴，这同样源于金融危机的直接推动作用。一些研究者甚至认为，比起法兰克福学派对文化批判的重视，全面恢复政治经济学批判才是当务之急。

第四，对马克思主义政治哲学的研究。基于金融危机，西方马克思主义者和左翼人士追问资本主义制度的合法性与合理性，展开以古典自由主义为核心的制度之问，以及与之相关的社会正义之问，这成为当今国外马克思主义研究的中心议题。科恩认为，马克思主义的平等观、正义观建立在基本社会经济结构的基础上，社会经济结构决定着社会平等正义的形式与实现，不从根本上改变社会经济结构，就无从变革资本主义社会不平等、不正义的现实。法国马克思主义学者比岱在罗尔斯契约论的基础上认识社会正义问题，既承认自然因素和社会因素的偶然性造成的不平等是偶然中的必然，也表示应给予最少受惠者以更多权利支持，用平等的权利补偿经济劣势。法兰克福学派第三代代表人物霍耐特提出"承认"理论，从黑格尔的伦理学中挖掘"承认"的问题，在研究过程中关联马克思主义生产分配思想背后的社会正义问题，产生了一定的影响。

当代西方马克思主义还有其他各种形式的表现。比如，"政治马克思主义""魔幻马克思主义""有机马克思主义"等，这些都是"后现代马克思主义"的具体表现。"后现代马克思主义"是各种新兴术语中最有影响、最受当代国外马克思主义研究者推崇的概念，相关学者也提出了很多很有启发的思想。比如，"有机马克思主义"将"后现代马克思主义"与中国智慧放在生态环境问题上进行三者的关联性建构，强调整体、联系与有机统一，认为"中国最有可能引领其他国家走向可持续发展的生态文明"①。同时，西方马克思主义还启发了女权主义，形成了西方马克思主义女权主义等众多思潮，显示了其强大的影响力。

第三节 法兰克福学派的政治思想

法兰克福学派是西方马克思主义中影响最大、最具代表性的一个流派，发

---

① ［美］菲利普·克莱顿、贾斯廷·海因泽克：《有机马克思主义》，人民出版社 2015 年版，第9 页。

源于 1923 年在德国法兰克福大学建立的社会研究所，也因此而得名。起初，这个研究所主要研究社会主义和工人运动的历史，并同苏联马克思恩格斯研究院一起编辑出版了《马克思恩格斯全集》的第一个版本。1930 年，在思想上接近卢卡奇、柯尔施见解的法兰克福大学教授霍克海默就任研究所的新所长，重新确定了研究方向，把重点放在用马克思主义分析社会现状和意识形态问题上。在新的研究方向上，霍克海默将马尔库塞、阿道诺、弗罗姆、波洛克、本雅明等志同道合的青年知识分子聚集在自己的周围，逐渐发展出一种"社会批判理论"，从而形成了"法兰克福学派"。后由于德国法西斯势力日益嚣张，社会研究所被迫于 1934 年迁往美国。二战后，霍克海默、阿道诺、波洛克等应联邦德国政府邀请于 1949 年回到故乡，法兰克福学派的其他主要代表如马尔库塞、弗罗姆等则继续留在美国。1950 年，社会研究所在法兰克福重建，同时仍保留研究所在美国的分支机构。在后来的发展中，社会研究所又涌现出了一大批新的思想家，其中最著名的是哈贝马斯。

尽管法兰克福学派的思想家的理论体系和政治主张各异，但作为思想流派，法兰克福学派的思想还是有一些共同的特点。第一，强调马克思主义的批判性，主张恢复马克思主义的批判本质，并以马克思主义为基础对现实社会进行批判；第二，把新黑格尔主义、弗洛伊德主义和马克思主义结合起来，以此来丰富和发展马克思主义；第三，贬低理性，强调审美，主张人同自然的和解，带有浓厚的浪漫主义特征。

一、马尔库塞的政治思想

赫伯特·马尔库塞（Herbert Marcuse，1898—1979 年）出生于德国柏林的一个犹太人家庭。1917 年，马尔库塞加入德国社会民主党左翼。1919 年，因为该党叛变革命，参与杀害罗莎·卢森堡和卡尔·李卜克内西，马尔库塞愤然退党。退党后的马尔库塞来到弗莱堡大学，先后受教于现象学大师胡塞尔和存在主义大师海德格尔，完成了博士论文《黑格尔的本体论与历史性理论的基础》，1922 年获博士学位。1929 年，马尔库塞成为海德格尔的助手，又于 1933 年成为法兰克福社会研究所的成员，被安排在该所的日内瓦分所工作，成为法兰克福学派的主将。1934 年，马尔库塞移居美国，继续参与迁到哥伦比亚大学的法兰克福社会研究所的工作。此后，马尔库塞先后任华盛顿战略情报局研究员和美国国务院情报研究处东欧组代理组长，并在哥伦比亚大学、哈佛大学、布兰代斯大学、加利福尼亚大学等校任教。1979 年 7 月 29 日，马尔库塞在赴西德讲学途中逝世。

马尔库塞不仅著作等身，在各个领域均颇有建树，还积极参与政治实践。20 世纪 60 年代中期，西方出现了被称为"新左派"的政治力量。不同于老左派，他们既不满资本主义，又认为十月革命的道路已经过时。他们找到了马尔库塞，将马尔库塞的批判理论与新左派运动结合在一起，形成了在西方社会轰动一时的"学生造反运动"。作为新左派理论与实践的积极倡导者，马尔库塞也被誉为"青年学生造反之父""国际新左派运动的发起人"。

马尔库塞的主要政治著作有：《理性与革命》（1941 年）、《爱欲与文明》（1955 年）、《当代工业社会的攻击性》（1956 年）、《苏联的马克思主义》（1958 年）、《单向度的人》（1964 年）、《革命伦理学》（1966 年）、《论解放》（1968 年）、《从富裕社会中解放出来》（1969 年）、《反革命和造反》（1973 年）等。马尔库塞的思想，以主体性原则为框架，包括人性理论、批判理论、意识形态理论、反实证主义理论、革命新理论、美学理论，形成了庞杂而又充满深刻见解的理论体系。他最早将存在主义与马克思主义相结合，同时还是弗洛伊德主义的马克思主义的集大成者。作为法兰克福学派社会批判理论的核心人物，马尔库塞是西方马克思主义最有影响力的代表人物之一。

（一）压抑与非压抑性社会

在马尔库塞看来，资本主义文明压抑个人的本能冲动，造成了劳动异化，从而形成了一种压抑性社会。进入 20 世纪，科技的发展、物质的丰富极大地推进了文明的进步。然而，马尔库塞发现，尽管文明的发展为消除压抑创造了条件，但是人们仍然需要面对的现实是，为了维护统治而强压的"额外压抑"不仅没有消失或减轻，反而变本加厉。这种"额外压抑"主要表现为"劳动的异化"，现代分工使人们的劳动被异化，人也越来越成为一种工具，人们并不是在过自己的生活，而只是在履行某种事先确立的功能，在异化中工作。这种异化劳动否定了快乐，使劳动时间成为"痛苦的时间"。[①] 即使是闲暇时间，异化也同样存在。

在马尔库塞看来，造成这种异化的原因就是资本主义的生产方式，是统治

---

① ［美］赫伯特·马尔库塞：《爱欲与文明》，黄勇、薛民译，上海译文出版社 1987 年版，第 28—29 页。

阶级为了自己的特殊利益把虚假的需求强加给个人的结果。尽管这些需求的满足也许对个人来说是最满意的，但它"不是一种应维持和保护的事情"①。资本主义不仅通过制造虚假的需求把人们引入受压抑的统治秩序中，而且还使科学技术成了控制社会和维持统治的工具。技术的解放力量成了解放的桎梏，事物的工具化变成了人的工具化。

针对资产阶级宣扬的所谓资本主义自由，马尔库塞一针见血地指出："在一个压制性总体的统治下，自由可以成为一种强有力的统治工具。……自由选举主人并没有废除主人或奴隶的地位。"② 他认为，这个极权主义社会对人的欲望的管理、控制和压抑，无论在广度上还是在深度上都已强化到了前所未有的程度。但是，它不是贫困中的压抑，而是富裕中的额外压抑，这种压抑是一种舒适、平稳、合理、民主的不自由状态。

在马尔库塞那里，真正的"经济自由将意味着摆脱经济——摆脱经济力量和关系的控制，摆脱日常的生存斗争，摆脱谋生状况。政治自由将意味着个人从他们无力控制的政治中解放出来。同样，思想自由将意味着恢复现在被大众传播和灌输手段所同化的个人思想，清除'舆论'，连同它的制造者"③。

为了摆脱压抑，马尔库塞提出了"非压抑性社会"的理想。马尔库塞扬弃了弗洛伊德的精神分析理论，认为现代科学和工业技术的发展已经为消灭匮乏创造了条件。快乐原则的解放、非压抑性社会的出现，已经有了可能，只是因为统治者的利益、操作原则和虚假需要的作用，非压抑性社会才没有变成现实。

马尔库塞认为，非压抑性社会秩序在最成熟的文明阶段才会出现，"即在用最少时间、最小身心能量满足所有基本需要的时候，才是可能的"④。在非压抑性社会当中，人们克服了对生产力的崇拜。在他看来，生产效率是现代文化中受到最严格保护的价值标准之一，它比任何其他观念都更多地表达了现代工

① ［美］赫伯特·马尔库塞：《单向度的人》，张峰、吕世平译，重庆出版社1988年版，第6页。
② ［美］赫伯特·马尔库塞：《单向度的人》，张峰、吕世平译，重庆出版社1988年版，第8页。
③ ［美］赫伯特·马尔库塞：《单向度的人》，张峰、吕世平译，重庆出版社1988年版，第5页。
④ ［美］赫伯特·马尔库塞：《爱欲与文明》，黄勇、薛民译，上海译文出版社1987年版，第142页。

业文明中的生存态度。但是，生产效率这个词本身就带有压抑和对压抑的庸俗赞美的意思，因此效率与压抑是紧密相连的。

通过劳动的解放来消除劳动的异化，从而消除压抑，是非压抑性社会的实现途径。在马尔库塞那里，所谓劳动的解放就是爱欲进入劳动领域，使人摆脱异化劳动的痛苦，在劳动中获得快乐。真正的非异化劳动就是能满足爱欲的劳动，也就是劳动变成了人的各种器官机能的自由消遣。这种消遣不像异化劳动那样只是为了自我保存，而是本性就为了满足爱欲，除此之外没有任何其他目的。未来的社会就是实现这种劳动解放的社会。在那里，工作本身自然地具有满足多形态爱欲的作用，同时又不失其内容。

（二）总体革命

马尔库塞曾把他的理想社会称为"总体性社会主义"，指社会主义不仅要增加货物、服务以消灭贫困，而且要整个地改变生存的性质，使社会主义世界成为一个道德的和美的世界。他非常强调审美在未来社会生活中的作用，认为审美把自然与自由、快乐与道德结合了起来，它使人在自由的消遣中得到满足，并能最终唤起人的感性，使之摆脱理性的压抑性统治。他认为，只有在审美中才能实现历史上一切对立要素的和谐，才能真正地改变人类生存的性质。因此，按照美的规律生活，是总体性社会主义的最高表现。

"总体革命"是马尔库塞实现理想社会的道路。他曾明确指出：资本主义的实际情形及其特点不仅仅表现为经济上和政治上的危机，而且也表现为人的本质遭受巨大的灾难。因此，"只是在经济上或政治上进行改革，从一开始就注定要失败"，正确的办法是"必须无条件地通过总体革命来彻底改变现状"①。所谓"总体革命"，就是不仅包括政治革命和经济革命，而且包括思想革命和文化革命，包括文化上和物质上的需要和渴望本身的彻底改变，意识和情感、工作和闲暇的彻底改变，也就是全面地考虑人的各个方面和人的各种潜在性，使人从异化状态中解放出来。

在这种总体革命思想的指导下，马尔库塞强调"本能革命"和"意识革命"的重要性。他认为，工业社会不仅使人形成了与其相适应的思想方式和心理类型，而且它的消费经济和政策也改造了人的生理需要和动机结构，造成了

---

① 复旦大学哲学系现代西方哲学研究室编译：《西方学者论〈一八四四年经济学—哲学手稿〉》，复旦大学出版社 1983 年版，第 122 页。

压迫的生理机制；不改变这种思想方式、心理类型和生理机制，即使推翻了资本主义，也仍然不能彻底消除压迫和剥削。因此，人们必须首先进行彻底的自我改造，才能把革命引向成功。这种改造包括意识、语言、价值、本能、欲望和需要等各个方面，这些方面的改造也就是"本能革命"和"意识革命"，它是总体革命的重要组成部分，也是政治革命、经济革命的前提。

关于革命动力或主体问题，马尔库塞的思想经历了一个发展的过程。在1964年出版的《单向度的人》中，他分析了无产阶级的状况，得出了无产阶级已经融合进资本主义制度，不再具备革命意识的结论。但在1968年的"五月风暴"以后，他改变了看法，不再认为产业工人阶级是社会的保守的群众基础，而是认为一个社会制度的根本变革仍然取决于构成生产过程的人力基础的那个阶级，这在发达的资本主义社会中就是产业工人阶级。在1973年的《反革命和造反》中，他进一步引入了马克思讲过的"总体工人"的概念，认为随着资本主义的发展，资产阶级剥削的基础在扩大，工人的概念也在扩大。它不仅包括蓝领工人，而且包括过去独立的中产阶层、第三产业的工资收入者和广大知识分子；他们共同创造和实现着剩余价值，并与"总资本"的领导和组织力量相对立。在总体工人中，"知识分子不仅在物质生产过程，而且也在越来越科学地控制消费和'生产'关系的过程中起着一种决定性的作用"[1]。所以，革命依赖于一个新的主体的出现，这个新主体就是技术和科学知识分子。他希望通过知识分子的催化作用，重新点燃传统工人阶级内心的革命火焰，并认为工人和知识分子这两股力量的汇合将是革命变革的先决条件。

关于革命的战略和策略，马尔库塞提出了两个对新左派有很大影响的主张。一是主张革命派要用暴力挑衅的方法，迫使资产阶级国家采取武力，破坏其自由民主的法律体系，从而暴露资产阶级民主所掩盖的法西斯本质。为此，就要完全放弃议会斗争，而搞议会外的斗争。二是主张一切造反者联合起来，对发达工业社会实行"大拒绝"，即同一切现存的东西实行完全、彻底的决裂。他认为，这样就可以摧毁资本主义制度。

马尔库塞对资本主义的批判是比较深刻的，他的理想社会也有某些合理之处。但是，他对经济合理性和重要性的贬低，对生产力基础性作用的忽视，对快乐原则的过分崇拜，最终使他陷入乌托邦主义的泥淖。他提出的"大拒绝"

---

[1]　［美］H. 马尔库塞等：《工业社会和新左派》，任立编译，商务印书馆1982年版，第88页。

战略，要求与现存的东西完全决裂，实际上意味着割断人类文明的进程。因此，他建立至善至美人间天堂的美好愿望，最后只能导致人类文明的倒退。

二、哈贝马斯的政治思想

尤尔根·哈贝马斯（Jürgen Habermas，1929—　）是法兰克福学派后期最著名的理论家，也是西方马克思主义的主要代表。哈贝马斯早年在哥廷根大学、苏黎世大学、波恩大学学习。1955 年，他到达法兰克福，进入霍克海默和阿道诺领导的社会研究所。1961 年至 1971 年，哈贝马斯先后执教于海德堡大学和法兰克福大学。在 1968 年的学生抗议运动中，哈贝马斯成为他们的精神导师。但当后来学生运动越来越激进时，他又转而批评学生们的过激行为，因而被学生领袖称为"文化革命的叛徒"。1969 年，社会研究所所长阿道诺去世，哈贝马斯继任所长，由于他与左派学生的分歧和法兰克福学派内部的分裂，1971 年，他离开了法兰克福，到慕尼黑担任马克斯·普朗克学会的科技时代生存条件研究所所长。1983 年，他重返法兰克福大学任哲学和社会学教授，直到 1994 年退休。2001 年，哈贝马斯曾到中国访问。

哈贝马斯学识渊博，著述宏富，迄今为止，他发表的著作有数十部。其中，反映其政治思想的主要著作有：《公共领域的结构转型》（1962 年）、《理论与实践》（1963 年）、《作为"意识形态"的技术与科学》（1968 年）、《走向一个合理的社会》（1968 年）、《抗议运动和高校改革》（1969 年）、《文化与批判》（1973 年）、《晚期资本主义的合法性问题》（1973 年）、《重建历史唯物主义》（1976 年）、《交往与社会进化》（1976 年）、《交往行动理论》（1981 年）、《道德意识与交往行为》（1983 年）、《现代性的哲学话语》（1985 年）、《事实性与有效性》（1992 年）、《对话伦理学解说》（1992 年）等。

（一）晚期资本主义及其危机

认识当代资本主义，是哈贝马斯政治思想的重要组成部分。他把当代资本主义称为"晚期资本主义"，认为国家对经济活动干预的增强是晚期资本主义的一个基本特征。因此，他有时使用"有组织的资本主义"或"国家调节的资本主义"来描述晚期资本主义。根据国家行为与经济系统的要求之间的关系，哈贝马斯曾把国家行为分为四类：一是作为建构和维持生产方式的前提条件的行为，二是通过补充市场而适应发展过程的行为，三是在某些领域取代市场的行为，四是对积累过程的功能失调所带来的后果进行补偿的行为。① 他认为，前两种行为是自由资本主义时期的国家行为，而后两种行为则是晚期资本主义国家（除继续履行前两种行为外）所特有的行为。在他看来，国家干预的这种加强，实际上是加强了国家作为集体资本家的职能；而这种干预政策的重要结果，是国家和社会之间分离趋势的消失，从而造成了"国家的社会化"和"社会的国家化"。②

哈贝马斯把晚期资本主义社会分为三个子系统，即经济系统、行政系统和合法性系统，并对这三个系统的特点进行了分析。其中，经济系统的特点是出现了私人部门和公共部门的划分。行政系统的特点是国家机器履行了许多经济系统的职责，即国家机器用总体计划来调节整个经济循环过程，并积极地创造和改善利用剩余资本的条件。实际上，国家在履行这些职能时，也在部分地取代市场机制。合法性系统的特点是，公平交换这一基本的资产阶级意识形态崩溃了，并产生了更多的合法化需要。造成公平交换意识形态崩溃的原因有两个方面：一是市场在功能上暴露出了诸多弊端，二是国家机器的控制机制在功能失调的情况下也导致了许多副作用。造成合法化需要增多的原因主要是经济系统和政治系统的重新结合，以及这种结合使生产关系在某种程度上的重新政治化。即使是自由资本主义时期的小政府，其活动也需要合法化，而现在政府对再生产过程的介入、国家职能的扩人，自然就产生了更多的合法化需要。但是，由于资本主义的形式民主使公民成了"消极公民"，他们"只有不予喝彩的权利"③，因此，晚期资本主义在增加合法化需要的同时，又削弱了合法性的资源——公民的积极支持。

晚期资本主义的上述特点，使社会系统出现了新的危机倾向。哈贝马斯分别考察了经济系统的经济危机、政治系统的合理性危机和合法化危机，以及社会文化系统的动机危机，并分析了这些危机的原理。

哈贝马斯认为，在自由资本主义时期，经济危机主要表现为周期性的生产过剩的危机，而在晚期资本主义时期，由于国家权力参与了资本运作过程的自

---

① ［德］尤尔根·哈贝马斯：《合法化危机》，刘北成等译，上海人民出版社 2000 年版，第 72—73 页。

② Jürgen Habermas, *Strukturwandel der Öffentlichkeit*, Frankfurt am Main: Suhrkamp Verlag, 1990, p. 23.

③ ［德］尤尔根·哈贝马斯：《合法化危机》，刘北成等译，上海人民出版社 2000 年版，第 51 页。

我调节，社会的经济危机也表现出了新的形式，"如政府财政危机、持续的通货膨胀、国有资产与私人财富之间差距的加剧等"①。这是一种持久性危机。但无论是生产过剩的危机，还是这些新的危机形式，都表现为利润率的不断下降。新的危机形式表明，国家行为不可能阻止利润率下降的趋势，也没有终止价值规律的能动作用，而且其本身也变成了价值规律的一种执行机构。因此，在政府功能取代市场功能时，资本主义国家并没有改变整个经济过程的无意识特性。它不能对产权结构进行实质性干预，否则就会引起"投资中断"；它也不能消除积累过程的周期性紊乱，即内生的停滞（萧条）倾向。而且，从长远看，行政行为必然会强化经济危机。

经济危机是经济系统的"产出"危机，而合理性危机则是政治系统的"产出"危机，它实际上指的是国家机器不能很好履行经济职能所造成的一种行政管理的危机。造成这种合理性危机的主要原因是，在现有的政治体制下，国家维护的资本家的总体利益与社会中各种互相矛盾的利益无法有计划地协调。除此之外，晚期资本主义的三个新的趋势也使行政机构无法作出合理的决策。一是大公司的市场决策现在具有政治性质，二是公共部门包括政府计划制定者的极端专业化，三是非就业人口的增长。这些新的趋势导致系统异质因素的扩散和价值取向模式的扩散，并使得符合系统要求的行为控制难以为继。

合法化危机是政治系统的"投入"危机。在哈贝马斯那里，这也是一种认同危机，即"合法性系统无法在贯彻来自经济系统的控制命令时把大众忠诚维持在必要的水平上"②。他区别了"合法性"和"合法化"这两个概念，认为"合法性意味着某种政治秩序被认可的价值"③，而"合法化"指的是对一种政治秩序的合法性（正当性、有效性）的证明和说明。晚期资本主义之所以会发生合法化危机，在他看来主要有两方面的原因：一是国家行为的扩张会造成对合法性需求超比例增长这一副作用；二是国家对文化系统的干预会造成削弱传统的副作用，而这些传统原先是具有提供动机和合法性力量的。

在哈贝马斯看来，晚期资本主义的合法化危机最主要的是动机危机，"即国家、教育系统和就业系统所需要的动机与社会文化系统所能提供的动机之间

---

① ［德］尤尔根·哈贝马斯：《合法化危机》，刘北成等译，上海人民出版社 2000 年版，第 64 页。
② ［德］尤尔根·哈贝马斯：《合法化危机》，刘北成等译，上海人民出版社 2000 年版，第 65 页。
③ ［德］哈贝马斯：《交往与社会进化》，张博树译，重庆出版社 1989 年版，第 184 页。

所存在的差异"①。他把这种动机危机称为社会文化系统的"产出"危机。他认为，晚期资本主义社会所提供的最重要的动机有两个方面，一是"公民私人性"，二是"家庭职业私人性"。前者指的是虽然制度提供了适合参与的机会，但公民很少参与合法化过程（即很少参与政治）；后者指的是关心消费和休闲的家庭取向，以及适应地位竞争的职业取向。晚期资本主义的生存就依赖于这两种动机。前者从否定的角度为资本主义社会卸掉合法化的负担，后者从肯定的角度向资本主义社会提供原动力。这两种动机主要是依赖传统（包括前资产阶级传统和资产阶级传统）的滋养和维持，但在晚期资本主义社会中，这些传统正在不可逆转地被摧毁和被削弱。前资产阶级传统的被摧毁，主要归因于传统世界观同经济和行政系统的普遍社会结构力量不能兼容，同科学系统所特有的认知立场相冲突。资产阶级传统的削弱主要表现在，占有性个人主义、成就意识和交换价值取向等资产阶级意识形态的核心因素，已经被社会结构的变化所破坏。与此同时，资产阶级的文化不仅没有产生出能够维护社会的其他动机模式，而且避免动机危机的道路也已被堵死。因此，晚期资本主义的动机危机就是不可避免的。

（二）交往理性与协商民主

哈贝马斯虽然对科学技术的意识形态职能进行了批判，但他并没有把资本主义的弊病仅仅归结为技术理性的统治。在他看来，资本主义的弊端是在资本主义的社会条件下，交往理性和工具理性、生活世界和系统②之间的不平衡造成的。他把体现工具理性的经济和行政系统渗透到由交往行为作为再生产机制的生活世界之中，从而使生活世界核心领域金钱化和官僚化的现象，称为"生活世界的殖民化"；把交往理性和工具理性的不同应用方式和逻辑矛盾，视为现代性的内在矛盾；把提高交往理性的地位，作为克服现代性危机、解决现代性内在矛盾的唯一出路。

交往理性就是人与人之间交往行动的合理性。哈贝马斯所指的交往行动是两个以上的行动者通过语言理解的共识力量来协调相互间关系的互动行为，因

---

① ［德］尤尔根·哈贝马斯：《合法化危机》，刘北成等译，上海人民出版社 2000 年版，第 97 页。
② "生活世界"和"系统"这两个概念，在哈贝马斯那里是两个基本的范畴，前者所要讨论的主题是规范结构（价值和制度），后者所要讨论的主题是控制机制和偶然性范围的扩张。也就是说，一个涉及交往理性问题，一个涉及工具理性问题。参见［德］尤尔根·哈贝马斯：《合法化危机》，刘北成等译，上海人民出版社 2000 年版，第 7 页。

此交往行动理论强调交往过程的主体间性。他曾把策略行动和交往行动进行比较，认为策略行动是仅仅为个人目的而采取的行动。在策略行动中虽然也存在人与人之间的行动协调问题，但协调的效果不是取决于相互的理解和共识，而是取决于行为者通过非言语行为对行为语境以及在行为者之间所施加的影响。交往行动实际上是自由平等的人之间以语言为媒介、以合作为目的的互动，因而它只能是以理解为核心的行动；而理解的功能或目的就是要使"互动的参与者就他们的言语行为所要求的有效性达成一致"①，从而一方面满足人们协调行动的需要，另一方面又能够避免外在的强制。

如何相互理解，如何在言语的有效性上达成一致，是哈贝马斯的普遍语用学研究的主要任务。这里的普遍语用学不同于传统的语义学；语义学重点研究句子的意义，而普遍语用学则重点研究语言的功能。在哈贝马斯的交往模式中，语言被视为是相互关联的三个世界（外在世界、社会世界和内在世界）②的媒介物。在这三个世界(也被称为"现实领域")中，言语的一般功能不同，它的有效性要求也不一样。对于外在世界来说，言语的一般功能是事实之呈示，因此它的有效性要求就是"真实性"；对于社会世界来说，言语的一般功能是建立合法的人际关系，所以它的有效性要求是"正当性"；对于内在世界来说，言语的一般功能是揭示言说者的主体性，或者说是表达言说者的意向，因而它的有效性要求是"真诚性"。除此之外，语言本身也有有效性要求，那就是"可领会性"③。在他看来，言语行动的有效性要求在一定意义上就是交往行动的合理性要求；如果行动者在交往中能够同时满足这四种要求，他们就能在一致的基础上协调相互关系，就能为社会合作提供合理的基础。

在交往行动中，人们的言语如何满足这种有效性或者合理性要求呢？哈贝马斯认为，根本的方法就是论证。因此，他指出："合理性归根结底就是通过论证演说促使自愿联合和获得认可的力量的中心经验。"④ 论证主要是通过交往参与者的"对话"或"商谈"（discourse）来进行的，但这种对话或论证要想

---

① Jürgen Habermas, *Nachmetaphysisches Denken：Philosophische Aufsätze*, Frankfurt am Main：Suhrkamp Verlag, 1992, p. 70.
② 在《交往行动理论》中，他把这三个世界又称为"客观世界""社会世界""主观世界"。参见［德］哈贝马斯：《交往行动理论》第 1 卷，洪佩郁、蔺青译，重庆出版社 1994 年版，第 303 页。
③ ［德］哈贝马斯：《交往与社会进化》，张博树译，重庆出版社 1989 年版，第 67、70 页。
④ ［德］哈贝马斯：《交往行动理论》第 1 卷，洪佩郁、蔺青译，重庆出版社 1994 年版，第 25 页。

顺利进行，就需要一定的规范前提。这些规范前提主要包括：第一，参与论证者除了通过提供理由为自己辩护之外，没有凌驾于其他人之上的力量，而且任何人都有不可剥夺的反驳他人的权利；第二，如果需要的话，论证在时间上是敞开的；第三，参与论证者在空间上是开放的，即所有有交往能力的主体都是潜在的论证参与者。很显然，这些规范前提实际就是对话的理想情景。除此之外，论证还要有程序性的形式。在他看来，如果没有这些前提和程序形式，真正意义的论证和对话是难以进行的，因此理性的共识也是难以达成的。

交往行动从根本上讲是一种道德实践行动，因此，哈贝马斯的交往行动理论在一定意义上就是一种道德理论。正是在交往行动理论的基础上，他进一步发展出了所谓的"对话伦理学"（又译"商谈伦理学"）。哈贝马斯的伦理学有两大原则：一是普遍化原则（principle of universalization），二是对话原则（principle of discourse）。普遍化原则指的是道德规范要为所有人所认可，并满足每个人的普遍利益；对话原则就是指道德规范应通过以争论形式表达的实际的对话来确立。这就是说，哈贝马斯的伦理学是形式化的，它不指向任何具体的内容，而是指向一种实践性对话的程序。

强调程序不仅是哈贝马斯伦理学的特点，也是他的民主理论的特点。他通过对自由主义与共和主义的比较，提出了一种程序主义的民主概念，并把这种模式称为协商政治（deliberative politik）。他指出，自由主义与共和主义的主要分歧在于对民主进程作用的理解不同。自由主义认为，民主进程的作用在于根据社会的不同利益来安排国家的计划，政治的功能是联结和实现社会化的个人利益。共和主义则把政治视为一种道德生活关系的反思形式，是共同体成员可以意识到他们的相互依赖性的一种媒介。

这两种相互冲突的命题导致了不同的结论：首先是公民概念不同。自由主义认为，公民的地位是由主体权利确定的，而主体权利是消极权利，它们确保法人在一定的活动范围内不会受到外部的强制。共和主义认为，公民权主要是政治参与权和政治交往权等积极自由权利，公民只有通过共同参与实践，才能成为一个自由平等的政治共同体中具有责任感的主体。其次是法律概念不同。自由主义认为，法律秩序建立在主体权利基础上，其意义在于明确具体情况下一定主体所具有的实际权利。共和主义则认为，这些主体权利应归功于一种客观的法律秩序，它促使并确保公民在平等、自主和相互尊重的基础上共同生活，并达成一致。再次是对政治过程本质的理解不同。自由主义认为，政治就其本质而言是围绕着行政权力而展开的不同立场之间的斗争，选民的选择行为和市场参与者的选择行为在结构上是相同的。共和主义认为，政治意见和政治意志在公共领域和议会中的形成过程所依循的，不是市场的结构，而是一种独特的公共交往结构，其目的是达成沟通。最后，国家观念不同。自由主义把国家看作是经济社会的守卫者，共和主义则把国家视为一个道德共同体。①

　　哈贝马斯的民主理论吸收了上述两方面的因素，并用一种理想的商谈和决策程序把它们融合起来，从而使民主政治的实践理性从普遍主义的人权和一定共同体的道德当中抽身出来，还原成话语原则和论证形式。这种话语政治一方面像共和主义那样把政治意见和意志的形成过程放到核心地位，另一方面又把自由主义强调的法治国家的基本权利和原则，看作是民主程序制度化的保证。他所说的民主制度程序，既包括议会中的商谈制度形式，又包括政治公共领域交往系统中的商谈制度形式。哈贝马斯的这种民主概念，在规范意义上把重心从金钱、行政权力转移到了团结上，并强调团结作为一种社会一体化的力量，应在面对其他两种资源（金钱和行政权力）的时候能够捍卫自己的地位。在他看来，公共领域的交往结构是一个范围极其广阔的感应网络，它对整个社会问题的压力作出反应，并激发起许多意义重大的意见；公众意见经过民主程序成为交往权力，能够约束行政权力的行使，并把它引导到一定的路线上来。他把这看作是人民主权的某种体现，不过他讲的人民主权不是表现为自主公民的有形集会，而是表现为无主体的或主体间性的交往形式。②

　　哈贝马斯看到，"在资本主义与民主制之间是存在着一种不可调和的紧张关系的"③。这是因为，资本主义的经济体系推动机制必须尽可能地脱离生活世界的约束，也必须尽可能地脱离根据行政管理的行动体系所建立的合法性要求。尽管福利国家通过再分配对资本主义经济系统进行了改革，但这种改革"对于特殊的阶级的财产结构，尤其是生产资料所有权的分配几乎没有触及"④。所以，真正的民主在资本主义社会中是受到限制的，资本主义社会的民主只体现在几年一次的选举中，而且这些选举也是受限制的，至于选举之外的

────────────────

① 参见［德］哈贝马斯：《民主的三个规范模式》，《中国社会科学季刊》1994 年夏季卷。
② 参见［德］哈贝马斯：《民主的三个规范模式》，《中国社会科学季刊》1994 年夏季卷。
③ ［德］哈贝马斯：《交往行动理论》第 2 卷，洪佩郁、蔺青译，重庆出版社 1994 年版，第 444 页。
④ 转引自汪行福：《走出时代的困境——哈贝马斯对现代性的反思》，上海社会科学院出版社 2000 年版，第 284 页。

大部分时间，人们只能充当消极的观众。不过，哈贝马斯并不想触动目前西方社会的基本结构，他也不是完全反对国家对经济生活的干预和福利国家政策，而只是希望通过政治公共领域中交往活动的扩大、参与式程序民主的发展和生活世界独立性的增强，来改良现存的社会。因此，他指出："如今激进民主化方向的特征是，原则上保留下来的'权力分配'内部的力量发生了转移。其中，应当在社会整合的不同资源之间，而不是国家权力之间，建立起一种新的力量均衡关系。目的不再是'消解'资本主义经济制度和官僚统治体制，而是以民主的方式阻挡系统对生活世界的殖民式干预。"①

由此看来，哈贝马斯的政治思想已经逐渐丧失了法兰克福学派早期的那种激进性，而越来越向现实妥协。在 20 世纪 70 年代中期以前，他对资本主义的批判还体现了比较鲜明的新左派立场，但此后就逐渐向自由主义靠拢了。他对交往理性的诉诸，实际上意味着对早期法兰克福学派的非理性主义的摒弃。但是，即使是不太激进的程序民主主张，也仍然带有一定的乌托邦色彩。因为在不改变社会经济结构的情况下，即在多元化的利益冲突难以调和的情景中，试图通过对话（商谈）、论证来实现相互理解，达成共识和团结，恐怕是值得怀疑的。

第四节　存在主义马克思主义

存在主义马克思主义是 20 世纪 40 年代末在法国出现的一种激进思想流派，它力图把存在主义和马克思主义结合起来，并按照存在主义的精神去解释马克思主义、批判现存社会。从广义上说，存在主义马克思主义主要包括两个部分：一是以列斐伏尔（又译"列菲弗尔"）为代表的从马克思主义走向存在主义的思潮；另一个是以萨特和莫里斯·梅洛-庞蒂为代表的从存在主义走向马克思主义的思潮。

存在主义马克思主义主要有以下几个特点：第一，重视人的存在即人的自由问题，认为存在先于本质，人的自由就是人的存在，个人自由是真正革命的

---

① Jürgen Habermas, *Strukturwandel der Öffentlichkeit*, Frankfurt am Main: Suhrkamp Verlag, 1990, p. 36.

基础；第二，强调存在主义是在马克思主义的边缘上发展着并寄生于其上的思想体系，声称要用存在主义的人学弥补所谓当代马克思主义理论中对人的排斥。

一、萨特的政治思想

让-保罗·萨特（Jean-Paul Sartre, 1905—1980 年）是当代影响最大的存在主义学者之一。1905 年，萨特出生于巴黎的一个海军军官家庭。他在青年时代曾就读于巴黎高等师范学院，专攻哲学，毕业后曾任一所中学的哲学教师。1933 年，萨特赴柏林研究胡塞尔和海德格尔等人的哲学。二战爆发后，萨特积极参加反法西斯抵抗运动，同时进行存在主义哲学研究。1943 年，他的哲学著作《存在与虚无》一书问世，标志着存在主义正式诞生。二战后，他通过演讲、论著、戏剧、评论等多种形式，阐发、宣传他的存在主义。20 世纪五六十年代，萨特利用其巨大声望积极从事社会和政治活动。在国内，他以激进的"左派"身份出现，反对戴高乐主义，反对法国政府的殖民政策，因而成为法国共产党的"同路人"。在国际事务中，反对美国和苏联的侵略战争，支持被压迫民族的解放事业。萨特的主要著作有：《存在与虚无》（1943 年）、《存在主义是一种人道主义》（1946 年）、《唯物主义与革命》（1946 年）、《辩证理性批判》（1960 年）、《造反有理》（1974 年）、《七十岁自画像》（1975 年）等。

（一）人的存在与自由

萨特在他的早期著作《存在与虚无》中，以现象学的本体论为基础，阐述了他的自由学说。他把存在区分为两类："自在的存在"和"自为的存在"。前者是指非意识的存在，这是标志外部世界的范畴。后者指的是人的意识或人的现实的范畴。萨特高扬自为的存在，认为它虽然有赖于自在，但不受自在的限制，不为自在所决定。自为的存在从一开始就是自由的，是向两个方向超越的。首先，它向着"可能"或"未来"超越。它不像自在那样"是其所是"，而是"不是其所是和是其所不是"，也就是它在自身的不断否定中规定自己。其次，它还向着世界超越。在萨特看来，自在的存在本身没有意义，只有自为在指向它时，才赋予它以意义，与此同时，自为也就创造了"我的"世界。

"存在先于本质"是萨特存在主义的第一原则。围绕这一原则，萨特做了详尽的阐述。

首先，否定"本质先于存在"的观点。在萨特看来，18 世纪以来的许多哲学思想和政治思想尽管强调了尊重人、关心人，但它们坚持的是一种"本质先于存在"的观点。这实际上把人看作是某种概念的产物，是无视人的"主观性"，把人贬低为物，否认人的尊严的表现。

其次，主张人自己创造自己的本质。在萨特看来，存在先于本质，意味着先有人，人碰上自己，在世界上涌现出来，然后才给自己下定义。萨特认为，根本就不存在人的本性，人就是人，这不仅是指人是自己所认为的那样，而且也是指人是自己所愿意成为的那样。也就是说，人的本质是人按照自己的意愿所创造的。在这里，人的"主观性"，也即人的非理性的心理活动，包括意志、恶心、烦恼、绝望等心理活动，使人作出了选择，"铸造"了自己。因此，人的本质是自己创造的。

最后，把自由作为人的自为存在的体现。萨特指出，由于存在是先于本质的，因此人就永远不能参照一个已知的或特定的人性来解释自己的行动，人创造自己的本质是通过自己的自由选择实现的。"人就是自由。"① 自由和自为的存在是一回事。对人来说，存在先于本质，也就是人的自由先于人的本质，并且，正是自由才使人的本质成为可能。所以，人不能逃避自由，"人是被逼得自由的"②；人必须选择，而这种选择的唯一特点就是自由。人在进行选择时，并没有什么先验的理性、道德或上帝可参照，完全是孤独地、自主地听任自己的主观性去决断。如果说，在这种选择中有什么价值的话，那么"价值只是由于被挑选上了"③。离开了人的自由选择，也就无所谓价值。自由就是自己决定自己，就是一种绝对的自由，除此以外，别无立法者。

萨特在他的早期思想中始终认为，尊重别人的自由是一句空话。每个人只有在反对别人的时候，才是绝对自由的。二战后，由于受到法国共产党理论家和法国其他存在主义者的批评，萨特开始"从战前的个人主义和纯粹个人转向到社会，转向到社会主义"④，他的绝对自由思想也有所修改。

在 1946 年发表的《存在主义是一种人道主义》中，萨特指出，我们从我

---

① ［法］让-保罗·萨特：《萨特哲学论文集》，潘培庆等译，安徽文艺出版社 1998 年版，第 117 页。
② ［法］让-保罗·萨特：《萨特哲学论文集》，潘培庆等译，安徽文艺出版社 1998 年版，第 117 页。
③ ［法］让-保罗·萨特：《萨特哲学论文集》，潘培庆等译，安徽文艺出版社 1998 年版，第 116 页。
④ 柳鸣九：《萨特研究》，中国社会科学出版社 1981 年版，第 45 页。

思中发现的并不仅仅是自己，也发现了别人。我们正是当着别人找到我们自己的，并且发现他们是自己存在的条件。一个人的存在不能无视他人的存在，正是他人使我自己意识到了自己的存在。因此，一个人的自由离不开别人的自由，而别人的自由也离不开我的自由。

萨特也修改了他对个人自由选择的观点。他指出，人是独立选择人生的。人在选择上要对自己负责。但人在为自己作出选择时，也为所有的人作出了选择。① 在铸造自己时，也铸造了人。因此人的选择不是随心所欲的，他在选择时背负着对世界和对自己的责任。这一责任是无法逃避、不得已的。

在 1960 年出版的《辩证理性批判》一书中，萨特从当代资本主义社会的变化特点中看到，人人都彻底自由地选择自己是不可能的。他在揭露资本主义社会的虚伪本质时指出：“这个世界上，自由的意思并不是指可以选择，而是指必须过受压制的生活。”② 因此，在资本主义社会中，人是异化了的人，不完整的，是失去了自己原有人性的人。他提出，西方人要展开一场斗争，努力恢复人与人之间兄弟般的关系，促使人成为真正的人。

萨特的思想虽然在前后两个时期发生了变化，但其理想仍是把人的自由作为宗旨，主张“人除了他自己外，别无立法者”③。1952 年，他在《答加缪书》中提出：“自由是不能被限制的，……它决定于自身的行动。”④

在法国处于德国法西斯统治期间，萨特的绝对自由思想表达了反抗法西斯侵略的决心，激发了人们从法西斯主义统治下解放出来的斗争勇气。二战后，他的自由思想深刻揭露了当代资本主义社会对人的压迫，因此具有一定的进步意义。但他对选择自由的过分强调，使其思想不免带有浓厚的主观主义和相对主义色彩。

（二）存在主义的马克思主义

《辩证理性批判》一书是萨特力图把马克思主义与存在主义结合起来的一个尝试，由此形成了他的“存在主义的马克思主义”思想。

---

① ［法］让-保罗·萨特：《萨特哲学论文集》，潘培庆等译，安徽文艺出版社 1998 年版，第 114 页。
② 转引自 L·J·宾客莱：《理想的冲突——西方社会中变化着的价值观念》，马元德等译，商务印书馆 1983 年版，第 271 页。
③ ［法］让-保罗·萨特：《萨特哲学论文集》，潘培庆等译，安徽文艺出版社 1998 年版，第 134 页。
④ 柳鸣九：《萨特研究》，中国社会科学出版社 1981 年版，第 38 页。

　　萨特承认，马克思主义"仍然是我们时代的哲学：它是不可超越的"①。但由于马克思主义的缺陷和现代马克思主义者的教条主义，使它患了一种"贫血症"。它"在偶然性方面抛弃了人类生活的一切规定性，并且不保留属于历史整体化的任何东西，只保留有其普遍性的抽象轮廓，结果它完全失去了人的含义"②。由此，在马克思主义内就出现了一个"人学的空场"。他认为，应该填补这个空白，把社会领域中的个人作为对象，用"人学"的辩证法取代唯物辩证法，用"历史人学"取代历史唯物论，用存在主义"补充"和"改革"马克思主义。

　　在《辩证理性批判》中，萨特通过人们的个人实践和社会实践来考察人类社会和历史。他从个人实践出发，用个人实践取代了《存在与虚无》中的"自为的存在"。在他看来，个人实践是社会实践的根本，社会实践具有程度不同的惰性。这里的所谓"惰性"，是指实践的异化或反合目的性。他指出："人类的目标在自我实现的同时，在自己周围确定了一个反合目的性场域。"③ 比较而言，个人实践的惰性因素是最少的。在个人的创造性实践中，物质必然性是被自由克服了的对象，人是命运的主人。

　　萨特指出，个人过渡到社会的动力是"匮乏"，即用来满足人们需要的物品的短缺。他认为，匮乏是人类社会普遍存在的事实，是制约人类生存的根本。人类的历史就是在不断解决匮乏的同时又不断产生新的匮乏的历史。匮乏的存在需要人们去生产，由此产生了人和物质世界之间、人和人之间的相互矛盾又相互依存的关系，这种状况导致了最初的联合，即"群集"。它是单个人的并列，如同乘公共汽车的人群，因此，群集就是"乌合之众"。在这种群集中，个人是独立的，相互之间的关系是不稳定的，并且由于匮乏，彼此之间是相互对立的。在这种结构中，个人自由实践被否定了，人被异化了。为了摆脱异化，人们便从分散的"群集"走向了结合的"群体"。

　　所谓"群体"，是指由于匮乏和个人需要而形成的共同的实践关系。它的形成包含两个方面：一是个人依据自身的需要而行动，二是基于共同需要和利

---

① ［法］让-保罗·萨特：《辩证理性批判》（上），林骧华等译，安徽文艺出版社 1998 年，第28 页。
② ［法］让-保罗·萨特：《辩证理性批判》（上），林骧华等译，安徽文艺出版社 1998 年，第71 页。
③ ［法］让-保罗·萨特：《辩证理性批判》（上），林骧华等译，安徽文艺出版社 1998 年，第307 页。

益而形成了共同的实践和合作。在萨特看来，"群体"的产生是对"群集"的否定，它克服了"群集"中的惰性和消极状态，形成了一种团结的状态，因此，它是一种自由的主动构成。

"群体"的发展经历了三个重要阶段：并合群体、誓言群体和制度群体。

第一，并合群体。这是群体的初级形态。并合群体是在外部危险和压力下形成的。它是非制度化的，是为了实现一定共同利益和目标而结合起来的，是共同活动的手段而不是目的。它的根本特征是"自由的突然复合"。萨特指出，法国大革命初期攻打巴士底狱的人们就属于这种"并合集团"。不过并合群体并不稳定，一旦外部压力和危险解除，就又回到群集状态。

第二，誓言群体。为了防止并合群体出现解体，每个成员自由地接受宣誓，不使自己成为集团的异己分子，自愿地限制自己的自由去保卫公共自由。并且，为了防止誓言受到破坏，有必要采取恐怖和暴力手段，惩罚可能背信弃义的行为。随着这种誓言群体职能分化，誓言群体也就成为和个人实践相对独立的组织。誓言组织出现了异化。

第三，制度群体。萨特认为，为了防止已经形成的群体退到群集状态，有组织的群体或集团又会发展为制度性的群体，形成严密的机构。在制度群体中，确立了各种制度性规范，人与制度间的关系明朗化、确定化和等级化，个体也完全物质化、被动化和异化。个人不再明晰地认识到自己本身，反倒成为纯粹的手段。制度化成了一种制约自由的权力，官僚制国家成为这种"制度群体"发展的顶点。他认为当时的苏联和东欧的一些社会主义国家就属于这种情况。

总而言之，萨特对群体发展所采取的态度基本是否定的。在他看来，群体越发展，个人自由受到的威胁就越大。为此，他比较推崇并合群体，因为在那里，个人既克服了孤立的原子化特征，又可以自愿地分离。换句话说，个人在并合群体中既能保持自己的社会性，又能保持自己的自由。显然，萨特的这一思想在反对官僚主义方面，有一定的积极性，但其思想仍然没有反映出社会发展和个人自由之间的辩证关系，实际上，他还是把社会和个人对立了起来。从这种意义上说，他的思想仍然是无政府主义的，而不是马克思主义的。

萨特反对资本主义制度。他积极参与 1968 年法国爆发的"五月风暴"，对法国激进左派提出的要自由不要政权的观点大加称颂，并提出消灭使权力成为可能的那个社会结构本身①。为此，他主张不断地革命和斗争，消灭资产阶级特权，反对异化，彻底改造现实社会，建立一种没有"异化"的制度。他理想的社会是"自由社会主义"，认为这是一种"人道的社会主义制度"。因为这种社会主义制度消灭了社会异化，实现了人的自由。为了实现他的理想，他把左派看成唯一的革命力量，甚至恐怖主义组织也成为他所依赖和同情的对象。

二、列斐伏尔的政治思想

亨利·列斐伏尔（Henri Lefebvre，1901—1991年）是法国存在主义马克思主义的主要代表人物之一。1901年，列斐伏尔出生于法国加斯科涅的一个官僚家庭。他毕业于法国巴黎大学，获哲学博士学位，毕业后，先后在法国的几所大学执教。1928年，列斐伏尔创办了法国首家马克思主义哲学刊物《马克思主义杂志》，次年，加入法国共产党。二战期间，列斐伏尔积极参加反法西斯抵抗活动。战后，他重新执教，活跃于法国学术思想界，其思想对当时的新左派和学生运动有着重要影响。列斐伏尔的主要代表作有：《辩证唯物主义》（1939年）、《日常生活批判》（1946年）、《马克思主义的现实问题》（1958年）、《现代性导论》（1962年）、《现代世界中的日常生活》（1968年）、《马克思主义与都市》（1972年）、《资本主义的幸存》（1973年）、《论国家》（1976年）等。

（一）国家理论

国家理论是列斐伏尔政治思想的重要组成部分。他之所以重视对国家问题的研究，主要原因就在于要弥补马克思主义国家理论研究上的不足。为此他在《论国家》中，着重分析了马克思主义国家理论的发展历程。

列斐伏尔指出，首先，马克思主义的国家学说从来都是在回答时代提出的问题中发展的，它没有固定的立场，而是在力图解决时代的矛盾中建立起学说的。因此，马克思主义并不是永远固定在一种思想上。例如，马克思和恩格斯关于经济问题的认识，就在经济决定论即经济主义这个问题上进行过多次"修正"。因此，他反对那种认为存在着一个马克思主义真理，并以这一轴心为标准把真理周围的一切都看成是谬误的观点。其次，马克思和恩格斯的国家理论也是有局限的。他们生前提出了国家是统治工具、国家从表面上看是独立于各个阶级的、国家代表着整个社会这三种理论，但并没有将其系统化。马克思和

---

① 柳鸣九：《萨特研究》，中国社会科学出版社1981年版，第95页。

恩格斯提出了无产阶级专政的论题，但对其本质是什么，并没有给予明确说明。这导致了后来斯大林滥用无产阶级专政的手段，给马克思的国家消亡理论蒙上了一层阴影。最后，马克思主义本身也是多元的。自从马克思国家学说产生以来，经过恩格斯、列宁，涌现出不同的马克思主义。例如，卢森堡、葛兰西、斯大林、毛泽东等，都从各自的角度，针对具体的状况提出了和马克思国家理论有一定出入的国家学说：斯大林强调了国家的作用，注重无产阶级专政；毛泽东提出了农村包围城市以及人民公社理论。

列斐伏尔指出，马克思和马克思主义国家理论还存在着空想的因素，与如今的时代要求不相适应，但马克思主义仍然起着一种酵素和构成的作用。他还指出，尽管马克思主义国家理论在发展过程中存在着左与右的派别，但他们的矛盾和冲突是马克思主义存在和发展的一种征兆，应该从马克思主义运动的总体性上来认识，这对丰富马克思主义是具有价值的。

列斐伏尔尤其注重对马克思主义关于国家消亡理论的分析。他认为，马克思、恩格斯、列宁都主张社会主义是过渡阶段，国家将走向消亡。但是，当时现实的社会主义国家却走向了个人崇拜和巩固国家机器，这是一种奇特的现象。他强调，既不应放弃无产阶级专政，也不能强化无产阶级专政，而应恢复马克思主义的一个根本性论点：无产阶级专政应该伴随着国家的消亡而消亡，民主才是主要目标。

（二）工人自治社会主义

工人自治社会主义思想起源于 20 世纪 20 年代前后，是葛兰西等人在总结当时出现的工人（厂）委员会这一新事物的基础上提出的一种社会主义模式。二战后，一些西方马克思主义者和东欧的新马克思主义者，将工人自治社会主义看作苏联模式的对立物，形成了较完整的工人自治社会主义理论。

列斐伏尔把经济社会和政治社会的关系作为其理论的依据。在他看来，经济社会的主体是生产者及其劳动场所，政治社会的主体是国家。经济社会是社会的基础，它支撑着政治社会（国家）。但在资本主义政治异化的条件下，两者的关系被颠倒了，国家成了凌驾于经济社会之上的力量。列斐伏尔指出，社会主义革命的任务就是要把经济社会和政治社会的关系颠倒过来，使政治社会从属于经济社会，并最终为其所吞并，即消灭国家。

要实现这一目标，列斐伏尔提出必须实行生产者（工人）自治，通过工人自治，不断地壮大经济社会的力量，使政治社会最终消亡。据此，他反对苏联模式的社会主义国家，因为这种模式的特点就是国家主宰和支配整个社会，本质上就是强化国家，而弱化社会主义工人的能动性。强化国家和实现工人自治是对立的，强调前者必然要牺牲后者；而唯有发展后者，才能最终超越国家并实现国家的消亡。所以，要使国家最终退出历史舞台，发展工人自治是非常重要的。

为了实现工人自治，列斐伏尔主张在政治上反对中央集权制度。他指出："国家不论其是否是资产阶级的，按照其本质都要用一个集中的原则来同自治的原则相对立，而自治原则是分权的，从下到上、从要素到总体地活动的。中央集权原则按其本质来说就倾向于限制自治原则、缩减对它的应用。"① 也就是说，实行工人自治就是要坚持分权制，反对中央集权制。在经济上，工人自治社会主义并不排斥商品经济、价值规律，也不是像苏联那样搞高度集中的计划经济。但社会主义商品生产不同于资本主义商品生产，它不是把剩余价值的生产放在首位，而是首先考虑使用价值和社会需要。工人自治社会主义并不否认计划经济，而是要把市场和计划结合起来，使计划经济民主化。

总之，列斐伏尔的工人自治社会主义的基本思想就是把自治和国家、自治与中央集权对立起来，反对纯粹的计划经济，主张发展商品生产和利用价值规律。

第五节　结构主义马克思主义

所谓结构主义马克思主义，是指用结构主义方法研究马克思主义的经典著作、分析西方社会现实的一个西方马克思主义思想流派。它流行于 20 世纪六七十年代的法国，主要代表是法国共产党人阿尔都塞和后来移居巴黎的希腊共产党人普兰查斯。结构主义是盛行于法国的一股哲学思潮。它作为一种分析问题的方法，主要认为人们要从杂乱无章的现象中获得有序的认识，必须掌握现象的结构。结构是由许多成分组成的按内在规律有机联系、运动发展并自动调整的体系。结构主义和实证主义都属于科学主义思潮，都强调科学而拒斥形而

---

① ［法］列菲弗尔（列斐伏尔）：《论国家——从黑格尔到斯大林和毛泽东》，李青宜等译，重庆出版社 1988 年，序言，第 11 页。

上学或者意识形态，但两者却有明显的区别。实证主义是一种经验主义，它把经验看作一切科学知识的基础；而结构主义则是一种理性主义，认为经验事实并不会自动呈现真相，观察也不能发现事物内部的深层结构，科学知识只能通过理性的再创造作用才能产生。

结构主义马克思主义有以下特征：第一，反对人道主义马克思主义（包括法兰克福学派、存在主义马克思主义等）把青年马克思的人道主义思想看作马克思思想发展顶峰的主张，认为早期的马克思思想是一种意识形态，成熟时期的马克思思想才是一种科学，才是真正的马克思主义；第二，强调人道主义是一种非科学的意识形态，马克思主义是一种"理论上的反人道主义"；第三，反对把国家看作是生产关系的直接反映或资产阶级用以实现自己目的的简单工具，认为国家有一定的独立性（或自主性），它不但寻求资产阶级的利益而且还寻求自己的特殊利益。

一、阿尔都塞的意识形态国家机器理论

路易·阿尔都塞（Louis Althusser, 1918—1990 年），是法国结构主义马克思主义流派的代表人物。1918 年 10 月 16 日，阿尔都塞生于阿尔及利亚的比曼德利小镇。他曾中断学业应征入伍，被囚禁 6 年。1945—1948 年间，阿尔都塞在巴黎高等师范学校学习哲学，并于 1948 年完成了《论黑格尔思想中的内容概念》，之后他留校任教，同年加入法国共产党，努力成为共产主义者。20 世纪60 年代，阿尔都塞成为法国享有声望的教授和理论家，同时因和法共领导人观点上的分歧，受到党内批评。1980 年，阿尔都塞因精神病发作误杀妻子，被送进精神病院治疗，从此淡出学术舞台。1990 年，阿尔都塞因心脏病发作在巴黎逝世。阿尔都塞的主要著作有：《孟德斯鸠：政治与历史》（1959 年）、《保卫马克思》（1965 年）、《读〈资本论〉》（1965 年）、《列宁与哲学》（1968 年）、《答雅恩·莱维》（1973 年）、《立场》（1978 年）等。

阿尔都塞是"意识形态国家机器"理论的提出者，这一思想集中反映在《意识形态和意识形态国家机器》一文中。阿尔都塞认为："意识形态是具有独特逻辑和独特结构的表象（形象、神话、观念或概念）体系，它在特定的社会中历史地存在，并作为历史而起作用。"① 其主要特征是：以虚假的概念反映社

---

① ［法］路易·阿尔都塞：《保卫马克思》，顾良译，商务印书馆 1984 年版，第 201 页。

会和历史的进程，歪曲事实，本质上不过是统治阶级为实现其统治，使人保持顺从而编造出来的神话。

阿尔都塞高度质疑意识形态的科学性。在他看来，科学是对现实的认识，以新问题为出发点。意识形态不同于科学，是纯粹的假象，是一种纯粹的梦想，即虚无。两者之间的不同在于以下几个方面。

第一，科学如实地反映了客观现实和社会历史的真实过去；而意识形态则属于"虚假意识"，它以神话的方式反映世界，即像神话一样以颠倒、幻想的方式反映现实世界，它歪曲现实，掩盖社会历史过程的真实性。

第二，科学的最基本功能是理论论证；而意识形态主要是一种价值观念，它的最基本功能是指导实践。

第三，科学与利益无关，没有阶级性；而意识形态则完全受到利益支配，为一定的阶级利益服务，具有实际重要性。

第四，科学的认识过程是从具体到抽象。任何科学都有一个发生、发展和成熟的过程，有一个"史前期"；意识形态则是科学的"史前期"。也就是说，任何科学都是由意识形态"脱胎"而来的，但由意识形态到科学的转变是一种根本的质变，即"认识的断裂"。

在对经济基础、上层建筑、意识形态的三重因素认识中，阿尔都塞提出了"多元决定论"。阿尔都塞将对意识形态的分析置于整个社会结构中。在他看来，社会是一个有结构的整体，由三个基本因素组成，即经济基础、上层建筑和意识形态。在这三个因素中，不存在哪一种因素起决定作用的问题。他反对"经济决定论"，也反对"意识形态决定论"。在他看来，意识形态只是整个社会总体中的一个有机组成部分。他主张，在整个社会结构中，每个因素的决定地位并不是固定的，而是变化的。

阿尔都塞用结构主义的观点来分析国家，将现代国家结构分为"镇压性国家机器"和"意识形态国家机器"。在他看来，马克思和列宁注重前者，即把国家看成是实现资产阶级对工人阶级进行统治，使工人阶级屈从于资本主义剥削的镇压性机器。阿尔都塞认为，马克思和列宁对国家的认识是正确的，但这种理论还需要补充。为此，他提出了"意识形态国家机器"理论，将意识形态视为国家政权的重要组成部分，认为没有意识形态国家机器的存在，马克思主义的国家理论就是不完善的。阿尔都塞指出，在马克思主义国家学说中，国家机器通常指的是：政府机关、军队、警察、法庭和监狱等。而这些只能算是镇压性国家机器；国家机器还有另一部分，那就是意识形态国家机器，包括宗教、教育体系、家庭、法律、政党体系、工会、出版物、广播电视、文学、艺术、体育等。① 在这些意识形态国家机构中，可能有些是由私人经营的，但它只要执行了国家的职能，就可以看作是国家机器。

在阿尔都塞看来，两种国家机器既相区别又相联系。二者的区别主要表现在：其一，镇压性国家机器"是一个有组织的整体"；而意识形态国家机器则是多样的、不同的、'相对独立的'"②。由于意识形态国家机器是由许多相对独立的部分组成的，因此无论是被推翻的统治阶级，还是尚未取得统治地位的被统治阶级，都把意识形态作为争夺的阵地。意识形态国家机器成为阶级斗争的场所。其二，镇压性国家机器的统一性是由中央集权组织来保证的；而意识形态国家机器的统一性则是由占统治地位的意识形态来保证的。其三，镇压性国家机器以暴力方式执行职能；而意识形态国家机器主要通过宣传、教育、思想灌输等方式执行职能。就二者的联系而言，统治阶级的统治，如果没有意识形态国家机器支持，仅靠镇压性国家机器，是难以维持长久的。

阿尔都塞分析指出，意识形态国家机器在不同生产方式下有不同的表现方式和作用。在封建社会中，宗教和家庭作为意识形态国家机器发挥着重要作用，本质上都在于维护封建生产关系的再生产。近代以来，资产阶级的意识形态国家机器主要是维护资本主义生产关系的再生产。具体而言，资产阶级国家通过议会民主的方式宣传资产阶级的"民主"意识形态；通过信息系统宣传自由主义；通过学校培养出的人都具有适合于资本主义社会各种角色需要的思想意识，即被剥削的工人和农民具有了服从管理的"职业的""公民的"意识，统治阶级的代理人则具有了管理、统治的意识。

阿尔都塞的意识形态国家机器理论，对于我们深入认识当代西方国家及其性质有着重要的意义。阿尔都塞印证了马克思主义的基本观点，如经济基础和上层建筑的结构性组成，国家作为镇压性机器的本质。但是，他没有摆正意识形态的位置，错误地将意识形态放在了一个同经济基础和上层建筑同等重要的位置上。这使他不仅没有很好地理解社会的结构，也不正确地突出了意识形态

---

① 中共中央马克思恩格斯列宁斯大林著作编译局《马列主义研究资料》编辑部编：《马列主义研究资料》1988 年第 4 辑，人民出版社 1988 年版，第 251—252 页。

② 中共中央马克思恩格斯列宁斯大林著作编译局《马列主义研究资料》编辑部编：《马列主义研究资料》1988 年第 4 辑，人民出版社 1988 年版，第 256 页。

的重要性，用意识形态国家机器淡化了镇压性国家机器的重要性。

二、普兰查斯的阶级与国家分析

尼科斯·普兰查斯（Nicos Poulantzas, 1936—1979 年）是结构主义马克思主义理论家，阿尔都塞的学生。普兰查斯出生于雅典，1960 年移居巴黎，曾就读于希腊、联邦德国和法国几所著名大学，毕业后在法国巴黎第八大学任教。1979 年，普兰查斯因抑郁症自杀，年仅 43 岁。他的主要著作有：《政治权力与社会阶级》（1968 年）、《法西斯主义和独裁》（1970 年）、《当代资本主义中的阶级》（1974 年）、《独裁的危机》（1975 年）、《国家、权力与社会主义》（1978 年）等。普兰查斯政治思想有两个基本主题，一是阶级，二是国家。在政治思想的阐述上，普兰查斯像他的老师那样用结构主义的观点和方法，重新解释了马克思主义的阶级和国家理论。

对西方社会的阶级进行分析，是普兰查斯政治思想的主要内容。与以往人们从生产资料的角度来分析阶级不同，普兰查斯从整体上分析了当代西方的社会结构，提出了"新小资产阶级"的理论。"新小资产阶级"也就是当代西方社会中大量存在的"白领工人"，主要包括企业中的管理人员、科学技术人员以及商业、银行部门中的工作人员。这批"白领工人"既不是资产阶级，也不同于工人阶级，只能是"新小资产阶级"。他们从资本家那里获得了对工人进行支配和管理的权力，帮助资本家从工人阶级身上榨取剩余价值，但他们本身也受资本家剥削。在意识形态上，白领工人所从事的脑力劳动实际上支持着资本主义意识形态关系的再生产，体现着资本对工人的统治关系，但他们本身又接受着资本主义的意识形态，属于资本主义意识形态的一部分。

在对国家的分析上，普兰查斯继承了阿尔都塞的理论。普兰查斯运用结构主义方法，把社会看成是一个由经济、政治和意识形态三大部分组成的整体，三个部门相对独立，各自都对其他部门产生着影响。其中，国家起着统一协调的作用，维持着社会形态的统一和平衡。普兰查斯剖析了现代资本主义国家发挥统一协调作用的本质。他认为，在以往的社会中，国家主要通过公共法则、等级制度、阶级奴役结构来实现对被统治阶级的统治；而资本主义国家恰恰是通过似乎没有阶级统治的形式，来维护资产阶级统治的。在他看来，资本主义国家是通过瓦解被统治阶级和组织统治阶级来达到统治目的的。

首先，普兰查斯分析了资本主义国家的阶级性。他指出，在资本主义国家中，存在着占有生产资料的资本家和一无所有的工人，双方形成了一种对立的阶级关系。但在资本主义国家的政治和法律制度中，无论是工人阶级还是资产阶级都被还原成孤立的个人，并在形式上成为自由平等的公民，国家成为人民的代表。事实上，当国家作为全体人民的代表时，并没有让被统治阶级分享政治权力，相反却通过自由平等的政治体制，向被统治阶级隐瞒了自己的阶级特性。国家通过政治和法律制度，一方面将经济生产过程中的劳动者阶级个人化，另一方面又将这些个人以资本主义国家中的公民组织起来，由此工人阶级也就被资本主义国家的政治制度所同化，成为资产阶级政治制度下的公民，工人也就完全个人化了。由此，资本主义国家通过其政治和法律制度瓦解了被统治阶级。与之相反的是，在资本主义国家中，资产阶级内部相互竞争，甚至会为了自己的利益而牺牲整个阶级的利益。所以，他们自身无法把自己组织成统治阶级，唯有通过国家才能实现自己政治上的统一。因此，普兰查斯提出：国家的职能是要从政治上瓦解被统治阶级，而与此同时它却从政治上来组织统治阶级。它防止被统治阶级在国家中心作为阶级出现，但导致统治阶级在那里作为阶级出现。①

其次，普兰查斯分析了资产阶级国家的相对自主性。他认为，一方面，国家是以阶级统治为基础的，是统治阶级的国家；另一方面，国家又具有相对自主性，并非是统治阶级可以任意操纵的一种工具。因此，它有时会违背统治阶级的利益，而满足被统治阶级的某些利益。国家之所以会这样做，主要在于统治阶级的长远利益或根本利益。从本质上说，资本主义国家是为资产阶级的利益服务的；但它并非仅为一时的经济利益服务，它还要服务于整个资产阶级的政治利益，即掌握政权，并通过政权来维持现存的社会关系和社会制度。也就是说，有了现存的政治利益，资产阶级国家最终还能维护其经济上的利益。

最后，普兰查斯提出了国家是一种关系的思想。在早期著作中，普兰查斯强调国家的相对自主性，否认国家是统治阶级的简单工具。在其晚期重要著作《国家、权力与社会主义》中，他反对把国家看作像资本那样的一个固有实体，主张把国家看作是各种权力之间的一种关系，或者进一步说，它是阶级和阶级派别之间的关系。在普兰查斯的思想中，国家成了一种阶级关系的凝聚。它本

① ［希腊］尼科斯·普兰查斯：《政治权力与社会阶级》，叶林等译，中国社会科学出版社1982年版，第205页。

身充满了阶级矛盾和阶级斗争，它是阶级斗争的战场。正因如此，他认为，国家政策的制定是国家结构中阶级矛盾的产物，其产出的政策并不是统治阶级意志的简单强加，也不是国家绝对自主权力的运用，而是取决于国家内部的阶级矛盾和阶级斗争状况。因此，在现代资本主义国家中，国家政策的制定就是阶级斗争的结果。在这个战场上，谁取得了优势，谁就会制定有利于自己阶级的政策。

在国家理论的基础上，普兰查斯主张议会民主的改良道路。在普兰查斯看来，既然国家本身是一种关系，是一个阶级斗争的战场，而不是一个可以随意运用的工具，那么，对于社会主义革命者来说，就不应仅仅从外部进攻国家，夺取国家机器，掌握国家政权，而应在国家内部，也就是在现有的资本主义代议民主条件下，通过使阶级力量向着有利于人民群众的方向发展，逐步地改造资本主义，走向社会主义。这实际是主张放弃暴力革命，走议会民主的改良道路。

普兰查斯对新小资产阶级的分析具有一定的合理成分，然而，他以"多元决定论"为标准来划分阶级是错误的。因为，"社会阶级在任何时候都是生产关系和交换关系的产物，一句话，都是自己时代的经济关系的产物"①。尽管阶级关系也涉及政治和思想意识关系，但经济关系归根到底起着决定作用。如果在划分阶级的标准上，将经济标准和政治与思想意识形态标准相提并论，势必带来阶级划分上的混乱。实际上，马克思主义经典作家在分析阶级的时候，也不是仅仅从生产资料的角度来进行分析，而是从经济基础、上层建筑以及意识形态等各个方面的因素进行整体分析。

第六节 西方马克思主义评析

西方马克思主义继承了马克思主义的辩证性特征，深刻地分析了西方的现代性理念和现代化运动的负面效应，并能够以开放的态度和发展的眼光辩证地看待现代性问题，将现代性视为一项"未完成的工程"。西方马克思主义的现代性理论、市场社会主义理论、生态社会主义理论以及关于人的存在方式的理

---

① 《马克思恩格斯选集》第 3 卷，人民出版社 2012 年版，第 401 页。

论等，都为我们建设中国特色社会主义提供了一些启示。

西方马克思主义有一些新的理论研究方向，如生态马克思主义、马克思主义女权主义等，是马克思主义与其他思潮交流融合的结果，也彰显了马克思主义强大的生命力。例如，生态马克思主义告诉我们，在马克思的著作中不仅包含着深刻、系统的生态理论，而且马克思的生态世界观是当今世界唯一能指引人们消除生态危机、建设生态文明的思想武器。

由卢卡奇所开创的西方马克思主义主流，把马克思主义归结为是一种人道主义，并围绕着人的本质、人的需要、人的交往、人的自由、人的价值、人的异化等进行了系统的研究。在这一意义上，也可以把西方马克思主义称为"人学"。西方马克思主义理论家对马克思的人道主义思想的阐述对于我们研究马克思主义对人的本质规定的全面性、异化、人的发展有着一定的启示。

西方马克思主义与真正的马克思主义有着巨大的差异，不是真正的马克思主义。这种差异体现在自然观、历史观、认识论等诸多方面。我们应该对两者进行区别，坚持真正的马克思主义，认清西方马克思主义的局限性。

从自然观来看，西方马克思主义理论家对马克思的自然概念表现出浓厚的兴趣，从卢卡奇到施密特，无不对其进行研究和解释，但却充满了唯心主义的曲解。马克思关于自然的理论是主张世界统一于自然、统一于物质的，西方马克思主义的理论家，比如施密特，则把世界的统一性问题当作唯心主义的抽象命题加以拒绝。马克思不但确认自然是客观存在的，而且认为自然也有独立的规律，西方马克思主义理论家则竭力否认自然辩证法的存在。

从历史观来看，西方马克思主义的历史观渗透在他们所提出的"总体性理论""主客体辩证法""实践哲学""人道主义理论"等具体理论观点中，他们所说的历史观与马克思主义的历史唯物主义相悖。比如，他们的"总体性理论"强调了历史发展是一个复杂的系统，否定经济因素的决定性作用。他们的"主客体辩证法"强调历史只具有在人的能动作用支配下的趋向性，而不存在独立于人之外的客观规律性。

西方马克思主义的认识论与马克思主义的认识论也是对立的。一方面，西方马克思主义反对对立统一观念和矛盾分析方法，崇尚总体观念和综合方法；另一方面，西方马克思主义反对"反映论"，崇尚"实践"和"创造"，这与真正的马克思主义认识论是不一样的。

综观西方马克思主义的自然观、历史观、认识论等全部哲学理论，有一个基本原则贯彻始终，这就是"主体性原则"。西方马克思主义在主体性问题上实在走得太远了，以至于用"主体性原则"覆盖和废弃了客观性原则。他们所做的不是发展和向前推进马克思主义，而是倒退到被马克思所抛弃了的黑格尔主义那里去。

西方马克思主义的本质是非马克思主义，甚至是反马克思主义的。从理论上看，西方马克思主义者得出的结论往往是错误的。从实践上看，西方马克思主义在无产阶级革命实践中并不积极，甚至是损害了进步的革命运动。尽管如此，对西方马克思主义的研究仍然有其价值。西方马克思主义对西方资本主义的分析与批判有其深刻之处，提出的问题也非常现实，是马克思主义研究面向实际应该逐一加以回答的，对于马克思主义的丰富和发展有着积极意义。

对西方马克思主义的研究必须以马克思主义为指导，否则就无法正确地分析鉴别和参考借鉴西方马克思主义理论，使其为我们坚持和发展马克思主义服务。必须杜绝在西方马克思主义研究问题上的一些错误倾向。比如，为了把西方马克思主义奉为马克思主义，竭力否定它在一些重大原则问题上与马克思主义的对立。再比如，从马克思主义多元论出发，把西方马克思主义在一些重大原则问题上对马克思主义的"修正"说成是对马克思主义的重大贡献，从而把它誉为一种"创造性的""现代化的"马克思主义。这两种错误尽管形式不同，但它们有一个共同点，那就是没有坚持以马克思主义为指导来研究西方马克思主义。

阅读文献

1. ［美］赫伯特·马尔库塞：《单向度的人》，张峰、吕世平译，重庆出版社 1988 年版。

2. ［德］尤尔根·哈贝马斯：《合法化危机》，刘北成等译，上海人民出版社 2000 年版。

3. ［德］哈贝马斯：《交往与社会进化》，张博树译，重庆出版社 1989 年版。

4. ［法］列菲弗尔（列斐伏尔）：《论国家——从黑格尔到斯大林和毛泽东》，李青宜等译，重庆出版社 1988 年版。

5. ［法］路易·阿尔都塞：《保卫马克思》，顾良译，商务印书馆 1984

年版。

6. ［希腊］尼科斯·普兰查斯：《政治权力与社会阶级》，叶林等译，中国社会科学出版社 1982 年版。

7. 陈学明：《西方马克思主义教程》，高等教育出版社 2001 年版。

8. 阎孟伟、孟锐峰主编：《西方马克思主义理论》，广西人民出版社 2018 年版。

思考题

1. 简述西方马克思主义的发展历程。

2. 西方马克思主义的发展呈现出什么样的基本特点？

3. 西方马克思主义如何批判资本主义？

4. 如何评价西方马克思主义对社会主义建设的思考？

5. 如何评价西方马克思主义对马克思主义的探索？

6. 如何运用马克思主义评析西方马克思主义？

7. 如何理解马尔库塞的总体革命思想？

8. 哈贝马斯是如何描述晚期资本主义及其危机的？

第五章 民 族 主 义

民族主义（nationalism）是聚焦民族与国家的政治思潮。在当代西方，随着民族、种族、移民等诸多问题的出现，民族主义仍然占有较大的市场，吸引了政治学、民族学、社会学等诸多学科领域学者的广泛关注。民族主义表现形式各异，在不同的国家、不同的历史阶段发挥了不同的作用，形成了不同的影响。民族主义主张以民族为主体，以建立民族国家、维护民族国家利益为最高政治诉求，在政治、经济、文化等各个方面提出了自己的主张，形成了自由民族主义、保守民族主义、激进民族主义等主要流派。我们既要看到民族主义进步的一面，同时也要对民族主义的"两重性"和狭隘的民族主义有清醒的认识。

第一节　当代西方民族主义的源流

一般认为，民族主义出现在 18 世纪末 19 世纪初的欧洲，与近代以来西方民族国家相伴生。美国独立战争、法国大革命，既是民族国家建构的标志性事件，也催生了民族主义的政治思潮。从 19 世纪初开始，民族主义在中欧广泛传播，随后传入拉丁美洲以及后来的东欧和南欧国家。人们将 19 世纪称为"欧洲民族主义的世纪"。20 世纪初，民族主义开始在发展中国家流行，使得 20 世纪成为"亚洲和非洲民族主义的世纪"。进入 21 世纪，民族主义在西方世界卷土重来，产生了广泛而深刻的影响。

一、近代民族主义的萌芽与发展

尽管有学者将民族主义的产生追溯到 15 世纪，但学界多认为民族主义最早出现在 18 世纪的欧洲。有学者认为，作为一种系统的学说，民族主义的出现大致可追溯到 18 世纪的德国，哲学家赫尔德提出的"民族精神"和"国家精神"等概念就是一个例证[①]。也有学者认为，16 世纪早期的英国民族主义是民

---

① Isaiah Berlin, *The Crooked Timber of Humanity: Chapters in the History of Ideas*, Princeton: Princeton University Press, 2013, p. 259.

族主义的最早体现，并将其称为"上帝的长子"①。不过，更多学者把法国大革命视为现代民族主义源起的标志，认为现代民族主义是"法国大革命的产儿"②。18 世纪是民族主义意识形态的开端，其中尤以波兰被瓜分、美国和法国革命为主要标志。③ 学界大体一致的认识是，民族主义与资产阶级革命联系在一起，产生于 18 世纪西方民族国家兴起的过程当中。

中世纪的欧洲曾长期处于宗教认同高于民族和国家认同的状态。封建割据状态造成了王权的式微和人们对民族认同的缺乏。在当时，"人们首先认为自己是基督教徒，其次是某一地区如勃艮第或康沃尔的居民，只是最后，——如果实在要说的话——才是法兰西人或英吉利人"④。同时，在罗马帝国和法兰克帝国的废墟上建立起来的大大小小的封建王国，并未形成普遍的国家认同，后来的神圣罗马帝国被后人讥为"既不是神圣的，也不是罗马的，更不是什么帝国"⑤。

随着历史的发展，民族认同成为王权战胜教权的重要依靠力量，民族主义最终在欧洲出现了萌芽。民族主义在近代西方的出现，是多种要素综合作用的结果。首先，资本主义生产方式的出现，对形成民族国家提出了新要求。其次，语言对民族国家和民族主义的形成也有着重要的意义。再次，军事制度和技术革命也催生了近代民族主义萌芽。国王越来越有能力摆脱封臣和骑士阶层，建立自己的军队，并通过火药和大炮打破封建贵族的割据，成为本民族的代言人。最后，也是最重要的是，民族国家与民族主义相伴而生，是推动民族主义形成最重要的物质基础。恩格斯在《关于德国的札记》中指出，西班牙、法国和英国在 15 世纪末"都已结合为形成了的民族国家"。⑥ 民族国家和民族主义是相互作用、相辅相成的。到欧洲资产阶级革命大爆发前，随着封建王权的加强和资本主义市场的形成，民族国家在西欧许多地区得以建立。《威斯特

---

① ［美］里亚·格林菲尔德：《民族主义：走向现代的五条道路》，王春华等译，上海三联书店 2010 年版，第 1 页。

② 转引自 Louis L. Snyder, *The Dynamics of Nationalism*, *Readings in Its Meaning and Development*, Princeton: D. Van Nostrand Company, Inc., 1964, p. 26.

③ Anthony D. Smith, "The Resurgence of Nationalism? Myth and Memory in the Renewal of Nations," *British Journal of Sociology*, Vol. 47, No. 4, 1996.

④ 李宏图：《论近代西欧民族主义和民族国家》，《世界历史》1994 年第 6 期。

⑤ ［法］伏尔泰：《风俗论》中册，梁守锵等译，商务印书馆 2017 年版，第 150 页。

⑥ 《马克思恩格斯全集》第 18 卷，人民出版社 1964 年版，第 647 页。

伐利亚和约》的签订成为标志性历史事件，为民族主义在近现代的兴起奠定了国际政治基础。从此，王权取代教权，国家取代教区，民族和国家认同取代宗教认同成为欧洲政治的核心内容。

早期的民族主义主要体现为要求建立民族国家。但丁、彼特拉克、薄伽丘等文艺复兴先驱开始在政治上主张国家统一，反对分裂，积极要求建立民族统一的国家。他们关于热爱本民族语言的情感宣示体现出朴素的民族主义意识。但丁主张以意大利的方言、俗语为基础，形成统一的意大利民族语言，并把对意大利语言的使用看作是对国家、故土和同胞的真挚热爱。被誉为"人文主义之父"的彼特拉克希望子孙们能够回到光辉的过去，表现出了强烈的民族情感和民族中心主义意识。马基雅维利、博丹等思想巨匠，则通过富有启迪的思想论述和政治著作进一步推动了民族主义的思想萌芽。马基雅维利主张建立中央集权的君主制，通过强力手段结束意大利的分裂状态，实现国家的统一。博丹顺应了资产阶级政治统治和经济发展的需要，在其代表作《国家论六卷》（1576年）中提出了国家主权学说，契合了民族主义的思想主张。

资产阶级革命时期，民族主义正式形成，并发挥了重要的作用。1789年，法国革命者以人民的名义起义，反抗国王路易十六的统治，"法兰西民族"的称呼得到越来越多的认同。民族主义成了革命和民主的信条，反映了"法兰西公民"取代"国王的臣民"的呼声。法国大革命之后，民族主义信条传遍了欧洲。在拿破仑战争期间，欧洲大陆的大多数国家遭到法国入侵，导致这些国家纷纷起来反抗，这也进一步刺激了民族主义的兴起。18、19世纪之交，美洲爆发了反殖民主义的民族主义浪潮。1776年7月4日，由北美殖民地代表参加的大陆会议通过了《独立宣言》，宣告废止北美殖民地与大不列颠王国之间的政治从属关系。

1789—1871年是西欧民族主义运动持续高涨的时期，是"一般资产阶级民主运动特别是资产阶级民族运动的时代，是已经过时的封建专制制度迅速崩溃的时代"[①]。民族主义的兴起重新划分了19世纪的欧洲政治版图。在自由主义和民族主义的压力面前，1848年，意大利城邦、捷克、匈牙利和德国等爆发了民族起义。随着意大利和德意志这两个"迟到的民族国家"分别于1870年、1871年实现统一，民族国家体系在西欧全面形成。19世纪末，随着国旗国歌、

---

① 《列宁全集》第2版增订版第26卷，人民出版社2017年版，第144页。

国家假日、公共仪式和大众文化的普及和传播，民族主义更加成为大众政治语言，与自由、进步的政治运动相联系。

在民族主义的发展过程中，也出现了具有沙文主义（chauvinism）和仇外主义（xenophobia）色彩的激进民族主义，爱国热情不再与政治自由和民主联系在一起，而是与民族的荣耀和战争的记忆联系在一起。一些国家鼓吹"种族优越论"，把其他民族视为异类。这种有着大众民族主义（popular nationalism）基础的新思想加速了殖民扩张。到 19 世纪末，世界大多数人口都在欧洲的控制之下。这也导致了国际竞争与猜疑情绪的蔓延，引发了第一次世界大战。而这次人类大战的导火索，是塞尔维亚民族主义青年加夫里洛·普林西普打响的"萨拉热窝的枪声"。

二、20 世纪的三次民族主义浪潮

进入 20 世纪以来，世界范围内出现了三次民族主义浪潮，分别发生在一战后、二战后和冷战后。尽管这些民族主义的浪潮并不是都发生在西方世界，但都与西方世界有着千丝万缕的联系，其目标都是建立独立的民族国家。就西方世界来看，各个国家更多希望超越民族国家，以自由主义的意识形态代替民族主义，走向公民国家。

一战后，中东欧完成了国家重建。在巴黎和会上，美国总统伍德罗·威尔逊大力倡导民族自决原则。德意志帝国、奥匈帝国、俄罗斯帝国和奥斯曼帝国土崩瓦解，多个新国家应运而生。随着亚非人民奋起反抗殖民统治，肇始于欧洲的民族主义传播到了全球各地，成为亚非人民反抗殖民统治的思想武器，产生了孙中山的三民主义、土耳其凯末尔主义等东方民族主义思潮。1919 年，埃及爆发民族起义并席卷中东地区。同年，阿富汗与英国爆发战争，印度、荷属东印度等地相继爆发起义。一战的结束并未缓和一些国家之间原有的紧张关系。一些国家在军事上的败北或对现状的不满埋下了挑战国际秩序的隐患，其中，德国、意大利和日本表现最为明显。在这些国家，法西斯主义和专制主义运动试图通过帝国扩张政策来恢复民族的荣光，民族主义再次成为世界大战的诱因。

第二次世界大战使得老牌殖民国家元气大伤，加上民族自决理念的深入人心和战后联合国推动的"非殖民化"运动，全球殖民体系逐渐土崩瓦解。这突出表现为非洲政治版图的变化。二战前，非洲仅有 3 个独立的国家。二战结束

以后，阿尔及利亚、摩洛哥和苏丹等国提出了独立要求。20 世纪 50 年代中期至 60 年代，非洲民族解放运动走向高潮，仅 1960 年就有 17 个非洲国家独立，这一年因而被称为"非洲年"。整个 60 年代，非洲诞生了 32 个新国家。同时，无产阶级革命也取得诸如中国革命胜利的巨大成就，与民族主义一道成为改变世界格局的新兴力量。反殖民主义运动不仅见证了民族主义在发展中国家的传播，还衍生了新的民族主义形态。在越南和非洲部分国家，民族主义融合了马克思主义，民族解放不仅被视为政治目标，而且被看作是社会革命的一部分。民族主义作为一种解放力量，"解放了全世界人民的精神和物质资源，并且通过大众的斗争帮助移开某些对世界人民争取更大平等的障碍"[①]。

冷战结束以后，世界范围内出现了第三次民族主义浪潮。苏联分裂为 15 个独立国家，南斯拉夫一分为六，捷克斯洛伐克一分为二，厄立特里亚脱离埃塞俄比亚独立。作为苏联继承国的俄罗斯联邦，其内部的民族分离主义运动仍未休止，车臣问题最为突出。在东欧，一些新独立的国家内部再次衍生出分离主义现象，如摩尔多瓦国内相继成立"加告兹共和国"和"德涅斯特河沿岸共和国"。此外，比利时弗莱芒民族主义分离运动导致该国由王国改制为联邦国家，加拿大魁北克省的民族主义分离运动在 1995 年的公投中仅以极微弱的差距败北。

在西方政治史上，民族主义对民族国家的形成有着重要的意义，是一种进步的力量。然而，毋庸讳言，在民族国家运动和现代世界体系形成的历史过程中，民族主义也造成了灾难。西方社会对此也进行了深刻的反思，并在此基础上建立起民族国家的基本规则与体系。比如，制定《联合国宪章》等国际规范，规定"大小各国"一律平等，禁止侵犯他国主权，从而防范国家间的民族主义；建立国际人权法规范体系，规定"人人生而自由，在尊严和权利上一律平等""每一缔约国承担尊重和保证在其领土内和受其管辖的一切个人享有本公约所承认的权利，不分种族、肤色、性别、语言、宗教、政治或其他见解、国籍或社会出身、财产、出生或其他身份等任何区别"[②] 等。为了有效防范国际国内各类民族主义的侵害性，联合国及其有关机构还成立了安理会、国际刑

---

① ［英］安东尼·史密斯：《民族主义：理论，意识形态，历史》，叶江译，上海人民出版社 2006 年版，中文版前言，第 2 页。

② 国际人权法教程项目组编：《国际人权法教程》第 2 卷，中国政法大学出版社 2002 年版，第 2、7 页。

事法院等机构，建立了国家间控告及接受个人申诉等的制度和机制。

伴随着联合国及国际人权体系的创立，大部分西方国家进入了所谓的"自由民主时代"，其主要特征之一是国家在族裔问题上采取中立的立场，按照自由主义所倡导的公民权利和自由理念组织国民的政治和社会生活，西方学者将这一过程概括为"自由主义对民族主义的胜利"。至此，西方国家似乎已完全摆脱了长达数个世纪的民族主义的羁绊，开始全面走向自由主义者所向往的"公民主义国家"时代。从另一个向度来看，公民国家理念和制度的建立也标志着"身份政治"走向终结。"公民国家"或"自由民主国家"代替了"白人国家"或"盎格鲁-撒克逊人的国家"之类的称谓。冷战结束后，福山更是雄心勃勃，誓言要将这一自由民主国家模式推向全世界。

三、21 世纪的新民族主义回潮

21 世纪西方出现了民族主义的回潮。从某种程度上讲，17—20 世纪都是民族主义的时代。17—19 世纪的西欧民族国家建国运动、20 世纪的三次民族主义浪潮，都可以归结为"传统民族主义"运动。这些民族主义运动的结果，就是产生了大量独立的民族国家，继而形成并巩固了以这些民族国家为基本单位的世界政治格局和国际秩序。进入 21 世纪以后，世界形势发生了重大变化，面临百年未有之大变局。在全球化、市场化、民主化、贫富分化、身份政治等多重因素的复杂作用下，全球范围内特别是西方国家出现了明显不同于传统民族主义的所谓"新民族主义"。在一向是自由主义占统治地位的西方国家也出现了各种形式的民族主义，如极右翼民族主义、福音民族主义等。西方媒体和学界将这种多发的民族主义现象概括为"新保守民族主义"（neo-nationalism）。

新民族主义集民粹主义、反全球化、反移民、利己主义、排斥主义、本土主义、保护主义、孤立主义、信仰政治为一体，表现出高度的复杂性和内在冲突性。如果说传统的民族主义可以简要地概括为把自我民族（族群）作为政治、经济、社会、文化的主体，并将其置于最高价值链的思想和运动，那么，新民族主义相对要复杂得多。新民族主义的崛起有着更为深刻的经济、政治、社会、文化和心理动因。在西方国家，新民族主义既表现为反移民等"外来者"的本土主义，也表现为反现代性的宗教保守主义，同时还表现为自私自利的经济利己主义。新民族主义并不是一个与传统民族主义全然不同的单一形态的民族主义，它既是对时下特定类型民族主义的概括，也是对一系列民族主义新现象的描述。在西方社会，新民族主义突出地表现为欧洲的极右翼民族主义和美国的福音民族主义。

进入 21 世纪以来，在全球化的负效应、大国直接入侵和干预所引发的难民潮及传统的自由派和左翼力量逐渐走偏等多种因素的影响下，西方国家苦心经营的"公民民族主义国家"开始发生动摇甚至转向。二战后，随着传统的工人阶级逐渐中产化，欧美国家的自由派和左派逐渐将"政治解放"的对象转移到少数族裔、女性、同性恋群体等弱势和社会边缘群体，而对于在全球化进程中陷于贫困和其他社会问题的底层白人群体缺乏应有的关注和同情，其结果之一便是后者转向"身份政治"，成为福音民族主义和极右翼民族主义运动的群众基础。

在欧洲，伴随着各类矛盾和冲突尤其是就业、安全与认同问题的叠加式出现，二战后长期处于边缘地位的欧洲极右翼政党开始审时度势，重塑政党形象。它们转换思路，调整策略，利用全球化、区域一体化过程中的种种负效应以及传统政党在国家治理问题上的失误，试图一举改变二战后在夹缝中生存的窘迫局面，成为主流政党。为了达到这一目的，这些政党在广泛的政治动员过程中，将久已失势的白人种族主义引入政治纲领，这使得这些政党在欧洲迅速崛起，但同时也逐渐形成一种排斥性极强的、危险的民族主义。事实上，如果没有族裔主义作为核心概念，极右翼的思想家、政党和运动就无所依托，也就难以发展成影响深远的民族主义。[1]

美国福音民族主义的崛起与极右翼民族主义有着相似的历史背景，但其具体的发展路径又有着自身的特色。福音民族主义缘起于福音派，该教派是影响美国政治、文化和社会生活的一个极其重要的变量。进入 20 世纪以来，福音派在政治上经历了重要的转型，从相对单一的宗教诉求逐步转向表达白人群体的社会、政治诉求及愿望的民族主义。这个占全美人口近四分之一、以白人为主的基督教派别成为美国任何政治势力都不敢忽略的群体。

2016 年，在非法移民问题、全球化中"被遗忘的"工人和农民的反抗、民主党政府豪放甚至极端的自由主义实践、沉重的种族问题遗产等国内外多种因素的共同影响下，美国福音派在动员、支持特朗普的政治选战中，开始发展成

---

[1]　Tamir Bar-on, "The Radical Right and Nationalism," in Jens Rydgren eds., *The Oxford Handbook of the Radical Right*, Oxford：Oxford University Press, 2018, pp. 17—41.

为福音民族主义。直到特朗普崛起，以福音派为代表的美国保守力量才找到自己的政治代理人。特朗普当选总统的第二天，右翼人士欢呼"特朗普带来的民族主义"和"对另类右翼的正式承认"，并认为"这是美国白人的胜利"。随着福音派的全面政治化和特朗普的执政，美国共和党实现了重大的历史转型。

美国福音派的急剧政治化不单纯是一个政教关系问题。通过基督教保守观念的政治宣示和一定程度的国家动员，美国福音派保守主义由一种宗教保守力量，发展成完整形态的民族主义。福音民族主义是白人种族主义或白人至上主义在新的历史条件下的一种极为隐蔽的表达，它对内借保护"宗教自由"，打压少数族裔、移民、女性及同性恋群体；对外奉行"美国第一"，在政治、军事和贸易等诸多方面，四处出击。福音民族主义在内政、外交和价值理念方面有着一整套的技术流程和规范。

当代西方民族主义的兴起有着深刻的经济与社会背景。西方是民族主义的发源地。几个世纪以来，西方国家以普遍主义、平等主义、自由主义、全球化等手段逐渐摆脱了民族主义的影响。但进入 21 世纪后，在欧债危机、金融危机和难民危机的共同作用下，西方国家出现了罕见的"利益"（就业与福利）、"安全"（恐怖主义）和"身份认同"（文化、心理）问题的共振，极大地动摇和破坏了自二战结束以来形成的政治思潮格局。正是在经济下行、移民融入欠佳、难民危机等诸种危机事件的激发下，民族主义卷土重来，直接威胁了自由主义的国内和国际秩序。

极右翼民族主义和福音民族主义的出现，反映了以西方民族国家、自由民主制度以及在二战后逐渐占据主导地位的新自由主义意识形态、消费主义文化等为标志的西方中心治理模式的内在缺陷。极右翼民族主义和福音民族主义并不是对现有国家边界的否定或质疑，而是在全球化、地区一体化等跨国界运动的刺激下对于民族主义的重新阐释。极右翼民族主义和福音民族主义承认现有国界的合法性，但面对移民造成的国界内居民组成异质化以及超国家治理的现状，认为现有国界的安全性受到了威胁。[①]

新民族主义的兴起，反映了当代西方自由主义等主流政治思潮的困境。极右翼民族主义、福音民族主义以及各种形态的民族主义正在让"美国的民主处

---

① Maureen A. Eger and Sarah Valdez, "Neo-nationalism in Western Europe," *European Sociological Review*, Vol. 31, No. 1, 2015, pp. 115—130.

于危机中"①。新民族主义的出现表明，西方国家的民主自由制度并没有一劳永逸地解决其民族（主义）问题。在民族主义问题上，"历史远远没有终结"。福山曾发表文章对21世纪以来形形色色的民族主义进行了激烈的批评，但也不得不承认"历史终结论"为时过早的事实。

当代西方民族主义的兴起，直接影响了发展中国家的民族主义。福山在考察了特朗普的"民粹主义民族主义"之后，不无担心地指出"除非美国能够在其国内遏制这一趋势，否则它将持续地为世界其他国家树立一个坏榜样"。② 比如，印度和缅甸的宗教民族主义不仅要求人们认同某种价值观或种族、语言及文化，甚至要求人们必须成为一名虔诚的印度教徒或佛教徒。

罗伯特·萨波斯基对民族主义的认知促成因素深感沮丧。他认为，在群体归属方面，人类似乎离黑猩猩不太远：他们对熟悉的东西感到舒适，对陌生的东西总是本能地抗拒，如若克服这一点，我们需要逆流而上。而极端的民族主义正如爱因斯坦所讲的那样，"是一种儿童病，是人类的麻疹"。

当今世界正面临百年未有之大变局。民族主义在西方的兴起，正是这一大变局中的一个场景，甚至一些本来发展势头良好的第三世界国家，也一起掉入了民族主义的窠臼。更令人担忧的是，随着新冠病毒的全球性流行，原本已经岌岌可危的全球化及其所带来的世界各国人民命运攸关的总体格局面临着更加严峻的挑战。21世纪的今天，如何克服民族主义给世界各国内部和全球化带来的不利影响，还需要政治家和政治学家更高的智慧，这也将直接影响到21世纪的人类文明与进步。

第二节　民族主义的理论与主张

民族主义是一个以民族主体来命名的思潮，其内涵和外延具有不确定性。此外，不同的民族，在不同的时期也都会有所不同，这就使得民族主义更具复杂性。尽管如此，为了一般性地认识作为一种政治思潮的民族主义，我们还是

---

① Fareed Zakaria, "The Rise of Illiberal Democracy," *Foreign Affairs*, Vol. 76, No. 6, 1997, pp. 22—43.

② Francis Fukuyama, *Identity*, *The Demand for Dignity and the Politics of Resentment*, New York: Farrar, Straus and Giroux, 2018, p. 133.

有必要对民族主义的理论基础和政治主张进行简要概括。

一、民族主义的理论核心

民族主义是近代以来伴随着民族国家形成的一种意识形态。民族主义包含两个关键词：民族和国家。民族主义的理论基础是民族，政治主张是民族国家。就民族的角度来看，民族主义的基础就是以民族为单位，为本民族争取利益；从国家的角度来看，民族主义以建立民族国家、维护民族国家利益为最高政治诉求。

和个人主义、国家主义一样，民族主义是以政治主体来命名的政治思潮，民族也正好是民族主义的核心。在民族主义者看来，民族是个人的集合，是个人最重要的身份特征，是组成国家的基本单位。对于个人来讲，民族是个人的共性，是个人与生俱来的特征，个人应该服从民族。对于国家来讲，民族是构成国家的政治组织单位，国家应该是民族国家。

在民族主义者看来，人类社会是由不同的民族组成的，民族是最合适的政治主体。埃里·凯杜里指出，民族主义坚持认为，"人类被自然地划分为民族，通过特定的、可识别的特征为人们所熟知，而且政府唯一的合法形态是民族的自我统治的政府"[1]。爱德华·卡尔在他主持完成的民族主义研究报告中指出，"民族主义通常被用来表示个人、群体或一个民族内部成员的一种意识，或者是增进民族力量、自由或财富的一种愿望"[2]。安东尼·史密斯认为，"民族主义是一种意识形态，目的在于为一个社会群体谋取和维持自治及个性，他们中的某些成员期望通过民族主义形成一个事实上的或潜在的民族"[3]。

民族主义本质上是一种身份政治。建立在民族身份基础上的民族国家，是身份政治的最早表现形式。以民族身份作为参与国家事务、确定政策主张的政治标准，是最为常见的身份政治。长期以来，一提起身份政治，人们总是自觉或不自觉地将其与20世纪六七十年代兴起于美国的民权运动、女权运动以及同性恋群体争取平权的运动联系起来，认为它是特定种族、族裔、性别或宗教信仰的

① Elie Kedourie, *Nationalism*, London: Hutchinson & Co. (Publishers) Ltd., 1960, p. 9.

② The Royal Institute of International Affairs, *Nationalism*, *A Report by a Study Group of Members of the Royal Institute of International Affairs*, London: Frank Cass and Co. Ltd., 1963, p. XVIII.

③ Anthony D. Smith, "Nationalism: A Trend Report and Bibliography," *Current Sociology*, Vol. 21, No. 3, 1973, p. 26.

人，为了捍卫自身群体的利益，在政治上与左派结盟的一种反"公民政治"的运动。然而，如果我们把目光转向更加久远的历史，就会发现所谓"身份政治"本质上是16世纪宗教改革以来，民族主义所支撑的民族国家运动的直接产物。没有民族国家"以族划界"的建国运动，就没有近现代意义上的身份政治。

二、民族主义的政治主张

如果说民族主义的核心是民族的话，那么，民族主义的核心诉求就是建立民族国家。民族国家是一个近现代的概念，与民族和民族主义有着紧密的逻辑联系。"民族国家"一词源于英文"nation-state"，用于指称现代的国家形态。较之传统国家，民族国家通常被认为是"政治的和领土的国家"与"历史的和文化的民族"二者融合的结果，包含着民族与国家的双重因素。简言之，民族国家是以民族对国家的认同为基础的主权国家。休·希顿-沃森曾指出，民族主义有两种含义："其一，民族主义是关于民族的特性、利益、权利和责任的理论；其二，民族是一个有组织的政治运动，旨在进一步加强民族所宣称的目标和利益。"① 这从民族和国家两个方面指出了民族主义的内涵，而民族所宣称的目标和利益在现代政治的角度总体上看就是民族国家。

从民族主义对国家的态度来看，民族主义主要是一种政治意识形态。厄内斯特·盖尔纳认为："民族主义基本上是一种政治原则，它坚持政治的和民族的单位必须一致。不论民族主义是一种情感或政治运动，都可以依照以上的政治原则加以界定。"②

正是因为民族主义要诉诸国家来解决它面临的问题，所以民族主义除了忠诚于本民族外，还要忠诚于本民族建立的国家。民族主义有助于一个国家的建立。民族主义是"一种情感的共同契约，它的适当表现是愿意形成一个自己的国家，因此它一般有助于这样一个国家的诞生"③。民族主义还表现为个人对民族国家的忠诚。"民族主义首先而且最重要的应被认为是一种思想状态。……在这一状态中，体现了个人对民族国家的高度忠诚。"④ 约翰·布鲁伊利甚至认

① ［英］休·希顿-沃森：《民族与国家：对民族起源与民族主义政治的探讨》，吴洪英、黄群译，中央民族大学出版社2009年版，第3页。

② Ernest Gellner, *Nations and Nationalism*, Oxford：Basil Blackwell Publisher Ltd., 1983, p. 1.

③ ［英］A·D·史密斯：《论民族与民族主义》，宁骚译，《民族译丛》1986年第1期。

④ Hans Khon, *The Idea of Nationalism：A Study of its Origins and Background*, New York：The Macmillan Company, 1946, pp. 10—11.

为，"民族主义是一种政治形态，指的是寻求和掌握国家权力的政治运动，并用民族主义为理由去证明这种行动的正当性"。①

民族主义对民族和民族国家的认识，使得民族主义者相信，民族拥有民族自决（national self-determination）权。19 世纪初，德国思想家费希特开始将个人拥有自由意志的思想运用于各种共同体尤其是民族共同体，民族自决的观念初步形成。随着法国大革命的爆发，民族自决学说逐渐在欧洲乃至世界流行开来。第一次世界大战末期，美国总统威尔逊提出包括民族自决在内的"十四点方案"，更是使得民族自决权成为重要的议题。第二次世界大战后，民族自决的原则被写进《联合国宪章》及联合国相关决议，最终成为国际法的基本准则。广大殖民地半殖民地依据民族自决原则完成了民族解放和国家独立，宣告帝国主义的殖民体系最终崩溃。

民族主义的民族自决观念并不总是意味着国家身份和完全独立，也经常表现为一定程度的政治自主。英国的威尔士、法国的布列塔尼的民族主义就属于此类。这种情况实际上不在少数。因此，民族主义并不总是伴随着分离主义，联邦制或权力下放也是可行的替代方案。不过，联邦制或权力下放所建立的自治并不一定能让民族主义者感到满意。例如，西班牙巴斯克地区被赋予了广泛的权力，但这并未能结束埃塔（ETA）的分离主义运动。1999 年，英国设立了苏格兰议会，但这也未能阻止苏格兰民族党（SNP）谋求独立地位的努力。苏格兰民族党后来极大地推动了 2014 年苏格兰脱离英国的独立公投。

在民族主义这一传统中，民族属性和国家在本质上是联系在一起的。民族认同的试金石就是渴望获得或维持政治独立，这通常体现在民族自决的理念之中。因此，不少学者把民族主义的目标与建立民族国家联系起来。对民族主义者来说，民族国家是最高级且最令人满意的政治组织形式。民族国家最大的优势在于它能提供文化凝聚和政治统一的前景。当一群人分享着一个共同的文化或族裔身份时，就有权一并获取自治、国籍和公民身份。

马克思主义经典作家支持被压迫民族追求民族自决、建立民族国家的正义诉求，创立了马克思主义的民族自决理论，将被压迫民族的解放运动视为无产阶级革命的同盟。民族自决作为殖民地民族解放的思想武器如今已基本完成了历史使命，当代世界的大多数民族分离活动已失去反抗民族压迫的积极意义，

---

① John Breuilly, *Nationalism and the State*, Manchester: Manchester University Press, 1985, p. 3.

更多的是少数极端分子在利益驱动和某些外部势力支持下的不法行为，不仅背离了民族自决原则的真谛，而且是对民族自决原则的滥用。

三、民族主义的经济主张

在经济上，民族主义常常倾向于保护本民族和国家的经济利益，并为此采取相关措施。近代西方的重商主义就是一个典型的例子。当代民族主义在经济上的主张主要表现为主张民族国家在世界经济体系中的相对获益而不是全球的整体发展，它深切关注民族国家在世界政治经济体系中的地位，特别是由民族经济竞争力所决定的民族力量的长期发展趋势。

从宏观上看，民族国家仍是各种资源和财富分配的基本单位。在资源有限并且紧缺的世界体系中，全球竞争主要是国与国之间的经济竞争。基于这样的认识，经济民族主义主张国家把追求更多的利润当作最重要的目标之一。一般而言，经济民族主义对激进的全球化观念持怀疑甚至否定的态度，认为不应该为抽象的世界福利而牺牲本国利益。如果经济民族主义会赞同或直接介入全球化，那往往是因为它把全球化视为实现本民族国家利益的一种手段。

经济民族主义在发达国家和发展中国家均存在。经济民族主义可谓是全球化的孪生物。在西方，存在诸多经济民族主义现象，通常体现为贸易保护主义以及设置经济和技术壁垒。在法国，经济民族主义的另一种说法是"经济爱国主义"，这一说法曾是其前总理德维尔潘的口头禅。法国和卢森堡中止英国米塔尔钢铁公司收购法国的阿赛洛钢铁企业、美国政府干预中海油收购美国优尼科公司、美国国会否决阿联酋迪拜港口公司控制美国六个港口的经营权，以及近年来美国政府针对中国乃至西方盟友采取的许多措施都是经济民族主义的体现。

当代西方兴起的新民族主义，也更多将关注点放在经济问题上，激烈地批评美国的经济政策，反对全球化，希望更多关注本民族利益。新民族主义者激烈地批评美国的现实政策，比如，贸易体制正在鼓励重新将工业向国外转移，税收政策有利于财政投机；移民系统也有利于少数精英，牺牲了落后者。反建制的唐纳德·特朗普和伯尼·桑德斯的成功就是一个信号，它告诉人们这些不满越来越重要，民族主义者似乎可以提出一些方案。①

---

① Samuel Goldman, *After Nationalism: Being American in an Age of Division*, Pennsylvania: University of Pennsylvania Press, 2021, p. 5.

四、民族主义的文化主张

文化自治（cultural autonomy）是民族主义在文化上的鲜明主张。民族文化自治最初由奥地利社会民主党在 1899 年的布隆代表大会上提出，后来经过卡尔·伦纳和奥托·鲍威尔的系统完善，成为第二国际后期广为流行的一种民族主义理论和政治主张。民族文化自治论者认为，民族是思想和语言相同的人们的联盟，是由一群现代人组成的、与地域无关的文化共同体。组成一个民族的人们通常分成许多集团掺杂在别的民族当中，在那里处于少数地位，在语言、教育等方面与其他民族发生冲突。摆脱这种状况的出路在于民族文化自治，即把散居在全国各地的少数民族组成一个共同的包括各阶级的民族联盟，在文化方面实行自治。具体来讲，就是主张用公民自由登记的办法，把散居各地的同一民族成员组成一个法定的民族，在文化事务方面实行自治，而在政治方面则仍由国会管辖。

这种理论无视民族与地域、民族与阶级的联系，把解决民族问题仅限于超地域的民族联盟，实行超地域的文化自治，其结果是破坏各民族无产阶级的团结，维护资产阶级的统治。列宁曾批判指出："这个纲领主要的、根本的缺陷，就在于它竭力要实现最精致、最绝对、最彻底的民族主义。"[①] 民族文化自治理论曾受到一些国家社会民主党中的机会主义者，特别是俄国的崩得分子（the Bund）及犹太资产阶级政党的拥护，不过这终究只是他们的一种臆想。尽管伦纳和鲍威尔在奥地利社会民主党拥有巨大影响，但这种理论并未被真正采用。

民族主义一般相信民族文化的独立性，主张保存或发展本民族文化，有时，有人也将民族主义在文化上的理论或主张归结为文化民族主义。对文化民族主义来讲，首先，它相信世界分为不同的国家和民族，每个民族国家都有自己独特的传统文化，文化是区分不同民族国家的本质特征；其次，文化民族主义是处理不同文化之间相互关系的原则，它对历史和现实中国家间文化关系的状况有一个基本的估计和定性；最后，文化民族主义把文化作为民族和国家认同的核心依据，目标是保留、复兴和壮大自己的民族文化。[②]

民族主义通常与族裔文化紧密联系在一起，体现出了文化民族主义的属

---

① 《列宁全集》第 2 版增订版第 24 卷，人民出版社 2017 年版，第 136 页。

② 钱雪梅：《文化民族主义刍论》，《世界民族》2000 年第 4 期。

性。塔米尔认为，民族自决权"突出了一种文化的而不是政治的诉求，就是说这是一种维护一个民族作为一种独特的文化实体的存在的权利"[1]。文化民族主义作为民族主义的一种形态，通常建立在民族是一个独特的历史有机体这一浪漫信仰的基础之上，强调加强或维护文化认同胜于公开的政治诉求，重视民族作为拥有独特文明的重生与存在。文化民族主义是典型的"自下而上"的民族主义形式，它更多是依靠大众礼仪、传统和传说而不是精英的或"高雅的"文化。尽管文化民族主义有反现代的特点，但它可以为人们提供一种再造自我的工具，从而发挥一种作为现代化推力的作用。

文化民族主义时常出现在欧洲语境之中，早期的德意志民族主义通常被视为其原型。但文化民族主义在世界其他地区也广为存在，例如在美国的黑豹党（the Black Panthers）、黑人穆斯林（the Black Muslims）等群体之中，就不难见到马库斯·加维等人描述的黑人民族主义。类似的，在南亚也存在基于印度是一个独特的印度教文明这一想象的文化民族主义形式。

赫尔德被认为是文化民族主义之父，他与费希特、弗里德里希·雅恩都坚信具有独特性和优越性的德国文化与法国大革命的观念相悖。赫尔德认为，每一个民族都拥有民族精神，它通过歌谣、神话和传说的形式展现出来，并为民族提供创造力的源泉。从这个角度来说，民族主义的主要作用是引发对民族传统和集体记忆的关注和赞美，而不是为争取国家属性的公开政治诉求提供依据。以文化重生为表达形式的民族主义现象在 19 世纪的德国特别突出，表现为对民间传统的复活与日耳曼神话和传说的再发现。例如，格林兄弟搜集并出版了不少日耳曼民间传说，作曲家理查德·瓦格纳则以古代神话为基础创作了多部歌剧。

当然，人们对那些将民族首先视为文化共同体而非政治共同体的观点也有异议。一是认为文化民族主义往往与"进步的"政治目标相一致。如德国文化民族主义与实现德意志的统一这一政治目标就有一致性。二是认为民族主义的文化和族裔形式是紧密相关的，甚至将其视为同一现象的组成部分，因而通常将其合称为"族裔文化民族主义"（ethnocultural nationalism）。三是认为无论是隐性的还是显性的文化民族主义，都常常会在骄傲和恐惧的情绪激发下对其他民族或少数群体采取排斥或敌对的态度。

---

[1]　［以色列］耶尔·塔米尔：《自由主义的民族主义》，陶东风译，上海译文出版社 2005 年版，第 50 页。

第三节　民族主义的主要流派

英国学者汤姆·奈伦曾指出，"民族主义或是病态的或是健康的，或是进步的或是倒退的，……说民族主义的本性是模棱两可的，此言并不为过，更不是瞎说"。[①] 正因如此，在人们的认识中，民族主义有着诸多类型，表现形式各异，可进行不同形式的分类。例如，依据民族共同体的界定形式可分为公民民族主义（civic nationalism）和种族民族主义（ethnic nationalism）；依据民族主义主体的范围可分为国家民族主义（national nationalism）和地方民族主义（local nationalism）；依据民族主义的对外态度可分为进攻性民族主义（offensive nationalism）和防御性民族主义（defensive nationalism）。

有很多学者将不同领域表现出来的民族主义也划分为不同的派别，如政治民族主义（political nationalism）、经济民族主义（economic nationalism）和文化民族主义（cultural nationalism）。这一分类更像是民族主义在政治、经济和文化领域的主张，我们在第二节已经做了一些阐释。值得指出的是，这些分类并不能严格界定和区分各种民族主义的类型，如自由民族主义与政治民族主义就有诸多相通之处，而政治民族主义、经济民族主义和文化民族主义三者同样具有紧密联系，后两者在本质上具有明显的政治属性，有着立足国情和民族利益的政治诉求特质。

在这些分类当中，有的形成了系统的理论与主张，比较明显地构成了流派，如自由民族主义（liberal nationalism）、保守民族主义（conservative nationalism）和激进民族主义（radical nationalism），它们影响也较大。自由民族主义、保守民族主义和激进民族主义更像是自由主义、保守主义和激进主义对民族主义产生影响后形成的思想流派。实际上，在不同时期，民族主义自身不仅时而保守，时而激进，它还会与其他思想流派组合起来，形成新的政治思潮。民族主义一直与其他传统意识形态互动，吸引着自由主义者、保守主义者、社会主义者、法西斯主义者等的关注。

---

① Yi-fu Tuan, *Space and Place: The Perspective of Experience*, Minnesota: The University of Minnesota Press, 1977, pp. 347—349.

一、自由民族主义

自由民族主义，又称公民民族主义，是与自由主义主张的自由、宽容、平等和个人权利相结合的民族主义，主要从自由主义公民观念的角度来理解民族主义。从这个意义上看，自由民族主义是自由主义与民族主义的融合，带有两种意识形态的特征。自由民族主义认可民族和民族主义的存在，但也希望社会个体是以积极的公民身份而不是种族身份参与政治。因此，其对立面是种族民族主义（ethnic nationalism）。

自由民族主义是民族主义最古老的形式，在民族主义发展过程中发挥了重要的作用。在萌芽时期，欧洲的民族主义就充满了摆脱教权和异族控制，追求自由的元素。在法国大革命时期，民族主义更是融合了人民主权和自由主义的基本原则。经过意大利政治家马志尼的进一步阐释，自由民族主义融合了反抗专制主义压迫的思想。在马志尼看来，意大利的统一意味着要摆脱奥地利的专制统治。一战后，被视为欧洲重建基础的威尔逊"十四点方案"，也一定程度上体现了自由民族主义的原则。20世纪反殖民运动的领袖们同样受到了自由民族主义的影响，如中国的孙中山、印度的尼赫鲁等。

进入21世纪，经济全球化的快速发展对民族主义产生了多方面影响。这不仅包括经济全球化对作为自主经济单位的民族国家运行能力的冲击，也包括经济全球化带来的对民族国家文化特殊性的弱化。但是，全球主义仍然不能取代民族主义，它无法为现代个人提供一个能够满足他们基本需求的政治议程。相反，民族主义满足了现代个人的一些基本需求，如对自治的渴望、超越自我的有意义生活、归属感、成为有创造力社群的一员、与众不同的感觉、在存在之链上找到自己的位置。[①]

自由民族主义的运动主要体现为自由主义与民族主义的结合。在政治实践当中，民族主义需要找到同盟军，自由主义无疑是一个非常好的合作对象。有学者认为，民族主义运动在多大程度上是自由主义的，主要取决于它是不是兴起于一个拥有长久建立的自由主义体制的国家。例如，查尔斯·泰勒就认为自由民族主义（如当代魁北克的独立运动）与波斯尼亚的民族主义有着性质上的

---

① Yael Tamir, *Why Nationalism*, Princeton：Princeton University Press, 2019, pp. 155—172.

差异。① 还有观点认为，弗莱芒、苏格兰和魁北克的民族主义之所以是自由主义性质的，是因为比利时、英国和加拿大有着经久不衰的自由主义民主传统。其言外之意正如威尔·金里卡所指出的："民族主义运动，趋向于受到其周遭政治文化的影响。"② 然而，在美国、欧洲新近出现的保守民族主义则让人们发现，即使是自由主义占主流地位的国家，也并非一定会让民族主义只同自由主义结合在一起。

早期的欧内斯特·雷南和约翰·密尔是早期自由民族主义的代表。当代的自由民族主义及其研究者为数众多。如加拿大的查尔斯·泰勒、威尔·金里卡，美国的佛朗西斯·福山，英国的以赛亚·伯林及其学生耶尔·塔米尔等人，都带有某种程度的自由民族主义倾向。在一定意义上，很多自由主义者在处理民族问题上，都或多或少地带有自由民族主义的色彩，这构成了西方民族主义的主流。

自由主义与民族主义有一些共通点，这成为自由民族主义的基础。比如，对自由、平等、自决这些价值，两者之间存在着共享的可能。自由主义会承认个人是自由的，个人之间是平等的。这种价值也可以迁移至民族主体上。各民族是平等的，它们有权利追求自由，自己决定自己的事务。在国际政治领域，实行民族自决是构建和平稳定的国际秩序的一种方式。自由民族主义是一种在相互尊重国家权利和民族特征的基础上推动民族团结和增进民族友爱的力量。在塔米尔看来，自由主义传统尊重自治、思考和选择，而民族主义传统强调归属、忠诚和团结，尽管二者似乎相互排斥，但可以互相包容。

自由民族主义接受了民族主义的民族身份观念，对身份政治也表达了某种程度的友好，这成为自由民族主义成立的理论核心。在自由民族主义看来，民族身份可以在文化多样的自由社会中充当团结的源泉，从而为自由民主和社会正义提供支持。人们可以从理论上区别"民族"和"公民"，并认为他们的认同概念存在差异，但这种区分的经验基础却很薄弱。③ 福山也并不笼统地反对身份政治，他认为身份政治本身没有什么问题，只有身份被用来满足某些特定

---

① Ronald Beiner, *Theorizing Nationalism*, New York: State University of New York Press, 1999, pp. 241—242.

② Will Kymlicka, "The Source of Nationalism: Commentary on Taylor," in Robert McKim and Jeff McMahan, *The Morality of Nationalism*, Oxford: Oxford University Press, 1997, p. 64.

③ Gina Gustavsson and David Miller, *Liberal Nationalism and Its Critics: Normative and Empirical Questions*, Oxford: Oxford University Press, 2019.

目的的时候，它才会成为问题。福山提出的解决之道是，用"更大、更具整合性的国民身份"①，或者说"信念式国家身份"去最大限度地寻求"公民间的共同点"，从而实现"公民政治"对身份政治的制约和引导。

自由民族主义试图在自由主义的框架内接受温和的民族主义。事实上，自由主义对民族主义强调的民族身份一直存在着深深的担忧。福山直接将身份政治与"新部落主义"联系起来，认为它严重危害着现代民主。在福山看来，在当代世界，身份政治已成为解释大多数全球事务的主要概念，如果不能在普遍主义的框架下找到人类对尊严的共同的理解，那么不仅国家会崩溃，而且整个世界也将陷入无尽的冲突。② 人们可以争取"身份平等"，但却不能用身份争取"高人一等"。在自由主义者看来，争取平等推动了自由民主，而要高人一等则会对自由民主制度构成巨大威胁。③

从总体上看，自由主义与民族主义在政治主体的理论核心上是南辕北辙的。民族主义将民族这种身份政治作为区分国家的基本单位，这恰恰是自由主义所摒弃的，自由主义从公民的角度来核准国家的基本单位。民族身份是自然形成的，公民身份是社会形成的；自由主义要求的是国家认同，民族主义要求的是民族认同。也有人将民族主义分为两种，一种是自由民族主义，一种是种族民族主义，这实际上是将自由主义与民族主义的争论内置到民族主义的场景当中的一种结果，但并没有消弭自由主义与民族主义的传统争论。

自由民族主义有时也表现得过于单纯和浪漫：其一，自由民族主义意识到了民族主义进步、自由、理性、包容的一面，却忽视了其阴暗面。其二，自由民族主义视民族主义为一种普遍原则，却对其情感力量不甚了解。在战争年代，这种情感力量可以鼓动人们为祖国去拼杀或牺牲，而不管国家的动机是否正当。其三，自由民族主义低估了民族国家的构建难度。实际上，民族国家通常是由许多语言、宗教、民族或区域群体组成的，政治统一、文化同质的民族国家理想往往难以实现。

自由民族主义的政策遭到了保守派的批评。这些批评主要是对自由主义的

① Francis Fukuyama, *Identity*, *the Demand for Dignity and the Politics of Resentment*, New York: Farrar, Straus and Giroux, 2018, pp. 90—114.

② Francis Fukuyama, *Identity*, *the Demand for Dignity and the Politics of Resentment*, New York: Farrar, Straus and Giroux, 2018, pp. 90—114.

③ Maureen Eger and Sarah Valdez, "Neo-nationalism in Western Europe," *European Sociological Review*, Vol. 31, No. 1, 2015, pp. 115—130.

多元文化政策的批评，涉及族群、性别、性取向等众多问题。在批评者看来，近年来美国自由主义热衷文化多元主义，大搞身份政治，这实际上是曲解了自由主义的原意，让自由主义陷入困境。哥伦比亚大学教授马克·里拉针对自由主义的身份政治，提出了"后身份自由主义"（post-identity liberalism）的方案，试图强调公民身份、公民责任和公民团结，以此来代替身份自由主义。

二、保守民族主义

保守民族主义是保守主义者对民族主义态度转变并与其结合的体现。19世纪早期，保守主义者曾将民族主义视为激进和危险的力量，是对秩序和政治稳定的一种威胁。然而，随着时代的发展，迪斯雷利、俾斯麦、亚历山大三世等保守主义政治家，逐渐与民族主义者产生共鸣，将其视为维持社会秩序和维护传统体制的天然盟友。到现代，民族主义已成为世界大多数保守主义者的信条，保守民族主义也已成为一种常见现象。

新民族主义（neo-nationalism）①，实际上就是在大变局时代的保守民族主义。"新民族主义"不是单一形态的民族主义，它既是对当代西方特定类型民族主义的概括，也是对一系列民族主义新现象的描述。从内容上看，它包括了极右翼民族主义、福音民族主义、分离型民族主义等形式。与传统民族主义相比，作为一种激进的身份政治的新民族主义不论是在指导思想或价值观上，还是在时代性、动力机制、功能、传播方式、影响力及发生的场域等方面均发生了重大变化。

第一，新民族主义是一种激进的身份政治。与传统的民族主义运动的身份政治相比，新民族主义的身份政治甚至丢弃了传统民族主义的核心价值原则，打着保护本土人群、回归宗教和传统文化等旗号，吸引了大量本没有民族主义或种族主义价值取向的中间选民，将民族主义内含的某些危险因素发展到了极端。

第二，在指导思想或价值观上，传统民族主义运动往往以"自由""平等""公正"为号召，把本民族的利益、自豪感和爱国心与追求更大范围内的"正义"结合起来。而新民族主义则公然将自身利益置于其他群体和国家利益之

---

① 英文的 neo 词头，本身就有"新保守"的内涵，这与二战后的"新保守自由主义"（neo-liberalism）的用法比较相似。

上，公开鼓吹利己主义，如"美国第一""印度教第一"，否定"政治正确"，质疑已有的价值原则和政治文明成果，甚至宣扬赤裸裸的实力主义甚至丛林法则。这种价值观上的"返祖"现象，极大地威胁到已有的国际共识和世界政治秩序。

第三，从时代性来看，传统民族主义运动总体上顺应了民族国家时代要求，缔造了一系列现代民族国家，奠定了新型国际秩序的根基。新民族主义则适应了逆全球化或反全球化的要求，它试图通过解构以民族国家为基础的超国家治理（包括区域一体化和全球治理）来重回民族国家时代，因而在本质上是逆历史潮流而动的。

第四，从动力机制来看，传统民族主义主要依靠精英主义，而新民族主义则更多诉诸民粹主义。虽然传统民族主义不乏"民主革命"的色彩，但其更多的是一种"政治革命"。在这种改变历史进程和世界（地区）格局的政治革命过程中，民族主义的精英起到巨大的设计、动员和推动作用。而新民族主义则更多地表现为一种社会运动，在这一几乎席卷全球的社会运动中，右翼势力裹挟下的普通民众起到巨大的推动甚至决定作用。例如，特朗普的上台就是这方面的典型事件。印度人民党 2019 年以压倒性的优势获得连任之后，莫迪敦促世界承认"印度民主的力量"。

第五，从功能来看，由于在指导思想或价值观上发生退行性变化，新民族主义的整体功能转负。它已经由传统民族主义时代的反封建、反神权，追求民族独立或自治的政治运动蜕变为一种政党（政治）博弈的工具：在分离型民族主义运动中，民族主义者的目标很大程度上已经不是政治和文化"自决"，而是追求经济利益的最大化，这在西方国家尤为明显；在极右翼民族主义运动中，民族主义是赤裸裸的反体制、追求政治权力的工具；在福音民族主义运动中，民族主义成为特朗普猎取和维持国家权力的最有效工具；在第三世界宗教民族主义运动中，民族主义成为执政党巩固政权、在野党谋取政权的最重要的工具。霍布斯鲍姆也认为，民族主义在其始发阶段，无论是在 19 世纪初的欧洲，还是在 20 世纪的亚非殖民地，高举民族大旗本来是为了扩展和联合更多人群，但后来民族主义的主要功能却滑向在人群之间制造分离、区隔和限制。新民族主义的发展，不仅威胁到相关国家内部的政治整合与稳定，也日益威胁到既有的国际秩序和国际安全。

第六，从传播方式来看，新民族主义除了利用传统媒体进行间接灌输和传播外，还善于利用互联网和社交媒体对大众进行面对面的直接灌输和观念塑造。不仅如此，这种传播方式还使得大众自身成为新民族主义最前沿的自觉传播者。正是由于这种传播方式，新民族主义超越了传统民族主义的精英范式，将民族主义的情绪、认同和诉求通过民众的直接参与放大到极致。网络论坛、集会和各种名目的声援活动使本来局限于特定领域、具有很强专业性的政治协商议题变成不受控制的民粹主义话题。为了直接、及时激发和呼应支持者，新民族主义的领导人几乎无一例外成为高科技民族民粹主义的"大师"。法国的勒庞、美国的特朗普都频繁地使用新媒体，保持着非常高的发布推文的频率。

第七，从发生的场域及影响力来看，传统的民族主义主要发生在第三世界的发展中国家，而21世纪出现的分离型民族主义、极右翼民族主义、福音民族主义是当前西方民族主义的三大症候。事实上，第三世界的分离型民族主义及宗教民族主义之所以在21世纪变得更加亢奋，与西方国家诸种民族主义的支持、示范和激励作用是分不开的。新民族主义是西方国家民族国家理论、国家治理以及由它们所主导的超国家治理（包括区域一体化和全球化）之间的矛盾不可调和的产物。新民族主义还有一个明显的特点，就是各类民族主义互相激发、互竞互长，在影响力上产生了叠加的效果。在这个意义上，可以说新民族主义是一种折叠复合型的民族主义。

三、激进民族主义

激进民族主义的表现形式非常多样。既包括扩张民族主义、分离型民族主义，还包括形形色色的其他民族主义形态。如果不做具体的界定，那么只要是将民族主义的某一观念极端化的思想观念和政策主张，都可以被称为激进民族主义。

早期的激进民族主义表现为不同形态。比如，西方早期的沙文主义，是以法国士兵尼古拉斯·沙文的名字命名的一种与早期自由民族主义区别开来的激进民族主义。再如，引发一战、二战的帝国主义，在19世纪末20世纪初盛行的泛斯拉夫主义，纳粹政权推行的种族主义等，都是激进民族主义的体现。尽管不同类型的激进民族主义会有不同的表现，但从一般意义上来说，激进民族主义常常会表现出以下立场。

第一，优越论。激进民族主义常常提出民族或是种族优越论，认为自己的民族优于其他民族。一般来说，民族主义都会有这种优越性，但是激进民族主义更多认为这种优越性是与生俱来的，是生物学意义上的。不仅如此，激进民族主义还试图把这种优越论贯彻到政治和政策当中，通过多种手段保证优越民族的地位。

第二，一致论。正是因为激进民族主义认为某一民族或种族是优越的，它就倾向于在国家内部保持或是培养具有一致性的文化。激进民族主义主张创立国教，以反映本民族的文化。激进民族主义的政府会鼓励在文学、艺术、音乐、绘画等文化领域宣扬本民族文化，拒斥外来文化。极端的民族主义者相信爱国主义，并试图将爱国主义极端化，并在青少年的教育当中严格贯彻，灌输为国家牺牲的意识。

第三，排外性。强烈的一致性要求，常常会导致排外性。激进民族主义常常强烈反对多元文化，限制移民。激进民族主义甚至不再容忍国内的少数民族，拒绝将他们视为国家真正的一部分。对于其他国家或是国际社会的干预，激进民族主义更是表现出强烈的排外情绪。但矛盾的是，激进民族主义却认为，自己的民族或国家有责任将其权力投射到国外，奉行扩张主义和干涉主义的外交政策。在这种民族优越性的刺激下，激进民族主义往往会提出侵略性的民族主义主张，为扩大领土而进行战斗。

第四，激进性。激进的民族主义者在行为上表现出极端的色彩，这使它甚至与法西斯主义联系在一起。[1] 激进民族主义往往诉诸强烈的情感，以群体的情感淹没个人的理性，容易走向极端。一些激进民族主义甚至在政治实践当中主张种族灭绝政策。保守民族主义也会坚持传统，对传统文化表现出一种执拗。但激进民族主义者不仅自己固守传统，还希望惩罚那些不遵守传统的人，甚至用行动让这些人付出代价，为传统而战。

分离型民族主义是激进民族主义的一个重要部分，是世界长期面临的一个较为普遍的问题。意大利政治家马志尼和英国政治学家约翰·密尔被普遍认为是"一族一国"民族国家观点的思想先驱。这种政治理念认为，无论是鼓动建立民族国家的民族主义还是秉持民族国家永存或扩展的民族主义，都遵循同一原则，即"一个民族，一个国家"。分离型民族主义的历史几乎与民族国家的历史等长。自西欧民族国家开创以来，尝试从已有的民族国家分离出来的运动从来就没有停止过。直到今天，西欧仍然存在着多个分离主义的高风险地区，

---

[1] Kevin Harrison and Tony Boyd, *Understanding Political Ideas and Movements*, Manchester: Manchester University Press, 2003, p. 159.

如西班牙的加泰罗尼亚和巴斯克、英国的苏格兰、比利时的弗莱芒地区、法国的科西嘉岛、德国的巴伐利亚州、意大利的威尼托地区等。

在西欧"一族一国"民族国家观点的影响下，分离型民族主义不仅长期存在于欧美发达国家，也对广大发展中国家产生了重大影响。例如，在中东欧、巴尔干地区及中东地区，分离运动对本来就"先天不足"或混乱不堪的后发民族国家秩序带来了巨大的挑战。不论是在欧美发达国家，还是在发展中国家，分离型民族主义一般以追求领土或政治（文化）自治（决）为目的。也有观点认为，大多数民族分离主义运动的诉求，是向中央政府争取更好的政策待遇，而不是建立一个独立的国家。

进入 21 世纪以来，分离型民族主义再度崛起。除了传统的动因外，21 世纪的分离型民族主义还明显受到经济全球化所带来的一系列后果，如贫富分化、移民（难民）危机、安全及身份认同等因素的影响，其中一个明显的特点是受到经济民族主义或利己主义的驱动，这一点在发达国家如英国的苏格兰、西班牙的加泰罗尼亚和比利时的弗莱芒地区非常明显。在这些国家，政治和文化认同已不再是一个重要问题（区域性的高度自治大大缓解了这一问题），经济上的利己主义和排他主义，成为凝聚分离力量的主要动员工具。

除了经济上的动因外，追求自身安全也成为 21 世纪分离型民族主义兴起的重要动机之一。此外，20 世纪 70 年代以来，"民主的全球化"也为分离型民族主义提供了重要的合法性支撑。不论是在发达国家，还是在第三世界国家，"民主化"和"政党化"都成为分离主义运动的重要推手。

分离型民族主义是西方国家必须长期面对的挑战。因为，尽管 21 世纪西方分离型民族主义日益趋向于"自私自利"、排斥主义的经济民族主义，但这些国家的中央政府可以用来让渡的经济资源和权力越来越少，再加上西方国家根深蒂固的"一族一国"民族国家观点和族际政治的民主化与政党化制度及机制，在可见的未来，西方国家难以摆脱分离型民族主义的羁绊。霍布斯鲍姆曾经认为，"分离主义根本无法切中 20 世纪晚期所面临的问题，因为它既不能解决普遍性问题，……甚至也无法解决地方性难题。它只会雪上加霜，让民族问题变得更棘手"①。这一论断不论是对于今天的西方国家，还是第三世界国家都

---

① ［英］埃里克·霍布斯鲍姆：《民族与民族主义》，李金梅译，上海人民出版社 2000 年版，第 203 页。

不算过时。

激进的民族或是种族主义在当代西方屡见不鲜。白人力量音乐（white power music）于 20 世纪 70 年代在英国兴起，很快传播到美国。白人力量音乐就通过摇滚乐、乡村音乐和民谣等形式宣扬白人民族主义，倡导白人的自豪感和团结，妖魔化非白人，被人称为"仇恨的音乐"，有人则直接将其归为"新纳粹"。据统计，有 100 到 150 个白人力量乐队在美国运营。许多乐队隶属于特定的极端主义团体，如种族主义光头党团体。美国每年都会举办一些白人力量音乐会，大多数白人力量音乐的听众都会购买 CD 或从互联网上下载音乐。2012 年，韦德·佩奇在威斯康星州一座锡克教寺庙开枪杀死 6 人，引起了人们的广泛关注。后经调查发现，佩奇服役的北卡罗来纳州陆军基地在当时就是白人至上主义活动的温床，而佩奇本人一直陶醉于白人力量乐队的演奏。借助互联网等形式，白人力量乐队有着广泛的国际影响。此外，一批来自北欧国家的激进民族主义者，也开始借助音乐来表达他们对移民和多元文化主义的反对。有人称他们为"右翼极端主义者"（right-wing extremists）、"有组织的种族主义者"（organized racists）、新纳粹主义者（neofascists），但他们自己称自己为民族主义者（nationalists）。[①] 在 20 世纪 80 年代，这批激进的民族主义者在瑞典、丹麦和挪威等国家产生了重要影响。

第四节　民族主义评析

马克思主义经典作家对民族主义进行了深刻的批判。在马克思主义经典作家看来，民族主义体现的是剥削阶级，尤其是资产阶级的意识形态，把本民族的要求放在第一位，实质上维护的是本民族资产阶级的特权和利益。对于早期的资产阶级的民族主义，马克思主义认为，国王们虽然战胜了教权，获得了民族国家的外衣，但终究难改专制的本性，反而"以奴役和掠夺回报它的盟友"[②]，成为资本主义进一步发展的障碍。为使商品生产获得完全胜利，资产阶

---

① Benjamin Teitelbaum, *Lions of the North : Sounds of the New Nordic Radical Nationalism*, Oxford : Oxford University Press, 2017, p. 1.

② 《马克思恩格斯文集》第 4 卷，人民出版社 2009 年版，第 220 页。

级"必须使操同一种语言的人所居住的地域用国家形式统一起来"①，于是资产阶级将革命的矛头指向了君主，掀起了具有现代意义的民族主义革命，西欧也进入了新的民族国家时代。资产阶级的民族主义与专制的民族主义相比虽然有很大进步，但资产阶级和资产阶级民主派的民族主义，只是在口头上承认民族平等，在行动上则维护一个民族的某些特权，并且总是力图为本民族的资产阶级获得更大的利益。②

从阶级的角度，马克思主义看到了资产阶级民族主义与无产阶级国际主义的对立。从马克思、恩格斯、列宁、斯大林四位马克思主义经典作家关于民族主义的论述来看，尽管他们所谈的民族主义形形色色，有不同的阶级属性，但总的倾向是将民族主义与资产阶级联系起来，分离、隔绝是资产阶级民族主义的固有特征。这就使得资产阶级的民族主义与无产阶级的国际主义成为两个对立面。列宁曾经明确指出："资产阶级的民族主义和无产阶级的国际主义——这是两个不可调和的敌对口号，这两个同整个资本主义世界的两大阶级营垒相适应的口号，代表着民族问题上的两种政策（也是两种世界观）。"③

马克思主义经典作家在表明对民族主义批判态度的同时，也对民族主义的"两重性"有着清晰的认识，并对"两种民族主义"进行了区分。民族主义的"两重性"，即民族主义的消极性和积极性。前者主要体现为利己性、偏狭性、极端性和分离性，后者主要体现为合理性、进步性。民族主义的消极性和积极性因时、因地而异，其定性需具体问题具体分析。在批判民族主义的消极性这一"基本内核"的同时，马克思、恩格斯并未否定民族主义的"合理内核"及其合理性、进步性。马克思、恩格斯认为资产阶级民族主义在推翻封建统治、帝国专制、建立民族国家的进程中具有历史进步意义，他们对民族主义运动进行了区分，对进步民族的民族主义运动持支持态度，如积极支持波兰、爱尔兰等被压迫民族的民族主义运动。列宁则顺应时代的变化，提出了诸如"抽象地提民族主义问题是极不恰当的。必须把压迫民族的民族主义和被压迫民族的民族主义，大民族的民族主义和小民族的民族主义区别开来"④的重要观点。

---

① 《列宁全集》第 2 版增订版第 25 卷，人民出版社 2017 年版，第 227 页。
② 《列宁全集》第 2 版增订版第 24 卷，人民出版社 2017 年版，第 250 页。
③ 《列宁全集》第 2 版增订版第 24 卷，人民出版社 2017 年版，第 128 页。
④ 《列宁全集》第 2 版增订版第 43 卷，人民出版社 2017 年版，第 356 页。

中国共产党在马克思主义中国化时代化的百年进程中，继承和发展了马克思主义经典作家关于民族主义的观点。对世界范围的民族解放运动给予了充分的肯定。同时，对于激进的民族主义进行了严肃的批判。尤其是在与极端民族主义的斗争中，中国共产党人更是表现出了坚定的决心，有力地维护了和平与发展。

一方面，中国共产党人充分肯定了民族主义的进步意义。从国内民族主义来看，中国共产党人肯定了资产阶级民族主义的进步性，认为近代资产阶级的民族主义有"其客观历史上的一定的进步意义"①。毛泽东曾高度赞扬孙中山的"革命的民族主义"，认为这是一种"反抗帝国主义"的民族主义。② 抗日战争时期，毛泽东认为，民族主义就是要"打倒日本帝国主义"，坚决反对帝国主义是"符合于民族主义的"③。对世界范围内的民族解放运动，中国共产党人也给予了肯定和支持。1955 年 5 月，毛泽东在同印尼总理谈话时指出，二战产生了两种结果：一是像中国等由共产党管事的国家，二是像印尼等由民族主义者领导的运动使之成为"独立自主或者接近独立自主的国家"④。

另一方面，中国共产党也从国内国际两个层面批判民族主义，反对各种极端民族主义、狭隘民族主义的立场。毛泽东将大汉族主义或者地方民族主义界定为人民内部矛盾。但是，这两种民族主义都不利于各族人民的团结，应该克服，明确提出"着重反对大汉族主义。地方民族主义也要反对"的要求。⑤ 此后，邓小平、江泽民、胡锦涛都曾反复从民族团结的角度明确地反对大汉族主义和地方民族主义，消除狭隘的民族主义。⑥

随着时代的发展，民族主义的表现形式越来越多，越来越复杂。尤其是冷战后，民族因素和宗教因素在国际政治中的影响明显上升，各种民族主义思潮和活动趋于活跃，引发了一些国家和地区的冲突和动乱。极端民族主义和极端

① 中共中央统战部编：《民族问题文献汇编》，中共中央党校出版社 1991 年版，第 1194 页。
② 《毛泽东文集》第 1 卷，人民出版社 1993 年版，第 15—16 页。
③ 中共中央文献研究室、中央档案馆编：《建党以来重要文献选编（1929—1949）》第 15 册，中央文献出版社 2011 年版，第 627 页。
④ 《毛泽东文集》第 6 卷，人民出版社 1999 年版，第 411 页。
⑤ 《毛泽东文集》第 7 卷，人民出版社 1999 年版，第 33 页。
⑥ 参见邓小平：《各民族共同努力把西南建设好》，《邓小平文集》上卷，人民出版社 2014 年版，第 162 页。江泽民：《论民族工作》，《江泽民文选》第 1 卷，人民出版社 2006 年版，第 189 页。胡锦涛：《培养选拔少数民族干部工作要解决好的几个问题》，《胡锦涛文选》第 1 卷，人民出版社 2016 年版，第 71 页。

宗教主义、国际恐怖主义同流合污，成为严重威胁世界和平与发展的"三股恶势力"。对此，中国共产党坚决表明了反对各种极端民族主义、狭隘民族主义的立场。邓小平指出："民族主义是资产阶级思想的一个重要方面，同无产阶级世界观根本不相容，它是一种反马克思列宁主义、反共产主义的思想，共产党内决不能允许这种资产阶级思想存在。"① 江泽民指出，当今世界"一些国家和地区矛盾激烈、冲突不断，往往与民族问题、宗教问题卷在一起。当狭隘民族主义与宗教极端主义相结合时，就有可能产生很大破坏力"②。胡锦涛指出："随着冷战结束后国际形势的变化，民族因素和宗教因素在国际政治中的影响明显上升，各种民族主义思潮和活动趋于活跃，引发了一些国家和地区的冲突和内乱。"③

党的十八大以来，以习近平同志为核心的党中央针对国内国际两个大局，不仅重申了中国共产党对待民族主义的态度，还创新性地提出了"中华民族共同体""人类命运共同体"等理念，丰富了中国共产党的民族理论。在 2014 年的中央民族工作会议上，习近平指出："加强民族团结，要坚决反对大汉族主义和狭隘民族主义。反对'两种主义'的问题，从共同纲领到现行宪法都作了规定。大汉族主义要不得，狭隘民族主义也要不得，它们都是民族团结的大敌。大汉族主义错误发展下去容易产生民族歧视，狭隘民族主义错误发展下去容易滋生离心倾向，最终都会造成民族隔阂和对立，严重的还会被敌对势力利用。"④ 习近平准确审视国际形势的发展变化，创新性地提出了"人类命运共同体"理念。他指出："人类命运共同体，顾名思义，就是每个民族、每个国家的前途命运都紧紧联系在一起，应该风雨同舟，荣辱与共，努力把我们生于斯、长于斯的这个星球建成一个和睦的大家庭，把世界各国人民对美好生活的向往变成现实。"⑤ "人类命运共同体"理念在新时代以新的话语形式彰显了中国共产党对马克思主义民族观的继承和发展。

---

① 《邓小平文集（一九四九—一九七四年）》中卷，人民出版社 2014 年版，第 346 页。
② 《江泽民文选》第 3 卷，人民出版社 2006 年版，第 376 页。
③ 中共中央文献研究室编：《改革开放三十年重要文献选编》下，人民出版社 2008 年版，第 1504 页。
④ 中共中央文献研究室编：《习近平关于社会主义政治建设论述摘编》，中央文献出版社 2017 年版，第 155 页。
⑤ 习近平：《携手建设更加美好的世界——在中国共产党与世界政党高层对话会上的主旨讲话》，人民出版社 2017 年版，第 4 页。

阅读文献

1. 中国社会科学院民族学与人类学研究所民族理论室编：《马克思主义经典作家民族问题文选》，社会科学文献出版社 2016 年版。

2. 朱伦、陈玉瑶编：《民族主义：当代西方学者的观点》，社会科学文献出版社 2013 年版。

3. ［英］埃里克·霍布斯鲍姆：《民族与民族主义》，李金梅译，上海人民出版社 2000 年版。

4. ［英］安东尼·史密斯：《民族主义：理论，意识形态，历史》，叶江译，上海人民出版社 2006 年版。

5. ［美］本尼迪克特·安德森：《想象的共同体：民族主义的起源与散布》增订版，吴叡人译，上海人民出版社 2016 年版。

6. ［英］厄内斯特·盖尔纳：《民族与民族主义》，韩红译，中央编译出版社 2002 年版。

7. ［美］里亚·格林菲尔德：《民族主义：走向现代的五条道路》，王春华等译，上海三联书店 2010 年版。

8. Andrew Heywood, *Political Ideologies: An Introduction*, New York: Palgrave Macmillan, 2012.

思考题

1. 如何评价民族主义的历史进展？

2. 如何理解民族主义的理论核心及其政治、经济和文化主张的关系？

3. 如何看待自由民族主义的理论主张？

4. 如何看待民族分离主义的分离主张？

5. 马克思主义是如何评析民族主义的？

第六章 民 粹 主 义

民粹主义（populism）是信仰"人民"的政治思潮。民粹主义最早出现于19世纪后半叶的俄国和北美地区，在拉丁美洲、东南亚等地有着广泛的群众基础，并在21世纪逐渐在欧美等西方国家卷土重来，发展成为新民粹主义。民粹主义具有否定性政治、简单化政治、大众激情政治、威权化政治等基本理论特征，同时也在政治实践中提出了反精英、反代议、反文化多元主义、反全球化等基本主张，在当代西方产生了广泛的影响。我们既要看到民粹主义对西方政治弊端的批评，同时也应注意民粹主义反民主的倾向。

第一节　民粹主义的源流

民粹主义无论是作为一种意识形态、政治运动还是作为一种政治策略，都对人类的政治生活产生了重要影响，形成了四次较大的浪潮。民粹主义发展的基本阶段和特征如表6-1所示。

表 6-1　民粹主义发展的基本阶段

时间	地点	民粹主义阶段	基本特征
19世纪下半叶	俄国、北美	第一波民粹主义	农民民粹主义
20世纪中叶	拉丁美洲	第二波民粹主义	现代转型民粹主义
20世纪八九十年代	东亚、东南亚	第三波民粹主义	民主转型民粹主义
21世纪初期	欧洲、美国	第四波新民粹主义	民主国家的民粹主义

19世纪下半叶的俄国民粹派运动和美国人民党运动拉开了民粹主义发展的序幕。尽管这是两次独立的运动，但都呈现出大致相同的特点，即以农民为中心展开，我们可以将其简单地称为农民民粹主义。20世纪中叶，拉美国家在现代转型过程中，也出现了民粹主义运动，不仅直接影响了拉丁美洲的政治特色，而且也确立了其总体上的左翼取向。20世纪八九十年代的东亚、东南亚民粹主义运动是第三波民主化浪潮的产物，既有民粹主义的普遍性特征，又独具地区特色。进入21世纪，尤其是2008年金融危机以来，民粹主义浪潮复兴并

席卷欧美等发达国家，呈现出左翼与右翼同时并举的两极化趋势，也表现出很多与传统民粹主义不同的特点。尽管本书主要介绍当代西方的民粹主义，但出于对民粹主义认识完整性的考虑，我们也将对发生在西方以外的民粹主义做简单的介绍。

一、俄美民粹主义

19 世纪后半叶，一批俄国知识分子继承了赫尔岑、车尔尼雪夫斯基等思想家关于俄国发展道路特殊性的思想，以拯救农村公社和农民为口号，掀起了一场声势浩大的民粹主义运动，形成了俄国民粹派，并分别以拉甫罗夫、巴枯宁和特加乔夫为代表形成了三个主要派别。这三个派别在"通过村社走俄国式社会主义发展道路"的基本目标上是一致的，只是在革命的策略问题上有所区别。俄国民粹主义的发展，大致可分为两个阶段。

第一阶段是 19 世纪 70 年代。随着"土地自由派"的出现，一些反体制者自称"民粹主义者"，以反对农奴制度和资本主义制度为事业，被称为革命民粹主义者，主要包括以巴枯宁为首的暴动派、以拉甫罗夫为首的宣传派以及以特加乔夫为首的夺权派。这时的民粹主义是一个代表进步主义的褒义概念，是一种追求公正平等生活的激进政治理想，主要包括托尔斯泰的"泛劳动主义"、克鲁泡特金的"互动进化论"等主张，都具有一定的进步意义，都批判资本主义，颂扬农民群众的革命民主主义热情和斗争愿望。

第二阶段主要是 19 世纪八九十年代。一方面，随着资本主义的发展，俄国农村的两极分化十分严重，资产阶级数量增加，民粹派开始代表农村富农阶层的利益，并形成了自由民粹派（又称改革民粹派）。另一方面，民粹派运动的一部分走向极端主义，反对一切当道之恶，如独裁、剥削与不平等，他们不仅仇视资本主义，而且主张消灭国家，认为"国家为一胁迫与不平等制度之体现，故本质即恶；国家消灭以前，不可能有公道与幸福"[1]。进入 20 世纪后，代表俄国农民民主派思想的民粹派事业已发生重大改变，成为马克思主义在俄国传播的障碍，日益背离无产阶级的社会主义目标。

美国民粹主义通常被认为是西方民粹主义的最早先例。其中最重要的，就是美国人民党运动。西方学者视野中的民粹主义在词源上来自美国的人民党，

---

① ［英］以赛亚·伯林：《俄国思想家》，彭淮栋译，译林出版社 2001 年版，第 259 页。

国内有一些翻译也将民粹主义直接译为人民党主义。三位美国民粹主义的代表人物，休伊·朗、乔治·华莱士和罗斯·佩罗，分别于 20 世纪 30 年代、60 年代和 90 年代掀起了具有民粹主义特征的三场运动，这些运动都多多少少继承了人民党的反体制、反主流的政治传统。

人民党运动是美国历史上第一场有全国性影响的农民运动，也是美国民众在两党体制之外独立参与政治的首秀。19 世纪 70 年代以来，美国的自由放任政策及其带来的腐朽之风激化了社会矛盾，引发了所谓"镀金时代"的改革与反抗风潮。在这场运动中，广大农场主为摆脱垄断资本在货币金融、铁路运输、市场价格、土地资源等方面对农业和农场主的剥夺和控制，展开了一系列抗争，如格兰其运动、美钞派运动以及 1892 年南北农民联盟在奥马哈大会上正式启动的人民党运动。人民党的纲领——"奥马哈纲领"，以货币政策、交通政策和土地政策为主题，提出了要求国家干预经济的一系列主张，人民党的斗争目标指向横行一时的垄断资本以及两大党的保守与腐败，反精英、反权贵色彩异常鲜明。这一纲领还包含了秘密投票、税制改革、移民限制、自主权和全民公决方案、总统和副总统资格条件和参议院直接选举等内容。[1]

在人民党的影响下，一场席卷全美的底层政治运动正式上演。由于人民党直接挑战了强势的垄断资本和强权的两党政治，吹来了一股改革、进步与关注民生的清新之风，因而得到了广泛的支持，越来越多的下层选民转向第三党，即人民党。虽然在两次总统选举中最终不敌民主党和共和党，但人民党所代表的下层阶级利益和政治主张为美国后来的民粹主义运动准备了必要的条件。进入 20 世纪以后，诸如进步党、自由党、宪法党、绿党、改革党以及茶党等第三党力量不时活跃在美国的政治舞台上，虽然基本没有上台执政的可能，但它们都声称代表普通人尤其是代表广大的中下层民众参与政治，传承了人民党的政治遗产，更发展出一种求诸普通大众的全新政治动员模式。正如迈克尔·卡津所说的，美国几乎就是一个民粹主义的典型国家，因为民粹主义是美国政治所必需的。[2]

二、拉美民粹主义

从 20 世纪 30 年代至 60 年代，拉美政治发展的突出特征是以城市为基础的

---

[1] George Mckenna, *American Populism*, New York：G. p. Putnam's Sons, 1974, pp. 88—94.

[2] M. Kazin, *The Populist Persuasion：An American History*, New York：Basic Books, 1995, pp. 1—7.

民粹主义浪潮的兴起，整个南美大陆的现代化进程都被认为带有鲜明的民粹主义特征，出现了阿根廷的庇隆主义、巴西的瓦加斯主义、秘鲁的阿普拉主义、乌拉圭的新巴特列主义等民粹主义思潮与运动。其中，庇隆主义影响较大，也比较典型。

在从 19 世纪的农业社会迅速向 20 世纪的工业和城市化社会转型的过程中，拉美国家的政治、社会与经济制度发生了重大的结构性变革。拉美的现代化转型带来了严重的结构性危机，传统的寡头政治捉襟见肘，民粹主义就成为一种可能的选择。民粹主义运动弥合了旧的寡头阶层和大众社会之间的裂痕，通过建立魅力领袖与底层民众之间的直接联系，确立了追求民族经济独立、打破半封建社会结构、促进社会公正的目标，民粹主义最终成为现代拉美社会的主要政治形式。对于 20 世纪的拉美国家来说，"从左派到右派的所有政治势力，被迫以这种或那种方式调整它们的政治行为，以适应民粹主义的挑战。无论是好还是坏，民粹主义从一开始就一直是拉丁美洲的重要的政治势力"①。

在这一波声势浩大的拉美民粹主义浪潮中，庇隆主义因其在思想体系、政治运动方面的广泛影响而成为典型。20 世纪 40 年代后期至 50 年代初期，庇隆和他的夫人对阿根廷的统治表现出了鲜明的民粹主义色彩。庇隆将自己定义为正义和人民的化身，他的正义主义就是这种人民观念的表达。1946 年，庇隆把庇隆主义的要点概括为 20 条，又称"正义主义的二十条真理"。② 这 20 条"真理"以"社会正义""经济独立""政治主权"为基石，在政治上极具动员力。在经济上，庇隆制定了一系列社会经济改革政策，赢得了大部分阿根廷劳动者的支持。庇隆政府将阿根廷中央银行收归国有，结束了外国资本对本国银行的控制，并颁布了一项垦殖国有土地和部分私有土地的纲领，赎回土地并转让给农民。庇隆的民粹主义产生了以政治弱势群体的名义与支持为基础的政治上的卡里斯玛式的领导③，这为庇隆政权涂抹上了以大众政治为特征的民粹主义色彩。

三、亚洲民粹主义

民粹主义的第三次浪潮是 20 世纪 80 年代以来亚太地区民主化转型过程中

---

① James Malloy, *Authoritarianism and Corporation in Latin America*, Pittsburgh: University of Pittsburgh Press, 1997, p. 7.
② 田森：《庇隆传》，天津人民出版社 1984 年版，第 27 页。
③ ［英］保罗·塔格特：《民粹主义》，袁明旭译，吉林人民出版社 2005 年版，第 87 页。

的副产品，其中以泰国、韩国和中国台湾地区的民粹主义运动声势最为浩大，这些国家与地区从威权政治走向民主政治的过程中都遭遇了民粹主义的挑战。东亚和东南亚国家与地区从威权走向民主的政治发展之路曲折动荡，面临宪政民主、经济增长、分配公平、民族和解等诸多艰巨任务，在这一发展过程中，都程度不同地存在着影响广泛、冲击强烈和持续时间长的民粹主义思潮与运动。

在第三波民主化浪潮的冲击下，大众的民主观念在亚洲的发展中国家和地区不断强化，政治参与行动日益活跃，这一地区的很多国家和地区经历了不同程度的政治动荡、社会分裂和民族冲突，如韩国、中国台湾、泰国、菲律宾、印尼、缅甸等地频繁发生群众政治运动、骚乱甚至暴乱。从20世纪80年代韩国以光州事件为代表的民主运动，到90年代开始的中国台湾民进党的草根政治动员，再到泰国在1997年宪法颁布和2001年他信上台后发生的草根阶层与中产阶级及地方世袭领主之间的剧烈冲突，这些激进的民粹主义运动共同表现出强烈的反独裁、反威权、反权贵精英的取向，是这些国家与地区民主化转型过程中阶级矛盾、社会冲突的集中体现。

韩国民主化转型起于1980年的光州事件，随后韩国民主人士发起了修改宪法的运动，要求实行总统直选，并发动一系列的民主抗议示威，相继掌权的独裁主义政权继续使用强制性手段打压，导致公众不满情绪的高涨和反对力量的增长，民粹主义运动随之而来。时至今日，韩国虽然已从民主转型的阵痛中走出来，进入了比较稳定的民主巩固阶段，但仍然时常为反政府、反权贵精英的大众运动所困扰。泰国的民主转型之路堪称跌宕起伏，经历了"民主—动乱—专制—再民主—再动乱—再专制"的怪圈①，最终在1997年宪法中确定了民主选举的"一人一票"原则。泰国的宪政制度变革带来了民情激昂的大众政治，选举政治最终演变成各党派竞争选票的民粹主义政治，泰国"黄衫军"与"红衫军"旷日持久的对抗可谓泰国民粹主义运动的缩影。

四、欧美新民粹主义

21世纪初的全球化时代迎来了民粹主义的第四波浪潮，我们可以称之为"新民粹主义"。与"旧民粹主义"相比，"新民粹主义"在核心政治理论上并

---

① 李文主编：《东南亚：政治变革与社会转型》，中国社会科学出版社2006年版，第50页。

没有发生根本变化，都强调了对人民的信仰，不仅如此，在反精英、反建制等方面，新旧民粹主义之间也存在着很大的相似性，这是新民粹主义仍然是民粹主义的内在规定性。但是，我们也应该看到，新民粹主义是在欧美等西方国家兴起的民粹主义，这实际上与传统发生在发展中国家的民粹主义完全不同。新民粹主义与发生在拉美等国家的民粹主义在理论主张和政策要求方面都表现出了明显的不同。同时，民粹主义推动"反全球化"，主张保护本国贸易地位，反对移民政策，反对文化多元主义，这些议题和政策主张，都是旧民粹主义所没有的。

2005 年，法国、荷兰先后举行全民公投，否决了《欧盟宪法条约》，反映了国内主流民意对欧洲一体化方案的反对，反全球化的右翼民粹主义开始成形。2008 年，美国次贷危机引爆全球金融危机，欧洲发生严重债务危机，导致左翼和右翼民粹主义力量在反紧缩和反移民的旗帜下分别集结，形成了对全球化和欧洲一体化的夹击。2014 年欧洲议会选举，右翼民粹主义政党取得历史性突破。在美国，2009 年保守主义的茶党运动在白人主流社群中得到了大批支持者，2011 年激进主义的"占领华尔街"运动爆发并蔓延全球。2016 年，欧美民粹主义浪潮达到了顶峰并持续蔓延，2016 年特朗普当选美国总统后全面推行本土主义的保守政策，英国脱欧公投成功之后迁延数年仍未完成，2019 年法国则经历了长达 6 个月的"黄背心运动"的冲击。

传统的民粹主义在意识形态光谱中相对偏向左翼，在历史上与阶级政治、劳工运动有密切的关联，但这一波以欧美为中心的新浪潮则出现了左右极化现象。虽然一些针对欧洲政党的研究常常把种族主义、民族主义等激进右翼、极端右翼与民粹主义联系在一起①，但是，这种笼统的界定不能解释左翼民粹主义仍有大批支持者的事实。应该看到，欧洲民粹势力的扩张和特朗普的当选确实凸显了民粹主义的右翼化和威权化趋势，但是左翼阵营的民粹主义运动仍维持着一定的影响力，一些南欧、东欧民粹政党的崛起和美国民主党的桑德斯参选代表着左翼民粹主义的重要影响。

右翼民粹主义在西欧和北欧是一股正在上升的强势力量，在美国则因为特朗普的出现也日益集结成为一种影响美国政治走向的力量。右翼民粹主义属于

① Herbert Kitschelt, *Radical Right in Western Europe: A Comparative Analysis*. Ann Arbor: University of Michigan Press, 1997.

保守主义阵营，其基本主张是维护本民族利益，反对自由贸易，反对外来移民在经济和文化价值上的威胁，反对建制派主张的新自由主义政治、经济政策。欧洲右翼民粹政党中有少数政党也赞成新自由主义的自由贸易和市场机制，如德国共和党和瑞士人民党等欧洲民粹政党也主张大市场小政府，但是，右翼民粹政党更担心经济领域或私人领域的自由越来越被建制性力量所掌控，所以持鲜明的反建制取向。欧洲学者认为，欧洲政党政治中最有影响力的右翼是建立在狭隘的、排外的民族主义利益之上的右翼威权民粹主义（authoritarian populism），它是民族主义与民粹主义的结合，主张优先保护本民族经济利益和文化价值，同时强调通过政治强人剥夺寡头的权力，把权力直接还给人民。民粹主义与民族主义都崇信人民、民族与国家等整体性、同质性的价值，并认为人民、民族与国家是一体的，非本民族的异质元素（移民或外国文化观念）都是对本民族、本国同质性的威胁。二战以后，尽管欧洲尤其德国对希特勒的极端种族主义进行过反思并将种族平等奉为普适的价值，但是欧洲民族民粹主义者仍然具有强烈的排他性，认为各民族虽平等但完全不同，外族无法融入迁入地社会，以至于会成为当地民族的价值观念、生活方式和文化统一性的威胁。进入 21 世纪以来，欧洲民族民粹主义政党的阵营中最有影响的当属法国的国民阵线、奥地利自由党和英国独立党等。

在美国，特朗普的主张接近欧洲右翼威权民粹主义。他在共和党党内初选的胜利预示着共和党建制派的衰败与困境，特朗普在 2016 年总统大选中的最后获胜，表明民主党自由派的道路受到了质疑并面临修正的命运。特朗普的一系列政策主张旨在与新自由主义的政治理念划清界限，他的两条竞选口号都体现了回归民族与传统、要求本土利益至上的民粹主义特点："美国优先"（America First）口号是二战时期著名的孤立主义口号，特朗普要将美国转向贸易保护主义，对民主党和共和党建制派极力支持的国际自由贸易持否定态度，主张采取高关税等重商主义手段减少贸易逆差、扩大国内就业；"让美国再度伟大"（Make America Great Again）的口号同样意味深长，在他的支持者看来，"再度伟大"的"美国"将是以白人为主体的"传统美国"，特朗普在竞选中多次使用"我们"（We），意思是他和他的支持者构成了一个亲密无间的群体"我们"，由"我们"使美国再度伟大，而黑人和拉丁裔则不属于"我们"。特朗普的支持者主要是中西部的中下层白人男性选民，是特朗普大搞"白人身份政治"的社会基础，他们对民主党等自由派宣扬的政治正确不屑一顾，对保护少数族裔的平权政策十分不满，而对非白人人口的不断增加更是格外焦虑。

左翼民粹主义沿袭最正统的以阶级政治为核心的民粹主义历史道路，专注于反抗造成贫富悬殊、经济不平等的新自由主义政策。民粹主义的左翼路径最初与传统马克思主义有某种联系，至今仍包含新左翼意识形态、激进民主社会主义的成分。正如爱德华·希尔斯所说的："对于长期形成的等级统治阶级，这些阶级垄断着权力、财产、教养以及文化，在他们所实施的统治过程中，哪里有普遍的怨恨情绪，哪里就有民粹主义。"[①] 但是，在战后西方的经济复苏和繁荣的进程中，欧洲左翼力量逐渐放弃了革命路径而倡导改良，走上了妥协的、放弃工人阶级的道路，从阶级政治转向文化政治，关怀边缘、弱势社群的身份权利，并与右翼保守势力达成了被称为新自由主义的政治共识。一般而言，政党意识形态的定位常常以对经济再分配政策的态度来判断，劳工政党在左翼，而保守主义政党在右翼。[②] 左翼的共产党、社会党和社会民主党支持国家对经济的管制，强调通过经济再分配以保障平等正义，倡导累进税制、强福利国家和公共服务。21 世纪的美国左翼民粹主义浪潮以"占领华尔街"运动和桑德斯的民主社会主义主张为代表，前者得到了"庶民觉醒运动""大众民主运动"与"暴民运动""阶级战争"的双重名声，但却将"99%普通大众 VS 1%富贵阶层"的阶级政治议题重新带回了美国人的生活；后者动员和领导了一场旨在反对新自由主义导致贫富分化加剧的左翼社会运动，桑德斯提出了一套系统的经济改革方案，包括对富人增税、强化金融监管、政府出资的全民医疗保险、公立大学教育免费、提高最低工资、投资基础设施建设以创造就业机会等。

特朗普和桑德斯的右翼和左翼民粹主义既有对美国本土民粹主义传统的传承，也是民粹主义世界潮流的集结。特朗普在 2016 年美国大选中激烈的本土主义言辞和民族主义诉求迎合了欧美后工业化时代民粹主义思潮不断上升的趋势。在过去 20 年中，欧洲国家中由民粹主义、威权主义领导人带领的政党得到了迅速的发展，它们得到了议会席位、部长职位，在权力分配中占有了令人瞩目的一席之地，这些政党包括瑞士的人民党、奥地利的自由党、瑞典的民主党、希腊的金色黎明党（Golden Dawn）和丹麦的人民党等。面对玛丽娜·勒

---

① Edward Shiles, *The Torment of Secrecy: The Background and Consequences of American Security Policies*, Glencoe: Free Press, 1956, pp. 100—101.

② Ronald Inglehart, "Inequality and Modernization," *Foreign Affair*, Vol. 95, No. 1, 2016, pp. 2—10.

庞的法国国民阵线、萨尔维尼的意大利北方联盟、基尔特·威尔德斯的荷兰自由党等极右翼政党不断扩张的影响，中左派和中右派都忧心忡忡，但到目前为止，民粹政党或民粹政治人物对政党体制的冲击并不是在议会席位或政治权力上。英格尔哈特和诺里斯认为，民粹主义政党不必获得太多选票就可以扩张实际的影响，如英国独立党在 2015 年 5 月的大选中只得到了一个席位，但它的民粹主义主张却点燃了狂热的反欧盟、反移民情绪，迫使保守党启动脱欧公投。英国脱欧公投的后续影响极为深远，除了对英国自身政治与经济前景徒增不确定性之外，欧洲国家受其影响，对于移民的攻击性言论也甚嚣尘上，法国、荷兰、德国、丹麦及其他国家的一些民粹主义政党纷纷效仿，也提出要举行类似的脱欧公投。

民粹主义的兴起反映了全球化的某些问题。全球化对当今世界的改变是前所未有的。在这个进程中，全球社会与经济经历了奇迹般的繁荣，人们的生活水平也经历了奇迹般的提高。民粹主义在 21 世纪全球化时代的爆发，以一种"大众的反叛"的姿态与全球化的繁荣和增长同步，反映了当前全球治理架构存在的严重不足，反映了欧美在应对全球高度依存、科技飞速发展所带来的内外挑战上存在的严重问题。

第二节　民粹主义的理论体系

顾名思义，民粹主义是一种"以民为粹"的主义，召唤"人民"、诉诸"人民"是其典型标签。由于对民粹主义的内涵、外延存在不同认识，学界对民粹主义的概念并没有太多共识，正如厄内斯特·拉克劳指出的，"我们直觉地知道我们所提到的民粹主义运动或民粹主义思想是什么，但我们却非常难以将这种直觉翻译成概念"。[①] 关于民粹主义的概念有以下几种解释：一种持极端平民化取向的意识形态或社会思潮；一种视普通民众为历史进步和政治变革的唯一决定力量的政治运动；一种通过控制和操纵平民大众以实现特定政治目标（如获得选票）的政治策略或竞选风格；一种强调国家干预的宏观经济政策，

---

① Ernesto Laclau, "Towards a Theory of Populism," in Ernesto Laclau, *Politics and Ideology in Marxist Theory: Capitalism-Fascism-Populism*, London: New Left Books, 1977, p. 143.

如拉美民粹主义主张经济增长、收入再分配和扩大公共福利等政策。在西方，被较多引用的民粹主义概念大致来自玛格丽特·卡诺万的"阴影说"、库尔特·韦兰德的"政治策略说"、保罗·塔格特的"中心地带说"、卡斯·穆德的"薄意识形态说"以及本杰明·阿迪蒂在卡诺万的基础上发展的"幽灵说"等。

尽管人们对于何谓民粹主义缺乏共识，但历史经验为理解民粹主义提供了两种解释框架。一种是价值层面上的民粹主义。它被称为"唯一的诉诸和求助于人民群众的所有运动和学说"① 或"下层人民的主义"，更接近"以民为粹"的本义，它推崇平民大众的价值、理想与利益，强调大众在历史进程中的作用和首创精神。这种层面上的民粹主义是一种关注社会正义与经济平等的社会理论，体现了维护大众利益、维护平等公正、崇尚爱国主义、反对帝国主义和外来干涉等正面价值。另一种是工具层面上的民粹主义。在西方政治中，被指称为民粹主义者意味着"鲁莽的、不审慎的煽动"，一些政治人物越过其他政党而直接呼吁民众通常被认为是声誉不佳的，因为他们常常是妄许不能兑现的诺言，空开世上没有的药方。② 为了获得最广大的民众支持，民粹政客常常借由甚至夸大外在的危机或威胁来煽动民意，吸引民众的扈从与依附，这种层面上的民粹主义本质上是一种精英主义的装饰品，是一种基于精心预谋的精英诉诸民众利益或偏见的政治策略。

随着全球化的发展和后现代民粹主义议题的兴起，学界仍然在努力解读民粹主义的概念内涵。美国学者卡斯·穆德提出了一种新的解释，他认为社会最终将被分为两个同质的、对抗的群体，即"纯洁的人民"与"腐败的精英"，并指出政治应该是普通民众的共同意愿的表达，为此他将民粹主义定义为一种建立在纯洁大众与腐败精英相对立的基础上的"薄意识形态"③，这一"薄"意识形态可以和各种"厚"意识形态——如社会主义、民族主义、反帝国主义或者种族主义——灵活地结合，用来解释这个世界并使某些议程合法化。随着民粹主义浪潮在世界各国的此起彼伏和持久存在，人们对它的解读将更加多样化，对它的认识也将更加深入。

---

① 俞可平：《现代化进程中的民粹主义》，《战略与管理》1997 年第 1 期。

② ［英］吉姆·麦克盖根：《文化民粹主义》，桂万先译，南京大学出版社 2001 年版，第 2 页。

③ Cas Mudde, "The Populist Zeitgeist," Government and Opposition, Vol. 39, No. 4, 2004, p. 543.

一、民粹主义的"人民"理念

民粹主义无论是作为一种意识形态、政治运动还是政治策略，都离不开一个辨识度极高的核心理念——"人民"①。民粹主义强调"民众中心""人民至上"，声称服膺于人民的意志，崇尚人民的智慧与美德。虽然"人民作为政治主体的每一种设计，站在人民立场上的每一个行动并不本质上都是民粹主义的"②，但是，大众动员、草根政治、公民投票、直接民主等实践都因为与"人民"的联系而具有某种民粹主义的色彩。作为一种唯一诉诸人民力量的思想或运动，民粹主义需要一个具有超然伟力和崇高道义性的主体——"人民"，就如同许多国家写在宪法中的作为主权者的"人民"一样。

"人民"是民粹主义的核心理念，因此，理解民粹主义的"人民"是理解民粹主义的基础。在民粹主义的理论视野中，"人民"被赋予以下几种明确的特征。

其一，"人民"的主体性。"人民"对于民粹主义的存在具有决定性意义，它是普遍政治主体或历史行动者，这一"'人民'并不存在于任何有限的意义上：他们是政治话语的一种声音"，是在政治话语的质问中存在的一种主体、一种主体性或一种主体状态。③ 只有当"人民"成为政治主体时，民粹主义才能开始建构自己的政治逻辑。拉克劳在论证民粹主义作为一种政治逻辑时，认为"人民"成为一切重建的且有效的政治规划的希望，成为政治的唯一主体。④ 主体理论是在黑格尔提出作为主体的世界精神、孔德和斯宾塞提出社会—主体的概念之后逐渐形成的，马克思进而提出了著名的阶级主体概念，论证了人民成为主体的观点。虽然拉克劳否认他的"人民"的概念与经典马克思主义的阶级斗争是相同的思考社会统一体建构的方式⑤，但拉克劳关于人民主体性的见解，显然还是源于马克思主义。

其二，"人民"的抽象性。人民虽然可以在现实层面有具体所指，但在民

---

① 这里的"人民"，专指当代西方民粹主义语境中的人民。
② ［斯洛文尼亚］斯·齐泽克：《抵御民粹主义诱惑》（上），查日新译，《国外理论动态》2007年第9期。
③ ［英］吉姆·麦克盖根：《文化民粹主义》，桂万先译，南京大学出版社2001年版，第16页。
④ Ernest Laclau, *On Populist Reason*, London: Verso, 2005, p. 47.
⑤ Ernesto Laclau, "Why Constructing a People is the Main Task of Radical Politics?," *Critical Inquiry*, Vol. 32, No. 4, 2006, p. 647.

粹主义话语中却是抽象的、高度概括的，就像有的国家的宪法中提到"主权属于人民"时所指的人民，与"宪法中的上帝"或者"制宪权的归属主体"一样超越具体。换言之，人民是被外部力量如宪法、政党或政治人物塑造的抽象概念。拉克劳指出，人民"从来都不是一种基本事实，而是一种建构"①，他提出过一个非常复杂的概念，用来指称把不可能性作为可能性表达出来的概念，也就是仅把意义领域的界限表达出来的概念②，适用于这一理论的概念有社会、权力、霸权，也包括人民。拉克劳在 2006 年发表的《为什么建构人民是激进政治的主要任务》一文中特别讨论了"民众阵营的符号统一体的建构"问题，认为人民是必须建构出来的抽象概念。

　　其三，"人民"的同质性。这意味着人民是一个整体性概念，它与人民之外的其他社会成员是一种异质多元的关系，如人民与精英之间是对抗性异质关系，但人民内部却是一元的、同质的。拉克劳认为，"一切政治统一体必然都是民粹的"。③ 根据奥尔特加·加塞特的观点，人民大众的形成"往往意味着组成群体的个人在欲望、思想观念和生活方式上的一致"，他担心"一个同质化的大众正在公共政治生活中发挥着越来越重要的作用"。④ 保罗·塔格特用"中心地带"的政治来指代民粹主义政治，这个"中心地带"就是一个不可分割、无差异的人民的象征，"'人民'被描述为一个整体，他们被视为一个缺乏基本分化的单一实体，是统一的、团结一致的"⑤。强调人民的同质性特征正是为了创造民粹主义所需要的源于人民内部的团结一致感，因此，民粹主义倾向于忽视人民内部的差异性，主张人民是超越阶级、种族、性别与代际的多样性而存在的。

　　其四，"人民"的道义性。民粹主义者从来没有掩饰对人民的历史创造性和道德优越性的崇信，认为人民具有极高的道义性，"美德只存在于普通人身

---

① ［匈］安东·佩林卡：《右翼民粹主义：概念与类型》，张也译，《国外理论动态》2016 年第 10 期。

② Ernesto Laclau, "Why do Empty Signifiers Matter to Politics," in Ernesto Laclau, *Emancipation* (*s*), London: Verso books, 1996, pp. 36—46.

③ Ernesto Laclau, "Why Constructing a People is the Main Task of Radical Politics?," *Critical Inquiry*, Vol. 32, No. 4, 2006, p. 646—680.

④ ［西］奥尔特加·加塞特：《大众的反叛》，刘训练、佟德志译，吉林人民出版社 2004 年版，第 6、71 页。

⑤ ［英］保罗·塔格特：《民粹主义》，袁明旭译，吉林人民出版社 2005 年版，第 125 页。

上，他们是占绝对优势的大多数，美德也只存在于集体的传统之中"。① 在这个意义上的民粹主义等同于人民至上主义或者拜民主义、惟民主义。19 世纪法国浪漫主义历史学家儒勒·米什莱的《人民》一书就是为人民献上的赞歌，在他看来，人民是慷慨大方的、愿意自我牺牲和充满人道主义精神的。② 民粹主义者用人民来命名他们的主义，就是将人民视为一个正面的、积极的概念，充满着道德感和进步性，我们的"人民"概念是指那些不仅全力参与历史的进程，而且占据历史、加快它的前进步伐、决定它的发展方向的人民。③ 有了这种极具道义性的人民，那些能够更为有效且真实地代表"人民的意志"的力量（个人或组织）就有了足够的行动合法性，因为"人民的意志"具有最无可辩驳的道德合宜性。

二、民粹主义的二元价值观

尽管民粹主义塑造了同质化、整体化的"人民"概念，但是，任何一个政治共同体内部必然存在多样化的诉求，这意味着共同体内部必然是异质的，政治家希望代表全体人民，但往往很难令整个共同体满意。"当一个民粹主义领导人声称要为'人民'发声时，被称为'人民'的主体不包含、事实上也无法包含既定共同体内的所有公民"，民粹主义者只是"把政治共同体所有公民中的'平民'（中下层）等同于'人民'"而已。④ 这些中下层平民成为渴望安定与秩序、信守传统并且维护道义的"人民"，而共同体中的其他成员，如权贵精英、外国移民不能算作"人民"。于是，那些不属于"人民"范畴的共同体成员从"纯粹的人民"中被剥离出去，民粹主义通过确认谁不是人民而确认了谁是"人民"。

从这种区分出发，民粹主义主张一种"纯粹的人民"与"腐败的精英"二元对立的价值观，这种"人民"与"精英"的二分法是民粹主义特有的意识形

---

① Peter Wiles, "A Syndrome, Not a Doctrine: Some Elementary Theres on Populism," in G. Ionescu and E. Gellner eds., *Populism: Its Meanings and National Characteristic*, London: Weidenfeld and Nicolson, 1969, pp. 167—171.

② Marco D'Eramo, "Populism and the New Oligarchy," *New Left Review*, Vol. 82, No. 1, 2013, p. 10.

③ 林红：《民粹主义：概念、理论与实证》，中央编译出版社 2007 年版，第 35 页。

④ Benjamin Moffitt and Simon Tormey, "Rethinking Populism: Politics, Mediatisation and Political Style," *Political Studies*, 2014, Vol. 62, pp. 388—389.

态立场。在民粹主义的政治逻辑与话语中，"我们人民"和"他们其他人"是两个完全不同的群体，二者天然地存在一种从根本上对抗冲突的紧张关系。具体而言，民粹主义的二元价值观体现在两种对抗关系之上，即平民对抗精英和本国人民对抗外国移民。

平民对抗精英更多地导向反抗权贵阶层的激进的左翼政治，本国人民对抗外国移民则可能催生以身份认同为基础的极端的右翼政治。关于前者，"纯粹的人民"与"腐败的精英"的二元对抗是一种纵向的对抗，是共同体政治中最基本的敌对关系，常常表现为一种阶级政治。人民与精英的二元关系建立在这样一种认知之上，即作为被统治者的大多数人即人民无论是在品德上还是在能力上都优越于制定规则的统治精英。[1] 但是这个垄断了权力、财富、名望与文化的统治精英阶级，将不公正的社会秩序强加给人民，因而是令人憎恨的，他们所掌握的资源与他们的数量相比不仅不成比例，而且直接妨碍到权利、福利的公平分配，限制了普通民众的福祉与发展。爱德华·希尔斯认为，统治阶级是由跨越政、商、媒体、学术等各界的精英共同构成的、盘根错节的利益集团，这些人默契地联手欺压人民，不但从人民手中掠夺了财富，而且把持了政策与话语权。[2] 民粹主义勾画了一幅深刻分裂的社会关系图像，即人民与精英阶层不得不对立起来，"我们人民"（平凡的小人物或平民）遭受"他们精英"（统治阶级或特权阶级）的背叛、压制与盘剥，结果导致了"敌对—恐惧—威胁"的种种场景。[3] 从历史经验来看，英法资产阶级革命以及19世纪后期俄国民粹派和美国人民党的实践表明，民粹主义始于一种对精英所拥有的压倒性权力的抗议，在其早期阶段具有鲜明的左翼激进政治的色彩。

"纯正的"本国人民与"寄生的"外国移民的对抗，是一种横向的对抗，是对全球化日益侵蚀民族国家主权边界的应激反应，常常表现为一种族群政治。在民粹主义者看来，人民遭受的"政治迫害"有可能来自其他民族、其他国家，但首先要归罪于本国统治精英奉行文化多元主义，以及在此基础上推行

① Edward Shils, Populism and the Rule of Law, *University of Chicago Law School Conference on Jurisprudence and Politics*, 1954, pp. 99—107.

② Edward Shils, *The Torment of Secrecy: The Background and Consequences of American Security Policies*, New York: The Free Press, 1956.

③ ［德］沃尔特·奥彻：《民粹主义与煽动》，金寿铁译，《国外理论动态》2016年第10期。

自由贸易政策和宽松的移民政策，本国精英的错误政策导致"敌人——外来人口和外来文化——已经成功闯入了民族国家的壁垒"①，造成了"优等的本国国民"与"劣等的外国人"，"追求绩效的公民"与"社会寄生虫"之间的对抗。② 这些威胁到"本国人民""本民族"的外来族群通常是指来自外国的寻求庇护者和移民劳工，他们得到了国内自由主义精英的帮助，抢走了"我们人民"的工作机会，破坏了"我们人民"的社区关系、生活方式与文化传承，从而威胁到"我们人民"的主导性、正统性和纯粹性。这里的"其他人"或"他们"不是根据一国之内既有权力、资源与地位的差异来限定，而是根据种族、出生地或宗教进行限定。这是一种新的"限定的他者"（从"人民"中被排除出去的社会成员），是"我们人民"要反抗的敌人。英国脱欧公投、欧洲各国的欧洲怀疑主义政治以及给美国内政外交带来重大冲击的特朗普主义等表明，右翼民粹主义正在成为欧美主流政治的强劲对手，对自由民主价值提出了严峻挑战。

从这种双重二元价值观出发，可以清晰地看到民粹主义的理论内涵。

第一，人民至上主义。民粹主义主张无条件地相信民众的智慧，支持民众的利益，达成民众的意愿。它代表了一种对当前权威与当前体制的嘲讽与愤恨情绪，这种情绪来自沉默的大多数，即勤劳智慧的民众，而与民众相对立的精英是傲慢和追求私利的。民粹主义者相信，与普通民众的联系代表着一种充满智慧与美德的生活方式，中下层的普通民众具有推动社会进步的创造力；他们是社会的主体，他们的立场决定了任何一种统治的合法性；这些普通民众尤其是底层民众受到的压迫和剥削最为深重，因而最具反抗精神，是挑战不公正和不平等的当前政治体制的决定性力量。

第二，威权主义。民粹主义运动常常会出现卡里斯玛型政治领袖，这是由民粹主义对威权主义的内在取向决定的。民粹主义希望富有魅力的强硬派领导人出现，引领民众和保障他们的利益。民粹主义者对于主张权力制衡和保护少数权利的自由民主、代议民主充满怀疑，他们支持大众民主、直接民主的政治体制，寄希望于魅力领袖的出现，以此来激发普通民众的政治热情，使他们摆脱政治疏离感，参与到大众政治的事业中来。马克斯·韦伯认为，魅力统治的

---

① ［匈］安东·佩林卡：《右翼民粹主义：概念与类型》，张也译，《国外理论动态》2016 年第 10 期。

② ［德］沃尔特·奥彻：《民粹主义与煽动》，金寿铁译，《国外理论动态》2016 年第 10 期。

适用与否实际上是由被统治者的承认来决定的。① 也就是说，只要魅力领袖的领导继续为民众带来幸福和希望，民众就会在领袖身上体现出来的超凡魅力与能力中获得庇护，从而对领袖产生依赖并追随之。

第三，本土主义。民粹主义主张保守的本土主义价值观，怀恋传统的、民族的文化，倾向于排他性的民族主义。民粹主义话语中始终奉行人民是一个统一整体、国家应该拒斥外国人和外国文化等信条，这套话语的支持者们在单一文化主义与多元文化主义、国家利益与国际合作或发展援助、封闭边界与开放劳动力、思想和资本流动、传统主义与进步主义、平等价值与自由价值等种种对立观念之间，会毫不犹豫地选择前者。如果说民粹主义是一种充满反抗意识的、来自大众的挑战，那么它挑战的对象正是被称为全球化自由主义的西方意识形态，反抗的正是支撑这种意识形态的进步主义价值观，如环境保护、人权、性别平等、全球正义、文化包容等。

三、民粹主义的理论特征

民粹主义把"人民"写在自己的旗帜上，奉为精神的支柱与归宿，一切民粹主义性质的社会运动都围绕着"人民"这个主题而展开。无论是在以政党政治为中心的西方社会，还是在处于民主化转型中的非西方社会，民粹主义都有大致相似的表现形态，主要体现为以下几个方面。

（一）否定性政治

在古典意义上看，民主最初是一种关于反对权力的专断使用的理论，它在历史上曾经是"多数的穷人反对少数的富人"的武器②，因此，古典民主天然具有反抗性，民粹主义的反抗性、否定性可以追溯到大众民主的反抗性维度。在历史实践中，民粹主义引人注目的表现与其直接鲜明的否定性政治立场有关。一种关于民粹主义的普遍印象是，它"以多种形式存在于不同思潮中，……但其基本立场与现行体制对立和相反"。③ 根据"人民"与"其他人"的二元价值立场，凡是不符合人民利益与意志的政治，或者是只对其他人有利、不能

① ［德］马克斯·韦伯：《经济与社会》上卷，林荣远译，商务印书馆1997年版，第269页。

② Barrington Moore, *Liberal Prospects Under Soviet Socialism: A Comparative Historical Perspective*, New York: Averell Harriman Institute, 1989, p. 25.

③ G. Ionescu and E. Gellner eds., *Populism: Its Meanings and National Characteristics*, London: Weidenfeld and Nicolson, 1969, p. 166.

惠及人民的政治，都是应当被否定的对象，民粹主义者希望动员人民来参与这种伸张自身权利的政治。

否定性政治之所以成为民粹主义的典型形态之一，原因在于以下三个方面：其一，对现行政策与现行体制的不信任。民粹主义坚决反对建立在当前制度之上的不对称权力关系与利益关系。"社会之恶的呈现不是来自经济制度，而是来自寄生和投机群体的权力滥用"①，否定这种"权力滥用"正是民粹主义自命的使命。拉克劳和墨菲甚至认为，否定性话语不应当把包括种族在内的任何问题从政治议程中排除，否则就会导致政治过程无法反映人民的真实关切。② 其二，某种有关政治迫害的想象。民粹主义者反对国际组织、秘密会议或秘密条约，因为这一类事务常常令人联想到普通民众的利益有可能被秘密出卖，这类想象直接指向腐败的当权者或自利的权贵们，类似的想象还包括，"整个美国战后的历史可以被理解为国际上有钱阶级的持续的密谋"③，"近百年来的国际政治被罗斯柴尔德家族等犹太财团一手操纵"④ 等。其三，广泛的大众动员的需要。否定性的观点只界定了反对的对象，而有意或无意地模糊了可能主张的范畴，这使得民粹主义可能主张的内容无限广大，支持者的范围也随之无限广大。齐泽克在谈及 2005 年法国和荷兰对《欧盟宪法条约》说"不"时指出，"这个'不'有着含混的、不一致的、多元决定的含义，它既包含对工人权利的维护，也包含种族主义思想；它既包含对某种被感知到的威胁和对变化的恐惧的盲目反应，也包含朦胧的乌托邦愿望"。⑤ 民粹主义者通过垄断对"不"的权威论述来获得政治动员的优势，这是主流政治难以做到的。

（二）简单化政治

所谓简单化政治就是一种对民众要求作出直接反应的政治，民粹主义的否定性话语常常以一种简单鲜明的、断言式的口号语言呈现出来。迈克尔·卡津曾指出，民粹风格不是雄辩的左派或右派政治家的杰作，就像民主本身那样，

---

① Ernesto Laclau, "Why Constructing a People is the Main Task of Radical Politics?," *Critical Inquiry*, Vol. 32, No. 4, 2006, pp. 646—680.

② E. Laclau and C. Mouffe, *Hegemony and Socialist Strategy*, London: Verso, 1985.

③ ［美］理查德·霍夫斯达特：《改革时代——美国的新崛起》，俞敏洪、包凡一译，河北人民出版社 1989 年版，第 57 页。

④ Victor Ferkiss, "Populist Influences on American Fascism," *Western Political Quarterly*, Vol. 10, No. 2, 1957, pp. 350—373.

⑤ Slavoj Zizek, "Against the Populist Temptation," *Critical Inquiry*, Vol. 32, No. 3, 2006, p. 551.

民粹主义只是对民众要求作出反应而已。① 民粹主义政治人物深谙政治传播之道，他们需要与大众直接对话并取得大众的信任，简单直接的问题陈述和解决方案对于动员人数众多而缺乏政治训练的受众来说是有效的。民粹主义的基本姿态是拒绝面对局面的复杂性，它倾向于将复杂局面简化为一个与具体化的"敌人"的斗争，如反对从"布鲁塞尔官僚"（指欧盟）到非法移民的具体"敌人"。② 从本质上看，简单化政治是一种动员大众的策略需要，民粹主义确定了人民大众在品德和能力上优于精英阶层的意识形态前提，深信适合人民大众理解、接受的政治方案更容易得到他们的支持。在民粹式的政治话语中，直接经验、基本常识和简单逻辑是最常见的内容，民众面临的诸如战胜不公、消除一切社会弊端等问题常常被解读为一种简单性问题，被浓缩为反对一个单一的、少数派的利益集团或金钱权力集团的战争。塔格特认为："坦诚、朴实、明晰是民粹主义响亮的号角。民粹主义大力提倡易于理解的方式和常识性的解决方案。"③口号式或断言式的简单主张不需要进行严密的逻辑论证，只需要大众产生共鸣的效果。

民粹主义的简单化政治广泛出现在当前欧美政治中。20 世纪 80 年代以来，建立在新自由主义之上的全球化给欧美社会的中下层民众带来了实际生活水平停滞不前甚至倒退的强烈感受，尤其是大规模移民、难民潮使本国普通民众的就业前景越来越黯淡，也使他们的传统身份认同日益受到威胁。这些民众并不能充分理解资本、人力自由流动，或者 TPP、NAFTA 和 TTIP④ 等协定背后复杂的政治设计，他们只是简单地对全球化的不公平结果表示不满，一些政党和政治人物迎合、利用了这种不满，以此作为政治斗争的筹码。如欧洲极右翼政党成为反欧盟、反欧洲一体化运动的推手和主力，他们对民众进行宣传，指控欧盟是造成欧洲经济复苏乏力与无望的罪魁祸首，认为解决经济衰退问题的根本方案就是退出欧盟，英国脱欧的公投结果在某种意义上也是对复杂的英国与欧陆关系的简单化处理。特朗普很了解简单化政治的动员威力，他的各种竞选主张均建立在反对全球化这一简单而鲜明的立场上，他提出了"美国优先"

① Michael Kazin, "The People, No," *The Wilson Quarterly*, Vol. 29, No. 3, 2005, p. 114.
② Slavoj Zizek, "Against the Populist Temptation," *Critical Inquiry*, Vol. 32, No. 3, 2006, p. 567.
③ ［英］保罗·塔格特：《民粹主义》，袁明旭译，吉林人民出版社 2005 年版，第 132 页。
④ TPP 即《跨太平洋伙伴关系协定》，NAFTA 即《北美自由贸易协定》，TTIP 即《跨大西洋贸易与投资伙伴协议》，这三个协定是美国试图主导的亚太地区、北美地区和欧洲的自由贸易协定。

"让美国再度伟大"等振奋人心的民粹主义口号，当选后更是以退出 TPP、退出《巴黎协定》、退出联合国教科文组织和大打贸易战等简单直接的方式处理美国面临的复杂问题。他提出的关于在美墨边境修筑围墙以解决墨西哥非法移民问题的主张，更是一个以民粹式简单化政治方式处理复杂问题的典型例子。

（三）大众激情政治

在民粹主义的批判者眼里，民粹主义的恶劣之处是它鼓励了大众政治的非理性冲动，威胁着建立在精英理性基础上的政治价值与政治秩序。经典的现代民主理论对于非理性因素如激情和欲望在政治中扮演的角色，都持排斥否定的态度，因为当一切政治行为被理解为受个体理性和个人利益驱动时，非理性因素就被假定为应受到控制或视为"未成熟的"表现。然而，民粹主义发掘了大众激情的政治能量，对于民粹主义来说，大众激情不仅必不可少，而且是反抗性政治成功与否的关键。

民粹主义在激情动员上大致使用了以下三种手法。一是用否定性和简单化话语来制造激情。民粹主义惯用的否定性话语是一种激烈的、消极的表达方式，相较于"主张……"的肯定方式，更容易激发负面情绪，如愤怒、恐惧、欲望、嫉妒、厌恶、仇恨等；而简单化的话语因易于理解、易于重复而易产生共鸣，入耳入脑。二是用道德主义来解释政治。李普塞特认为，人们在面对两极化或冲突性问题时，常常"用纯粹的道德主义术语来解释政治"，如用善恶势力的斗争来解释。[①] 例如，当前在欧洲和美国都出现了反对不道德和不公平的财富分配、反对民族身份和传统价值日渐衰落的左翼与右翼民粹主义思潮与运动，"不断出现的改革要求，不仅是为了纠正弊病，还夹杂着强烈的道德信念和仇恨"[②]。民粹主义的道德讨伐是为批判与反抗的行为寻求合理性和道义感。三是制造集体认同。民粹主义常常导致一种集体性的反抗政治，但是它在攻击和批判对手的同时，还需要在民众中建立共识。正如墨菲所说，激情是"集体认同形式的根源"。[③]当愤怒不满的欧洲民众在广场和大街上高举着反欧

---

① ［美］西摩·马丁·李普塞特：《一致与冲突》，张华青等译，上海人民出版社 1995 年版，第 332 页。

② ［美］理查德·霍夫斯达特：《改革时代——美国的新崛起》，俞敏洪、包凡一译，河北人民出版社 1989 年版，第 15 页。

③ Mouffe C., *On the Political*, London and New York: Routledge, 2005, p. 24.

盟的抗议标语呼喊时，当"铁锈地带"和"圣经地带"①的美国白人选民被特朗普的演讲感染而群情激昂时，他们在特定情境中形成了某种集体认同和集体诉求。大众激情在创造诸如民族主义、种族主义、爱国主义等集体认同时起到关键的作用，正是这些集体认同为民粹主义提供了政治资源与发展动力。

（四）威权化政治

威权主义是民粹主义固有的面向，民粹主义的理念与实践内在地包含威权主义。人们对民粹主义威权性一面的最直接理解是它与卡里斯玛型政治权威的密切联系。民粹主义是一种追求大众民主却又依赖威权政治的矛盾统一体：一方面，民粹主义产生于民主政治的时代，反对专制独裁，不信任精英政治，追求大众民主的理想主义目标；另一方面，它将大众民主的实现寄希望于特定的政治精英，呼唤政治强人的领导，相信人民意愿可以通过领袖意志来实现。

保罗·塔格特指出，民粹主义之所以倾向于一种在魅力领袖、政治强人领导下的威权化政治，其根源在于，民众推崇拥有超凡魅力的领袖，他们相信能够在领袖身上体现出来而他们自身缺乏的美德和才能中获得庇护，因而对领袖产生崇拜之情并矢志追随；而领袖个性与统治原则的融合反过来帮助领袖个人从其广大支持者那里获得美德。"民粹主义缺乏实质和核心的价值观意味着它特别倾向于个人政治。"②人们相信"民粹主义的兴起是一种更加针对个人的政治回归，其中政治领导人发挥着非常重要的作用，而体制则往往不被信任"。③从民粹主义的历史实践来看，强有力的魅力领袖几乎从未缺席过任何一场民粹主义运动，政治运动引领和意识形态建构都离不开政治精英，特别是魅力领袖，强有力的个人化领导或卡里斯玛型领袖始终是民粹主义的标志性特征之一。从早期的俄国民粹派、美国人民党，到20世纪中叶的拉美民粹主义，再到21世纪反全球化的右翼民粹主义，几乎所有的民粹运动都与某位极具号召力的强硬派领袖有关，他们领导了一场场反体制、反精英的大众运动，进行了一套套俘获民心的政治论述，他们中的某些人还建立了威权主义的政

---

① "铁锈地带"（Rust Belt）指美国的宾夕法尼亚、威斯康星和密歇根等中西部-五大湖区，这是美国传统制造业衰败、蓝领工人就业机会衰退的地区。"圣经地带"（Bible Belt）主要指美国的得克萨斯、佛罗里达等南部地区，这是保守的基督教福音派在社会文化中占主导地位的地区，2016年的美国大选中，这两个地区为特朗普当选提供了大批支持者。

② ［英］保罗·塔格特：《民粹主义》，袁明旭译，吉林人民出版社2005年版，第136页。

③ 转引自［德］海因里希·盖瑟尔伯格：《我们时代的精神状况》，孙柏等译，上海人民出版社2018年版，第123页。

治领导。

21 世纪的右翼民粹主义浪潮以西方社会为主战场，对自由民主的主流价值提出了严峻挑战。在美国和欧洲，民粹主义政治家无论是在野还是执政，都充分利用经济全球化引发的反移民愤怒和多数主义狂暴来建立政治威权。在民粹主义的逻辑中，领导者与他的追随者之间必须建立免除中介的直接联系，这种联系在西方的选举政治中，通常以领导者的选举承诺和追随者的选票回报来呈现，领袖与大众的联系是否牢固取决于领袖魅力、政治宣传、意识形态和其他因素，在某种意义上也可能"只是领导人的野心、远见和战略与其追随者的恐惧、伤痛和愤怒之间偶然且部分的重合"。① 这类民粹威权领导人和政客在欧洲、美国和拉美随处可见，他们通常有着排外的、保守的和父权制的政治风格，他们在国家主权陷入危机时通过民粹动员和合法选举而成为国家领袖，成为拯救国家的英雄，致力于保护民族文化，维护本民族的独特性和统一性。

第三节　当代民粹主义的基本主张

新民粹主义可以被视为一种信仰"人民"的意识形态，由这一中心思想出发，形成了民粹主义的两个基本点："人民"的内在一致性和外在排斥性。"人民"的内在一致性要求，那些与"人民"不一致的精英、政党，甚至是代议机构都应该在被反对之列，这直接造成了新民粹主义提出反精英、反政党、反代议制的主张。"人民"的外在排斥性要求，对本国或本地区有冲击的外来事物应该被反对，应该对全球化、移民、外来文化这些议题说不，具体表现为反全球化、反移民、反多元文化等。在主体逻辑之外，民粹主义者的政治实践还集中在对现有民主政治程序的变革上。民粹主义者或提出改革现有政治体制的反建制的政治诉求，或试图通过推动直接民主形式来取代现有的代议制民主。民粹主义在程序上反对现代民主，使得现代民主政治所依赖的政治意见多元化和政治正确被消解，如表 6-2 所示。

---

① 转引自［德］海因里希·盖瑟尔伯格：《我们时代的精神状况》，孙柏等译，上海人民出版社 2018 年版，第 16 页。

表 6-2 民粹主义的理论体系与政治主张

核心	维度	理论体系	政治主张
人民	主体逻辑	内在一致	反多元文化
			反全球化
			民族主义
		外在敌视	反精英
			反代表
	程序安排	改革	反建制
		直接行动	反代议制
			全民公投

我们看到，在民粹主义的理论体系和实践主张中，对"人民"的信仰成为其理论核心，这在实践上要求实行"人民"的统治。民粹主义以"人民"的名义假想了一个内在一致、外在排斥的共同体，形成了"内在人民观"和"外在人民观"两大分支，构成了民粹主义的基本理论体系和实践主张。就其内在的人民观来看，民粹主义强调人民内在的整体性和一致性，从而在民族主义、全球化、多元文化等主题上站在了右翼的保守立场上，在实践当中强调淡化族群身份，反对多元文化，甚至是反对全球化。就其外在的人民观来看，在处理人民与非人民这一二分法的问题上，民粹主义将精英、政客排斥在人民之外，不仅反对精英，反对政客，进而在政治实践上提出反代议制、反建制，甚至是反现政权的实践主张。

如果将民粹主义的实践主张进一步进行分类的话，我们可以将这八类主张分为四类。第一类是反精英主张；第二类是反代议主张，这包括了反代表、反政党、反建制、全民公投等主张，是在政治制度上对民主政治的要求；第三类是反文化多元主义的主张；第四类是反全球化的主张，这包括了民族主义、反移民等主张。这四类主张彼此交叉，共同构成民粹主义的政治主张。

一、反精英

民粹主义有着鲜明的反精英倾向。民粹主义最关心的三个核心的问题是：出了什么问题？责任在谁？如何改变现状？民粹主义的回答是："（a）问题在于应该反映人民意愿的民主和政府被腐败的精英扭曲，人民遭到盘剥；（b）精英和'其他人'要为人民所处的不利境况负责；（c）人民一定要通过民粹领导和政党夺回发言权和权力。"① 从这三个回答来看，民粹主义反精英的立场跃然纸上。国家的政治精英、经济巨头甚至新闻记者和知识分子都有可能是民粹主义反对的对象。

民粹主义认为，精英在现实中阻碍了"真正人民"的利益诉求，在英国、德国、意大利与荷兰的民粹主义话语中，反精英都体现为"腐败""不民主""说谎"等核心词语。② 特朗普在竞选演讲中极力攻击对手，不断地使用"坏人""对手""敌人""假新闻"等词，使用非常尖刻的语言攻击民主党，极力攻击华盛顿的政治精英，以此来赢得选票。类似情况也出现在其他民粹主义政党的选举中。正统芬兰人党（The True Finns）在 2003 年选举中为调动人民参与投票，采用了反精英的政治手段抨击竞争对手。在正统芬兰人党的宣言中，他们经常使用"卑鄙的商人"来指摘国内工商业阶层精英，将政客描绘为"不自然、不受约束而且咄咄逼人的"形象。在正统芬兰人党看来，芬兰人能选择的政治选项很少，直接威胁了芬兰真正的民主。③

民粹主义反精英的政治主张，其内在逻辑就在于对人民的认识。在民粹主义的理论当中，最基本的对立就是良善人民与腐败精英的对立。在民粹主义的认知中，人民是一个整体：就内部来看，人民具有内在一致性；从外部来看，人民具有外在对抗性。民粹主义会从对立的角度将人民整体划分为"人民"和"敌人"这两个部分。在民粹主义看来，精英组成联盟，联合起来反对人民，而人民必须结成共同体以获得安全感。

传统的民粹主义反对的常常是腐败的专制主义者，而新民粹主义则将矛头对准了民主政治的精英。在民粹主义者看来，西方的民主已经在一小撮特殊利益集团的控制下成为假象。他们坚信，在美国，存在着一个既得利益群体，即华盛顿的建制派，他们垄断了政治权力，只谋求个人的利益，完全不顾人民的疾苦。在这种情况下，总统大选被新民粹主义者描述为决定美国人民是否能够重新掌控政府的运动。

① Daniele Albertazzi and Duncan McDonnell eds. , *Twenty-First Century Populism The Spectre of Western European Democracy*, New York：Palgrave Macmillan, 2008, pp. 4—5.

② Matthijs Rooduijn and Teun Pauwels：Measuring Populism：Comparing Two Methods of Content Analysis, *West European Politics*, Vol. 34, No. 6, 2011, pp. 1273—1283.

③ David Artergoop, "The Breakthrough of Another West European Populist Radical Right Party? The Case of the True Finns," *Government and Opposition*, Vol. 45, No. 4, 2010, pp. 484—504.

二、反代议

进入民族国家的时代，因为规模等各种限制，民主表现为代议制民主，人民通过选举代表来间接参与国家治理。然而，代议制本身存在着自身无法克服的问题。卢梭在探讨英国的代议制时就曾明确指出，英国人民"只有在选举国会议员的期间，才是自由的；议员一旦选出之后，他们就是奴隶，他们就等于零了"①。西式选举民主很难跳出脱离人民的困境，甚至出现人民和代表的距离越发疏远的现象。在民粹主义者看来，在西方代议体制下，人民和政客之间的距离在逐渐拉大，人民的声音几乎没有被倾听，代表只代表党派和捐款人，并不是人民的代表。反代议制的重要内容就是反代表，这与民粹主义的反精英是一致的。英国独立党在批评英国代议制的时候表示："政府已经变得臃肿而且难以管理了，政治被利己主义者和大商人所侵蚀，不负责任的精英们痴迷于任人唯亲和相互背叛。如果要妥善处理这个国家人民的最大利益，我们目前的政治制度就需要进行紧急改革。"②

从反对代表出发，激进的民粹主义者甚至希望能够废除一切中介行为体，包括各种各样的联合会、协会、机构等社会组织，因为在他们看来，正是这些机构阻碍了人民意愿的直接表达。如果民粹主义者要建立的制度目标是一种在人民和民粹主义领导人之间的更加紧密而且具有排外性的关系的话，那么带有冲突、合作与妥协的政治就将会被抛弃，只会为人民和不受约束地喜欢个人享有决策（和代表）权力的领导人之间的直接关系留有余地。③

在批评代议制的基础上，民粹主义提出了自己的改革方案，即通过直接民主等方式取代代议制，以完成"真实"民意的表达和实现。民粹主义希望以直接民主或者其他有别于代议制民主的政治形式来取代代议制。如英国独立党（UKIP）、冰岛海盗党（Pirate Party）以及意大利五星运动（Five Star Movement）等都呼吁通过直接选举的方式扩大本国的民主参与程度。在英国独立党看来，

① ［法］卢梭：《社会契约论》，何兆武译，商务印书馆 1963 年版，第 121 页。
② Paul Oakden, *On Behalf of the UK Independence Party*, Britain Together: UKIP Manifesto, 2017, p. 58.
③ Daniele Albertazzi and Duncan McDonnell eds. , *Twenty-First Century Populism*: *The Spectre of Western European Democracy*, New York: Palgrave Macmillan, 2008, p. 21.

现有的选举制度只可能让选民、政府以及民主受损，并不会对社会有所增益①。在英国独立党 2017 年发表的题为《全英国联合起来》（*Britain Together*）的宣言中，英国独立党将其理想的民主模式称为真正的民主（Real Democracy）。英国独立党明确指出，要废弃上议院，建立一个能照顾到大多数人的议事议程，引入更为公平的投票体系。

民粹主义反代议制的政治实践构建了"人民"与代表的对立，进而反对代议制。一方面，代议制民主确实存在着不能真正代表人民的问题；但另一方面，民粹主义的改革也无法突破民主的代议制难题，直接民主很难成为现代民主的常态化机制。在代议制问题上，民粹主义面临着两对困境：代表和选民的困境、授权和问责的困境。一方面，民粹主义也摆脱不了代表脱离选民的可能性，而一旦如此，民粹主义眼中真正代表人民的民主派就将被拉下圣坛。另一方面，民粹主义的代表被授权后也无法兑现承诺，甚至无法问责，其影响也会大打折扣。如希腊民粹主义政党在获得了人民的支持之后，却没有提出有利于希腊经济改革的实际措施，随后便从经济危机之初的第一大党沦落为议会中的小党。

三、反文化多元主义

因为强调人民，尤其是强调人民的一致性，民粹主义一直对多元主义持怀疑和否定的态度。一般来讲，传统的民粹主义只相信人民的一元，反对多元。欧美等西方国家兴起的新民粹主义不是一般地反对多元，而是直接将矛头指向文化多元主义，将民粹主义的单一性逻辑贯彻到文化领域，这是传统民粹主义没有的主题。文化多元主义的兴起可以说是 20 世纪末西方世界的一次文化革命，深刻地影响了欧美国家的政治走向。但是，在性别、种族、婚姻、道德等问题上，文化多元主义的激进主张也引起了文化保守主义的反弹。在这种情况下，民粹主义坚决地站在文化保守主义的一方，反对文化多元主义。民粹主义所划定的人民范围，要通过在社会和政治上排除不同文化的群体，尤其是在性别、民族、宗教、语言等多个方面处于少数的群体。新民粹主义通过单一的人民群体拒斥多元化政治诉求的表达，而在社会层面，民粹主义往往会反对现实

---

① Paul Oakden, *On Behalf of the UK Independence Party*, Britain Together：UKIP Manifesto, 2017, p. 58.

中存在的文化、种族以及性取向多元化的社会事实。

保守的价值观是新民粹主义在文化上的基本取向,这也是一条理解新民粹主义的基本线索。比如,法国的国民阵线主张回归传统价值,主张堕胎非法化,回归传统的法国文化,反对文化多元主义及同性婚姻。保守主义的价值观还反映在性别问题上。荷兰自由党反对各种各样的性少数群体(LGBTQ),包括同性恋、双性恋、变性恋等,也排斥伊斯兰宗教信仰。德国另类选择党即反对保障同性婚姻权利。

全球化的深入带来了文化的交流,催生了文化多元主义,同时也带来了文化冲突,这一点集中体现在移民问题上。移民不仅与原住民竞争就业、分享社会服务,还被认为会威胁长期以来建立的文化规范,甚至是公共安全。[①] 民粹主义反对移民,不仅是因为他们认为移民"抢"了本国人的工作岗位,更因为本国人对移民文化的恐惧。在政策上,民粹主义大多主张限制移民以保护本国的文化安全,这种主张又与民粹主义的文化保守主义联系在一起,成为民粹主义反对全球化政治实践的基本立场。皮尤研究中心(Pew Research Center)在2016年的调查显示,自1985年以来涌入欧洲的难民数量几经变化,在2015年突然增加到130万。与难民数量激增相反的是,欧洲人对于难民涌入,尤其是来自中东的难民,大多持消极态度,并不愿意接受难民。民粹主义对于文化多元主义的批评,在很大程度上迎合了选民心理,而这一点也反过来加强了民粹主义对多元文化的反对。

四、反全球化

民粹主义另一重要的政治主张就是反全球化。全球化允许资源在全球范围内进行配置,提高效率的同时也带来了一系列的问题。全球化使得西方发达国家的跨国企业和公司将制造业转移到其他发展中国家,在赚取高额利润的同时也使得本国制造业空心化,失业人口增加。实际上,早在全球化之初,反对全球化的声音就已经不绝于耳。民粹主义成为反全球化声音当中最为响亮的一个。在民粹主义者看来,全球化之所以能够飞速发展,是因为一些跟全球化有特殊利益的人为了自己的利益出卖本国人民。全球化过程中的对外贸易、移

---

① William Galston, *Anti-Pluralism: The Populist Threat to Liberal Democracy*, New Haven and London: Yale University Press, 2018, p. 3.

民、经济、外交等各个方面的政策都会成为民粹主义直接批评的对象。

经济压力，尤其是福利降低成为民粹主义反全球化的一个主要原因。2008年经济危机以来的经济衰退使得原来的福利国家纷纷采取收缩政策，削减了福利开支，直接影响了底层民众的生活。一些西方国家的失业率在 2008 年后激增，尤其是青年人失业率更是屡创新高。同时，移民与本国人竞争就业机会，并带来文化冲突。这带来了民众对全球化的不满。在这种情况下，民粹主义政党往往主张增加本国公民的福利，采取增加关税、退出区域一体化进程等逆全球化的政治经济策略，认为这些政策可以减少世界性政治经济波动带来的影响。这样的政策诉求恰好呼应了全球化未获益者的诉求，获得他们的支持。

民粹主义在全球化时代的复兴是经济不平等加剧的结果。从现象上看，2016 年英国脱欧公投和特朗普当选美国总统的背后，是来自中产和低收入阶层人群强有力的支持。正是由于经济全球化、新科技革命和福利国家衰落，低教育水平者、低技能工人等易受影响的中低收入阶层对知识精英把持的经济与政治深感不满，希望有反映其意愿的政治力量或政治人物站出来与既得利益者展开斗争，从而保障中下层民众的利益，改善他们在经济上被剥夺的不利处境。

反全球化的声音不仅来自经济方面，还来自对移民和异质文化的排斥方面。就政治主张来看，民粹主义大多持有保守主义的政治立场，排斥全球化和区域一体化，尤其是在应对全球化和区域一体化带来的经济压力方面。当代西方的民粹主义大多主张以地方主义维护本国人民的利益。这种排外性的政治实践，契合了本国人民在全球化背景下利益受损的现实和寻求保护的心理需求，所以在全球化和区域一体化程度深的地区得到了大量民众的支持。

当代西方的民粹主义不仅反对全球化，也反对区域一体化，其中的逻辑是一致的。脱离欧盟是当代欧洲民粹主义政党的一个重要主张。英国直接通过公投脱离欧盟。法国的国民阵线认为，法国应该脱离欧盟。德国的民粹主义政党德国另类选择党（Alternative für Deutschland，AfD）要求德国脱离欧元区，认为欧洲一体化本身对于德国是有害的，承担欧盟债务严重地阻碍了德国自身的经济发展。荷兰自由党主张限制新进的欧盟成员国的劳工以及移民在荷兰就业，并且声称为了荷兰的发展，荷兰应退出欧盟。

反移民政策是反全球化政治主张最明显的表现。英国独立党（UKIP）主张严格控制欧盟外移民，限制临时移民在英国的工作和学习，甚至建立直接听命于首相的英国边境部队，监控进入英国的移民，保证边境安全。荷兰右翼民粹主义政党荷兰自由党（PVV）的党纲明确反对移民，在其选举纲要中明确要求通过关闭边境来防范更多涌入荷兰的伊斯兰难民。德国另类选择党对于涌入欧洲的难民也持保守立场，尤其是对于来自伊斯兰世界的移民和难民保持审慎的态度。[1] 在 1995 年的法国大选中，法国的国民阵线甚至认为应该将"非欧洲人"从法国"送出去"。

综上所述，当代西方的民粹主义从信仰人民的中心出发，在政治上强调内在的人民一致性理论和外在的人民排斥性理论。从外在结构来看，民粹主义者动员人民反抗对本国产生冲击的全球化和多元化，与地方主义、民族主义合流；从内在结构来看，民粹主义主要体现出反精英、反建制等特征。这些政治主张直接影响其政策实践，对当代西方的政治实践产生了重要影响。民粹主义在竞选中体现出批判精英的策略，在现实政策中偏向社会下层民众，更希望接近人民；在现实政治中疏远传统的代议制机构，倾向于直接向人民呼吁；在全球化中倾向于保护本国贸易地位，反对移民政策，反对区域一体化；在文化上则越来越保守，反对文化多元主义。

第四节　民粹主义评析

当代西方政治对民粹主义保持着高度的警惕。进入 21 世纪，欧美主流思想与主流媒体沿袭了这一批判传统，继续将民粹主义与极权主义、威权主义威胁联系在一起。"民粹主义"或"民粹主义者"的称谓常常伴随着揶揄和斥责，这是为了打击政治对手而给对方贴上的贬损标签，意味着另类和反建制。激进的左翼学者也认为，民粹主义存在着"长期的原始法西斯主义倾向"[2]。他们大声疾呼，不要回到过去和民粹主义，要警惕危险的民粹主义的泛滥，避免滋生民粹主义的社会危机。自由主义阵营将民粹主义视若洪水猛兽，对其展开极其严厉的批判。自由派认为民粹主义打开了暴民政治的大门，以话语暴力破坏政治的理性基础。民粹主义令自由派精英不安的是，它将非理性的人民"解放"出来，推上了政治舞台，制造了大众激情政治。在自由派看来，民粹主义

---

[1]　参见 Nicole Berbuir, Marcel Lewandowsky and Jasmin Siri, "The AfD and its Sympathisers: Finally a Right-Wing Populist Movement in Germany?," *German Politics*, Vol. 24, No. 2, 2015.

[2]　Slavoj Zizek, "Against the Populist Temptation," *Critical Inquiry*, Vol. 32, No. 3, 2006, p. 557.

只知批判与否定，缺乏制度建设能力，也无法形成内涵深厚的系统理论。

民粹主义在当代西方崛起，是西方主流政治意识形态整合能力下降，政治极化的一种表现。事实上，正是西方政党政治、精英政治、代议民主、自由主义、全球主义等主流政治安排出现种种弊端，才导致一直被西方主流意识形态压制的民粹主义在欧美等发达国家异军突起，并在政治实践中发挥了重要的作用。不仅如此，民粹主义还同被西方主流意识形态压制的民族主义联合，在反全球化、反建制、反代议等方面产生了重要影响。我们也必须注意到，民粹主义明确的否定性政治、简单化政治、激情政治并不是民主政治，我们应该特别注意民粹主义的反民主倾向，避免暴民政治。另外，民粹主义反精英、反代议、反多元、反全球化的基本主张虽然对西方政治的某些弊端提出了批评，却并未给出行之有效的改革方案，因此民粹主义并不会从根本上改变西方政治的走向。

马克思主义经典作家对俄国历史上的民粹主义进行了批评。恩格斯指出，既不是农民斗争，也不是民粹派的恐怖主义行动，而是俄国内部迅速发展的资本主义迫使沙皇制度不得不考虑投降。① 科学社会主义是从资本主义发展中探寻社会主义的未来，但俄国民粹派则是从封建专制时代遗传的村社传统中寻找，这使得他们不得不美化村社和夸大农民的社会主义性，"分散的个体经济——家庭农业与家庭手工业是封建社会的基础，不是民主社会（旧民主、新民主、社会主义，一概在内）的基础，这是马克思主义区别于民粹主义的地方"②。

列宁对俄国民粹派思想进行了最为系统集中的批评。在列宁看来，农民作为劳动者，倾向于社会主义；作为粮食出售者，倾向于资产阶级，倾向于自由贸易。这种两重性使得他们不同于组织性和纪律性极强的劳动者先进部队——无产阶级。③ 基于这样的判断，列宁在批评俄国民粹派时特别指出民粹主义者依靠农村或小生产中涣散的、政治上不够稳定的劳动者来消除资本和权力的统治，是一种社会主义乌托邦，"俄国村社农民不是资本主义的对抗者，而是资本主义最深厚的最牢固的基地"④。列宁肯定了民粹主义对农民的信仰和依赖有

---

① 《马克思恩格斯选集》第 4 卷，人民出版社 2012 年版，第 319 页。
② 《毛泽东文集》第 3 卷，人民出版社 1996 年版，第 207 页。
③ 《列宁专题文集·论社会主义》，人民出版社 2009 年版，第 139—140 页。
④ 《列宁全集》第 2 版增订版第 3 卷，人民出版社 2013 年版，第 146 页。

着"真诚的、坚决的、战斗的民主主义的健康而宝贵的内核"①，但认为马克思主义者应该反对一切乌托邦，因而也要反对民粹主义这种社会主义乌托邦。民粹主义在一定程度上曾是一种完整的系统的学说，但不是马克思主义的，因为"它否认资本主义在俄国的统治；否认工厂工人作为整个无产阶级的先进战士的作用；否认政治革命和资产阶级的政治自由的意义；鼓吹立刻从小农经济的农民村社出发来实行社会主义革命"②。

20 世纪初，俄国民粹主义随着马克思主义的传播来到了中国，成为一种影响中国社会的重要思潮。认识和批判民粹主义是马克思主义中国化历程中的重要环节，民粹主义对中国早期马克思主义者的思想主张，如李大钊的"平民主义"、瞿秋白的"民粹主义"和陈独秀的"惟民主义"等产生了一定影响。在领导中国革命和建设的过程中，中国共产党人自身也面临着如何处理同资本主义的关系问题，因此，正确认识马克思主义与民粹主义的关系成为一个十分重要的理论问题。在中国共产党人的革命实践中，俄国民粹主义作为一种极左思想在党内受到多次批判，其中，毛泽东的新民主主义理论对其进行了十分严厉的批评。

在中国的革命与建设过程中，毛泽东等党和国家领导人也对民粹主义进行了深刻的批评。毛泽东指出，"所谓民粹主义，就是要直接由封建经济发展到社会主义经济，中间不经过发展资本主义的阶段"③。毛泽东清醒地看到了俄国民粹派错误的实质，即忽略了马克思、恩格斯所提出的在一定的条件下，吸收资本主义制度所取得的一切成果这一前提。他指出，中国的革命者不应惧怕资本主义，中国共产党人遵循马克思关于通过"占有资本主义制度所创造的一切积极成果"来追求非资本主义前途的主张，以及列宁关于资本主义的一定发展有利于无产阶级迈向社会主义的论断。有观点认为，新民主主义理论的最大贡献是在中国如何实现社会主义的问题上划清了马克思主义同民粹主义的界限，找到了符合中国国情的、经过新民主主义社会再发展到社会主义社会的正确道路。新民主主义论坚决反对俄国民粹主义和村社社会主义，坚持发展社会生产力，不仅符合马克思主义基本原理，也完全符合中国国情，这是毛泽东在民主革命时期的最重要理论成果之一，也是马克思主义中国化的重要理论成果。

---

① 《列宁选集》第 2 卷，人民出版社 2012 年版，第 301 页。
② 《列宁选集》第 1 卷，人民出版社 2012 年版，第 654 页。
③ 《毛泽东文集》第 3 卷，人民出版社 1996 年版，第 323 页。

阅读文献

1.《马克思恩格斯文集》第3卷，人民出版社2009年版。

2.［美］保罗·塔格特：《民粹主义》，袁明旭译，吉林人民出版社2005年版。

3.［英］吉姆·麦克盖根：《文化民粹主义》，桂万先译，南京大学出版社2001年。

4. 林红：《民粹主义：概念、理论与实证》，中央编译出版社2007年版。

思考题

1. 简要评述民粹主义的理论体系。

2. 民粹主义的人民观念有哪些特征？

3. 如何理解民粹主义的二元价值观？

4. 简述当代西方民粹主义的基本主张。

5. 如何运用马克思主义的立场、观点、方法来评析民粹主义？

第七章　生态主义

生态主义（ecologism）是主张生态友好的政治思潮。生态主义在 20 世纪 60 年代兴起，经过了系统化的发展后，在 21 世纪进入了新的发展阶段。生态主义是以生态环境问题为中心形成的理论体系和政策主张，构想了人与自然和谐相处的生态愿景，并提出了相应的行动战略。生态主义以哲学观、政治观、经济观等观念为基础，倡导整体主义、自然道德、可持续性等价值取向，表现出较强的批判性。生态主义流派众多，有生态资本主义、生态社会主义、生态自治主义和生态民主理论等，形成了广泛的社会影响。我们应该以马克思主义关于人与自然关系的思想为指引，认识当代西方的生态主义主张，指导中国的生态文明建设。

第一节　生态主义的源流

对生态环境问题的关注早在古代就已经出现，但影响不大。在西方社会大规模现代化之后，尤其是二战以后，人类盲目改造自然、征服自然的活动引发了危及人类生存的生态环境问题，生态主义才随之兴起。一般认为，生态主义思想萌芽于 20 世纪 60 年代，经过 10 年左右的时间，生态主义最终形成，并在 20 世纪 70 年代至 90 年代日渐系统化。进入 21 世纪，生态主义除在理论体系、政治主张等各方面日渐成熟外，还掀起了声势浩大的生态运动，对西方政治产生了广泛而深入的影响。本书大致将生态主义的兴起与演进分成三个阶段，即兴起、发展和新阶段。

一、生态主义的兴起

20 世纪六七十年代，是生态主义的兴起时期。20 世纪 60 年代，生态环境问题越来越严重，引起大众的广泛关注，甚至是社会抗争，同时也引起了思想界的关注。一些具有广泛影响的生态主义作品接连问世，推动了生态主义的兴起。其中，《寂静的春天》《人口爆炸》《公地的悲剧》等作品最先向公众描绘了"生态危机"的场景，并对这场危机产生的原因作出了初步的回答。另外，特别值得一提的是社会生态学的创始人默里·布克金。他的第一本著作《我们的人工环境》不仅在出版时间上早于《寂静的春天》，而且对美国大量的生态环境问题提出了激进的政治理论批评。不仅如此，他还相继出版了《城市危机》《欲望与需要》等作品，形成了一种无政府主义色彩浓郁的社会生态学的系统分析。

20 世纪 70 年代初，各种全球性的环境污染现象进入大众传媒视野，公众的环保意识迅速增强，生态环境保护日益成为一个大众性社会政治议题，同时也引发了思想界更深入的思考。第一，1972 年，联合国发布了非正式报告《只有一个地球》，同年，罗马俱乐部的报告《增长的极限》、生态学期刊《生态学家》的报告《为了生存的蓝图》等揭示了当时严峻的生态环境问题，引发了公众对这些问题的广泛关注，更是助推了生态主义的兴起。第二，这一时期最为活跃的生态主义流派，如"新马尔萨斯主义"（neo-malthusian），出现了保罗·埃利希、加勒特·哈丁、罗伯特·海尔布伦纳和威廉·奥弗尔斯等一批代表性人物。他们断定，世界人口爆炸性增长，资源耗费水平严重超出地球极限，正使世界面临着日益严峻的生态危机。第三，生态马克思主义或生态社会主义（eco-Marxism/eco-socialism）也在这一时期萌生。在北美学者威廉·莱斯、本·阿格尔和德国的鲁道夫·巴罗之前，欧洲大陆的赫伯特·马尔库塞、安德烈·高兹、亚当·沙夫等，最先开启了这一"红绿"结合的思想历程。尤其是作为法兰克福学派第一代重要代表人物的马尔库塞在晚年的《论解放》与《反革命和造反》等作品中，以马克思的《1844 年经济学哲学手稿》为依据，对欧美资本主义社会面临的生态危机进行了批判性分析，产生了重要的理论影响。

生态主义兴起的早期，许多生态主义的理论家往往兼具自然科学家的身份。蕾切尔·卡森、巴里·康芒纳等人，不仅是现代环境社会政治运动的重要推动者，同时也是杰出的生态学家。这些生态主义思想家的著述往往基于或包含对现代生态环境问题的较为详尽的科学描述、理性分析和解决对策，因而被广泛传播并产生了一定的教育效果。同时，早期的生态主义者受这一时期主导的"生存主义"学派的影响，都流露出一种对于经济增长与技术进步的审慎甚或批评态度，对人类未来前景带有浓厚的悲观情绪。

生态主义的兴起是多种因素共同作用的结果。一方面，生态主义的兴起与西方经济与社会的发展密切联系在一起，是对日渐突出的生态环境问题的理论回应。第二次世界大战后，人类经济社会活动对生态环境的影响迅速扩大，导致环境污染加剧、生态灾难频发、生物多样性减少，并逐渐演进为全球性的生态危机。越来越多的有识之士认识到，生态危机已对现代工业文明的延续与繁荣构成严峻挑战，需要深刻反思现行的经济社会发展方式、生产生活方式以及国际经济政治秩序。在这一背景下，生态主义应运而生。另一方面，新社会政治运动与环境政党"绿党"的兴起，为生态主义的兴起提供了政治基础。20 世纪 60 年代中后期开始，西方发达工业化国家中的"新社会（政治）运动"逐渐兴起。作为新社会政治运动在既存政治框架之内的"喉舌"或"臂膀"的"绿党"在西方国家接连成立，为生态主义的进一步发展、"向制度内进军"提供了政治组织和社会政治动员基础。此外，这一时期的哲学、美学、宗教学、历史学、社会学、政治学、经济学、法学、公共管理学等学科的背景性知识，如浪漫（乌托邦）主义、整体（有机）论哲学也对生态主义的兴起产生了重要影响。

二、生态主义的发展

20 世纪 70 年代中后期到 90 年代初，生态主义得到了系统化的发展，生态主义的诸多理论流派日益成熟，渐成体系。这主要表现为两个方面：一方面是崛起的绿党成为生态主义重要的政治依托力量，推动了生态主义的政治实践；另一方面是新生的生态自治主义、生态社会主义、生态女权主义等众多理论派别，推动了生态主义思潮的系统化发展。

绿党政治的兴起，将生态主义理论与实践结合起来，推动了生态主义政治实践的深化。世界范围内的第一个绿党，是 1972 年成立于澳大利亚塔斯马尼亚州的"联合塔斯马尼亚团体"（United Tasmania Group）。同年，新西兰的"价值党"（Values Party）成立，成为第一个全国性的绿党。此后，欧洲国家绿党政治迎来了近 20 年的蓬勃发展，各国绿党普遍从地区性议会外小党发展为全国性的体制内政党，甚至在欧盟层面都产生了重要影响。

生态主义的理论体系逐渐完整。1982 年，布克金的代表作《自由生态学：等级制的出现与消解》出版，生态社会学诞生，生态自治主义或生态无政府主义思想得到系统阐述。该书系统分析了社会与生态在整体意义上的辩证关系。此前，生态主义者常常将生态环境问题的根源归结为经济关系，尤其是所有制关系。与此不同，布克金从人类社会本身入手来探究生态环境问题产生的根源。在他看来，生态环境问题归根结底是等级制政治及其社会体制造成的，也只有借助基于激进民主理念的政治哲学思考和集体行动，才能走向一种理性的、自由的和生态的未来社会。

在这期间，生态社会主义也实现了系统化的发展，形成了一种"红绿"交融的理论体系。作为最早的生态社会主义者，鲁道夫·巴罗参与了西部德国"绿党"（Die Grünen）和东部德国"民主社会主义党"（PDS）的创建，并在理论上阐述了社会主义与生态主义的关系，强调努力实现"红"与"绿"之间的内在融合。巴罗发表了系列作品，包括：《社会主义与生存》（1982 年）、《从红到绿》（1984 年）、《创建真正的绿色运动》（1986 年）和《避免社会与生态灾难：世界转型政治》（1987 年）等，其主旨是创建一种超越工业文明的新文明，既不同于苏联东欧模式的旧政治，也与西方资本主义相区别。此外，第一代生态马克思主义者或生态社会主义者的重要代表性人物威廉·莱斯、本·阿格尔、霍华德·帕森斯、安德烈·高兹、戴维·哈维等，也都在这一时期出版了多部有影响力的作品，生态马克思主义或生态社会主义的理论体系得以建立，影响不断扩大。

生态女权主义产生于 20 世纪 70 年代中期，致力于生态议题与女性主义思维和政治的融合。1974 年，法国学者弗朗克斯·德·伊芙博尼在《女权主义·毁灭》一书中，第一次提出了"生态女权主义"（eco-feminism）的概念，明确反对人类中心主义和男性中心论，并试图通过构建一种女性主义文化来解决当代的生态环境危机。此后，生态女权主义研究进入一个迅速发展的时期。

总体而言，这一时期的生态主义理论与实践日益成熟，呈现出鲜明的系统化特征。一方面，生态主义理论越来越完备。无论是基于"深绿"哲学价值观的生态自治主义或生态无政府主义，还是基于"红绿"哲学价值观的生态马克思主义或生态社会主义，都逐渐发展出了相对完整的生态主义政治与文化理论体系。另一方面，生态主义理论在以绿党政治为鲜明特征的生态政治实践当中得到运用，展现出理论与实践相结合的特点。

三、生态主义的新阶段

20 世纪 90 年代初至今，生态主义的发展进入了新阶段，生态主义逐渐发展成为一种具有全球性影响力的政治思潮，国际比较与全球视野成为生态主义的重要特征。尽管生态主义的"深绿""红绿""浅绿"三大阵营仍然存在差异甚至是对立,但各个流派之间相互影响、渗透与交融的趋势已越来越明显。

从政治实践来看,绿党逐渐成为一种世界性的政治现象,推动了生态主义的制度化发展。到20世纪90年代,欧洲、澳大利亚、新西兰、加拿大、美国、日本等发达工业国的绿党都取得了较大发展,其中芬兰、意大利、法国、德国和比利时的绿党自1995年起先后进入全国政府成为联合执政伙伴,发挥了广泛的政治影响。西方绿党的发展也直接影响了中南美、西亚和非洲绿党的崛起,其中巴西、墨西哥、巴布亚新几内亚等国的绿党业已率先进入国家议会,而1990年埃及绿党的成立也标志着阿拉伯世界第一个绿党的诞生。随着绿党进入各级议会和政府,越来越多国家和地区的"绿色政治"开始以体制性政治而非运动式政治的形式呈现。

在世界范围内,可持续发展、气候变化应对等绿色政治升级为重要的政治议题。1992年举行的里约环境与发展大会开启了国际社会围绕"可持续发展"和"全球气候变化应对"两大议题进行国际合作的先河。可持续发展成为迄今为止国际认可度最高的绿色发展理论与政策话语,联合国框架下通过的《千年目标》(2000年)和《可持续发展目标》(2015年)都得到了国际社会最大范围的响应。就全球气候变化应对来看,围绕着《气候变化框架公约》所展开的从《京都议定书》(1997年)到《巴黎协定》(2015年)的国际履约谈判与执行落实,成为过去二十多年中影响最大的环境政治议题和环境议题政治。

就理论体系来看,生态主义的思想观念进一步呈现出全球性多样发展的特征。虽然各种"浅绿"的生态资本主义依然是生态主义的主流,但生态马克思主义或生态社会主义也获得较大发展,成为西方马克思主义中最为活跃的学术派别之一。其代表学者包括欧洲的伦纳·格仑德曼、戴维·佩珀、特德·本顿、萨拉·萨卡和北美的詹姆斯·奥康纳、保罗·柏克特、约翰·贝拉米·福斯特、乔尔·科威尔等人。与此同时,发展中国家的生态主义思潮也逐渐兴起,比如印度的激进生态民主理论、拉美的超越发展理论和我国的社会主义生态文明理论等,这反映了生态主义在全球范围内影响的扩大,在全球范围内推动生态主义进入新阶段。

第二节 生态主义的价值观念

不同于传统政治思潮，生态主义在价值取向与基本理论观点上都颇具特色。概括地说，生态主义的价值观主张整体主义、自然道德，强调可持续性，带有现实批判性。而其基本理论观点大致可概括为如下两个问题：一是如何从时代现实出发重新认识人与自然之间的关系，这主要体现在生态主义思想家的哲学思辨中；二是如何构想一种可持续的未来社会以及通向这一社会的经济与政治战略，这主要体现在生态主义政治理论家与经济学家的探讨中。当然，由于生态主义阵营内部流派众多，跨越了传统意义上的"左""右"政治图谱，因而，各流派及其代表人物的观点主张呈现出较大差别。

生态主义者和生态主义的研究者从不同的角度归纳了生态主义的价值取向。布赖恩·巴克斯特将其概括为如下八个要点：①把道德关怀给予非人类存在物，但对不同存在物的道德关怀程度各不相同；②把最高程度的道德关怀给予人类，但要求人类必须将非人类存在物纳入道德关怀对象范畴；③把人类的福祉作为关怀重心，但坚持要求从情境主义的角度来理解这种福祉；④人类在物质、文化、精神上与非人类存在物有着密切的相互联系，但反对那种认为非人类存在物的道德地位来源于这一事实的观点；⑤对非人类存在物的道德关怀呼唤一种新的政治哲学，在这种政治哲学中，人类和非人类存在物之间的正义问题将得到解决；⑥为了实现这个目标，政治结构和其他社会实践，尤其是经济实践，需要做出广泛的修正；⑦更强调道德关怀，而不是花太多力气去预测生态危机，尽管后者不能被排斥在外；⑧并不寻求创建关于人类活动极限的系统性论点，尽管它的立场与这种极限论观点是相容的。①

安德鲁·文森特则从如下四个方面对生态主义的理论主题做了概括：①从不同程度上肯定了生态系统内部、物种之间以及它们与周围环境之间的相互依赖关系；②往往更少地包含其他意识形态通常具有的对自然的破坏与歧视态度；③生态主义者往往持有非人类中心主义或弱人类中心主义的立场，因而相

---

① ［英］布赖恩·巴克斯特：《生态主义导论》，曾建平译，重庆出版社 2007 年版，第 10—11 页。

较于"人为自然立法"的理性主义思潮，生态主义倾向于怀疑人类在地球上至高无上地位的合理性；④通常还包含着对工业文明的质疑态度。①

综上所述，生态主义在价值取向上主要体现在它对生态环境议题的特别关注。生态主义强调，只有将人类的生产生活等各项活动置入整体性的生态系统之中，才能得到科学全面的认识。在生态主义看来，重新审视及定位人与自然、社会与自然的关系是人类必须处理的重要命题。因此，生态主义倡导采取整体主义、自然道德、可持续性等观念来认知和处理这些命题，并在政治实践中使用这些观念对西方世界的生态环境现实进行了批判，号召采取实质性的变革举措来应对生态危机。从这些认识出发，我们可将生态主义的价值取向总结为整体主义、自然道德、可持续性、现实批判、理想社会等五个典型观念。当然，在实践中，由生态主义引发的社会运动和绿党政治从一开始就并非局限于生态环境这一单一议题，而是同时涵盖了女性权益、青年问题、少数种族权利、世界和平、第三世界发展等多元关切，因而，广义的绿色政治价值往往是一个多元性的价值观念组合或系统。

一、整体主义观念

整体主义集中反映了生态主义关于人与自然关系的观念。人与自然、社会与自然关系是生态主义本体论、方法论和价值观的理论基础，也是生态主义的理论核心。在生态主义者看来，传统的尤其是近代以来西方社会的意识形态视人类为自然界的主宰，反映的是人类支配自然的理念，而这种人类中心主义的观念，尤其是"笛卡尔—牛顿"的观念范式，恰是引发生态危机的重要思想根源。相比之下，生态主义提出的是一种全新的整体主义观念范式，此范式是其理解人与自然关系的哲学基础。依据这一范式，自然界是一个不可分割的整体，其中的各种生物与非生物组成了一个相互依存的复杂系统。这就意味着，我们必须重新检视当代社会中的人与自然、社会与自然的关系：人类并不是自然界的主宰，只不过是整个生态系统网络链条中的一环；生态系统及其各要素的价值与地位都应该得到肯定；保护生态系统、维持系统平衡应成为人类活动的基本价值追求。

---

① ［澳］安德鲁·文森特：《现代政治意识形态》，袁久红等译，江苏人民出版社 2008 年版，第326—327 页。

整体主义打破了传统的人类中心主义。传统的人类中心主义认为，人类是涉及价值问题的唯一主体，因为只有人类才能提供价值标准，自然界不存在自身的价值，仅仅对人类才有价值，因为是人类赋予它以价值。具体而言，人类中心主义并不否认自然界的价值，并从经济价值、支持价值、审美价值、精神娱乐价值等层面给予认可，但这些价值都是从人的立场出发的，都是用来满足人的需要的，归根结底是一种工具性价值。也就是说，如果离开人类的需求，自然界本身及其演进是无所谓价值的。生态主义的整体主义观念就是要打破这种以人类为中心来认识人与自然关系的本体论、方法论和价值观，主张在整体主义视角下理解人与自然、社会与自然的关系。

打破人类中心主义的非人类中心主义和弱人类中心主义都从整体主义出发，强调了动物，甚至是植物在生态系统整体中的地位。生态主义的整体主义观念或多或少、或强或弱地承认自然生态系统及其构成要素的独立价值，尽管内部各派别的观念也存在着一定的差异。[①] 例如，以阿恩·奈斯为代表的"深生态学"或"生态中心主义"流派，明确地肯定生态系统的"内在价值"，强调这些价值为生态圈所固有而非由人类所赋予，人类及其活动只是生态系统的组成部分。至于弱人类中心主义或弱生态中心主义内部，还可以因各派别观察视角与立场之异进行更为细致的区分。

不同的生态主义流派对整体主义的认知并不相同。比如，哲学上的"深生态学"更体现为一种激进的哲学价值与伦理观，生态马克思主义或生态社会主义虽然要求彻底改变现行的资本主义制度框架与国际秩序，但对整体主义的认知则更多体现为人类中心主义或是弱人类中心主义。

二、自然道德观念

对人与自然关系的生态主义阐释，必然要回答人们要在多大程度上承担保护生态环境的道德责任的问题。对这一问题的论证大致沿着两条路径展开：一是论证这种责任究竟是一种强制性的责任，还是基于人类不断完善的道德自觉。前者更多强调自然生态及其构成要素的独立价值，即各种形式的生态（生物、生命）中心主义，后者则更多强调人类中心主义视野下的自然生态关怀或道德自律。二是论证这种责任的边界究竟在何处，尤其是人们应该对多长时段

---

① Andrew Vincent：*Modern Political Ideologies*，West Sussex：Blackwell，2009，p. 206.

的子孙后代和哪些生物物种的生存延续负责。这方面既包括皮特·辛格的"动物权利理论",要求人类在生产与生活过程中充分考虑动物的情感与权益,也包括阿恩·奈斯的"深生态学",强调自然是具有内在价值的,生物圈中所有的生物和非生物都具有与人类平等的存在价值。

按照生态主义的道德扩展主义理论,动物和植物也有其道德意义,也应拥有权利。安德鲁·文森特就认为,扩展道德,可以大体分为接近于人类中心主义的"道德扩展主义"和接近于非人类中心主义的"不情愿的整体主义"①。"道德扩展主义"最具代表性的例子是各种动物解放和权利理论。如皮特·辛格认为,"感知"是价值的源泉,动物是有感觉的,因此动物理应是道德关怀的对象。"不情愿的整体主义"则将价值主体的尺度做了进一步拓展,认为除人类和动物外,包括植物在内的整个生物领域都具有内在价值。总之,与持绝对整体主义观点的"深生态学"相比,"道德扩展主义"和"不情愿的整体主义"既接受了对自然生态系统价值的必要尊重,又保持了某种谨慎的距离。

三、可持续性观念

无论是"浅绿""红绿",还是"深绿",都有一种可持续性(sustainability)或可持续发展(sustainable development)的观念。虽然两者在严格意义上有着明确的区别,但它们首先都是对传统强调无限增长的发展观念与线性进步理念的质疑和否定。可持续性的观念发轫于生态主义的整体主义。既然生物圈是一个十分复杂、相互联系的整体,那么人类就必须尽可能地减少自身活动对生态系统的影响,以维持生态系统的和谐与平衡,从而使自身生存与发展的基础性条件得以保持。可持续性既是未来绿色社会的目标追求,也是引领当前社会实施生态转型的重要指针。② 可持续发展的观念是国际社会认可度最高的绿色政治观念,是指一种既满足当代人的需要又不损害后代人发展能力的发展。无论是"可持续性",还是"可持续发展",都意味着我们必须尽快改变传统的生态不友好的生产与生活方式,更多考虑不同地区的同代人和子孙后代的生存与发展需求,甚至是其他物种的生存需要。

---

① Andrew Vincent: *Modern Political Ideologies*, West Sussex: Blackwell, 2009, p. 207.
② [英] 安德鲁·多布森:《绿色政治思想》,郇庆治译,山东大学出版社 2005 年版,第 22 页。

　　在对工业主义不可持续性进行批判的基础上，生态主义主张必须用一种可持续的经济发展模式来取代当前的经济发展模式。在生态主义看来，工业主义将经济增长作为绝对律令，这是不可持续的。对于什么样的经济发展模式才是真正可以持续的，以及如何过渡到这样一种经济发展模式的社会与政治战略，不同的流派有着各不相同的选择。生态资本主义主张充分利用现行的市场经济与民主政治，一方面努力使生态环境的外部效应实现内部化，尤其是将生态环境成本纳入市场体系之中，另一方面尽量通过创建强大的绿色国家来实现对生态环境问题的有效治理。生存主义或新马尔萨斯主义则强调应对生态危机的紧迫性或优先性，为此不惜采用威权主义的经济与政治管理模式，也不排除少数群体为了保全人类整体利益而做出的必要牺牲。生态自治主义者则更青睐那些分散化、小规模的社区性经济活动和实践，认为任何超出社区民众可以掌控规模的经济、技术与管理都会走向它们目标的反面。

　　基于不同政治传统的生态主义流派形成了差异巨大的未来社会政治愿景。对此，安德鲁·文森特采取了与威廉·奥弗尔斯相同的分类标准，将这些愿景划分为三大类型或等级：最大程度可持续的社会（the maximum-sustainable vision）、节俭而可持续的社会（the frugal-sustainable society）和生态无政府主义的公社（the eco-anarchist Commune）。奥弗尔斯的"最大程度可持续的社会"是"一个旨在与环境保持平衡的社会，但仍然建立在'现代'意识形态的基础之上，这一意识形态总体上肯定人类对自然的支配、物质需要的首要地位以及其他享乐主义的需要"①。文森特用这一概念囊括了那些认为只应通过渐进改良方式推动当前民族国家及其法律架构适应生态环境需要的生态环境团体，因而，这些团体大都具有强烈的现实主义特征。在他看来，各种形式的生态资本主义与赞成生态国家治理的生态社会主义都属于这一类型。在"节俭而可持续的社会"中，"深生态学"和生物区域主义等是最为典型的。这一社会愿景更加强调个体的美德或责任，节俭、自立是其中最重要的价值与伦理观念，此外，对生物圈本身的尊重并探索适应生态承载能力的人类规模也是其重要的信奉追求。至于"生态无政府主义的公社"，则主要是默里·布克金所代表的生态无政府主义或"自由进步的市镇自治主义"的政治主张。

---

① Dennis Pirages, *The Sustainable Society: Implications for Limited Growth*, New York and London: Praeger, 1977, pp. 162—163.

四、现实批判观念

整体主义、自然道德和可持续性等几个基础性的观念都与现代以来普遍流行于西方的价值观不同，因此，生态主义必然蕴含着对现实的批判性。从通俗的角度出发，温和的生态资本主义通常被称为"浅绿"，主张在西方资本主义的框架内进行生态主义改造；生态社会主义通常被称为"红绿"，主张从社会形态变革的角度完成生态主义改造；"深绿"则更激进地主张通过推行自治主义，甚至是无政府主义的方式实践生态主义改造。三大流派中，即便是温和的生态主义政治思潮，也持对社会现实的批判立场。"浅绿"的生态资本主义认为，传统的经济社会发展或现代化模式正面临着难以为继的困境，因而必须采取实质性措施来实现它的生态化改造或"绿化"。激进的"深绿"则彻底批判资本主义生产方式带来的生态危机与困境，希望通过生态自治，甚至是生态无政府主义的革命来解决生态危机。

生态主义将现代社会中的工业主义锁定为首要的批判对象，因为工业主义"坚持认为只有通过永久扩大生产和消费过程才能满足人类的需求，而对地球的破坏及子孙后代的权利则无须考虑"①。这导致现代工业社会沉湎于对物质富裕的追求，而忽视了由此所付出的环境、社会乃至精神文化等方面的代价。不仅如此，工业主义至今尚受多种传统政治意识形态的信奉甚或追捧，其中包括自由主义、社会主义和保守主义等。基于上述问题，生态主义对工业主义发起了激烈的绿色挑战。甚至有学者认为，最能将生态主义与其他意识形态区分开来的是其对现代工业社会的敌意或拒绝。② 应该说，这一概括或强调是颇有道理的，因为生态主义的产生在相当程度上是反思工业化进程的结果，而对作为经济社会模式的工业主义发起批判恰是现代生态主义的关键主旨所在。当然，生态主义的不同流派在具体看法上会有所差异。生态社会主义认为，造成生态环境破坏的深层原因是工业化背后的资本主义制度，因而改变和最终废除资本主义的制度框架与国际体系才是最为关键和重要的。

---

① Edward Goldsmith and Nicholas Hildyard eds., *Green Britain or Industrial Wasteland*, Cambridge: Polity Press, 1986, pp. 344—345.

② 参见 Vincent Geoghegan eds., *Political Ideologies: An Introduction*, London: Routledge, 2003.

五、理想社会观念

在批判社会的基础上，生态主义提出了理想社会的观念。我们也可以根据未来社会愿景的政治性质对生态主义进行分类。生态社会主义者所赞成的未来社会愿景尽管存在诸多细节性差异，但总体都符合社会主义社会属性；生态资本主义者所主张的未来社会，由于强调只需要在现存资本主义社会的基础上进行局部性改良，就可以适应生态环境保护需要，因而依然是资本主义属性的；"深生态学"所主张的未来社会的情况则相对复杂一些，大致说来，它们崇尚分散化、小规模、基层民主的自治公社或生物区域自治的模式，而这种模式的现状与未来都不容乐观，有着明显的"绿色乌托邦"特征。

生态主义对理想社会的构想，与其对现实社会的批判是联系在一起的。正是在批判的基础上，生态主义提出了对人类社会的构想。英国经济学家舒马赫在 1973 年发表的《小即是美》（*Small Is Beautiful*）中，主张按照小规模、简单化或非集中的原则来民主地组织经济与社会生活。这实际上与舒马赫对现代社会因满足人类需要而运营的大规模、职业化和官僚化的精英主义模式的质疑是联系在一起。

可以看出，生态主义政治其实是一个涵涉范围非常宽泛的理论谱系，各派系均聚焦于对当代社会中日渐突出的生态环境问题的认知及回应，而这些认知与回应可能从理论起点上便存在着明显的差别，相应的，各派系对于问题根源的理论阐释、社会愿景与应对策略的布局等便呈现出显著不同。下文将具体阐述生态主义的三个代表性流派：生态资本主义、生态社会主义和生态自治主义。实际上，除了上述代表性流派外，生态主义还包括生态恐怖主义、生态女权主义等各种生态主义流派，以及各种类属不同但观点类似的派别，这里不做详细介绍。

第三节　生态资本主义

生态资本主义，也称绿色资本主义，是试图用市场规则应对生态环境问题，达到在现行资本主义制度框架下克服或缓和生态环境挑战目的的"浅绿"政治思潮。生态资本主义包含诸多理论流派，涵盖了可持续发展、生态现代化、绿色国家、环境公民、环境公共管治等诸多理论。针对 21 世纪初波及整个西方世界的经济金融危机，生态资本主义提出的"绿色增长""绿色经济""绿色新政"等经济政治举措，都是"浅绿"政治共识的具体体现。作为一种温和的"浅绿"政治思潮，生态资本主义更注重实用主义的改进，强调绿色变革的现实可行性与渐进性，注重实效，对解决西方社会的生态环境问题也有相对较大的影响力。

狭义的生态资本主义，更接近于一种类比或泛化意义上的"自然资本化""生态资本化"。[①] 其基本理念是：对人类有着可以量度的生态产出或实在好处的自我更新性的生态系统，应当被视为一种"自然资本"；而由人为制造的其他类型的资本，比如基础设施资本和金融资本，只是通过创造、培训和照看等方式扩展与优化这种"自然资本"才能产生的财富。将这一界定进行扩展，就得到了生态资本主义的概念，即在现代民主政治与市场经济共同组成的资本主义制度架构中，以经济技术革新为主要手段应对生态环境问题的渐进性解决思路与实践。[②]

自 20 世纪 80 年代中后期以来，生态资本主义不断发展演变，对 2008 年世界性经济与金融危机的应对标志着这一理论范式的成熟。毋庸置疑，作为当代西方国家中的主流生态主义流派，生态资本主义在促成绿色的或环境友好的政策和社会变革方面发挥着突出的作用，其理论与实践也承担着创造后工业时代资本主义"绿色经济增长"和"绿色政治合法性"新机遇的使命。

生态资本主义赋予生态环境中的某些要素及其组合以资本的价值，并力图在商品化的经济生产、经营和管理过程中通过成本核算和技术革新来实现这些生态资本的价值。其对生态环境的保护价值在于使传统生产所导致的环境外部性实现内部化，既规避自然生态成本的免费输入，也不允许环境污染零成本输出。在考虑自然生态要素投入成本和环境污染输出成本的前提下，生产经营者会主动地优化市场竞争机制，提高生产效率，尤其是资源利用效率，从而实现经济效益与环境保护双赢的效果。在实践层面上，生态资本主义有着非常广泛的支持者，尽管他们可能未必都愿意公开接受这样一个称谓。从自由主义到社

① 参见［美］保罗·霍根等：《自然资本论：关于下一次工业革命》，王乃立、诸大建、龚义台译，上海科学普及出版社 2000 年版。

② 参见 Ulrich Brand and Markus Wissen, *The Limits to Capitalist Nature: Theorizing and Overcoming the Imperial Mode of Living*, London: Rowman & Littlefield, 2018.

会主义的绿色一翼的广泛政治力量，都在一定程度上支持某种形式的"绿色资本主义"或资本主义的可持续发展。

与其他生态主义流派相比，生态资本主义采取实用主义的态度，更注重实效，其设定的目标是对资本主义进行革新而不是替代，试图在现有制度框架内容纳生态向度。生态资本主义既没有停留于那种"要工业还是要环境"的反消费主义悲观渲染，也没有沉湎于提出根本性改变时代价值与文化的乐观主义宏大叙事，而是致力于对当代社会经济生产与生活方式的反生态弊端进行切实改进。基于此，对生态资本主义进行恰当政治判断的前提是要对其进行客观、细致的分析。

围绕着政治的基本问题，生态资本主义形成了一系列的理论，并针对政治实践提出了相应的主张。从政治主体的角度来看，生态资本主义提出了环境公民、绿色国家的基本主张，界定了政治的基本主体。生态现代化是生态资本主义的目标，围绕这一目标，生态资本主义提出了可持续发展的战略。环境公民、绿色国家、生态现代化和可持续发展，成为生态资本主义的四大理论。

一、环境公民

公民的生态权利和责任，指的是与保护和改善生态环境相关联的公民的政治权利和责任，是西方国家自 20 世纪 90 年代后期以来广泛讨论的一个议题。2003 年，安德鲁·多布森出版了专著《公民与环境》，随后又编辑出版了两个专题文集，主持了一系列专题研讨会，奠定了他在这一领域的领导地位。在《公民与环境》一书中，多布森主要讨论了如下三个问题：其一，提出了"后世界主义公民"范畴，为环境公民提供了理论基础；其二，将环境公民作为"后世界主义公民"的典型例证，并对"环境公民"和"生态公民"这两个概念做了进一步的区分；其三，探讨了在当代自由民主社会中如何培育符合或有利于生态可持续性的环境公民的方略。

如果说安德鲁·多布森、马克·史密斯等坚持的是一种"后世界主义的生态公民"的观点，那么约翰·巴里就是"绿色共和主义公民"之说的主要代表。巴里认为，"环境公民"这一概念更应当重视和强调的是共同体成员身份所蕴含或衍生出的个体责任、义务或职责，而不是由自由主义彰显的个人权利或授权。他由此主张，公民个体应该通过提供某些强制性的可持续性公共服务来培育自己的环境公民意识，而绿色的或绿化进程中的国家可以发挥一种积极性的作用。与上述两种强调公民责任与义务意蕴的环境公民理论（多布森更强调作为世界公民的生态责任与义务，而巴里更关注作为国家或共同体公民的环境责任与义务）相对应的是自由主义的环境公民理论。尤其值得关注的也许是协商民主视域下的环境公民理论。

二、绿色国家

绿色国家理论是由澳大利亚学者罗宾·艾克斯利在 2004 年出版的《绿色国家：重思民主与主权》一书中提出的。她在批判性政治理论视角下系统地阐述了"绿色民主国家"的概念。艾克斯利认为，传统的国家信奉自由民主，无条件信奉经济增长与福利国家，过度迷恋市场，实行新自由主义，由此，其终究会被绿色民主国家替代，绿色民主国家就是要追求在"漫无边际的政治想象与对现实的悲观屈从之间的适当平衡"。尽管绿色国家主张的制度革新初看起来更像是自由民主国家制度体系的扩展，但这些革新却会触及或最终重新界定国家的存续依据和目的。①

更广义的绿色国家理论与实践在近年来取得了一些进展。一是绿党政治的发展及传统政治的绿化；二是生态民主及其制度愿景；三是绿色主权问题。这方面的代表性著作包括德里克·沃尔的《绿色政治重要指南》、哈尔·洛根的《创建一种经济与生态民主》、马修·汉弗莱的《生态政治与民主理论：挑战审议理想》等。

应当看到，绿色国家架构下的"生态民主"是一种后自由主义的民主，而不是反自由主义的民主，而且只能通过对现有自由民主制度的规范性理想的内源性批评来实现关于绿色民主国家的设想。在现实层面，现代民主国家希冀对内实现其规制理想和民主程序与生态民主原则的契合，对外仍作为主权国家担当着生态托管员和跨国民主促进者的角色。由此，尽管艾克斯利对当代西方的民主与市场带来的生态环境问题也持批评态度，但仍然认为，当代国家不仅依然是应对生态环境难题的主要政治主体，而且可以通过自身的渐趋绿化来创建绿色的国内外政策与法律。

---

① ［澳］罗宾·艾克斯利：《绿色国家：重思民主与主权》，郇庆治译，山东大学出版社 2012 年版，第 93—116 页。

三、生态现代化

生态现代化理论是 20 世纪 80 年代初由联邦德国的马丁·耶内克和约瑟夫·休伯，荷兰的格特·斯帕加伦、马藤·哈杰尔和阿瑟·摩尔，英国的阿尔伯特·威尔和约瑟夫·墨菲等人共同提出的一种生态主义理论。学者们对环境保护与经济增长不相容性的理论假定进行反思，并将关注的重点从环境问题的政策法律监管和事后应对，转向了如何实现环境问题的源头预防和通过市场手段克服环境问题，因而可将这一理论称为欧洲版本的可持续发展理论。生态现代化理论一经提出，就迅速被相关国家政府、联合国环境与发展委员会、经济合作与发展组织和欧洲联盟等国际机构所接受，并得到了不太激进的环境非政府组织如国际自然保护联盟和世界自然基金等的支持。

生态现代化理论的要点或创新之处，是对当代人类社会所面临的生态环境问题作出新的解释，强调市场经济竞争和有能力国家推动下的绿色革新可以在促进经济繁荣的同时减少环境破坏，"环境"与"发展"可以呈现出共赢关系。概言之，生态现代化理论及其实施包括如下三个核心要素：一是在目标设定上强调环境保护与经济发展的并重和共赢；二是在动力机制上强调"技术预防"或技术引领主义；三是在运行机制上强调市场的作用或优先性。

近十年来，生态现代化在理论与实践上取得了一系列进展。一是生态现代化在欧洲的推行与欧盟区域环境管治的实施；二是生态现代化理念与战略的全球性推广应用；三是生态现代化理论模式的完善与反思。这方面的代表性著作包括戴维·托克的《生态现代化与可持续能源》（2011 年）、沙帕尔·塞里姆的《生态现代化与环境遵从：孟加拉国的服装工业》（2011 年）、阿瑟·摩尔等编辑的《生态现代化读本：环境改革理论与实践》（2009 年）等。

四、可持续发展

以 1992 年在里约举行的联合国环境与发展大会为标志，可持续发展的理念得到了越来越多的认可，如今已被国际社会广泛接受。可持续发展的要义是如何通过发展观念与模式的革新，来克服人类正面临着的日趋严重的生态环境与资源困境，从而实现可持续的发展。可持续发展最初关注的主要是经济增长的资源与生态可持续性，随后逐渐扩展到如何创建一种可持续的经济、社会和生态系统。因此，可持续发展在相当程度上可以理解为国际社会自 1972 年斯德哥尔摩人类环境会议以来逐步形成的一种环境"可持续发展全球共识"。

环境可持续发展的全球共识包括但不限于以下三个方面的内容。第一，发达国家和发展中国家共同努力，承担共同但有区别的责任，抑制并最终扭转全球气候变暖趋势以及其他全球性环境问题，维持人类社会赖以生存的唯一家园的生态稳定性和可持续性。第二，世界各国通过产品更新换代、工艺技术革新和产业结构调整，构建一种低能耗物耗、生态环境损害较小的绿色经济。所谓"稳态经济""循环经济""低碳经济"等概括形式，就是这种可持续绿色经济的主要表征。第三，人类社会共同探寻一种超越现代物质主义价值观与大众主义消费模式的适度消费、社会公平、生态正义的生存方式与生活风格。因此，可持续发展既可以在原则与战略的不同层面上来解读，也可以依据对生态可持续性、环境友好和经济增长的偏重而有激进和温和的区分。

2000 年签署通过的《千年发展目标》和 2015 年签署通过的《可持续发展目标》，成为在联合国层面上持续推进可持续发展理念与战略的主要政策平台或工具。回顾过去二十多年，尽管理论层面上的研讨，包括对环境与可持续发展关系议题的探讨仍在持续，并有大量的作品出版，但无可否认的是，各国相关政策领域都存在着巨大的落实"赤字"，其中的原因十分复杂并且值得深思。

第四节   生态社会主义

生态社会主义是西方马克思主义者从马克思主义经典著作中或运用马克思主义理论与方法提出的生态环境问题解决方案。生态社会主义与生态马克思主义有时可以通用，但两者也存在着一些细微的差异。生态社会主义是在哲学上以历史唯物主义或社会结构分析为主要方法，以共产主义或社会主义为选择而形成的一种生态主义派别，在生态主义的谱系上属于"红绿"的"绿色左翼"。

一、理论体系与政治主张

生态社会主义的许多理论观点可以追溯到马克思、恩格斯、莫里斯等人的相关著述。生态社会主义的研究主要沿着两条途径展开：一是对马克思、恩格斯著作中的生态观点进行挖掘整理，借助马克思主义的理论立场分析现代生态环境问题。如霍华德·帕森斯、吉恩·盖伊·维兰考特等认为，马克思、恩格斯本人有着系统的生态学思想或观点，并形成了系统的理论与方法。① 二是运用马克思主义的基本方法对生态环境问题作出时代性阐释，其中也包括对马克思、恩格斯某些论点的补充与修正。詹姆斯·奥康纳、让-保罗·德里格、朱安·马蒂奈兹-埃利尔、迈克尔·雷德克利夫特等人则更赞同一般意义上的马克思主义或社会主义生态学。②

　　作为一个学术流派，生态社会主义于 20 世纪 60 年代兴起。生态社会主义直接从西方马克思主义那里继承了"社会批判理论"，并将其运用于生态环境问题。从这个意义上讲，生态社会主义是生态主义与西方马克思主义的一种结合。与马尔库塞有着师承关系的威廉·莱斯定居加拿大以后进一步构建并提出了自己的生态马克思主义观点，先后出版了《自然的控制》（1972 年）和《满足的限度》（1976 年）③，他的思想也被称为生态马克思主义观点的"最清楚、最系统表述"④。莱斯连同阿格尔，作为生态社会主义的第一代学者广为人知。当然，从一种更广的视野来看，对生态社会主义创建作出了开拓性贡献的学者至少还应包括鲁道夫·巴罗、亚当·沙夫，以及法国学者安德烈·高兹。

　　欧美的生态社会主义研究在 20 世纪 90 年代以及 21 世纪初期经历了比较活跃的发展时期。20 世纪 90 年代，欧洲学者安德烈·高兹、伦纳·格仑德曼、戴维·佩珀和特德·本顿等都先后出版了自己的代表性著作，助推生态社会主义进入了第一个成果丰硕的活跃时期。进入 21 世纪，美国学者詹姆斯·奥康纳、保罗·柏克特、约翰·贝拉米·福斯特和乔尔·科威尔等也都有重要著作发表。欧洲学者中最具代表性的著作则当属萨拉·萨卡于 1999 年出版的《生态社会主义还是生态资本主义？人类根本性选择的批判性分析》、阿兰·卡特于同年出版的《激进绿色政治理论》，以及德里克·沃尔于 2005 年出版的《巴比伦及其以后：反全球主义的、反资本主义的和激进的绿色运动的经济学》等。与 20 世纪 90 年代相比，这一时期生态社会主义研究的显著特征是北美学者显得更为活跃，而且是更为系统地归纳或阐发了马克思、恩格斯本人著述中

---

① 参见 Howard Parsons, *Marx and Engels on Ecology*, London：Greenwood Press, 1977.

② 参见 Juan Martinez Alier, *Ecological Economics：Energy, Environment and Society*, Oxford：Blackwell, 1990；Michael Redclift, *Sustainable Development*, London：Routledge, 1987.

③ 参见 William Leiss, *The Limits to Satisfaction：An Essay on the Problem of Needs and Commodities*, Toronto：University of Toronto Press, 1976.

④ ［加］本·阿格尔：《西方马克思主义概论》，慎之等译，中国人民大学出版社 1991 年版，第475 页。

的生态学思想。

近十年来，尽管生态社会主义研究也出现了一些值得关注的重要著述，比如约翰·贝拉米·福斯特的《生态革命：与自然和解》（2009 年）和《生态危机与资本主义》（2002 年）、保罗·柏克特的《马克思和自然：一种红绿观点》（2014 年）和《马克思主义与生态经济学：走向一种红绿经济》（2006 年）、乔尔·科威尔的《自然的敌人》（2007 年）、萨拉·萨卡的《资本主义的危机：一种不同的政治经济学研究》（2009 年）、德里克·沃尔的《绿色左翼的兴起：一种世界生态社会主义者的观点》（2010 年）等，但总的来说这一时期不像前两个时期那样成果集中、特色鲜明和影响深刻。

生态社会主义的基本观点，可以归纳为如下四个方面。

第一，对生态环境问题成因的经济社会分析。生态社会主义认为，当代生态环境危机深深根源于资本主义的生产生活方式及其全球化扩张。也就是说，资本主义性质的生产生活方式内含着生态矛盾，如果接受或听任于这种生产生活方式，就不可能消除现代生态环境问题，尤其是在全球层面上。

第二，对人与自然关系的历史辩证阐释。在生态社会主义看来，人与自然关系本质上是一种社会关系，一个社会中的社会关系状况规定着人与自然关系。相应的，实质性克服或消除当代社会中的生态环境危机，也将是一个长期的历史性过程，而人类物质劳动及相应经济社会关系的变革是实现人与自然和解的现实途径。

第三，关于未来绿色社会的愿景与构想。生态社会主义设想了未来的社会，"绿色"或"可持续性"是未来社会主义社会也就是绿色社会的应有之义或内在本质。绿色社会的经济生产可满足人类的全面需求，同时也符合生态可持续性原则，并且，这种社会要处在更加民主的监督之下。

第四，走向绿色社会的道路或战略。对于绝大多数生态社会主义者来说，生态环境问题的根本原因在于资本主义的生产关系，这也决定了废除资本主义生产关系是生态社会主义的核心目标和任务。生态社会主义者大多认为，应坚持将工人集体运动作为社会根本性变革的基本力量，并力求实现其与生态运动等新社会运动的结合。

生态社会主义首先对当代资本主义社会展开了两方面的生态性批评。一是意识形态层面。生态社会主义认为，资本主义制度框架下不可能真正实现生态化或"可持续的发展"，因而，生态资本主义这一术语本身就是一个逻辑上无法自洽的说法。二是发展战略与公共政策层面。在生态社会主义看来，资本主义国家的诸多努力虽取得部分成效，但终究停留于局部及表面，况且还存在恶劣的污染转嫁与问题掩饰等状况，这些都无法从根源上解决生态环境问题，因而更不可能创建出一种绿色的资本主义。

在对当代西方资本主义进行批评的基础上，生态社会主义提出了未来生态社会主义社会的愿景。在生态社会主义看来，未来的社会应该以一种不同于资本主义的更理性、更制度化的方式来调节人与自然之间的关系，力求促进人类社会与文明的深刻变革。其具体原则主张包括：以生态理性节制对经济繁荣目标的追求；区分个体的基本需要和非基本需要；对资本主义经济关系，尤其是市场关系、生产关系和私有财产关系，进行生态性重构；重建资本主义国家的自由民主政治；重塑资本主义条件下的物质主义与大众消费主义世俗文化；等等。在当代西方社会中，这些主张虽然暂时无法实现，但在向大众传播生态思想层面的功效日渐彰显。

二、代表人物及其思想

如前所述，生态社会主义在发展的过程中形成了丰富的理论，并针对政治实践提出了相应的政治主张，同时设想了未来社会的生态愿景。相对来讲，美国学者更多属于生态马克思主义者，而欧洲学者更多倾向生态社会主义。为了归类的方便，我们通称为生态社会主义，但也要注意到，他们在思想上存在着一些差异。

（一）奥康纳的生态马克思主义思想

詹姆斯·奥康纳（James O'Conner，1930—2017 年），美国新马克思主义经济学家、加利福尼亚大学圣克鲁斯分校教授，创办了著名绿色左翼杂志《资本主义、自然、社会主义》。奥康纳早年的代表著作包括《古巴社会主义的起源》（1970 年）和《国家的财政危机》（1973 年）。其中，后者以二战后美国资本主义的发展为研究对象，详尽考察了当代垄断资本主义发展的内在矛盾及其危机的含义和根源。

奥康纳于 1998 年出版的《自然的理由：生态学马克思主义研究》，是其关于生态马克思主义思想的集大成之作。奥康纳基于对资本主义制度"双重基本矛盾"的假定及分析，提出生态马克思主义不同于全球资本主义或新自由主义，可以为新社会运动特别是环境与生态运动中盛行的各种地方自治主义提供替代方案。要实现生态马克思主义，有赖于在发达国家中将劳工运动与新社会运动联系起来，在国际上建立起发达的北方国家和欠发达的南方国家之间的伙伴关系。

《自然的理由》对当代资本主义的政治经济学进行了生态学批判，对基于生态的新型社会主义进行了理论论证，构成了完整的生态马克思主义理论体系，代表了当今西方生态马克思主义理论思考的最高水准。它不仅集中展现了西方马克思主义学者在欧美社会背景下对当代资本主义发展现状尤其是生态环境问题的理论回应水平与力度，而且大大拓展了我们从马克思主义立场理解与批判资本主义制度的理论视域和批判论域。当然，由于欧美社会现实特别是生态马克思主义实践发展的时代局限，奥康纳关于生态马克思主义社会制度的设想和实现途径的探讨还存在着不少缺憾，也存在着乌托邦的色彩。

（二）福斯特的生态马克思主义思想

约翰·贝拉米·福斯特（John Bellamy Foster，1953—　），美国俄勒冈大学社会学教授、著名左翼期刊《每月评论》的主编。1986 年，他出版了其第一部专著《垄断资本主义理论：马克思政治经济学理论阐释》。2000 年，他成为俄勒冈大学社会学系教授，并自 2006 年起担任《每月评论》的主编。福斯特最初的研究重点是马克思主义政治经济学理论和资本主义发展理论，在 20 世纪 80 年代后期开始转向研究生态问题。此后，他聚焦全球生态危机与资本主义经济危机间关系的主题，并主张走向一个可持续的、社会主义社会的替代性选择。他先后发表了《脆弱的星球：环境经济史简论》（1994 年）和《马克思的生态学：唯物主义和自然》（2000 年）。其中，在《马克思的生态学：唯物主义和自然》一书中，福斯特借助"新陈代谢断裂"这一核心概念，重新阐释了马克思的"生态唯物主义"思想，在生态马克思主义和绿色左翼学界产生了广泛影响。2002 年和 2009 年，他又先后出版了《生态学与资本主义》和《生态革命：与自然和解》两部著作。前者从生态危机的视角批判了资本主义经济，后者则着重阐发了马克思的唯物史观及其资本主义生产批判理论对当今全球生态危机的深刻批判价值，并展望了未来社会主义的生态可持续的愿景。

福斯特及其《马克思的生态学》，是依据马克思、恩格斯的著述文本对其唯物主义自然观或生态学思想所做的迄今最为系统的阐释。[①] 其中，"新陈代

① 陈学明：《谁是罪魁祸首：追寻生态危机的根源》，人民出版社 2012 年版，第 42—57 页。

谢"或"物质变换"及其断裂和修复，是福斯特用来阐释马克思、恩格斯唯物主义生态观的核心概念。它既可以形象而生动地批判资本主义社会条件下的人与自然关系的冲突或矛盾，又蕴含着或指向未来社会主义社会中对可持续的人与自然关系或"人类和土地之间关系革命性转变"的追求。[①] 当然，除了对于马克思、恩格斯某些具体观点的解读与诠释，福斯特对同样基于马克思主义传统的其他生态马克思主义者如詹姆斯·奥康纳和乔尔·科威尔的一些观点的激烈批评，多少受制于他对于"唯物主义生态观"的固执或僵化界定，而对绿色思想与政治中的生态中心主义或"深生态学"传统，福斯特似乎也采取了一种完全无视或贬斥的态度。[②]

（三）佩珀的生态社会主义思想

戴维·佩珀（David Pepper，1940—　），英国牛津布鲁克斯大学地理系教授，1969 年毕业于伦敦国王学院并获得物理地理学博士学位，此后任教于该校，1993 年起成为教授。佩珀的主要研究领域是生态社会主义、环境政治理论和可持续发展。他先后出版了《现代环境主义的根基》（1984 年）、《生态社会主义：从深生态学到社会正义》（1993 年）、《现代环境主义导论》（1996 年）等著作。[③] 其中，影响最大的是 1993 年出版的《生态社会主义：从深生态学到社会正义》。书中从分析马克思主义和其他主要政治意识形态特别是无政府主义的关系入手，清晰地阐明了马克思主义对于思考与应对当代绿色运动所提出的生态环境议题的政治相关性，认为马克思主义的基本理论视角和无政府主义等观点的有机结合，可以成为发展一种独立的生态社会主义理论的起点，并会对生态运动的现实发展产生重要影响。

应该说，戴维·佩珀的主要理论贡献，尤其是在《生态社会主义》一书中，是对生态环境难题及其克服路径所做的一种生态马克思主义或社会主义视野下的阐释和分析，他试图通过发现社会主义传统与无政府主义传统之间的内在一致性或关联性，来扩大生态社会主义理论与思维对于现实绿色运动的影

---

① ［美］约翰·贝拉米·福斯特：《马克思的生态学：唯物主义和自然》，刘仁胜、肖峰译，高等教育出版社 2006 年版，第 172—181 页。

② ［英］特德·本顿：《福斯特"生态唯物主义论评"》，郇庆治：《当代西方绿色左翼政治理论》，北京大学出版社 2011 年版，第 64—71 页。

③ 参见 David Pepper, *The Roots of Modern Environmentalism*, London: Croom Helm, 1984; David Pepper, *Communes and The Green Vision: Counter Culture, Lifestyle and the New Age*, Basingstoke: Green Print, 1991; David Pepper, *Modern Environmentalism: An Introduction*, London: Routledge, 1996.

响。从这个角度看，尤其是考虑到当今世界绿色运动中依然存在着的"绿红分裂"的现象，他所做的理论努力是有着重要价值的。同时也应看到，佩珀立论的目的并不局限于对马克思、恩格斯文本的解读甚或正确性辩护，他在高度肯定马克思主义的生态学意涵的同时，也提出了诸多方面的理论批评。这些批评多通过肯定其他学者批评性评论的方式呈现，而这些阐释或批评未必都是准确的，如他更多强调的是社会主义的自治主义或分散化传统。

（四）萨卡的生态社会主义思想

萨拉·萨卡（Saral Sarkar, 1936—　），生于印度的西孟加拉，自 1982 年起移居联邦德国的科隆市。萨卡积极参与德国的生态环境运动与绿党政治，并发表了大量关于绿色政治与选择性政治的著述，逐渐成为当代欧洲生态社会主义理论的代表性学者。

1999 年，萨卡出版了他最重要的著作《生态社会主义还是生态资本主义》，从激进的生态社会主义的视角探讨了人类社会面临的生态环境危机。在他看来，苏联的官僚社会主义模式没有解决人类面临的生态环境危机，建立在现行工业生产方式和大众消费主义模式上的自由市场资本主义也将会遭受同样的命运，局部改良后的"生态资本主义"也难以提供环境破坏和社会非正义两大难题的解决方案。最终，他寄希望于对进步观念有着完全不同理解的人类未来。2009 年，萨卡出版了《资本主义的危机：一种不同的政治经济学研究》，继续从其激进生态社会主义的视角挑战当代主流经济理论的基础性理念，认为自然资源总量与生态环境容量对于人类社会的未来发展发挥着重要制约作用。这部著作也成为从"绿色左翼"视角反思 2008 年欧美经济危机的代表作。

萨卡是一位更接近于"红绿谱线"的生态社会主义学者，属于比较激进的一派。他明确地拒绝现代工业主义及其价值文化基础，并试图超越之。他更为深刻地阐释了生态社会主义或生态马克思主义的绿色意蕴，回应了生态主义对传统马克思主义和科学社会主义理论的挑战，但他的立场并不是要拯救马克思主义[1]，与马克思主义的生态思想也存在着较大的差距。

---

① ［印］萨拉·萨卡：《生态社会主义还是生态资本主义》，张淑兰译，山东大学出版社 2008 年版，第 246 页。

第五节　生态自治主义

生态自治主义（eco-communalism），有时也称生态无政府主义（eco-anar-chism），并不是一个统一的学术流派，而是众多有着相近或相似理论基础与政治主张的理论派别的总称。生态自治主义最重要的理论根基是承认和强调众生平等的生态中心主义。在政治主张上，生态自治主义认可与推崇"生物区域"或"生态社区"。生态自治主义是西方生态政治学经历了 20 世纪 60 年代以来的不断发展，特别是与其他环境政治流派的交流对话，在 80 年代逐渐形成的一种理论派别。它是建立在对自然价值权利的重新理解即生态中心主义观点的基础之上的，因而也可以称之为生态中心主义。

一、理论体系

奠定生态自治主义哲学基础的最重要代表人物之一，是"深生态学"的创立者阿恩·奈斯。这位挪威哲学家与生态学家于 1973 年提出了"深生态学"的理论框架，并构建了生态自治主义的两大"终极性规范"和七个"理论信条"。两大"终极性规范"同时"承认人类和自然界其他类属的个体潜能的自我实现"，主张"以生物为中心的平等"。七个"理论信条"分别是：拒绝人类环境而转向一种关系性实在的世界映象；原则上的生物平等主义；多样性和共生原则；反等级立场；与污染和资源枯竭做斗争；复杂性而非复杂化；地方自治与分散化。奈斯强调，正是上述生态中心主义的哲学或规范性阐释，或者说一种形成中的"生态哲学"（ecosophy），而不是简单来自生态学的科学研究成果或逻辑推论，为着眼于长远性考量的"深生态学"的社会政治运动提供了基础。20 世纪 70 年代末 80 年代初兴起的"生物区域主义"和"地球第一！"等社会政治运动，都明确把"深生态学"哲学视为理论基础。

继阿恩·奈斯之后，布赖恩·托卡于 1987 年在《绿色选择：创造一个生态未来》一书中，系统地阐述了激进的"绿色运动"的基本理论主张与政治呼求，并概述了"绿色政治"的四大基本理念或信条：生态学、社会正义与责任、政治与经济民主、和平与非暴力。托卡认为，作为上述理念或信条基础的一种新的生态感知，正在北美社会中的各个领域中以不同形式出现，而生物区域主义者、生态女权主义者、社区活动家、精神诊疗师、自然崇尚派诗人等，代表着重构我们对地球和自己同伴的新认知与新态度的希望。

1992 年，澳大利亚学者罗宾·艾克斯利在《环境主义与政治理论》一书中，从理论与实践两个层面系统阐述了一种生态中心主义或者说生态自治主义的政治思维与愿景。在艾克斯利看来，这种生态中心主义观点有着多样化的理论与文化表达形式。她认为，西方认知传统下，最具代表性的生态中心主义政治哲学是"自我更新存在的内在价值论"（autopoietic intrinsic value theory）、"超越个体生态学"（transpersonal ecology）和生态女权主义。同年，罗伯特·古丁在《绿色政治理论》一书中，对欧美绿党政治纲领的理论基础做了批判性分析，探讨如何实现绿色政治理论中价值理论与行动理论两个层面的内在统一。此外，安德鲁·多布森在其多次再版的《绿色政治思想》中，在区分狭义的生态主义与环境主义的基础上，详尽论述了生态主义的"深生态学"哲学基础。

生态自治主义与生态主义早期的一些派别和主张有着密切的联系，如早期的资源保护运动和保存主义。资源保护运动更强调为了发展而保护，而保存主义则强调了保存的独立价值，要求不仅用工具理性来论证自然的价值，还要根据内在价值来评估自然。此外，福利生态学也对生态自治主义有着重要影响。福利生态学强调了人类环境利益的概念，站在明确的人类自我利益立场上，提出了"我们要关照自然，因为自然关照我们"的基本信条。这主要受益于巴里·康芒纳提出的"生态学四原则"："所有的事物都是相互联系的""所有事物都有自己的意义""自然最了解自己""没有免费的午餐"。最后，生态自治主义还受益于动物自由理论。皮特·辛格受到英国功利主义哲学家杰里米·边沁的启发，在《动物自由》一书中提出了所有情感性主体的利益都应给予平等考虑的道德准则，认为感觉标准是最为关键的尺度，把动物保护作为人类长期以来不断追求解放的系列运动中的一部分，推动了生态中心主义观念的形成。

二、政治主张

生态自治主义的政治主张比较复杂，可从不同的角度对其进行总结。罗伯特·尼斯贝特把生态自治主义的基本特征总结为：作为规律性的自然、对生命网络的尊重、合作、自主性联系和简单化，而约翰·德赖泽克和戴维·施劳斯伯格则进一步将其概括为：众生平等（生态平等）、地方自治（直接民主）、分散化（自足/维生经济）。① 本书主要从三个方面简要加以总结。

（一）生物区域主义

生物区域主义（eco-regionalism）首先在北美绿色运动中形成，随后扩展到欧洲，并产生了广泛的影响。"生物区域"作为一个社会政治概念的大众化，始于皮特·伯格和雷蒙·达斯曼于1978年在圣弗朗西斯科地球圆桌会议上的发言。他们提出，"生物区域"既是一个地理空间，又是一种大众意识，需要发动一场人类"重新定居"（re-inhabitation）的运动——人类要成为某一生物共同体的成员而不再是它的剥夺者，使人类社区与非人类自然在特定生态系统的层面上实现统一。

主张生物区域主义的思想家，还有科克帕特里克·塞尔、吉姆·多奇、布赖恩·托卡、加利·斯奈德、恩斯特·卡莱恩巴赫、戴维·哈恩克和莫里斯·伯曼等人。他们认为，"生物区域"是一些并非由政治边界（城市、省州或国家），而是由自然、生物和地理特征所界定的地域，如山脉河流、植物分布、气象或土壤类型、动物栖息地等。只有在这些生物区域层面上，人们才能做到以生态健康与可持续的方式来生活，才会充分意识到生物区域是一个社区的内部环境。生物区域主义的社会政治愿景与实践的关键点是：打破传统的行政疆界与城乡分野，以自然生态的标准来重新划定生物地域。

过去二十年来，生物区域主义取得了一定的发展。在理论层面，20世纪90年代末，道格·阿伯利、迈克尔·麦金尼斯、罗伯特·泰尔和迈克·卡尔等生态自治主义者的著作相继出版或再版。在实践层面，北美生物区域大会（NABC）和绿党政治围绕着生物区域的理念在实践当中取得了一些进展。北美生物区域大会自1984年起就发展成一个相对连续的社会政治聚会，每2~4年举行一次，通过举行大会来构想与创制一种符合北美生物区域特点的生活方式。美国绿党的选举虽然只是在地方市镇和公共服务机构层面取得了一些成功，但绿色政治在美国民主党内也有一定的体现。

（二）生态公社

公社组织在西方有着较为久远的历史。20世纪60年代以后，新出现的

---

① John Dryzek and David Schlosberg, *Debating the Earth: The Environmental Politics Reader*, Oxford: Oxford University Press, 1998, p. 349.

经济危机与生态危机使得各种形式的合作社或社区合作，在生态环境保护的名义下重新活跃起来。在这些合作社中，涉及社区生态经济发展的举措，比如社区土地信托、社区贷款基金和社区支持性的农业等。戴维·佩珀的《公社与绿色视点：反文化、生活风格和新时代》（1991 年）一书，就基于对英格兰、苏格兰和威尔士的 12 个公社社员的访谈，量化分析了这些公社围绕资源分享、循环利用、减少资源耗费等议题的生态主义实践。美国西马萨诸塞的伯克郡山区的"社区经济自助协会"（SHARE）和西班牙巴斯克地区的"蒙德拉贡"（Mondragon）工农合作社（公司）①，是两个颇具代表性的实例。

"社区经济自助协会"是"舒马赫协会"创立的一个社区信贷基金，也是一个"土地信托"组织。自 1985 年起，该地区尝试发行面向本地域"伯克郡生物区"的货币。由于其不受通胀影响的优点，地方商人和居民都愿意使用这种地方性货币。30 多年之后，"舒马赫协会"已经更名为"舒马赫新经济研究中心"，但仍在致力于推动社区合作经济的发展。

蒙德拉贡是一个靠近法国的西班牙小镇，后来因其所进行的合作制经济试验而名扬天下，甚至成为欧洲社区合作社的典范和代名词。如今，它拥有近300 家二级和三级合作制机构，如制造业合作社、教育机构、农业合作社、建筑合作社、服务性合作社、消费者合作社和劳动者银行等。从生态环境保护的角度来说，蒙德拉贡的确有其成功的一面。但随着企业规模的扩大和世界范围内经济竞争的压力增大，其主要的生产活动已经是面向出口的制造业，而不再针对当地消费需要的社区性生产和社区发展。这就意味着，尽管其所有的生产活动都不会造成本地的环境污染与生态破坏，但为其他地区或社区带来某种程度上的生态环境影响已成为必然。对此，戴维·佩珀详尽考察后的结论就是，像蒙德拉贡这样的高度组织化的国际组织，以及其他一些以地方为基础的、自发性的非正式组织，都很难成为通向"绿色无政府主义"或"生态社会主义"转型的过渡形式。②

---

① 参见 Roy Morrison, *We Build the Road We Travel*: *Mondragon*, *a Cooperative Social System*, Santa Cruz: New Society Publishers, 1991.
② ［英］戴维·佩珀：《论当代生态社会主义》，郇庆治：《环境政治学：理论与实践》，山东大学出版社 2007 年版，第 112—116 页。

（三）"地球第一！"运动

"地球第一！"是一个激进的生态主义行动团体，最早出现在美国的西南部。① 1980 年 4 月，戴夫·福雷曼、迈克·露塞尔、豪依·沃尔克、巴特·科勒和罗恩·凯萨等人共同组建成立了这一组织。目前，该组织已扩展到英国、加拿大、澳大利亚、荷兰、比利时、菲律宾、捷克、印度、墨西哥、法国、德国、新西兰、波兰、尼日利亚、爱尔兰、意大利和西班牙等 10 多个国家。"地球第一！"运动主要是受到阿恩·奈斯的"深生态学"、蕾切尔·卡逊的《寂静的春天》和奥尔多·利奥波德的"大地伦理"等生物区域主义（生态整体主义）思想，以及主张"为了保卫地球母亲而毫不妥协"的地方性环境直接抗议行动的激励而生。②

在运动之初，"地球第一！"运动着力于将大众宣示行动与野生生物保护的具体建议结合在一起，并通过《地球第一！激进的环境学报》得到传播与推广。爱德华·艾比的著作与公开演讲对该运动的扩展产生了重要影响。进入 20 世纪 90 年代后，"地球第一！"运动的行动更多地受到了生态无政府主义的影响。一些成员对组织化领导或管理结构表示担忧，新成立了一个更加激进的"地球解放阵线"。

"地球第一！"运动是针对现实中由公司主导的、妥协、低效的环境治理而形成的一种社会运动。这一运动提出："当现有的法律不能解决问题时，我们将用自己的身躯来阻止破坏"。基于"深生态学"的哲学，"地球第一！"运动认为，工业文明及其哲学是反地球、反女性和反自由的，他们拒绝接受自然只是为了人而存在的人类中心主义世界观，呼吁自然自身的独立价值，主张"地球必须是第一位的"价值观念。

在英国，"地球第一！"运动自 20 世纪 90 年代初起，也获得了一定程度的发展。目前，英国有大量的地方性的"地球第一！"运动团体，它们拥有一个行动报告网站和年度性的全国大会。与美国不同，英国"地球第一！"运动从一开始就试图把激进行动与社会正义结合起来，以保护英国依然残存的自然性区域，而不是像美国那样对荒野情有独钟。

---

① 参见 Bron Tayler, "Earth First! and Global Narratives of Popular Ecological Resistance," in Bron Tayler eds., *Ecological Resistance Movements*: *The Global Emergence of Radical and Popular Environmentalism*, Albany: State University of New York Press, 1995.

② 参见 Dave Foreman, *Confessions of an Eco-warrior*, New York: Harmony Books, 1991.

　　生态自治主义致力于推动人类文明的激进生态转型，带有乌托邦性质，对现实的挑战价值远远大于其变革成效。尽管如此，生态自治主义开拓了人们认识人与自然关系的视野，也推进了人们对人类文明进步，尤其是生态文明的反思，有着重要的理论意义。同其他"深绿"社会政治理论一样，生态自治主义理念与实践还处在不断拓展与丰富的过程之中，由此，我们理解与解读它的语境也在不断地发生变化，因而更多的追踪性研究分析实属必然。

第六节　生态主义评析

　　马克思主义尤其是关于人与自然关系的思想，对于我们科学地认识生态主义的理论流派及其现实社会政治影响有着重要的指导意义。马克思、恩格斯所开创的马克思主义人与自然关系理论本身，就是一种内容丰富、体系完整、立场鲜明的生态政治理论，而其理论要义则是主张在具体的人类社会历史条件下辩证地分析从根本上说是由社会经济关系所决定的人与自然关系的表现形式。

　　马克思曾明确指出："我们仅仅知道一门唯一的科学，即历史科学。历史可以从两方面来考察，可以把它划分为自然史和人类史。但这两方面是不可分割的，只要有人存在，自然史和人类史就彼此相互制约。"[1] 学术界一般认为，马克思主义关于人与自然关系的理论至少包含着如下三重"生态意涵"。其一，从完整而统一的马克思主义哲学立场来看，人与自然关系本来就是一种在特定历史阶段与社会条件下的多重维度上的和立体性的相互影响与建构的关系；其二，以《资本论》为主体内容的对资本主义社会的生产生活方式的批判，同时是一种政治经济学批判和政治生态学批判，当然也是非常深刻的唯物辩证哲学批判；其三，马克思主义关于人与自然关系的理论，构成了一种从内容到形式都十分完整的生态主义政治哲学，同时涵盖了对当代社会现实的批判性分析、对未来绿色社会的愿景构想和如何向这种绿色社会过渡的政治战略。

　　由此看来，马克思主义关于人与自然关系的思想或者说它的"生态学"，显然更为科学地揭示了包括当代人类社会在内的人与自然关系结构及其变革的真谛。相比之下，上述生态主义及其理论流派虽然探讨了生态主义的许多重要

---

[1] 《马克思恩格斯文集》第 1 卷，人民出版社 2009 年版，第 516 页。

议题，却大都有意无意地回避了从根本上废除或替代资本主义经济政治制度这一关键性问题。

中国共产党建党百年来，中国在革命、建设、改革的过程中，都非常重视生态，针对不同历史时期社会实践需要，提出了不同的生态理论与主张。新中国成立 70 多年以来，毛泽东提出的"改善环境、勤俭节约"、邓小平提出的"环境保护基本国策"、江泽民提出的"实施可持续发展战略"、胡锦涛提出的"建设资源节约型、环境友好型社会"，分别代表了中国共产党不同历史阶段的关于生态环境的理论和主张，为新时代中国生态文明建设提供了基础。

作为一个具有重大原创意涵的话语理论体系，习近平生态文明思想不仅基于对我国社会主要矛盾及其阶段性变化的辩证分析，科学回答了为什么和如何"大力推进生态文明建设"这一"新时代之问"，而且展现出了特色鲜明的理论阐述与实践样式，因而同时是当代中国的马克思主义人与自然关系理论或生态文明理论、习近平新时代中国特色社会主义思想体系的重要构成部分、中国共产党与时俱进的绿色政治意识形态和环境治国理政方略。正如习近平所指出的："党的十八大把生态文明建设纳入中国特色社会主义事业五位一体总体布局，明确提出大力推进生态文明建设，努力建设美丽中国，实现中华民族永续发展。这标志着我们对中国特色社会主义规律认识的进一步深化，表明了我们加强生态文明建设的坚定意志和坚强决心。"[①]

阅读文献

1. ［英］安德鲁·多布森：《绿色政治思想》，郇庆治译，山东大学出版社 2012 年版。

2. ［美］罗伊·莫里森：《生态民主》，刘仁胜等译，中国环境出版社 2016 年版。

3. ［英］戴维·佩珀：《生态社会主义：从深生态学到社会正义》，刘颖译，山东大学出版社 2012 年版。

4. ［美］詹姆斯·奥康纳：《自然的理由：生态学马克思主义研究》，唐正东译，南京大学出版社 2003 年版。

[①] 《习近平谈治国理政》第 1 卷，外文出版社 2018 年版，第 208 页。

5. ［印］萨拉·萨卡：《生态社会主义还是生态资本主义》，张淑兰译，山东大学出版社 2012 年版。

6. ［美］约翰·贝拉米·福斯特：《马克思的生态学：唯物主义与自然》，刘仁胜、肖峰译，高等教育出版社 2006 年版。

7. 郇庆治：《文明转型视野下的环境政治》，北京大学出版社 2018 年版。

思考题

1. 简要论述生态主义的发展历程。

2. 生态主义形成了哪些价值观念？

3. 简要评述生态资本主义的主要理论观点与政治主张。

4. 生态社会主义形成了哪些基本观点？

5. 简要评述生态自治主义的政治主张。

6. 如何用马克思主义的理论立场分析生态主义？

第八章 女权主义

女权主义（feminism），又称女性主义，是争取性别平等、公正与正义的政治思潮。女权主义于19世纪上半叶正式登上历史舞台，经历近两百年的不断发展后，已在性别观、平等观、政治观、公民观等方面形成了理论体系以及政治主张，并陆续发展出自由女权主义、激进女权主义、马克思主义女权主义、存在主义女权主义、精神分析女权主义、多元主义女权主义、生态女权主义和后现代女权主义等多个流派。

第一节　女权主义的源流

从长时段来看，女权主义的历史并不悠久。作为一种社会运动，距离其在19世纪40年代的正式发端，不到200年；作为一种社会理论，距离其在20世纪60年代的正式出现，只有短短60年。女权主义萌芽于19世纪初，并在19世纪40年代到20世纪20年代形成了第一波女权主义运动，并在经过20世纪中叶的数十年蓄势后，自20世纪60年代晚期形成了第二波女权主义运动。女权主义尽管历史相对短暂，但发展较为迅速，已显著地改变了且将继续改变人类面貌。

一、萌芽

近代以来，西方社会的工业化进程和思想启蒙推动了女权主义思想的萌芽。西方社会工业化和城市化的迅猛发展，资本主义生产方式的确立，均促使欧美国家女性的生产和生活发生了巨大改变。知识界严厉批评资本主义对传统性别秩序和性道德的破坏，认为资本主义的生产方式"使男人不成其为男人、女人不成其为女人、……最可耻地侮辱两性和两性都具有的人类尊严"[1]。在启蒙运动方面，洛克和卢梭等人的启蒙思想虽然直接促使了早期女权主义思想的产生，但同时也巩固了男性是第一性、女性是第二性的性别等级。

---

[1]　《马克思恩格斯全集》第2卷，人民出版社1957年版，第432页。

男女二元划分成为西方社会新兴资产阶级推崇的性别秩序。在 19 世纪上半叶，富于头脑、勇敢坚定的男性在外赚钱养家，富于爱心、温柔依附的女性作为家庭天使养育子女、操持家务，成为理想的性别特质与中产阶级家庭宽裕和富有闲暇的标志。当时的知名法官威廉·布莱克斯赞美英国《婚姻法》时指出，"丈夫与妻子在法律上是一体的，……她将在他的翅膀、他的保护和他的掩护之下生活"①。但已婚女性的实际处境是，她的意志和权利被丈夫所代表和控制，没有独立的财产权、子女监护权和民事诉讼权。不仅如此，当时英国学校教育的空间安排、教学内容等均按照性别严格隔离，女性被排除于政治组织、科学研究等各种公共领域之外。

女性在婚姻中的依附地位，严重背离了启蒙运动和法国大革命广为传播的理性和人权的时代理念。早期的女权主义者以理性为武器，批判男权对女性自由和平等的剥夺。1694 年，玛丽·阿斯特尔通过其著作《对女士们的严肃提议》，敦促女性们开发智力和独立思考。② 玛丽·沃尔斯通克拉夫特于 1792 年出版了经典著作《女权辩护——关于政治和道德问题的批评》，要求女性与男性享有平等的受教育权、就业权和政治权，并明确指出，男权社会养成的温柔顺从和狭隘狡猾等所谓女性特质，都是对女性发展理性的阻挠和束缚。③

总的来说，早期女权主义的思想有着深刻的启蒙烙印，其理论和诉求主要围绕着理性展开，可概括为三点。第一，崇尚理性，认为男女拥有同样的理智和灵魂；第二，女性缺乏理性是男权社会化的结果；第三，教育是发展女性理性、消除性别歧视的根本。④ 虽然早期女权主义并未辨识出启蒙运动和理性感性二元等级划分的男权特性，但在启发女性的平等意识、人格意识和主体意识方面，起到了振聋发聩的先锋作用。

二、第一波女权主义运动

第一波女权主义运动发生于 19 世纪 40 年代到 20 世纪 20 年代。在这一时

---

① ［美］约瑟芬·多诺万：《女权主义的知识分子传统》，赵育春译，江苏人民出版社 2003 年版，第 5 页。

② ［英］玛格丽特·沃特斯：《女权主义简史》，朱刚、麻晓蓉译，外语教学与研究出版社 2015 年版，第 47—48 页。

③ 参见［英］玛丽·沃尔斯通克拉夫特：《女权辩护——关于政治和道德问题的批评》，王瑛译，中央编译出版社 2006 年版。

④ ［美］约瑟芬·多诺万：《女权主义的知识分子传统》，赵育春译，江苏人民出版社 2003 年版，第 12 页。

期，欧洲和北美在资产阶级革命胜利以后，逐渐开始了民主改革。英国率先进行了议会改革，推动英国逐步实现普选制。尽管遇到了保守派的阻挠，欧洲大陆的其他国家也开始逐渐进行民主化改革，进入大众时代。美国也在民主派掌权之后，进行了一系列民主化改革，直接推动了杰克逊民主的形成。这一时期，第一波女权主义运动更多关心女性普选权，并在立法方面取得了重大进展。

19世纪中叶，大量女性开始参与社会劳动，并参与到政治实践当中。在女性就业方面，英国中产阶级和底层的女性为就业权而抗争，建立妇女就业促进会等组织、撰写相关文章、创办相关刊物、宣传女性就业先锋。南丁格尔开创了护理学，就是一个例证。在女性教育方面，19世纪40年代末成立的女王学校和贝德福德学院为正规的女性教育开了先河。在政治实践方面，19世纪上半叶，广大英国女性积极参与议会改革、无印花税战、宪章运动和反谷物法运动等民主运动，建立了当时英国两大政党自由党和保守党依赖的庞大选举网络。作为重要成果，在第一波女权主义运动的推动下，女性发起争取离婚权、子女监护权、就业权和教育权等具体权利的运动，推动英国通过了《儿童监护法》（1839年）、《妇女财产法》（1853年）、《离婚法》（1857年）和《已婚妇女财产法》（1870年）等法律。虽然这些法律中还存在苛责女性、实行男女双重标准的明显不平等，但相较于英国过去的法律，还是向承认女性平等权迈进了一步。

这一时期，最为引人注目的是英美两国妇女发动了波澜壮阔的妇女选举权运动。1848年，伊丽莎白·斯坦顿等人在美国纽约州组织召开了第一届女权大会。大会以美国的《独立宣言》为范本，通过了《情感宣言》（*Declaration of Sentiments*），提出了与英国女性同样的要求：男女平等，天赋人权，女性应享有与男性平等的财产权、婚姻权和子女监护权等。1866年，在约翰·斯图尔特·密尔等人的帮助下，《女士请愿书》被提交至英国议会，次年，密尔向议会提出妇女选举权修正案，英国妇女选举权运动随之开启，并在1928年使女性获得与男性平等的选举权。美国则于1920年通过宪法第十九条修正案，确认了妇女选举权。作为女性争取政治平等权利的旗帜，妇女选举权运动的胜利，强烈地鼓舞了世界多国人民争取男女平等的信心和热情。

从女权思想来看，自由女权主义作为女权主义的最早流派，在这一时期得到了较大的发展。哈里雅特·泰勒的作品《妇女选举权》和约翰·斯图尔特·

密尔的著作《妇女的屈从地位》批判男权社会对女性教育权、财产权、就业权和选举权的剥夺和对女性发展理性的阻碍。与此同时，女权主义的其他流派也开始出现。如美国的早期女权主义者玛格丽特·富勒出版了著作《十九世纪的妇女》，伊丽莎白·斯坦顿对于基督教的批评，均已显示出激进女权主义的苗头。①

三、蓄势

在女性取得了选举权后，西方国家出现了女性参政热潮。经过 1929 年的大萧条、罗斯福新政、第二次世界大战和战后重建，直到 20 世纪 60 年代的大学生民权运动开展之前，女权主义表面上都相对沉寂，但在性别平等等方面不断取得扎实进步，从而为第二波女权主义运动积蓄了力量。

这一时期，性别平等的实践得到进一步发展。在就业方面，英美两国中下层女性就业的人数持续增加，即使是 20 世纪初期席卷西方资本主义国家的经济大萧条也未扭转女性就业的增长趋势。在教育方面，中小学教育中的性别隔离逐渐消失，男童女童平等接受标准教育成为主流，中上层女性接受高等教育日益成为普遍现象。在政治方面，众多女性积极参与国家和地方管理，积极参与选举，推动政府保障男女同工同酬、女工和妇婴权益，涌现出以诺米莉·罗斯福和弗朗西斯·帕金斯为代表的女性参政楷模。但同时，性别平等运动也不时遭遇保守力量的抵制："新女性"被贴上自私、个人生活不检点等道德标签；二战结束后，许多女性被强制要求退出工作岗位；女性在接受了高等教育之后，仍然难以获得高收入和高声望的岗位。

多位女性通过写作或直接行动，推动了女权理论的继续发展。弗吉尼亚·伍尔芙在《一间女人的屋子》《三个金币》《到灯塔去》等作品中指出，男权制引导男性形成的占有、侵略、专制和暴虐，是引发战争、将人类带往毁灭边缘的祸根。② 西蒙娜·德·波伏娃的《第二性》通过深广的理论回顾和细致的女性生命史考察，发展出女人不是天生的，而是后天形成的这一深刻洞见③，为第二波女权主义深入解构男权预示了方向。玛格丽特·桑格通过著书立说、

---

① ［美］约瑟芬·多诺万：《女权主义的知识分子传统》，赵育春译，江苏人民出版社 2003 年版，第 46—79 页。
② 吴庆宏：《弗吉尼亚·伍尔夫与女权主义》，中国社会科学出版社 2005 年版。
③ ［法］西蒙娜·德·波伏娃：《第二性》，陶铁柱译，中国书籍出版社 1998 年版。

开办诊所、建立国内外组织等行动不懈促进女性的生育自主权和身体自主权的实现。

四、第二波女权主义运动

20 世纪 60 年代在欧美国家爆发的民权运动和学生运动，成为点燃第二波女权主义的重要导火索。以美国"全国妇女组织"为代表的自由女权主义继续通过男女平等就业等女权传统议题来推进法律框架的性别平等。激进女权主义者则因民权运动和学生运动中的性别歧视而开始向男权制发起挑战。她们成立了名为"妇女解放运动"的组织，建立了数千个"意识觉悟小组"，积极运用媒体力量，成功地推动妇女解放成为公众焦点。新型女权组织，如"黑人女权主义者组织""全国妇女研究学会"等相继成立，既推动了性别与族裔、性取向等方面的交叉平等，也促使性别平等进入高等教育。[1] 各个流派的女权组织虽然在立场和理论方面不时有纷争，但彼此不断对话和融合，共同推动《平等权利法案》的出台，敦促政府提供日托服务，扩大《男女同酬法》的覆盖范围，推动女性的身体和性的自主权，反对针对女性的暴力等。[2] 第二波女权主义由此开始，轰轰烈烈的性别知识生产和社会制度变革运动展开。

在性别知识生产方面，除之前就已出现的自由女权主义、存在主义女权主义外，激进女权主义、马克思主义女权主义、精神分析女权主义、多元主义与全球女权主义、生态女权主义和后现代女权主义纷纷正式出现和发展。总体而言，第二波女权主义思想的发展可分为三个阶段。第一阶段为 20 世纪 60 年代末到 20 世纪 70 年代，女权主义学术开始起步，秉承"个人的就是政治的"(personal is political)[3] 这一理念，深入剖析公私领域的男权。同时，这一阶段的女权主义侧重分析性别差异，倾向于将女性看作是内部统一均质的群体，典型口号是"姐妹情谊是全球的"(sisterhood is global)。[4] 第二个阶段是 20 世纪 80 年代，女权主义学术继续深入发展，在高等教育的课程开设、师资设置和知

---

① 参见王政：《女性的崛起——当代美国的女权主义运动》，当代中国出版社 1995 年版。

② 参见王恩铭：《20 世纪美国妇女研究》，上海外语教育出版社 2002 年版。

③ Carol Hanish, "The Personal is the Political," in Shulamith Firestone eds., *Notes from the Second Year: Major Writings of the Radical Feminists*, New York: New York Radical Feminists, 1970, p. 76.

④ 参见 Rubin Morgan, *Sisterhood is Global*, New York: Anchor Books, 1984.

识生产等方面逐渐站稳脚跟且影响日益扩大。① 在研究内容方面，女权主义除继续考察微观日常生活与宏观结构制度的交叉互动外，女性在阶级、种族和性等方面的差异日显，多元交叉视角开始被广泛接受。② 20 世纪 80 年代中晚期之后，整个西方学界发生了文化转向，促使女权主义的研究重点由政治经济结构批判转向文化批判和身份政治。③ 第三个阶段是 20 世纪 90 年代至今，随着新自由主义全球化的加深，女权主义面临新的挑战：阶级上的经济不平等加剧，福利国家体制被削弱，原教旨主义崛起，生态风险加大。④

在社会制度变革方面，性别平等成为众多国家承认的基本原则，各国通过社会政策广泛而深刻地改变了人类社会的性别不平等。第一，消除对女性的歧视、促进妇女发展成为全球共识。联合国将 1975—1985 年设立为"国际妇女年"，并在 1979 年召开的联合国大会上通过了《消除对妇女一切形式歧视公约》，继而召开三次世界妇女大会，初步建立了联合国妇女署等全球层面的女权主义机构。1995 年第四次世界妇女大会通过的《北京行动纲领》，为众多领域制定了明确的战略目标和行动建议，包括经济（贫困、环境、经济活动）、政治（人权、决策和武装冲突）、社会（教育、媒体、性暴力、健康、女童）。⑤ 第二，欧盟及其成员国多年来坚持不懈地努力全面消除性别歧视，成为积极推进性别平等的先驱。欧盟及其成员国自 1957 年欧盟雏形成立至 20 世纪 80 年代初期的就业立法初期，致力于建立和完善促进就业领域内性别平等的法律法规；在 1982—1995 年的积极行动时期，将政策领域从已有的消除劳动力市场性别歧视和提升女性工作价值，扩大至促使工作与家庭平衡、促进女性决策参与；在 1996 年之后的性别平等主流化时期，男女机会平等被列入欧盟及其成员国的所有政策和行动的筹划、实施和过程监督之中。⑥ 2006 年，欧盟发布了

---

① 参见余宁平、杜芳琴主编：《不守规矩的知识：妇女学的全球与区域视界》，天津人民出版社 2003 年版。

② 参见 Patrick B. Grzanka eds. , *Intersectionality*：*A foundations and Frontiers Reader*, Colorado：Westview Press, 2014.

③ 参见 Nancy Fraser, *Fortunes of Feminism*：*From State-managed Capitalism to Neoliberal Crisis*, London：Verso, 2013.

④ 参见［英］西尔维亚·沃尔拜：《女权主义的未来》，李延玲译，社会科学文献出版社 2016 年版。

⑤ ［英］苏珊·沃特金斯：《女性主义何去何从？》，全红译，《国外理论动态》2018 年第 7 期。

⑥ 参见 Mariagrazia Rossili eds. , *Gender Policies in the European Union*, New York：Peter Lang Publishing, 2000.

"男女平等路线图（2006—2010）"，确定了推动性别平等的六个优先领域和各个领域内的具体目标、行动计划和监督指标等。同时，为促进和巩固性别平等，欧盟已建立了较为完备的专门组织机构。20世纪70年代成立专门负责女性权益的两个机构：妇女组织及出版信息办公室和平等机会小组。1980年成立"女性权利专门委员会"（后改名为女性权利委员会），1990年成立"欧洲妇女游说团"，成员遍布30多个欧洲国家的2500个组织，反映了欧盟各个女性群体的需求，2005年成立了欧洲性别平等局，直接参与决策。第三，以性别平等政策主流化为导向，众多国家不断推行涉及各个领域的多种具体政策。例如，对已有和正在施行的社会政策进行性别监测，在审核和评估项目时进行性别评估，开展促进妇女发展和性别平等的性别导向项目，为各级决策者和利益相关人提供性别意识提高培训，规定政治决策和商业机构的最低女性配额（40%），推动消除针对女性的一切暴力行动，在教育和媒体中开展性别平等监测，为第三世界妇女提供小额贷款等。

总之，正如马克思和恩格斯所说，妇女解放是衡量人类普遍解放的尺度，"没有妇女的酵素就不可能有伟大的社会变革"①，女权主义作为政治思潮和社会运动，自18世纪崛起之后，就在持续而深远地改变着人类社会面貌。

五、女权主义展望

迄今为止，女权主义已在性别知识的生产和性别歧视的消除方面取得了令人瞩目的成果。南茜·弗雷泽将第二波女权主义运动自20世纪60年代兴起之后取得的进展总结为四个方面：第一，反对以阶级为唯一维度、通过再分配将政治问题予以经济化的经济中心。具体包括：第二波女权主义运动促使性别、种族、性向等多种维度的不公正进入政治视野，从而建立了更具解释力的多元视角；通过创造性的"个人的就是政治的"，将正义的政治含义扩展至长期被漠视的私人领域；建立了包括经济、政治和文化在内的三维正义观，取代了一元的经济主义正义观。第二，反对男性中心主义。二战后，欧美等先进工业国通过支付男性家庭工资，使得男性中心主义通过核心家庭和国家福利体制得以绵延。第二波女权主义运动的各流派通过各自角度的剖析，认为集分配不公、错误承认和错误代表权于一身的性别劳动分工及配套的各种二元对立和二元等

---

① 《马克思恩格斯选集》第4卷，人民出版社2012年版，第480页。

级是男性中心主义得以存续的核心机制，并通过挖掘自由主义、存在主义、福利国家理论等新旧学说隐含的男性中心主义予以深入清理。第三，反对精英主义，推进公民参与，推动国家承诺和推动性别平等，反对帝国主义。第四，基于三维正义观，发展包括反对性别、阶级、族裔、性向、帝国主义等各种压迫在内的综合解放方案。①

虽然女权主义在很多方面都取得重大进展，但苏珊·沃特金斯和南茜·弗雷泽等人指出，女权主义必须面对 20 世纪 90 年代以来新自由主义全球化的下列挑战：第一，为攫取更多的剩余价值，新自由主义要求资本流动更加自由、减少国家对于市场的管制、减少福利支出，与此相应，低工资和低福利的非正规就业更为普遍，阶层贫富差距增大。第二，伴随全球流动加速而更多出现的他者及其差异，凸显了身份政治和文化承认的重要与迫切，冲淡了经济结构维度上再分配正义的重要性，而经济不平等却因新自由主义的全球化而正在加剧。② 第三，过往通过政权推动性别平等的民族国家正在蜕变为新自由主义的工具，利用性别不平等在国内和国际谋取利益。

为建立更广泛的社会正义，有效面对新自由主义全球化带来的挑战，特别是防止女权主义被其捕获，弗雷泽对女权主义的未来发展方向提出以下建议：从性别视角出发，以完整的、更加均衡的三维正义观整合过往被分裂的再分配正义、承认正义和代表权正义；继续深化女权主义对资本主义和男性中心主义的批判；反对精英主义，扩大参与民主；突破以领土国家为单位的排他性质的政治共同体，建立跨国性别正义。③

资本主义在经历了蒸汽生产、自动化生产和数字金融的数百年发展后，马克思主义揭示的剥削、异化和两极分化等仍是其顽疾，并与男权制交织缠绕，继续阻碍着个人全面发展、性别公正与社会可持续发展。女权主义任重道远，需要吸收借鉴马克思主义等人类优秀思想成果，并随形势变化而不断从主体建构、知识生产和社会变革等方面上下求索。

---

① 　［美］南茜·弗雷泽：《女性主义、资本主义和历史的狡计》，周穗明译，《世界哲学》2009年第 2 期。

② 　参见［美］南茜·弗雷泽、阿克塞尔·霍耐特：《再分配，还是承认？一个政治哲学对话》，周穗明译，上海人民出版社 2009 年版。

③ 　［美］南茜·弗雷泽：《女性主义、资本主义和历史的狡计》，周穗明译，《世界哲学》2009年第 2 期。

第二节　女权主义的理论

由于女权主义流派众多且理论纷繁，所以对其进行全面把握并不容易。尽管如此，我们还是可以从性别观、平等观、政治观和公民观等构成女权主义理论核心的四个维度出发，通过对其思想进行总体梳理，概括把握其理论体系和政治主张。

一、性别观

性别观是女权主义理论的核心内容，也是女权主义最根本的特征，决定了女权主义的基本内容。

长期以来，男权社会视性别特质、社会角色、责任分工和空间归属等两性区别为基于生物原因的自然结果。对此，女权主义从一产生，即从不同角度予以不同程度的批判和解构，指出性别并非天生，而是社会建构的，将社会建构的性别予以生物化和自然化，实际上是男权社会对压迫女性的合法化。

自由女权主义作为先锋，率先开启了对男权社会性别观的批判。沃尔斯通克拉夫特等先驱指出，性别角色不是由生物决定的，女性所谓美丽的弱点或可爱的缺点是男权社会通过以下方式制造的：剥夺女性平等地接受教育和经济独立的机会，强制女性做家庭天使和提供无酬的家务劳动和生育劳动。因此，她们主张女性应通过争取教育权、就业权、选举权来平等参与公共生活，摆脱男权社会具有压迫性质的性别观。然而，天赋人权、女性可与男性发展出同样的理性等思想，虽然为自由女权主义提供了批判男权社会性别观的依据，却未能使该流派的先驱们看到，经由男权社会建构出来的理性和人的抽象定义，并非性别中立，而是男性中心主义。

存在主义女权主义将男权社会对女性的建构简洁地概括为：女人不是天生的（be born），而是后天形成的（to become）。这句话从此成为女权主义女性观的经典表达。存在主义女权主义的代表人物波伏娃指出，女性的各个群体、生命中的各个社会角色均非女性自定，而是男权社会基于男性需求、通过社会制度将女性规定为她者来垄断对女性角色的设定。因此波伏娃主张女性应通过就业获得经济自主权、通过自主思考来摆脱她者命运，同时，遵循存在主义思路，波伏娃将月经、怀孕、分娩等视为女性无法摆脱的内在性限制。这意味着，存在主义女权主义的性别建构论中隐含着二分性别观：性别可分为生理性别和社会性别两部分，前者是先天的生物自然，后者是后天的社会建构。

激进女权主义者将二分性别观由隐含变为明确。其典型表达是盖尔·鲁宾提出的"性别体系"（sex/gender system），即每个社会都存在"将生物的性转化为人类活动的产品的一整套组织安排"①。在这一概念的指引下，激进女权主义对性、色情品、骚扰、强暴和性奴役等过去被认为无关政治的私领域现象进行了新颖深刻的剖析，指出这是男权制不断生产所谓正常男人和正常女人等性别观和性别权力的关键所在。与此同时，鉴于二分性别观以生理性别为社会性别的内核，激进女权主义从不同的方向发展了性别本质主义。一支沿袭男权社会贬低女性生育价值的路径，认为生育是导致女性受压迫的根本原因，因此希望通过人工生育来实现性别平等。另一支则主张通过重估和弘扬被男权社会贬低的传统女性特质（如温情和关怀），来取代男权社会崇尚的冰冷理性和残酷竞争。

精神分析女权主义者沿袭精神分析创始人弗洛伊德的路径，主要从性别认同和性向形成的角度来研究性别观，但抛弃了弗洛伊德思想中的二分性别观。她们批判弗洛伊德关于"解剖学即命运"的观点，指出这是将女性在男权社会遭受的不公正归因于女性的生理性别，是对男权社会性别观的合法化。她们虽然赞同弗洛伊德关于新生儿并无性别和性倾向认同，而是随成长而发展的观点，但主张通过重新阐释个体与他人边界、性别认同和性倾向认同的时期与过程，来摆脱男权社会所界定的女性命运：匮乏、被动和劣质。南西·乔多罗和卡罗尔·吉列根等心理学家则从父母教养方式和儿童道德伦理发展过程来研究性别观的形成。前者主张通过双亲抚育，将男女均培养成独立自主且富于爱心的人；后者主张重估和弘扬女性的关怀伦理。

与上述女权主义流派的性别观类似，马克思主义女权主义者也认为性别是包含政治经济、文化思想、公私领域在内的一套社会制度，但其特别注重分析工业革命以来的性别观。她们指出，工业大生产以来的性别观是男权制和资本

---

① 王政、杜芳琴主编：《社会性别研究选译》，生活·读书·新知三联书店 1998 年版，第24 页。

主义联手制造的产物，男性以承担赚钱养家为主、女性以承担无酬家务劳动为主的性别观及其性别劳动分工既是男权制和资本主义得以存在的物质基础，也是剩余价值得以创造的必要环节。因此，这一流派主张在马克思主义的基础上，加入女权主义视角，重新理解人类社会的诸种生产和社会制度，推动国家福利体制向建立和增强平等性别观的方向不断发展。

20 世纪 70 年代以来陆续出现的女同性恋女权主义、黑人女权主义、多元主义女权主义、后殖民女权主义、全球女权主义、生态女权主义和后现代性女权主义促使女权主义从以下两方面进一步深化和丰富了对于性别观的理解。一是多元交叉视角。当代女权主义并不存在整齐划一的性别观，因为性别观会与阶级、族裔、性向、国家和全球化等多个维度相互交叉，并随时空变换而呈现出历史与空间上的复杂性，因此需要运用多元交叉视角来剖析女性所处的统治矩阵，防止女权主义内部可能产生的帝国主义、殖民主义和东方主义。二是对于二分性别观的深刻解构。以朱迪丝·巴特勒为代表的后现代主义女权主义者认为并不存在先在的性别，生理性别和社会性别均由社会建构，生理性别、社会性别和性之间也并不存在本质关联，因此主张消解具有压迫性质的僵化性别观，建设平等公正的包容性别观。

二、平等观

自女权主义产生以来，平等就一直是女权主义关于性别关系的核心价值观念和政治主张。尽管性别平等是女权主义的普遍追求，但女权主义不同流派在解释何为平等、何为差异、平等与差异之间存在哪些关系等诸多问题上并不相同，并由此发展出不同的平等观。

自由女权主义主要从平等路径来主张女权，或更准确地说，是要求女性以男性为标准，向男性看齐。如沃尔斯通克拉夫特等人指出，既然人生而平等，而且女性可以发展出与男性同等水平的理性，那么女性就应享有和男性平等的教育权、就业权和选举权，并且不应忍受家庭私领域中的性别不平等。存在主义女权主义也以男性为女性标准，主张女性应发展为男性那样的自为存在。自由女权主义和存在女权主义性别平等观的优点是易于被男权社会下成长起来的人们所理解和接受，缺点是沿袭了男性中心主义。与其形成鲜明对比的是，激进女权主义主要通过强调差异来主张女权。除少量人士主张雌雄同体，即每个人都同时拥有原本被限定于单一性别的男性特质和女性特质，来消除性别差异、追求性别平等外，大部分的激进女权主义者主张重估男权社会贬低的女性价值和弘扬女性本质主义，即通过性别差异路线来寻求女性解放。

马克思主义女权主义主张通过同时反对资本主义和反对男权制来寻求性别平等。由于女性承担的无酬家务劳动是资本主义和男权制这一双头兽存在的物质基础，而且在不改变家务劳动的性别分工情况下，要求女性通过外出参加社会劳动来寻求妇女解放，易于造成女性承担家内家外的双重负担。马克思主义女权主义于 20 世纪 70 年代晚期主张通过家务劳动有酬化和"可比性价值"运动，来推动社会承认家务劳动的价值，促进经济参与领域的性别平等。基于女权主义各流派对劳动与性别的丰硕研究成果和这两项运动的直接推动，照顾劳动乃社会存在和经济发展的必要条件进一步成为广为接受的价值观念，更多的人开始承认女性劳动的价值长期以来都被贬低。这促使北欧和欧盟率先接受和实施对女性友好的福利国家体制，尝试通过普遍有酬劳动者（即男女双方均外出就业）、照顾劳动价值平等（即外出有酬工作与无酬家务劳动同等价值）和普遍照顾者（即男女双方均身兼无酬家务劳动与外出有酬工作）等模式，将性别平等与照顾劳动在国家、市场、家庭、性别、个人之间的重新分配相结合。由此，女权主义平等观进一步发展为：平等与差异并非互不兼容的非此即彼（either/or），而是可以和谐共存的"都与和"（both/and）。

女同性恋女权主义和黑人女权主义通过把性向与族裔彰显于女权主义争论，推动女权主义从以下方面进一步明晰了关于平等和差异的价值理念和主张：平等的反义词不是差异，而是不平等，因此平等与差异并不矛盾；平等并非雷同，所以无须取消差异，而且差异是多样性的来源，尊重差异是在追求平等过程中防止再造霸权的根本。多元主义女权主义和生态女权主义则促使女权主义者意识到更多维度的平等及其相互关联，即追求性别平等无法与追求阶级平等、种族平等等其他平等相割裂。全球女权主义的研究显示，在全球交往与彼此影响因跨国公司、新自由主义和气候等危机而空前加强的时代，女权主义的平等观面临巨大挑战。后现代女权主义主张的进一步从各种元概念、元理论破除男性中心主义，更具想象力地推动了包括性别在内的多维平等，对女权主义平等观在全球化时代的继续发展具有重要意义。

三、政治观

在政治观上，女权主义的两大鲜明价值理念和主张可归纳为：推动性别成为不可化约的独立政治正义维度，将政治从古典政治学的公共政治扩展到私人领域。

早期自由女权主义对男权社会的批判——剥夺女性进入公共领域的机会、将女性束缚于家庭等私人领域并进行压迫，其实已是从性别正义的角度批判公私领域中性别权力分配的不公正，但未能明确指出性别是政治正义的独立维度，也未明确将私人领域纳入政治范畴。卡罗尔·帕特曼和苏珊·奥金等当代自由女权主义者通过批判洛克和罗尔斯等人的社会契约论，明确指出社会契约的实质是男权政治理想：通过遮蔽性契约及其规定的女性隶属于男性的性别统治关系，将婚姻家庭排除于社会契约适用的公共领域外，促使政治和正义成为男权专属。因此，女权主义主张，必须从根本上变革社会契约论，推动性别成为政治和正义必要且关键的维度。

激进女权主义和马克思主义女权主义对女权主义政治观的形成和发展作出了巨大贡献。激进女权主义通过创造性地重新界定"patriarchy"明确指出，作为性别制度的一种，男权制是男性整体压迫女性的社会系统，因而要从经济、政治、法律、文化和日常生活等方方面面全面辨识和消除男权。通过"个人的就是政治的"这一影响巨大且深远的口号，激进女权主义最早将政治扩展到私人领域，并对性政治进行了富于创见的剖析，主张消除性中的男权，重建民主、美好的性。马克思主义女权主义通过将女权主义引入马克思主义，指出性别压迫具有区别于阶级压迫的独立性，因而性别政治是不可被取消和替代的独立政治正义维度。马克思主义女权主义深刻批判了家务、妻职、母职、性别劳动分工所蕴含的男权政治权力关系，主张消除传统政治经济学中的男性中心，并通过工作—家务平衡、福利政策变革等推动人类社会向性别正义迈进。南茜·弗雷泽进而将女权主义的理想政治观概括为：建立由再分配正义、承认正义和代表权正义组成的三维政治制度。

对于女权主义而言，性别作为不可化约的独立政治维度，并不意味着唯性别是瞻，而是要积极主动地将性别置于由阶级、族裔、性向等多重维度组成的政治矩阵之中。饱受种族、阶级和性别压迫的黑人女性最早将多元交叉视角引入女权主义，主张以连锁的压迫制度来剖析黑人女性所受到的多重剥削。反殖民女权主义关注过往殖民的当代遗产和对国际政治的塑造，主张把对性别的理解和下属女性群体的解放明确置入历史上的殖民关系和当代的后殖民关系，置入大国争霸和世界经济体系制造的第一世界和第三世界格局之中。全球女权主义主张，在新自由主义大行其道、资本主义向人类社会更深更广地蔓延之际，除需运用女权主义对世界政治经济文化体系进行更为深刻细致的剖析和批判之外，更要运用后现代女权主义彻底解构男权思想的各种根源。

四、公民观

女权主义公民观的基本价值理念和主张大致可总结如下：批判男权社会对公民身份的独占，推动建立性别公正的、包容多元的新型公民身份。

自由女权主义率先批判男权通过把女性束缚于私人领域、不允许女性参与公共事务来垄断公民身份，主张女性应获得平等的教育权、就业权和选举权。用马歇尔的公民权理论来说，这是主张女性享有与男性平等的民事权和政治权。在 20 世纪 60 年代的美国，尽管女性名义上拥有了基本的民事权和政治权，但主流意识形态依然鼓励中产阶级女性以全职主妇的形式继续充当"家庭天使"。以贝蒂·弗里丹为代表的当代自由女权主义由此批判男权社会仍旧阻碍女性全面参与社会、充分发展个性与能力，从而在事实上延续着男性对于公民身份的独占。

马克思主义女权主义基于对男权制资本主义制度的深刻分析，将性别视角赋予马歇尔所提出的公民权，特别是其中的社会保障权和直接影响社会保障权的福利体制。女权主义批评福利体制本身源于男权社会，不但发展出将男女进行独立与依赖的等级划分的男权福利体制，而且艾斯平·安德森等人的经典福利体制分类因为性别盲视，在重视福利体制去商品化的同时，忽视了男权福利体制对性别不平等的加剧。虽然北欧从 20 世纪 70 年代起卓有成效地将性别平等纳入福利体制，但在 20 世纪 90 年代的福利危机中，无论是北欧还是其他欧美国家，均出现了强化劳动力商品化的趋势，美国还出现了以求职津贴代表失业津贴的政策。对此，女权主义指出，将工作窄化为有酬工作、漠视无酬照顾劳动，实际上是男性中心主义的反映。因此，女权主义主张，鉴于福利体制具有界定公民身份与公民权利的功能，所以需要以性别视角重新审视劳动、再生产、独立和依赖等基本范畴，通过发展性别正义的福利体制来推动形成包容多元的新型公民身份。

多元主义女权主义和后现代女权主义等诸多女权主义流派均批判支撑男权公民观的二元划分和二元等级，包括公私领域、理智与情感、人类与自然等。薇尔·普鲁姆德等生态女权主义者对二元论进行了深刻批判：男权将女性背景化，否认男性对女性的依赖，否认男女之间的共通之处，否认女性的独立性，将女性贬低为她者。存在主义女权主义和精神分析女权主义对个体生成的过程进行剖析，指出个性的形成，包括性别特质、性别认同、性向性欲等，均被男权全面渗透，这意味着社会化是男权社会从根本上否定女性的公民身份的关键机制。因此，女权主义主张，需要从个体生成和社会制度两方面入手，消除男权对于公民身份的独占，建立性别公正的、包容多元的新型公民身份，如消除儿童社会化过程中的性别刻板和性别歧视，促进双亲抚育和父职参与，通过社会政策的变革全面促进女性平等参与经济生产、政治决策和文化建设等。

第三节　自由女权主义

作为最早出现的女权主义思想流派，自由女权主义（liberal feminism）秉承自由主义的核心理念，以"人生而平等"取代古典自由主义中的女性歧视，主张通过教育和法律变革来推进性别平等。这一流派通过半个多世纪的不懈努力，在第一波女权主义运动时期取得了辉煌成就，男女应享有平等的选举权和教育权陆续成为许多国家的基本法律规范。在 20 世纪 60 年代以来的第二波女权主义运动中，自由女权主义不断发展和深化自由、平等、公正、权利等自由主义核心范畴，将其运用于女权主义的理论体系和政治主张当中。与推崇制度变革的激进女权主义、马克思主义女权主义相比，自由女权主义较为温和保守，倡导对现有制度进行改良，并以推动法律修改为主要手段。

一、批判男权社会对女性的压迫

玛丽·沃尔斯通克拉夫特、哈里雅特·泰勒和约翰·斯图尔特·密尔作为早期自由女权主义的杰出代表，从以下三方面深刻批判了男权社会对女性的束缚和压迫。

在教育方面，三人均强烈批判男权社会以社会化方式培养出来的所谓女性特质，要求为女性提供平等、良好的教育。在社会化的目标方面，泰勒指出，男权社会希望通过教育，促使女性将服从内化为自己的天生职责和自我要求。在社会化方式上，密尔指出，除人为刺激外，男权社会更依赖长期的贿赂（如来自男性的宠爱）和恐吓。另外，密尔还进一步从认识论和方法论上指出了所谓女性天性、男女之间天然存在根本差别等观点纯属先验概括，没有科学依据，至多不过是个别事例。沃尔斯通克拉夫特大声疾呼，应为女性提供接受优质教育的机会，使其充分发展理性和道德能力、发挥人的潜能，消除人与人之间的专制和残暴。

在婚姻方面，三人均批判男尊女卑、男主外女主内的男权式婚姻。对于卢梭设想的夫妻合体——丈夫智力成熟、妻子依赖丈夫，沃尔斯通克拉夫特批判这会导致奴役女性且高估男性；密尔则指出，这样的婚姻制度不但会制度性地造成女性处于屈从地位，而且会放任男性的堕落，任由男性自私放纵、作威作福，由此，密尔提出，应建立平等伴侣式婚姻，促使整个人类关系得到最普遍最普及的整顿。对于养育子女，沃尔斯通克拉夫特和泰勒均支持女性履行母职，但由于看到女性被困于私领域的不公正和后果，所以二人均反对强制母职。密尔则在承认女性家务和养育子女劳动的价值、担心一些男性会强迫女性承担家里家外双重劳动的基础上，赞成男性挣钱、妻子管理家庭的分工。

在就业方面，三人均抨击男权社会对女性就业权的剥夺。泰勒指出，女性在经济上被迫依赖于男性，是女性居于从属地位的根源，因此她特别支持美国妇女争取选举权和平等财产权的运动，指出妇女拥有选举权意味着妇女在法律和现实中，有可能获得与男性平等的政治、民事与社会权利，从而为摆脱经济依赖提供前提。密尔进而指出，哲学、科学或艺术领域之所以缺乏女性，是因为长期以来她们都被剥夺了发展相关才能的机会；在选择统治自己的人时表达自己的意见，是人应有的自卫手段，因此女性应拥有选举权。关于女性就业的益处，沃尔斯通克拉夫特、泰勒和密尔均认为，如果所有职业均向女性开放、职业由最有能力的人来承担，那么这不但会造福于女性，而且会提升整个社会的效率和福祉。

总之，他们均要求将自由主义的基本原则平等运用于女性，即命运不再生而注定，人们有权利自由运用才智追求自己所期望的生活。正如密尔所言："一个性别法定地从属于另一性别——其本身是错误的，而且现在成了人类进步的主要障碍之一。"①

---

① ［英］约翰·斯图尔特·穆勒：《妇女的屈从地位》，汪溪译，商务印书馆1996年版，第255页。

二、公私分离与性别正义

西方漫长的古代社会，中世纪，甚至是进入现代以来，都存在着公共领域和私人领域的划分，并且，人们自觉或不自觉地将这两个领域与男女性别对应。自由主义出现后，主张人人生而平等，但也并没有改变这一对应，即使是被认为对当代政治哲学作出划时代贡献的约翰·罗尔斯，在其关于正义的相关论述当中，也较少提到性别正义。

自由女权主义者首先对自由主义忽略正义提出了批评。卡罗尔·帕特曼指出，罗尔斯的契约论与洛克等人的传统契约论一样，均是男性公民之间的社会契约，没有涉及父权制下男性统治女性的性契约。[①] 苏珊·奥金具体指出，罗尔斯所设想的无知之幕和原初状态本身，适用的是被抽离了性别属性的抽象个人，从而遮蔽了事实上存在的性别不平等，而且，罗尔斯在设想原初状态的人时，时常限定为男性，从而呈现出男性中心主义。[②] 罗尔斯两个正义原则的内容本身就是男权制的。从内容来看，罗尔斯的第一个正义原则的适用主体是自由平等的理性人，但卡伦·格林指出，在男权制社会中，被归属于男性的女性已被剥夺了自由平等理性人的身份，从而将女性从罗尔斯的第一个正义原则排斥出去。[③] 罗尔斯的第二个正义原则是处境最差者获最大补偿，但又将最差者规定为拥有最低期望收入的群体。玛莎·努斯鲍姆指出，女性在私领域所承担的无酬家务劳动为人类生活作出巨大贡献，但却因无酬而不符合罗尔斯的正义范畴，从而不能获得任何补偿。[④] 此外，虽然罗尔斯承认家庭是社会结构的组成部分，但却规定正义不能应用于社会结构内部，并明确拒绝将政治正义应用于家庭。奥金批评罗尔斯的这一做法，指出家庭正义的缺失，将会连带导致女性无法在公共领域获得公正。

在如何消除公私领域中的性别歧视这一问题上，性别平等与性别差异均是女权主义曾经尝试的方向，但性别平等易沦为要求女性向男性看齐的男性中心

---

① 参见 [美] 卡罗尔·帕特曼：《性契约》，李朝晖译，社会科学文献出版社 2004 年版。

② 参见 [美] 苏珊·奥金：《正义与性别》，[美] 詹姆斯·斯特巴：《实践中的道德》，程炼等译，北京大学出版社 2006 年版。

③ 参见 Green Karen, "Women and the Priority of Liberty," *Australasian Journal of Philosophy*, Vol. 64, No. 1, 1986.

④ 参见 Martha Nussbaum, *Frontiers of Justice: Disability, Nationality, Species Membership*, Cambridge, MA: Belknap Press, 2007.

主义，性别差异则易于陷入本质主义，使女性继续困于私领域和政治边缘化的处境。对此，女权主义者们提出应该彻底重构，突破平等与差异所误导的选择僵局。露丝·里斯特指出，平等不是雷同，所以平等本身就应包含差异，而且平等的反面不是差异，而是不平等。① 齐拉·爱森斯坦则提出激进的多元主义方法论，即以多样性为出发点，同时也承认相似性。对于公私领域的分离，里斯特等人指出，公私之间的分水岭不是给定之物，而是一个经常重新商议的、变动的政治结构，重新定义公私领域是解决女性被排斥于公共领域的关键。②

第四节　激进女权主义

激进女权主义致力于寻找造成女性受到压迫的根本原因并彻底变革③。激进女权主义的突出贡献可归于两方面。第一，不同于西方古典政治将政治局限于公共领域，凯特·米利特等人指出，政治，即一群人用于支配另一群人的权力结构关系和组合，除存在于阶级和种族等维度外，尤其盛行于性别之间，而且由于父权制成功地将自己标榜为人类天性，其根基较阶级等其他等级制度更为坚固有力。④ 第二，耳目一新且鞭辟入里地照亮了性别特质、性、生育与母职等西方古典政治认为无关乎政治的私人领域，并深刻剖析了其中的权力关系。下面依据主题分别阐述。

一、男权制

男权制（patriarchy）是性别压迫的典型制度。法学家亨利·梅因于 1861 年将男权制引入社会科学研究，强调作为一家之主的父亲对于妻子和孩子的所有权。⑤ 激进女权主义的代表人物米利特于 1970 年通过其著作《性政治》将该

---

① 参见［英］露丝·里斯特：《公民身份：女性主义的视角》，夏宏译，吉林出版集团有限责任公司 2010 年版。
② ［英］露丝·里斯特：《公民身份：女性主义的视角》，夏宏译，吉林出版集团有限责任公司 2010 年版，第 311 页。
③ 参见 Alison M. Jaggar and Paula Rothenberg, *Feminist Frameworks: Alternative Theoretical Accounts of the Relations between Women and Men*, New York: McGraw-Hill, 1984.
④ 参见［美］凯特·米利特：《性政治》，宋文伟译，江苏人民出版社 2000 年版。
⑤ 参见［英］梅因：《古代法》，沈景一译，商务印书馆 1996 年版。

概念引入女权研究，强调性别意涵，指出男权制是通过经济生产、科学知识、意识形态和心理行为等对女性进行统治的整套制度。在男权制如何经由性心理和性行为来控制女性方面，米利特的剖析尤为深刻。朱丽叶·米切尔在其著作《精神分析和女权主义》中，也指出男权制作为一种普遍有效的意识形态，深植于每一个人自幼即开始的心理发展。①

20 世纪 80 年代以后，随着"性别"（gender）这一理论范畴的不断发展，"男权制"的概念在以下方面受到质疑：一是本质化，从字面意义上看，男权制具有将权力生物化的倾向；二是普遍化，忽视男权制与阶级、种族、性向等维度交织而产生的特殊性。不过，作为表述女性系统遭受压迫和剥削的术语，男权制一词仍具有强大的生命力。西尔维亚·沃尔拜进一步将发达工业国家的男权制细化为由家务劳动、劳动力市场、国家、男性暴力、异性恋霸权、文化与再现等六组结构支持的制度。② 在将男权制区分为家庭层面的私人男权制、职场与国家层面的公共男权制后，她指出男权制会历时而变，并指出至少在英国，私人男权制的势力在相当程度上已被公共男权制所取代。

二、性别与性

激进女权主义最重要的贡献之一在于将性纳入学术研究，通过剖析性别与性之间的互动，深入挖掘性如何成为性别压迫的机制，可概括为以下方面。

性是政治。米利特分析 D. H. 劳伦斯和亨利·米勒等在西方流传甚广的文学作品，认为这些作品清晰地呈现出阳具中心主义的傲慢和对女性的羞辱虐待，指出男权制在男女两性之间建立的等级和压迫同样会显示在通常被认为无关政治的私密关系之中。③ 盖尔·鲁宾（又译"葛尔·罗宾"）在《关于性的思考：性政治学激进理论的笔记》中更明确地界定了性政治："性的领域具有其内在的政治学模式、不公正模式以及压迫模式。像人类行为的其他方面一样，在某一特定时间和地点，性的具体制度形式是人类活动的产物。它们充满了利益的冲突和政治的伎俩，既有有益的成分也有偶然的成分。在这个意义上，性往往会带有政治性。"④

---

① 参见 Juliet Mitchell, *Psychoanalysis and Feminism*, New York：Random House, 1974.
② 参见 Sylvia Walby, *Theorizing Patriarchy*, Oxford：Wiley-Blackwell, 1990.
③ 参见［美］凯特·米利特：《性政治》，宋文伟译，江苏人民出版社 2000 年版。
④ ［美］葛尔·罗宾等：《酷儿理论》，李银河译，文化艺术出版社 2003 年版，第 2 页。

性是社会建构的产物。米利特指出，弗洛伊德精神分析通过阳具羡慕、恋母情结等理论，将男权社会建构的性行为中的男主动女被动、社会生活中的男外女内分工予以生物化和本质化，从而再一次对性与性别中的等级和压迫予以正名。鲁宾通过考察 19 世纪末期至 20 世纪中期英美关于性的观念、思想、行为和政策等，指出性是医学实践、道德伦理、法律制度、儿童养育方式、性向、性别和阶级冲突综合建构的过程和结果。她反对根据异性恋/同性恋、性行为的具体形式、当事人的关系、是否卷入金钱等对性行为和性关系进行等级划分，号召从以下方面来判断性行为的民主程度：当事人相互关心的程度，有没有强迫性，是否公平地享有性愉悦。阿德里安娜·里奇指出，异性恋并非天生，而是通过日常生活、学校教育、意识形态和社会制度建构而成，女同性恋的被压制和异性恋霸权的形成，是性别压迫的形成机制。①

色情作品是否一定是男权性质的？以安德里亚·德沃金和凯瑟琳·麦金农为代表的一派认为，色情作品通过把女性非人化，把女性表现为男性的性对象、性玩物和商品，为男权提供了行为框架；并鼓励男性在公私领域均将女性视为二等公民，对女性进行性骚扰和性攻击。② 以盖尔·鲁宾等人为代表的激进女权主义另一派则总体主张对色情作品采取自由主义的态度。第一，鲁宾等人担心女权主义所主张的取缔色情品会被反性欲的保守主义利用，从而更加剥夺女性乃至所有人的性自由和性权利。第二，她们主张女性是性的主体，有权利有能力决定自己的性，认为应把色情品是否贬低女性，留给女性个体去判断。③ 奥德丽·罗德则提出，色情（Eros）在希腊文中有自我信任之意，是对自我力量的肯定，她主张女性有界定和表达性的权利，所以要把色情从男权的霸占中夺回，将色情作为女性力量的表达。④

反对性骚扰、强暴和性奴役。凯瑟琳·麦金农于 1974 年首创"性骚扰"（sexual harassment）这一概念，指出性骚扰是处于权利不平等条件下强加的讨

---

① 参见余宁平、杜芳琴主编：《不守规矩的知识：妇女学的全球与区域视界》，天津人民出版社2003 年版。

② 参见 Andrea Dworkin and Catharine A. MacKinnon, *Pornography and Civil Rights: A New Day for Women's Equality*, Minneapolis: Organizing Against Pornography, 1988.

③ 参见 Gayle Rubin, "Talking Sex: A Conversation on Sexuality and Feminism," *Socialist Review*, Vol. 11, No. 4, 1981.

④ 参见 Audre Lorde, *Uses of the Erotic: The Erotic as Power, in Sister Outsider: Essays and Speeches*, Trumansburg, New York: the Crossing Press, 1984.

厌的性要求，其实质是性别歧视，是女性因其女性身份而遭受的不公平对待。①
麦金农等人通过激活美国 1964 年民权法第七条的禁止就业歧视条款，推动欧美
职场纷纷设立了在工作环境中禁止性骚扰的规范。② 对于男权社会中常见但又
隐匿不言的强暴，苏珊·布朗米勒等人指出其实质是：违背他人意愿侵入他人
私人空间，构成了对情感、身体和理智的故意侵犯，是恶意的可耻的暴力行
为。③ 安·凯德特等人指出，强暴是针对全体妇女阶级的教训，是一个权力阶
级的成员对无权阶级成员实行压迫的一种政治行为。④ 莎伦·马库斯提出强暴
脚本这一概念，指出在强暴发生之前，"暴力的性别文法已将男人定为暴力主
体以及暴力工具的操作者，将女性定为暴力的对象和恐惧的主体"⑤。克劳迪
亚·卡德指出，强暴是一种政治罪行，是迫使女人屈从的恐怖主义。⑥ 凯瑟
琳·巴里指出，以军事后勤服务、性旅游、性产业等形成出现的性剥削和性奴
役剥夺损害了女性的完整性，将女性客体化、物化和非人化，是全球普遍存在
的歧视女性形式，是对女权即人权的粗暴践踏，为终止对女性的性奴役，需要
形成超越阶级、种族和国家的普遍共识与共同行动。⑦

三、生育

生育对于女性境况和性别关系非常关键，是激进女权主义多年的热议主
题。安·奥克利指出，生物性母职是一个神话，基于三重信仰："凡女人都需
要做母亲，凡母亲都需要自己的子女，凡子女都需要自己的母亲"。⑧ 舒拉米

---

① Catharine A. MacKinnon, *Sexual Harassment of Working Women*, New Haven: Yale University Press, 1979, pp. 172—173.

② 参见 [美] 凯思琳·内维尔：《内幕——职场权利滥用与性骚扰》，董煜韬译，中央编译出版社 2004 年版。

③ [美] 苏珊·布朗米勒：《违背我们的意愿》，祝吉芳译，江苏人民出版社 2006 年版，第 414 页。

④ 参见 Anne Koedt, Ellen Levine, Anita Rapone eds., *Radical Feminism*, New York: Quadrangle, 1973.

⑤ Sharon Marcus：《抗争身体，抗争论述：防范强暴的理论与政治》，吴育麟译，《性/别研究（性侵害、性骚扰专号）》第 5、6 期合刊，1999 年版，第 113 页。

⑥ 参见 Claudia Card, "Rape as a Terrorist Institution," in Frey R. G. and Morris Christopher eds., *Violence, Terrorism, and Justice*, Cambridge: Cambridge University Press, 1991.

⑦ 参见 [美] 凯瑟琳·巴里：《被奴役的性》，晓征译，江苏人民出版社 2000 年版。

⑧ Ann Oakley, *Women's Work: The Housewife, Past and Present*, New York: Pantheon Books, 1974, p. 186.

斯·费尔斯通和玛吉·皮尔西等人认为生育严重阻碍女性自由和性别平等，因此主张通过人工生育技术促使女性摆脱自然生育。① 玛丽·奥布赖恩等人则认为女性受压迫并非源于女性的生育本身，而是男权社会对于女性生育的控制，因此要求实现以女性为中心的生育。② 由于现代生育技术在剥夺女性生育自主权、促使男权社会掌控女性生育方面提供了重要的技术基础，安德利亚·德沃金等人认为医疗部门垄断的人工生育技术增强而非削减了男权社会对女性的压迫。③ 安·奥克利不同意笼统地称生育是对女性的诅咒，提出必须辨识出通过生物性母职的神话而建构出的强制性母职，如通过儿时社会化培养女孩将来要做母亲的认同，并将社会建构出的女性照顾孩子的能力包装为母亲本能，认为唯有母亲是照顾孩子的最佳人选。④ 由此，奥克利指出，孩子需要的并不一定是母亲，而是任何一个能持续多年为孩子提供稳定养育和支持的人。里奇在其著作《女人所生》中进一步总结，怀孕、分娩和哺乳可以成为女性独有的美好经验，但前提是消除强制的生物性母职，女性应拥有根据女权主义价值观念养育孩子的自由。⑤

第五节　马克思主义女权主义

马克思主义女权主义，也有人称之为马克思主义—社会主义女权主义，严格来说，应是西方马克思主义女权主义。也就是说，这一流派并不是马克思主义的女权主义，而是在马克思主义的基础上发展而来的女权主义，我们应将马克思主义的女权理论和马克思主义女权主义区别开来。

与女权主义的其他流派相比，马克思主义女权主义的突出特征是重视经济、政治等社会制度对性别平等的影响。根据对性别压迫根源的解释，这一内容可以进一步区分为一元论和二元论。一元论主要是运用经典马克思主义分析

---

① 参见 Marge Piercy, *Woman on the Edge of Time*, New York：Fawcett Crest Books, 1976.
② 参见 Mary O'Brien, *The Politics of Reproduction*, Boston：Rouledge & Kegan Paul, 1981.
③ 参见 Andrea Dworkin, *Right-wing Women*, New York：Coward-McCann, 1983.
④ 参见 Ann Oakley, *Women's Work：The Housewife，Past and Present*, New York：Pantheon Books, 1974.
⑤ 参见［美］艾德丽安·里奇（阿德里安娜·里奇）：《女人所生——作为体验与成规的母性》，毛喻原、毛路译，重庆出版社 2008 年版。

框架，即马克思、恩格斯、倍倍尔等人的思想，认为阶级压迫是性别压迫的核心，性别压迫是阶级压迫的派生物。[1] 这突出体现在恩格斯的名言中，即"在家庭中，丈夫是资产者，妻子则相当于无产阶级"[2]。二元论则主张把女权主义同马克思主义结合起来，认为性别压迫源于男权制和资本主义双重根源。海迪·哈特曼指出，性别压迫的复杂性需要马克思主义和女权主义的联手。前者提供了研究历史和资本主义发展的唯物主义视角和必要范畴，后者则提供了擅长的性别视角，二者的结合，将促使研究者将性别视为社会结构和社会制度，通过剖析其历史变迁，寻找性别压迫的形成机制和破解方向。[3] 艾里斯·杨通过《超越不幸的婚姻——对二元制理论的批判》指出，资本主义和男权制并非各自独立运用的系统，女权主义者应该将其视为一种制度，才能彻底地批判和铲除。[4] 齐勒·爱森斯坦引入"资本主义男权制"来指称资本主义和男权制的双头兽。[5]

　　总体而言，正如莉丝·沃格尔所述，马克思、恩格斯的论述集中于资本主义，妇女和性别虽有提及，但尚未充分发展。[6] 因此，恩格斯于 1884 年出版的著作《家庭、私有制和国家的起源》就分外重要，它是马克思主义解释妇女受压迫根源与设想未来解放途径的代表作品。基于对人类学家摩尔根作品的批判性解读，恩格斯指出，妇女受压迫并非自古使然，而是始于古代人类社会的对偶婚时期。恩格斯推断，这一时期的一夫一妻制应该属于母系社会，血缘关系和财产继承均按照母系进行。随着生产力的发展和财产的增多，恩格斯认为，母系社会开始向父权社会转化，女性的劳动与生育从部落公有，逐渐转变为父权家庭的私有，这一时期的婚姻制度是"建立在丈夫的统治之上的，其明显的目的就是生育有确凿无疑的生父的子女"[7]。由此，恩格斯提出，妇女解放的途

---

① 参见［美］罗斯玛丽·童：《女性主义思潮导论》，艾晓明等译，华中师范大学出版社 2002 年版。

② 《马克思恩格斯选集》第 4 卷，人民出版社 2012 年版，第 85 页。

③ 参见 Heide Hartmann, "The Unhappy Marriage of Marxism and Feminism: Towards a more Progressive Union," *Capital & Class*, Vol. 3, No. 2, 1979.

④ 参见［美］艾里斯·杨：《超越不幸的婚姻——对二元制理论的批判》，李银河、谭深、林春编：《妇女：最漫长的革命——当代西方女权议理论精选》，上海三联书店 1997 年版。

⑤ 参见 Zillah R. Eisenstein, *Capitalist Patriarchy and the Case for Socialist Feminism*, New York and London: Monthly Review Press, 1978.

⑥ 参见［美］莉丝·沃格尔：《马克思主义与女性受压迫：趋向统一的理论》，虞晖译，高等教育出版社 2009 年版。

⑦ 《马克思恩格斯选集》第 4 卷，人民出版社 2012 年版，第 71 页。

径是：妇女重返社会劳动，儿童养育和家务劳动社会化。他明确指出，"妇女解放的第一个先决条件就是一切女性重新回到公共的事业中去"，"随着生产资料转归公有，个体家庭就不再是社会的经济单位了。私人的家务变为社会的事业"。① 马克思的小女儿爱琳娜·马克思在其 1886 年出版的小册子《女性问题》中，明确指出了性别压迫和阶级压迫之间的相似性。②

奥古斯特·倍倍尔所著的《妇女与社会主义》于 1879 年首版后，历经修改补充，到 1910 年时已有 50 个版本，还被译成多种语言，成为欧洲工人阶级的畅销书，在全世界影响巨大。③ 这本著作对社会主义时期的妇女解放进行了较为细致的想象，包括：儿童衣食和教育均由学校统一提供，高度电气化、机械化的公共厨房取代了家庭厨房，家庭中家电齐全且家务极少，女性在经济上和社会上完全独立，性和情感纯属个人私事，私有制和阶级均会消失，"而男人对妇女的统治也将随之告终"④。苏联建国后，通过列宁对马克思主义妇女解放路线的继承和倡导、亚历山德拉·米哈伊洛夫娜·柯伦泰从倍倍尔著作中提炼出的家庭消失论，苏联的妇女解放似乎一度向倍倍尔所描述的方向发展，但苏联既有的男权遗产、对人口和妇女劳动力的巨大需求、家务和儿童养育社会化的沉重负担等，都促使苏联的妇女解放迅速从激进回撤到斯大林时期的保守。⑤

一、家务劳动

对于在马克思主义经典文献提及但未展开的理论概念——家务劳动，马克思主义女权主义认为它是资本主义和男权制得以延续的关键，并从四个议题继续深入，指出无酬家务劳动是女性受压迫的物质基础。

第一个议题是家务劳动是否具有生产性。女权主义者发现马克思、恩格斯原著中对于家务劳动的生产性和非生产性有广义和狭义两种观点。从广义上

---

① 《马克思恩格斯选集》第 4 卷，人民出版社 2012 年版，第 85、87 页。
② ［美］莉丝·沃格尔：《马克思主义与女性受压迫：趋向统一的理论》，虞晖译，高等教育出版社 2009 年版，第 104 页。
③ ［美］莉丝·沃格尔：《马克思主义与女性受压迫：趋向统一的理论》，虞晖译，高等教育出版社 2009 年版，第 96 页。
④ ［德］奥古斯特·倍倍尔：《妇女与社会主义》，葛斯、朱霞译，中央编译出版社 1995 年版，第 472 页。
⑤ 参见 Beatrice Brodsky Farnsworth, "Bolshevism, the Woman Question, and Aleksandra Kollontai," *The American Historical Review*, Vol. 81, No. 2, 1976.

看，只要是满足人类需要的劳动就具有生产性；从狭义上看，在资本主义模式下生产剩余价值的劳动才具有生产性。玛格丽特·本斯顿采用广义定义，明确将家务定义为生产的一种形式，指出女性通过家务劳动，生产了人们生存所需的物品和劳务，因此家庭的主要功能不是消费，而是生产。① 佩吉·莫顿由此将家庭定义为维持和再生产劳动力的经济单位。②

第二个议题是家务劳动是否创造剩余价值。罗莎·卢森堡在其于 1913 年发表的著作《资本积累论》中指出，在资本主义的持续发展中，对资本主义环境和非资本主义环境的剥削缺一不可。③ 玛利亚·米斯等人在此基础上深入研究，指出资本主义的发展依赖于家务劳动的无酬化和女性化，并通过与当地男权制的联手，刻意保持女性的主妇身份，从而以主妇兼职只是赚取零用钱的方式显著压低女性从事有酬劳动的工资，资本家由此得以将剩余价值最大化，女性承担的家务劳动则成为创造剩余价值必不可少的环节。④ 玛丽亚罗莎·达拉·科斯塔等人还指出，女性家务劳动为家人提供的衣食住所和情感慰藉等，是成年劳动力和未来劳动力得以创造剩余价值的前提。⑤

第三个议题是家务劳动社会化的效果。马克思和恩格斯指出，在男权社会中，女性相当于家庭奴隶，其所付出的儿童养育和家务劳动均被男性家长据为己有，因此妇女解放的关键在于儿童照顾和家务劳动的社会化。玛格丽特·本斯顿指出，这一社会化的好处是女性在家里承担的无酬劳动变成有酬工作，从而在一定程度上承认了这些传统上由妇女承担的劳动的价值，它的不足之处在于这些照顾工作仍由妇女承担，男性社会的性别劳动分工并未打破。因此，本斯顿认为，关键可能不在于养育和家务社会化，而在于促使社会充分承认妇女工作的价值。⑥

---

① 参见 Margaret Benston, "The Political Economy of Women's Liberation," *Monthly Review*, Vol. 21, No. 4, 1969.

② 参见 Peggy Morton, "A Woman's Work is Never Done," in Edith Hoshino Altbach eds., *From Feminism to Liberation*, Piscataway: Transaction Publishers, 2007.

③ 参见 [德] 罗莎·卢森堡：《资本积累论》，彭尘舜、吴纪先译，上海三联书店 1959 年版；熊敏：《资本全球化的逻辑与历史——罗莎·卢森堡资本积累理论研究》，人民出版社 2011 年版。

④ 参见 Maria Mies, *Patriarchy and Cumulation on a World Scale: Women in the International Division of Labor*, London: Zed Books, 1986.

⑤ 参见 Mariarosa Dalla Costa and Selma James, *The Power of Women and the Subversion of the Community*, Bristol: Falling Wall Press, 1973.

⑥ 参见 Margaret Benston, "The Political Economy of Women's Liberation," *Monthly Review*, Vol. 21, No. 4, 1969.

第四个议题是家务劳动的有酬化。达拉·科斯特和谢尔玛·詹姆斯于 20 世纪 70 年代发起了家务有酬化运动，要求国家、政府和其他雇主为家庭主妇支付工资，反对以爱的名义要求女性继续为家人提供无酬家务劳动。[①] 根据测算，在工业国家，家务劳动所创造的价值相当于国民经济总产值的 25%～40%。[②] 然而，家务有酬化运动很快于 20 世纪 80 年代消失，其主要原因有二：没有国家能够支付得起如此高昂的家务劳动报酬；家务劳动有酬化会继续巩固男外女内的性别劳动分工。[③] "可比性价值"运动的倡导者进而指出，家务有酬化运动未能消除对妇女劳动的贬低，即：无论是妇女在家内还是家外从事的传统女性工作，长期以来都被低估价值，从而加剧了家务女性化和妇女贫困化的恶性循环。[④] 不过，尽管家务有酬化运动和"可比性价值"运动本身均未能持续，但家务劳动创造巨大价值这一观点开始被广为承认，这直接引发了女权主义经济学的兴起，批判传统经济学的男性中心主义。欧美等国家于 20 世纪 70 年代起开始通过时间利用等方式统计家务劳动的经济和社会价值。[⑤] "可比性价值"运动促使人们进一步意识到职业报酬确定过程的男性中心。

二、性别劳动分工

对于男权制和资本主义这一双头兽（即父权制资本主义，或资本主义父权制）如何制造女性在现代社会的受压迫状况这一问题，除上文提到的哈特曼外，南希·哈索克和齐勒·爱森斯坦等人均指出，控制女性的身体和劳动是其物质基础，性别劳动分工是其关键机制。[⑥] 哈特曼通过考察人类学家的作品，指出男外女内等性别分工并非跨越族群和历史的本质存在，而且分工并非必然不平等，不平等的性别分工是随着男权家长制的建立而巩固的，并且，随着更

[①] 参见 Mariarosa Dalla Costa and Selma James, *The Power of Women and the Subversion of the Community*, Bristol: Falling Wall Press, 1973.

[②] [英] 安东尼·吉登斯：《社会学》，北京大学出版社 2003 年版，第 504 页。

[③] [美] 罗斯玛丽·童：《女性主义思潮导论》，华中师范大学出版社 2002 年版，第 157—161 页。

[④] 参见 Nancy Holmstrom, "'Women's Work', the Family, and Capitalism," *Science and Society*, Vol. 45, No. 2, 1981.

[⑤] 参见 Gary S. Becker, "Human capital, Effort and the Sexual Division of Labor," *Journal of Labor Economics*, Vol. 3, No. 1, 1985.

[⑥] 参见 Zillah Eisenstein eds., *Capitalist Patriarchy and the Case for Socialist Feminism*, New York: Monthly Review Press, 1978; Nancy Hartsock, *The Feminist Standpoint Revisited and other Essays*, Boulder, CO: Westview Press, 1998.

广大经济和政治体制的建立，家庭内的私人父权制扩展为家庭外领域的公共父权制。① 哈特曼和杨通过考察资本主义与男权制的相遇，特别是 19 世纪男性劳工与资本家之间的斗争与妥协，指出女性在劳动力市场制度性地沦为次等劳动力，是男权制与资本主义这一双头兽在公私领域制造妇女受压迫状况的关键机制。米歇尔·巴雷特提出家务意识形态的概念，指出家务意识形态与家庭结构、女性生育功能一起，限制着女性有酬劳动力的地位，而且对维持女性受压迫的性别意识形态具有相对独立的作用。②

朱丽叶·米切尔将性别劳动分工置于更综合和更复杂的框架中来分析。她将女性受压迫的机制概括为四类：生产、生育、性和儿童的社会化。在生产方面，她指出，一些男性游手好闲、女性辛勤劳作的现象表明，女性体力弱小是其受压迫来源的常见假定并不可靠，认为可以减轻体力劳动强度的机械技术将解放妇女是过于乐观的想象，因为并非体力弱势将女性排除于或边缘化于劳动生产，而是社会建构的女性劣势使其受到压迫，即生育、性和儿童社会化相互关联，系统地将女性置于受压迫处境。米切尔进而指出，在生产、生育、性和儿童社会化所组成的联动机制中，如果只是某个因素产生变化或进步，其他方面不变，那仍不会从根本上消除妇女所受的压迫。因此，米切尔指出，只有打破这四大机制之间的男权联结、消除每一机制内部的男权，如生产机制中惯常的给女性分配低下工作、儿童社会化中对于母职的强制等，才能使马克思主义关于妇女地位是人类文明标尺的宣言变成现实。③

三、社会再生产

恩格斯在《家庭、私有制和国家的起源》中指出，生产可分为物质生产和人口再生产。马克思则指出，再生产不仅包括商品的简单再生产和扩大再生产，而且包括资本主义关系本身的再生产。马克思、恩格斯在《德意志意识形态》中指出，无论何种生产，均具社会属性："生命的生产，无论是通过劳动而生产自己的生命，还是通过生育而生产他人的生命，就立即表现为双重关

---

① 参见 Heide Hartmann, "The Unhappy Marriage of Marxism and Feminism: Towards a more Progressive Union," *Capital & Class*, Vol. 3, No. 2, 1979.

② 参见 Michelle Barrett, *Women's Oppression Today, the Marxist/Feminism Encounter*, London: Verso, 1980.

③ 参见［英］朱丽叶·米切尔：《妇女：最漫长的革命》，李银河、谭深、林春编：《妇女：最漫长的革命——当代西方女权议理论精选》，上海三联书店 1997 年版。

系：一方面是自然关系，另一方面是社会关系；社会关系的含义在这里是指许多个人的共同活动，不管这种共同活动是在什么条件下、用什么方式和为了什么目的而进行的。"[1] 亨利·列斐伏尔等西方马克思主义者则将劳动力的再生产区分为三个层面：工人个体的日常再生产（指维持生存所需的消费与活动），劳工的代际再生产，阶级关系的再生产。[2] 这些界定显示，家内家外、代内代际、物质生产、人口再生产和社会关系再生产相互缠绕，难以截然分开。因此，21 世纪以来，当代的马克思主义女权主义者逐渐以"社会再生产"一词统指诸种生产，并在此范畴指引下，对资本主义社会的发展进行总体式的历史分析。其中影响力最大的，恐怕当属南茜·弗雷泽的相关研究。[3] 她指出，资本主义自产生以来，在社会再生产方面共经历了三个发展阶段。第一阶段是资本主义产生后直至二战爆发前的工业资本主义阶段。在此期间，特别是 20 世纪 20 年代女性取得选举权之前，中上层女性被禁止参与公共领域，由此引发了以争取女性参政权为核心的第一波女权主义运动；工人阶级女性则因疲于承担家里家外的双重劳动，引发了社会再生产危机，从而推动了以劳动保障为主要诉求之一的欧美劳工运动。第二阶段是二战后直至 20 世纪 60 年代的福利国家资本主义时期。在此期间，通过福特主义式的高工资，欧美国家普遍实行男性赚钱养家、女性充当家庭主妇的模式。第三阶段从 20 世纪 70 年代开始，在第二波女权主义运动的影响下，许多中产阶级女性进入职场，夫妻双双在外从事有酬劳动成为欧美家庭的主要模式之一。研究全球化的女权主义者们进而指出，通过购买本国和第三世界国家底层女性提供的廉价家务劳动，中产阶级家庭享受着工作—家庭平衡，从而形成了家务劳动的全球分工。[4]

四、福利体制

福利体制作为提供福利的组织方式，具有两项重要功能：界定公民身份与公民权利；减少群体分化，促进社会团结。埃斯平-安德森在其于 1990 年出版

---

① 《马克思恩格斯文集》第 1 卷，人民出版社 2009 年版，第 532 页。

② 参见 Henri Lefebvre, *The Production of the Space*, Oxford：Blackwell Publisher Ltd, 1992.

③ 参见 Nancy Fraser, *Fortunes of Feminism：From State-managed Capitalism to Neoliberal Crisis*, New York：Verso Books, 2013.

④ 参见 Rhacel Salazar Parrenas, "Servants of Globaliztion：Women, Migration, and Domestic Work," in Carole R. McCann and Seung-Kyung Kim eds., *Feminist Theory Reader（Fourth Edition）*, New York and London：Routledge, 2017.

的著作《福利资本主义的三个世界》中，首先使用了"福利体制"（welfare re-gime）一词，并将欧洲福利国家划分为三种体制：自由主义福利体制（如个体通过在市场出售劳动力换取生活资料），保守主义福利体制（如公民所需福利传统上安排给家庭提供），社会民主主义福利体制（如国家根据去商品化原则提供福利，促使公民无须依赖劳动力市场）。① 安·S·欧勒夫等人指出，埃斯平－安德森的这一分类聚焦于国家与劳动力市场，但忽略了性别维度，特别是福利供给与性别平等之间的关系。② 安娜丽·安托尼等人基于国家和家庭在照顾服务中的责任划分，将欧洲国家分为以下三类。一是斯堪的纳维亚模式，又称个人主义模式，指瑞典等北欧国家为促进公民平等和不依赖于他人，国家成为提供照顾服务的主体。二是南欧模式，如希腊、意大利等国，照顾服务基本由家庭提供，国家提供的服务极为有限。三是欧洲大陆国家模式，如德国、法国等国，照顾服务的主要提供者是家庭，国家通过现金给付和直接提供服务予以一定程度的补充。③ 鉴于女性是无酬照顾劳动的长期提供者，以家庭为主的南欧模式和欧洲大陆国家模式，实质上均制度化了对女性的剥削，加剧了性别不平等。在女性就业率提高后，以家庭为主的模式更加难以为继，从而造成女性双重负担加重，社会照顾赤字迅猛上升。对于福利体制的性别盲视，日本学者武川正吾通过追溯福利体制的产生历史，指出福利体制本身是在男权制中出现的，所以福利体制对于性别不平等的加剧是其路径使然，如果希望消减福利体制的性别不平等效果，则需要有意识地运用性别视角。④

南茜·弗雷泽从另一角度批判了以家庭和女性为主的福利提供模式。⑤ 她指出，随着白人男性工人于18、19世纪获得公民权，独立成为公民权的基石，分配给男性的家庭工资促使男性获得为整个家庭提供经济供养的能力，政治、

① 参见［丹麦］埃斯平－安德森：《福利资本主义的三个世界》，苗正民、滕玉英译，商务印书馆2000年版。
② 参见 Ann Shola Orloff, "Gender and the Social Rights of Citizenship: The Comparative Analysis of Gender Relations and Welfare States," *American Sociological Review*, Vol. 58, No. 3, 1993.
③ 参见 Anneli Anttonen and Jorma Sipila, European Social Care Services, "Is it possible to Identify Models?," *Journal of European Social Policy*, Vol. 6, No. 2, 1996.
④ 参见［日］武川正吾：《福利国家的社会学——全球化、个体化与社会政策》，李莲花、李永晶、朱珉译，商务印书馆2011年版。
⑤ 参见［美］南茜·弗雷泽、琳达·戈登：《"依赖"的谱系——回溯国美国福利国家的一个关键词》，［美］南茜·弗雷泽：《正义的中断——对"后社会主义"状况的批判性反思》，于海青译，上海人民出版社2009年版。

经济和社会独立由此成为男性特质的核心，与此相应，政治、经济和社会依赖则成为女性特质的核心。因此，独立和依赖不但在价值上具有高下之分，而且与性别相关。进入后工业社会后，许多男性失去了获得家庭工资的能力，男外女内的传统模式难以为继，依赖的负面和否定含义愈发浓重，依赖不但被看作是个人的经济失能，而且被看作是个人的道德或心理问题。由于女性在劳动力市场处于劣势，依赖更加被看作是女性化问题，其典型是贫困的单亲母亲被称为懒惰贪婪的福利依赖者。由此，在独立、依赖的二分法中，女性在养育和家务方面承担的无酬劳动被视为没有价值而得不到承认，美国则据此形成社会保险二元体系：以家庭为基础的女性福利，以劳动市场为基础的男性福利，福利体制成为性别规范与性别预设。弗雷泽进而指出，由于性别不正义不仅存在于经济，而且存在于文化，所以为了消除福利依赖和性别不正义，必须从结构变革和文化承认两方面双管齐下，即消除社会结构导致的女性贫困；打破独立与依赖的性别隔离，承认无酬养育和家务劳动的价值，承认相互依赖是人类社会和个人生活的必需，消除依赖的负面含义。

第六节　其他流派及相关议题

一、存在主义女权主义

波伏娃于 1949 年发表的著作《第二性》①，是运用存在主义分析女性受压迫状况的女权主义经典著作。存在主义由法国学者让-保罗·萨特于 20 世纪中期创立，波伏娃借鉴的核心观点可归纳如下。第一，存在可分为自在存在（being-in-itself）和自为存在（being-for-itself）两种，前者是意识之外的、固定不变的、无意义的存在，后者是有意识的、自我筹划的、永不停止的、不断趋向超越的存在；虽然没有前者，后者无法存在，但前者的意义依赖后者赋予。第二，每个自为存在都将他人的存在贬斥为他者，定义他者的角色，视他者为囿于内在的被奴役者，从而将自己建构为自由的、超越的主体。第三，我们最初只是自在存在，通过自我意识的选择与行动，成为自为存在，从而创造自己

---

① 参见［法］西蒙娜·德·波伏娃：《第二性》，陶铁柱译，中国书籍出版社 1998 年版。

的本质身份，即存在先于本质。

波伏娃创造性地将存在主义推广到性别领域，指出男人将"人"这一本可通称全人类的词汇据为己有，出于自己的需求而非女人本身去解释女人，从而将男人界定为主体、绝对和第一性，将女性界定为她者（other）、相对和第二性。波伏娃通过《第二性》，致力于剖析女人被建构为她者的方式和摆脱她者的可能途径。通过考察生物学、弗洛伊德精神分析学和其他学科，波伏娃指出，尽管很多文献已觉察和讨论了女性的第二性处境，但均未能给出透彻的解释，而且还不同程度地对其进行了合理化和强化。为此，波伏娃考察了人类社会从游牧、农耕、古代父权社会、中世纪直至法国大革命、工业社会和纳粹德国时期的历史发展，指出促使女性沦为第二性的是人类文化的整体，其中固然有女性必须经历怀孕和分娩等内在性限制，但更为主要的是男权通过家庭制度、宗教信仰、法律体系、国家建设、工业体制、革命运动与反动回潮等建立和巩固了女性的这一处境。通过解读蒙特朗等五位作家的作品，波伏娃发现许多文学作品都加入了将女性建构为第二性的行列。她指出，无论这些作家是在贬低女人还是崇拜女人，女性都被要求忘记、拒绝和否定自我，从而牺牲自己、成就男人。为考察女性的整个生命周期、不同群体的女性如何被建构为她者，波伏娃分析了女性从女孩、少女、妻子、母亲直至中老年的经历，考察了中产阶级女性、女同性恋、妓女、情妇和修女等各个群体，指出这些角色从根本而言，均非女性自己创造。因此，波伏娃主张，女性应成为男性一样的自为存在，男女应成为只有自然差异的、真正平等的手足。

尽管《第二性》被盛赞为女权主义的圣经，但也有批评之声。如琼·贝思克·埃尔西坦认为，波伏娃继承了存在主义对身体的贬低倾向，认为女性会怀孕分娩的身体是限制女性自由的生物拖累。[1] 埃尔西坦和吉纳维夫·劳埃德都批评波伏娃肯定和赞扬的价值实质上都是男性价值。[2]

二、精神分析女权主义

总体而言，精神分析女权主义这一流派对于女权主义的贡献在于，认识到

---

[1] 参见 Jean Betke Elshtain, *Public Men/Private Woman*, Princeton: Princeton University Press, 1981.

[2] 参见 Genevieve Lloyd, *The Man of Reason*: "*Male*" *and* "*Female*" *in Western Philosophy*, Minneapolis: University of Minneapolis Press, 1984.

男权不但会体现于政治、经济和文化等诸种社会结构，而且会体现于性别身份认同、性欲和其他相关心理，并由此指出，欲消除男权制，人们需要从心理上铲除男权。

对于精神分析的创始人弗洛伊德，贝蒂·弗里丹、舒拉米斯·费尔斯通和凯特·米利特等女权主义者批判其学说具有强烈的生物本质论；将社会建构的虚荣、自恋等所谓的女性特质归为女性生物性所致；荒谬地将社会建构的女性生育角色、性别身份和性选择，都归于女性缺乏阳具；将女性对男权社会的反抗都视为病态、不正常，认为这是女性特有的歇斯底里。

阿尔弗雷德·阿德勒、卡伦·霍妮和克拉拉·汤普森指出弗洛伊德的精神分析学说存在明显的男性中心主义和男权偏见，并以女权主义重新解释弗洛伊德文本。阿德勒指出，女性的自卑感和所谓的神经症，是因为她们在男权社会中被迫屈从于男性，因此问题根源在于男权社会，每一个女人或男人都应享有创造性发展自我的自由。① 霍妮指出，女性的自卑并非因为她们觉得自己被阉割了，而是认识到女性在男权社会中的从属地位；男权社会要求女性形成女性特质，但其真正承认的价值却是男性特质。② 汤普森指出，弗洛伊德所称的女性劣质性，并非源于生物，而是基于文化，因此必须改变构成文化的政治、经济和法律等诸种结构，才能有效消除心理上的男权。③ 多罗西·丁内斯坦和南西·乔多罗均认为，妇女受压迫的起源是女性被强制要求独自承担所有的育儿责任、父母对待儿童的不同方式、男女儿童的不同成长方式。她们指出，如果男性平等地承担育儿责任，会促使女性摆脱单一的爱的责任，促使男性摆脱单一的工作责任，当男外女内变成男女平等参与公共领域、女性单方育儿变成双亲育儿后，男女都将成为独立自主且富有爱心的人。④ 朱丽叶·米切尔借鉴拉康关于无意识具有结构的观点，指出人们在成长过程中，会无意识地吸收内化男权制的社会意识，从而成为男权社会召唤的主体，因此，消除对女性的压迫

① 参见［奥地利］阿尔弗雷德·阿德勒：《理解人性》，陈太胜译，国际文化出版公司2007年版。
② 参见［美］卡伦·霍妮：《女性心理学：爱和性的研究》，许科、王怀勇译，上海世纪出版股份有限公司2009年版。
③ 参见［美］罗斯玛丽·帕特南·童：《女性主义思潮导论》，艾晓明等译，华中师范大学出版社2002年版，第203页。
④ 参见 Dorothy Dinnerstein, *The Mermaid and the Minotaur: Sexual Arrangements and Human Malaise*, New York: Harper Colophon Books, 1977; Nancy Chodorow：《母职的再生产——心理分析与性别社会学》，张君玫译，群学出版有限公司2003年版。

需要改变人类的文化意识。①

卡罗尔·吉列根和内尔·诺丁斯等人也关注儿童心理的发展，但着眼的是儿童和成人在发展和展现伦理道德时的性别差异。吉列根认为，她的导师劳伦斯·科尔伯格的道德发展六阶段论是以男性为标准的，未能看到男权社会下的性别差异，也就是说，与男性趋向于客观、理性和公正不同，女性趋向于具体情境、重视联结和关怀他人。② 诺丁斯赞同吉列根的观点，认为男性本质上追求公正伦理，女性本质上追求关怀伦理，而且关怀伦理优于公正伦理。③ 批评者们认为，吉列根和诺丁斯都对道德伦理予以了性别本质化，并担心男权社会利用女性的关怀伦理来继续对女性的剥削。

露丝·伊丽格瑞发展和改造精神分析的宗旨在于将阴性从阳性哲学中解放出来。她同意雅克·拉康关于人们接受象征秩序的三个阶段理论④，但不同意拉康所说的女孩在俄狄浦斯阶段的悲惨命运。她乐观地认为，由于男权社会反映的是阳性女人，即男人眼中的女人，所以女孩在此阶段对男权社会秩序的无法认同，反而提供了开创女性语言、创造女性性欲、通过戏仿阳性女人来拆解阳具中心话语的机会。⑤ 朱莉亚·克里斯多娃则从另一个方向解构了弗洛伊德和拉康的精神分析学说中的阳具中心和二元对立。她认为，前俄狄浦斯时期的母性符号期，并非与俄狄浦斯时期的父性象征秩序完全对立，而是既在后者之外，也在其内，所以一个解放的人可以在两个时期、两个领域、女性特质和男性特质之间自由穿梭。由此，她拒绝将性别划分为截然对立的两种。⑥

在如何认识平等与差异这一女权主义的经典难题上，精神分析女权主义作出了新贡献：赞美而非放弃女性的身体、性器官和生育，女性并不追求与男性雷同，也不追求女性享有男权式的权力。⑦ 特里萨·德·劳里提斯进一步指出，

① 参见 Juliet Mitchell, *Women's Estate*, New York: Pantheon Books, 1971.
② 参见［美］卡罗尔·吉列根：《不同的声音——心理学理论与妇女发展》，肖巍译，中央编译出版社 1999 年版。
③ 参见［美］内尔·诺丁斯：《关心：伦理和道德教育的女性路径》，武云斐译，北京大学出版社 2014 年版。
④ 参见吴琼：《雅克·拉康：阅读你的症状（上、下）》，中国人民大学出版社 2011 年版。
⑤ 参见［法］露丝·伊丽格瑞：《此性不是同一性》，［美］佩吉·麦克拉肯主编：《女权主义理论读本》，广西师范大学出版社 2007 年版。
⑥ 参见［法］朱莉亚·克里斯多娃：《妇女的时间》，程巍译，北京大学出版社 1992 年版。
⑦ 参见 Elizabeth Grosz, *Time Travels: Feminism, Nature, Power*, Durham, NC: Duke University Press, 2005.

构成女性身份的，并非所谓的先天本质，而是"三角"本质，即明确的身体特性（如拥有子宫）、性格特质（如体贴、关怀）和女性共通的社会经验（如女性在男权社会体验到的束缚）。① 由此，性别既非生物决定，也非纯粹想象。

三、生态女权主义

生态女权主义（eco-feminism）这一概念最早出现于弗朗克斯·德·伊芙博尼于 1974 年出版的著作《女权主义·毁灭》中。该流派的基本观点是：男权社会将文化、精神和理性赋予男性，将自然、身体和感性赋予女性，并认为前者的价值高于后者，女性与自然的密切相连由此成为歧视女性和歧视自然的根源，因此，对女性的解放和对自然的解放不可分割。

在女性如何获得解放这一问题上，该流派内部存在下列几种不同的观点。玛丽·戴利和苏珊·格里芬等人认为，相比于男性，女性更能意识到自己是自然的一部分。她们赞美女性与自然之间的密切联系，认为这可以为男权社会在精神与肉体、理智与情感、男性与女性之间划分的二元对立和二元等级进行解毒，因此男女两性与自然之间的联结均应加强，而非削弱。② 珍妮特·比尔反对女性同自然的关联比男性更密切的观点，她称其为说教式的反启蒙主义，指出这些观点将魔法和女巫等返祖现象和神性主义重新引入女权主义。③ 伊丽莎白·卡拉萨雷则持辩护立场，认为戴利和格里芬等人的写作方式是有意识的反抗策略，是策略性的本质主义。④ 相比之下，多罗西·丁内斯坦的观点较为折中。她认为应对女性和自然之间密切相连的观点进行解构和再建构。解构是指：女性与自然密切相连的观点是由父权社会建构且经由意识形态强化的，因此必须破解。再建构是指：女性应进入公共领域，将自然融入文化；男性则应进入私人领域，将文化融入自然；人人都应兼具男性和女性特质，社会则兼具自然和文化属性。⑤ 唐娜·哈拉维等人尝试从其他方向对自然母亲这一隐喻进行更加

---

① 参见 Teresa de Lauretis, "The Essence of the Triangle or, Taking the Risk of Essentialism Seriously," *Differences: A Journal of Feminist Cultural Studies*, Vol. 1, No. 2, 1989.

② 参见 ［美］苏珊·格里芬：《女人与自然》，毛喻原译，重庆出版社 2007 年版。

③ 参见 Janet Biehl, *Rethinking Ecofeminist Politics*, Boston: South End Press, 1991.

④ 参见 Elizabeth Carlassare, "Essentialism in Ecofeminist Discourse," in Carolyn Merchant eds., *Ecology*, *Atlantic Highlands*, NJ: Humanities Press, 1994.

⑤ 参见 Dorothy Dinnerstein, "Survival on Earth: The Meaning of Feminism," in Judith Plant eds., *Healing the Wounds: The Promise of Ecofeminism*, Lillooet: New Society Publishers, 1989.

彻底的解构。她指出，赛博格（cyborg，即电子人、生化机器人等）打破了人、动物和机器之间的界限，从而打破了二元对立，使得任何一方都不能被用来界定另一方。

生态女权主义虽然在女性解放途径上观点不同，但均认为男权社会制造的二元论是导致女性和自然遭受压迫的思想根源。谢里·B·奥特纳指出，男权社会通过在文化与自然、公共与私人之间制造二元分离、二元等级和二元对立，将男尊女卑合法化了。① 卡伦·J·沃伦指出，基于二元论，男权社会在男性对女性的压迫和人类对自然的压迫之间制造了八种关联：历史的、观念的、生活的、符号的、认识论的、政治的、伦理的和理论的。② 薇尔·普鲁姆德将二元论的发展历史划分为四个阶段。第一阶段：合理化与准备，由柏拉图和其他早期理性主义者完成。通过将自然、动物、奴隶、野蛮人和女性划分为低等他者，男性将自己界定为主宰者。第二阶段：合并与侵占。笛卡尔宣称自然毫无理性，洛克视欧洲为中心，合理化了男权社会对自然的占据。第三阶段：工具化和吸纳。主宰者以工具主义的态度将他者吸纳。第四阶段：吞噬他者。通过全球理性经济，主宰者全面而系统地吞噬了作为他者的自然。为避免他者被迫与主宰者共同死亡，普鲁姆斯指出，我们需要创造超越二元论的民主文化，结束各种殖民关系，为地球上丰富多样的存在能够平等持续地共同生存找到伦理基础。

在资本主义与发展方面，玛丽亚·米斯和范德娜·希瓦指出，资本主义和父权的根本特性是复制自身和消灭差异，为地球创造可持续的生活方式与创造人与人之间平等的非暴力关系是相通的，所以应根据生态女权主义，全面改造男权制资本主义的生产和生活方式。③ 例如，停止对无限增长的迷恋，促进可持续发展，男女都应培养关怀、同情等传统的女性美德等。

四、后现代女权主义

后现代主义思潮产生于20世纪70年代末期，反对现代主义的宏大理论、理性崇拜和绝对真理观，倡导视角主义、多元差异和建构主义等。④ 早期的后

---

① 参见 Sherry B. Ortner, "Is female to Male is Nature is to Culture?," *Feminist Theory*, Vol. 1, No. 2, 1972.

② K. 沃伦:《生态女性主义哲学与深层生态学》，张秀芹译，《世界哲学》2010年第3期。

③ 参见 Maria Mies and Vandana Shiva, *Ecofeminism*, London: Zed Books Limited, 1993.

④ 参见［美］道格拉斯罗·凯尔纳、斯蒂文·贝斯特:《后现代理论》，张志斌译，中央编译出版社1999年版。

现代女权主义流派被划分得较为狭窄，主要指对弗洛伊德和雅克·拉康的精神分析理论进行女权主义改造的三位法国学者，即朱丽亚·克里斯蒂娃、露丝·伊里格蕊和海伦·西克苏。① 20世纪90年代以后，朱迪丝·巴特勒成为后现代女权主义者中的杰出代表。由于上文已对这三位法国学者有所介绍，下面着重介绍巴特勒的观点。

巴特勒的《性别麻烦》于1990年出版后，引起巨大反响。在此之前，波伏娃和鲁宾等女权主义者已经较为深入地解构了性别，但生理性别乃先天本质、社会性别以生理性别为基础和内核的看法仍不时出现于女权主义思想中。对此，巴特勒明确否定，她指出，"生理性别不能构成一个先于话语的解剖学上的事实。……生理性别其实自始至终就是社会性别"②，性别操演（gender performativity）作为受到男权社会管控（特别是异性恋霸权）的不断重复行为，就是生产性别的过程。因此，性别并非先在本体，而是在时间轴线上，通过回应文化的性别指令，在生理性别、社会性别和性欲表达上趋近于性别理想而产生的暂时的实在假象。③ 巴特勒认为，生理性别、社会性别和性欲均为社会建构，而且三者之间并不存在先天本质的关系，这成为后来酷儿理论的核心。

性别的物质性，即性别化身体是如何建构的，成为巴特勒在《身体之重——论"性别"的话语界限》一书中讨论的核心议题。④ 第一，针对有人批评她在《性别麻烦》中过于强调身份的话语性质、忽视作为血肉之躯的身体，巴特勒以"bodies that matter"作为这部著作的主标题，强调了身体的物质性、身体的重要性、身体与性别的关联性。⑤ 第二，巴特勒指出，不存在预先给定的身体，身体处于不断物质化的持续过程，所以身体虽然具有物质性，但并非天生固定。第三，通过性别操演，形成了性别化的身体，但性别操演并非天生，而是通过与性别律法的持续互动，不断呼唤主体，促使主体以符合异性恋

---

① 参见［美］罗斯玛丽·童：《女性主义思潮导论》，艾晓明等译，华中师范大学出版社2002年版。

② ［美］朱迪斯·巴特勒：《性别麻烦：女性主义与身份的颠覆》，宋素凤译，上海三联书店2009年版，第12页。

③ 宋素凤：《〈性别麻烦：女性主义与身份的颠覆〉——后结构主义思潮下的激进性别政治思考》，《妇女研究论丛》2010年第1期。

④ 参见［美］朱迪斯·巴特勒：《身体之重——论"性别"的话语界限》，李钧鹏译，上海三联书店2011年版。

⑤ 范譞：《物质性与物质化——〈身体之重〉一书中的身体理论》，《社会》2012年第3期。

的、非男即女的二分法来行动。第四，不同于波伏娃对物质性身体的贬低，巴特勒希望能够激活物质性身体中的积极政治力量。

如果说巴特勒通过《性别麻烦》和《身体之重》研究的是在个体层面上性别主体如何构成，那么在 2004 年出版的《消解性别》中，她将个体置于群体之中，研究如何理解性别形成过程所体现的社会性，源自黑格尔的"承认"成为巴特勒论述的关键概念。她指出，"一个人在自己的存在中生存的必要条件是必须要参与到对承认的接受和提供中去。如果我们不能被承认，如果对我们的承认没有可依据的规范，那么，在自己的存在中生存是不可能的，而我们的存在也丧失了可能性"①。因此，个人并非孤立存在，而是生活在与他者的互相依赖之中，并且需要得到社会承认。社会承认所依据的社会规范虽持续变化，但早在个体出生之前就已存在，而且在构建个体的同时，僵硬的、压迫性的社会规范会促使个体遭受社会意义上的死亡。因此，巴特勒指出，个体既依赖于社会规范，也需要对规范进行批判性分析，并通过转化社会规范，为个人和群体谋求生存和生活的权利。由于人作为性别化存在，只有在符合作为社会规范的性别时，才能得到承认，所以巴特勒所言的"消解性别"实质上是消解性别规范中的等级和压迫，建构更加多元与包容的性别规范。② 换言之，既然性别是承认的关键面向，性别由此而成为巴特勒思考生命政治学和寻求解放伦理时的出发点。

第七节　女权主义评析

女权主义推动妇女解放，促进性别平等与正义，这与马克思主义人类解放和全面发展是一致的。正是从这个意义上，马克思主义认为，妇女解放的程度是衡量普遍解放的天然尺度。③ 在理论体系、政策主张、分析方法等多个方面，女权主义都与马克思主义相向而行，具有一致性。

马克思主义的解放观为妇女解放提供指导。第一，早在创立之初，马克思主义即已指出，在无产阶级受压迫、女性受压迫和资本主义之间存在必然联

---

① ［美］朱迪斯·巴特勒：《消解性别》，郭劼译，上海三联书店 2009 年版，第 31 页。
② 郭劼：《承认与消解：朱迪斯·巴特勒的〈消解性别〉》，《妇女研究论丛》2010 年第 6 期。
③ 《马克思恩格斯选集》第 3 卷，人民出版社 2012 年版，第 784 页。

系，解除阶级压迫、实现妇女解放和消灭资本主义之间不可分割。因此，马克思和恩格斯指出，"随着生产资料转归社会所有"，"妇女的地位也要发生很大的转变"。① 第二，女权主义对于资本主义父权制的批判，特别是从性别角度对于以新自由主义全球化为核心特征的当代资本主义的剖析，在理论上更清晰地、更全面地揭露了资本主义的剥削实质，为马克思主义的资本主义批判补充了新内容。第三，女权主义关于性别压迫的探讨，不但细化和补充了马克思主义关于人类解放和妇女解放的理论，而且再次证明了马克思主义关于妇女解放与社会解放密不可分的根本判断。正如毛泽东所指出的，"离开了社会解放运动，妇女解放是得不到的；同时，没有妇女运动，社会解放也是不可能的。因此，要真正求得社会解放，就必须发动广大的妇女群众来参加；同样，要真正求得妇女自身的解放，妇女们就一定要参加社会解放的斗争"②。

马克思主义的分析方法为女权主义提供方法论。马克思主义的妇女观是运用辩证唯物主义和历史唯物主义的世界观、方法论，对妇女社会地位的演变、妇女的社会作用、妇女的社会权利和妇女争取解放的途径等基本问题作出的科学分析和概括。③ 一方面，马克思主义的唯物辩证法和政治经济学等分析方式为女权主义者研究性别压迫的根源、建构性别公正之路提供了有效的研究方法。例如，女权主义者们关于性别压迫不仅基于物质基础，更有意识形态作用其中的论断，应和了马克思恩格斯在《德意志意识形态》中所强调的：经济基础与意识形态等上层建筑通过辩证互动，共同推动人类发展。另一方面，进入21世纪以后，新自由主义全球化在全球和国家维度上加剧的政治经济矛盾，促使女权主义更加重视马克思主义的政治经济学分析、整体结构分析和历史视角，进一步明确女性受压迫是资本主义宏观进程中多种力量复杂互动的结构性后果，因此，特别需要擅长将政治、经济、文化、意识形态等多个层面进行整合和宏观分析的马克思主义。

从基本理论来看，马克思主义的经典理论，如关于资本和剥削的理论论述，为女权主义者们深入剖析女性受压迫提供了基本理论范畴和分析方向。即使是在当代资本主义发展的新阶段，马克思主义关于资本主义固有矛盾的经典论断、对于资本主义发展趋势的基本分析和根本批判，仍显示出强大的理论解

---

① 《马克思恩格斯选集》第 4 卷，人民出版社 2012 年版，第 87 页。
② 《毛泽东文集》第 2 卷，人民出版社 1993 年版，第 169 页。
③ 《江泽民文选》第 1 卷，人民出版社 2006 年版，第 106 页。

释能力，为女权主义的理论创新提供了源源不断的知识与灵感。

第一，女权主义基于马克思主义关于经济基础和上层建筑、物与人的两种生产等宏观理论，借鉴和批判性地发展了自由主义、存在主义和生态主义等多种理论流派。这不但证明了马克思主义关于压迫制度是由政治、经济和意识形态综合形成的理论论断，而且从心理发展、性别特质、劳动分工和社会再生产等角度有效地推进了马克思主义妇女解放理论的发展。正如江泽民所指出，"妇女处于被压迫地位"，"不仅由社会经济制度所决定，受社会政治制度所保护，而且通过社会意识渗入人们的思想观念之中。因此，妇女解放必须伴随全体被剥削、被压迫人民的社会解放而得到实现"。[①] 第二，资本主义全球化通过与父权制之间的联合、对抗、合谋等复杂互动，以各种形式不断剥削着更多女性，而且当代资本主义擅长将人们对于资本主义的批判为其所用，以创新来化解挑战，从而更加提高了其攫取剩余价值和积累资本的能力。面对当代资本主义带来的严峻挑战，女权主义尤其需要回到经典马克思主义，继承马克思主义的基本理论，并创造性地发展马克思和恩格斯提及但未来得及有效展开的理论范畴。

从政策主张来看，制定和实施性别公正的社会政策，是实现女权主义和推动妇女解放的根本路径。马克思主义作为关于人类发展道路的宏大理论，在如何促进性别平等与公正方面，已经和正在激发着女权主义不断发展出深刻具体的政策方案。

第一，经典马克思主义指出的妇女解放根本道路——回到公共事业，参与现代大工业，家务劳动的社会化（即"私人的家务变为社会的事业"[②]），不但成为社会主义中国的一项妇女政策，而且已成为众多欧亚国家建设福利体系和设置整体社会制度的重要理念。第二，早在1922年，中国共产党即已将妇女解放明确列为奋斗目标，"废除一切束缚女子的法律，女子在政治上、经济上、社会上、教育上一律享受平等权利"[③]。新中国成立后，妇女解放政策愈加全面和深刻。胡锦涛指出："党和国家高度重视妇女和妇女工作，运用法律、行政、教育手段，努力消除对妇女的各种歧视，切实保障妇女在国家政治、经济、

[①] 《江泽民文选》第1卷，人民出版社2006年版，第106页。
[②] 《马克思恩格斯选集》第4卷，人民出版社2012年版，第87页。
[③] 中共中央文献研究室、中央档案馆编：《建党以来重要文献选编（1929—1949）》第1册，中央文献出版社2011年版，第134页。

文化、社会和家庭生活中的平等地位和各项权利，充分发挥妇女'半边天'作用，为妇女解放和进步创造了良好条件，保证了我国妇女运动朝着正确方向不断发展。"① 习近平指出："纵观历史，没有妇女解放和进步，就没有人类解放和进步。"② 妇女解放将永远是人类解放的必然组成部分，女权主义作为研究性别和人类社会的专有理论，将不断为妇女解放和全人类解放提供助益。

阅读文献

1. 李银河：《女性主义》，山东人民出版社 2005 年版。

2. ［英］玛格丽特·沃特斯：《女权主义简史》，朱刚、麻晓蓉译，外语教学与研究出版社 2015 年版。

3. ［法］西蒙娜·德·波伏娃：《第二性》，陶铁柱译，中国书籍出版社 1998 年版。

4. ［美］凯特·米利特：《性政治》，宋文伟译，江苏人民出版社 2000 年版。

5. ［美］罗斯玛丽·童：《女性主义思潮导论》，艾晓明等译，华中师范大学出版社 2002 年版。

思考题

1. 女权主义的发展经历了哪些历史进程？

2. 简述女权主义的基本理论。

3. 简述自由女权主义的基本理论与主张。

4. 简述马克思主义女权主义的基本理论与主张。

5. 简述激进女权主义的基本理论与主张。

6. 如何评价女权主义？

---

① 《胡锦涛文选》第 1 卷，人民出版社 2016 年版，第 352 页。
② 习近平：《习近平在联合国成立 70 周年系列峰会上的讲话》，人民出版社 2015 年版，第 8 页。

第九章　无政府主义

　　无政府主义（anarchism）是主张取消国家，建立绝对自由的政治思潮。无政府主义在 19 世纪初兴起，直到今天仍然保持着一定的影响力。在无政府主义发展的历程中，出现了英国的威廉·葛德文、威廉·莫里斯、法国的比埃尔-约瑟夫·蒲鲁东、德国的麦克斯·施蒂纳，俄国的米哈伊尔·巴枯宁、彼得·克鲁泡特金，意大利的埃里科·马拉泰斯塔，美国的艾玛·戈德曼，加拿大的乔治·伍德科克等著名的政治思想家，也形成了无政府个人主义、无政府共产主义、无政府工团主义、无政府女权主义、基督教无政府主义等众多派别。无政府主义批判政府，反对权威，主张建立一个绝对自由的理想社会，带有非常强的批判性。虽然无政府主义在当代西方社会的影响逐渐式微，但是，它的某些主张仍然有着重要的影响力。我们不仅需要对这一政治思潮的理论体系和基本主张有一定的认识，更应该看到无政府主义反对权威，主张绝对自由对秩序与权威的破坏性。

第一节　无政府主义的源流

　　无政府主义有着悠久的历史，在人类政治发展的不同阶段发挥了不同的作用。西方社会进入资本主义社会后，无政府主义猛烈地批评资本主义制度，在工人运动中产生了一定的影响。无政府主义在 19 世纪产生，到 20 世纪发展到顶峰，进入 21 世纪，虽然影响明显式微，但温和的无政府主义与其他思潮交织在一起，仍然有一定的影响力。综观无政府主义的历史源流，我们可以把无政府主义的发展分为三个阶段。第一阶段在 19 世纪前半期，是无政府主义产生的时期，蒲鲁东等人创立了无政府主义，对后来的无政府主义产生了重要的影响。第二阶段在 20 世纪初至 30 年代，是无政府主义的发展时期，以巴枯宁等人为代表，主要形式为无政府工团主义，表现为无政府主义与工人运动的结合。第三阶段是 20 世纪 60 年代初至今，无政府主义得到一定程度的复兴，并与其他政治思潮融合，保持着一定的影响力。

一、无政府主义的起源

尽管无政府主义是西方近代社会的产物，但其思想渊源可以追溯到古代社会。无政府主义的研究者甚至从中国古代的道教和印度的佛教当中找到无政府主义的影子，认为它横贯东西方，是从古代希腊到罗马、中世纪，一直到近代资产阶级革命持续发展的一种思想理论。无政府主义是由拉丁文"anarchia"演化而来，最初被用来翻译亚里士多德文献中的希腊文"αναρχία"，该词是否定性的前缀 αν（意为"没有"）同 αρχία（意为"命令"或"统治"）的结合，意为没有统治。古代希腊的一些思想家，如芝诺，就曾极力宣扬一个没有政府的社会，在这样一个社会里，法律应当废除。[①] 这为后来的政治无政府主义提供了依据。在西方的中世纪，一些基督教的异端曾经否认国家统治的必要性，主张在没有国家的社会中求得个人的自由，带有无政府主义的色彩。这些人不但否认基督教会在人的救赎过程中的地位，而且否认世俗权威存在的合理性，这成为后来宗教无政府主义的最早源头。无政府主义者也试图通过追溯像芝诺这样的思想家来找到人们对国家的批判，但遗憾的是，无政府主义思想在古代世界是支离破碎的，没有形成完整的理论体系。

正式作为一种政治思潮，并且对西方社会构成重要影响的无政府主义还是在 19 世纪前半期。有人将葛德文视为无政府主义的最早阐发者，但可以肯定的是，蒲鲁东思想的形成，标志着无政府主义思潮的正式形成。从 19 世纪前半期开始，一直到 19 世纪末 20 世纪初，现代无政府主义的基本理论体系和政治主张逐渐得以确立。

在 1793 年发表的《政治正义论》一书中，葛德文曾提出否定国家和法律等权威的存在，认为他们是自由的敌人的观点。《政治正义论》是比较早，也比较系统阐述无政府主义思想的著作。一般来讲，人们公认法国的比埃尔-约瑟夫·蒲鲁东为无政府主义的创始人，其思想的极盛时期，也就是 19 世纪四五十年代，是无政府主义的形成时期。在比利时，蒲鲁东主义曾在瓦隆工人中间占有无可争议的统治地位，而在西班牙和意大利两国工人运动中，也有一大批坚定的蒲鲁东主义者。

---

① 幼狮文化事业公司编译部编译：《观念史大辞典》，幼狮文化事业股份有限公司 1987 年版，第 571 页。

蒲鲁东从 19 世纪 40 年代起先后发表了《什么是财产》（1840 年）、《贫困的哲学》（1846 年）、《社会问题的解决》（1848 年）、《革命和教会的公平》（1858 年）等著作，奠定了无政府主义的基本理论体系和原则，一直为后来的无政府主义者所推崇。俄国无政府主义者巴枯宁将蒲鲁东奉为"我们共同的导师"，他将蒲鲁东主义进一步地片面化。[1] 在巴枯宁的眼中，虽然当时蒲鲁东主义者在法国只是工人中间的一个小小的宗派，但只有他们才具有明确规定的纲领，才能够在公社时期担任经济方面的领导。[2]

无政府主义的产生有着深刻的社会根源。18 世纪末 19 世纪初欧洲工业革命造成的阶级分化成为无政府主义产生的社会根源。从 18 世纪后半期至 19 世纪前期，席卷欧洲的工业革命迫使大批农民、手工业者、小业主等小生产者倾家荡产，无以为生，大批破产的农民涌入城市，流落街头。他们不仅得不到社会的帮助，反而受到法律的残酷惩罚。这些深陷绝境的小生产者，对政府，甚至是社会投以仇恨的目光，成为无政府主义思潮产生的阶级基础。

无政府主义的产生有着深刻的思想根源。资本主义制度在建立的过程中暴露出种种弊病，资产阶级革命期间提出来的"理性王国"在人们头脑中破灭了。反对资本主义制度，主张建立一种新的社会制度的思想在工人阶级和下层人民群众中广泛传播。各种各样的自由主义、个人主义、社会主义、共产主义等政治思潮都对无政府主义产生过重要的影响。无政府主义与自由主义之间有着某种理论上的相似性，两者均对政府怀有戒心，而且均强调个人自由，一些自由主义者经常被认为是"无政府主义者"。后来出现的无政府个人主义、无政府社会主义、无政府共产主义，实际上都体现出其他思潮对无政府主义的影响。

二、无政府主义的发展

19 世纪后半期至 20 世纪初是早期无政府主义的发展时期。在这一时期，无政府主义不但形成了丰富的理论，而且逐渐在工人运动中产生影响，真正地走出学者的视野，成为一种有影响的政治思潮。在这一时期出现了俄国的巴枯宁、克鲁泡特金，意大利的马拉泰斯塔，英国的莫里斯，美国的戈德曼等一大

---

[1] 《马克思恩格斯选集》第 3 卷，人民出版社 2012 年版，第 181 页。
[2] 《马克思恩格斯选集》第 3 卷，人民出版社 2012 年版，第 181 页。

批著名的无政府主义者，他们到处宣传无政府主义的主张，推动了无政府主义思潮在西方社会的传播与发展。

在这一时期的无政府主义者当中，巴枯宁和克鲁泡特金最为突出。在早期无政府主义政治思潮的发展过程中，巴枯宁的地位仅次于蒲鲁东，甚至被称为"无政府主义之父"，他的思想被称为巴枯宁主义。巴枯宁反对任何权力和权威，要求消灭一切国家，建立一个人人自由、平等的无政府社会。在巴枯宁看来，国家是绝对的恶，是继承权、私有制、剥削等一切祸害的根源，以任何形式存在的国家都与无产阶级的自由不相容。克鲁泡特金是巴枯宁理论的继承人。在巴枯宁理论的基础上，克鲁泡特金从达尔文的进化论出发，提出并论证了"互助"理论。他认为，在生物进化过程中，物种的成功主要不是因为他们的竞争能力，而在于其合作的本能，竞争并不能使物种进化，只有更好地实现了合作才能更好地推动进化。自然选择使人们发现了"互助"这一避免竞争的手段，因此，基于自愿的合作是人的天然的社会组织形式。

在早期无政府主义者的宣传和影响下，无政府主义发展迅速，成为西欧社会的一种重要的政治思潮。在这一时期，除了理论上的发展以外，无政府主义还逐渐发展成为一场社会运动。在19世纪60年代，巴枯宁成立了第一个无政府主义的组织"社会民主同盟"，在意大利、西班牙和瑞士等国有很大影响，他成为第一个把无政府主义同工人运动联系起来的人。1872年第一国际把巴枯宁开除出去后，巴枯宁又组织成立了一个国际组织，许多工人、农民和小生产者都加入了无政府主义运动。19世纪晚期，无政府工团主义作为工业化形式的"自由共产主义"发展壮大，把工人行动，尤其是总罢工，作为达成无政府主义的总策略，而且提出了建立"保障老年人的社会"等一些主张。

无政府主义者，如巴枯宁、克鲁泡特金等人与马克思主义者对资本主义均进行了深刻的批判。两者的共同目标是消除国家的存在，共同的政治敌人是保守派和右翼势力，但无政府主义者更强调以公社形式保存个人自由的重要性，强调工人自我管理的机构的重要作用。两者的分歧最终演化为巴枯宁和马克思本人的争议。马克思希望用等级结构来管理工人组织，选举产生领导，而巴枯宁却憎恶这个想法，认为如果一个在马克思旗帜下的革命党革命成功，他们会和他们反抗的统治阶级一样糟糕。1872年，两者的冲突达到顶点，马克思主义者最终在1872年的海牙大会上投票逐出了巴枯宁和巴枯宁主义者。

20世纪初至30年代，无政府主义的主要形式为无政府工团主义。从思想上看，无政府工团主义仍是早期无政府主义的延续。无政府工团主义是无政府主义在 20 世纪初欧洲工人运动高涨时期的表现形式。无政府工团主义过分夸大工人组织——工会的作用，认为工会不仅是改善工人待遇的工具，也是社会转变的渠道，主张通过工会组织的罢工这一合法斗争形式瓦解旧的社会秩序，继而由工会接管并组织社会生产，建立新的社会。无政府工团主义在法国、意大利、西班牙等国有很大影响，在美国和一些拉美国家也有其代表，其主要代表人物是法国无政府主义者乔治·索列尔。无政府工团主义在 20 世纪 30 年代达到鼎盛，在西班牙形成了强大的势力，一度控制了巴塞罗那，其组织"全国劳工联盟"曾拥有数百万会员。

20 世纪 30 年代以后，无政府主义的发展处于低潮。20 世纪 30 年代的世界性经济危机和随之而来的大萧条导致法西斯主义猖獗，最终引发了第二次世界大战。战后欧洲的重建，社会主义阵营的建立、发展以及东西方的对立和冷战等，这一切都使国家权力急剧膨胀，导致国家对经济、社会生活干预的不断扩大。同时，社会主义运动的高涨和马克思主义的胜利也使广大工人群众日益团结在无产阶级政党的旗帜下。在这种情况下，无政府主义的发展进入低潮时期。无政府主义在法国、意大利、西班牙等地销声匿迹，在英国、美国和一些拉美国家虽还存在，但也只是一息尚存，主要限于科学、教育和文学艺术领域的少数知识分子之中。当代著名无政府主义者伍德科克曾对 1946 年在波恩举行的一次无政府主义国际会议做了如下描述：一小撮老头和青年站在巴枯宁墓前，演说、奏莫扎特乐曲，胡思乱想一通，情景相当凄凉。

三、无政府主义的复兴

20 世纪 60 年代以来，无政府主义政治思潮经历了长时间沉寂后开始复兴。无政府主义在西欧、北美等地重新出现，一些无政府主义者也逐渐活跃起来，开始著书立说，编辑出版各种宣传无政府主义的文集、小册子，宣扬无政府主义的主张和精神，自称为"新无政府主义者"。这一时期，无政府主义的主要代表人物有默里·罗斯巴德、乔治·伍德科克、默里·布克勒、迈克尔·泰勒、乔治·莱基、古斯塔夫-德·莫利纳、亨利·梭罗、约舒亚·沃伦和本杰明·塔克等人。

当代无政府主义日益与反对战争、反对资本主义、反对全球化的运动联系在一起，自 20 世纪 90 年代开始，无政府主义因反对世界贸易组织和八国会议而著称，其中最为著名的一次是 1999 年在西雅图抗议世界贸易组织会议，除此以外，无政府主义还参加了一些运动，如动物解放阵线（Animal Liberation Front）、地球解放阵线（Earth Liberation Front）等。不仅如此，无政府主义并不将工作局限于政治抗议，许多无政府主义者还同其他人一起建立一些政治组织，如公社、社会中心等。在政治实践中，也有一些组织宣称信奉"无政府主义"，比如意大利的"红色旅"（Red Brigades）、法国的"直接行动"（Direct Action）、爱尔兰共和军（Irish Republican Army）等。一些仇视社会、仇视政府的暴力组织，包括当代的很多恐怖组织，也宣称自己信奉无政府主义。

随着资本主义制度的确立和工业资产阶级取得统治地位，以政府不干涉经济为特征的自由放任主义思潮开始成为西方社会中占统治地位的政治思想，影响着当时社会中流行的各种政治思想和派别，这在一定程度上对无政府主义思潮的传播起着推波助澜的作用。20 世纪中后期，无政府主义者积极地参与到劳工纠纷、动物权利、生态运动、女权运动以及反对法西斯主义的活动中，后期又卷入学生运动、和平运动、民权运动以及反全球化的运动当中，产生了重要的影响。在全球化背景下，主权国家的主权被不断侵蚀，国际政治领域的无政府主义也得到了一定程度的发展。

新无政府主义作为一种思潮波及各个学派，在小资产阶级特别是青年学生和知识界中颇为流行。作为一种运动，新无政府主义主要来源于美国民权运动和英国核裁军运动，同"新左派"、"绿色和平组织"、女权主义等政治思潮均有一定的联系。无政府主义的成员复杂，主要是以青年学生和知识分子为主体的"新左派"，包括从 20 世纪 60 年代初的民权抗议者到 70 年代的各地下激进派别。

无政府主义政治思潮一直无法成为西方社会的主流，其理论的发展亦极为缓慢，少有建树，当代无政府主义者仍然在重复着蒲鲁东、巴枯宁等人的思想。尽管如此，当代无政府主义思想还是在一些方面有所创新，主要是针对当代资本主义发展带来的一系列问题提出了一系列的主张，形成了一些新的思想。

新无政府主义的基本主张是反对现代福利国家和官僚制度对社会的控制，反对城市化和环境污染造成的生态危机，要求实现面对面的直接民主，包括对工业的直接管理，追求俭朴、自由的生活。就其实现理想社会的手段来说，新无政府主义反对采取恐怖手段，与罢工、示威等活动相比，他们更注重道德观念的变革，企图以此实现社会制度的变革。除了个别的暴力无政府主义者，当代无政府主义的要求也变得温和，不再要求对社会进行彻底的改造，也不再主张激进的变革，而是更希望通过渐进的方式实现改变。

作为一种反无政府、反权威的方法的无政府主义与其他思潮结合在一起，形成了当代西方无政府主义的新形态。无政府主义有着与其他思潮融合的传统，比如，传统的无政府主义包括无政府个人主义、无政府工团主义、无政府共产主义等流派。当代西方政治思潮当中，很多带有明显问题导向的政治思潮，都有一部分流派因为激进的主张而形成了无政府主义的分支，如无政府女权主义、基督教无政府主义、生态无政府主义等。无政府主义与自由主义之间本来就有着千丝万缕的联系。早期的自由主义者主张自由放任，实际上与无政府主义的主张接近。当代新古典自由主义的思想家也带有这种明显的特征。比如，诺齐克在《无政府、国家与乌托邦》一书中表达的"最弱意义的国家"理念虽然不能被视为无政府主义，但在理论上与无政府主义还是存在内在联结。无政府主义与生态主义结合，形成了生态无政府主义（eco-anarchism），包括默里·布克金等代表性人物，在生态领域反对政府权威，提出了"生态无政府主义社群"的主张，实际上丰富了无政府主义的社群。20世纪90年代的"地球第一！"运动也有无政府主义的影子。

在当代西方，无政府主义在理论和实践上的式微，并不代表这种思潮会消失。相反，无政府主义更多地与其他主义结合在一起，以不同的方式来反对权威与政府，表现出温和的一面。伍德科克用"水渗进了满是孔洞的土地"来赞美无政府主义的理想，认为无政府主义是"一股强大的地下水，它注入池塘的旋涡之中，慢慢地流经岩石的罅隙，……然后又从社会结构中的那些裂缝里冒了出来，……然后它永不消失"①。作为一种观点的无政府主义可能会走向式微，但是，作为一种立场和方法的无政府主义会在国家、政府、社会带来压迫、桎梏的时候显现自己的活力，代表着人们追求自由、向往新社会的愿望，这种形态的无政府主义不会消失，而是会体现在社会的方方面面。

二战后西方社会生活的变化是无政府主义复兴的基础。自20世纪50年代以来，西方主要资本主义国家在新技术革命的基础上出现了经济的飞速发展，在政治上推行福利国家政策。其结果是：一方面，推动了资本主义国家生产力

---

① George Woodcock, *Anarchism*, Harmondsworth: Penguin, 1961, pp. 17—18.

的发展，使人民生活状况和工作条件有了某些改善，出现了以知识阶层和白领工人为主体的"中间阶级"；另一方面，伴随着当代资本主义社会的变化而出现的都市化趋向、严重的环境污染所造成的生态危机、由于国家权力不断扩大而出现的巨型国家与庞大的官僚队伍，不仅在社会经济生活方面日益威胁着人类的生存，而且在政治生活方面使包括"中间阶级"在内的人民群众日益感到国家与政府的无所不在及其对人权的严重威胁。与此同时，东西方军备竞赛不断升级等，这一切都为无政府主义在西方的复兴提供了重要的社会基础。

纵观无政府主义跌宕起伏的历史，无政府主义的存在和传播除了有其社会阶级基础之外，还常常与资本主义的危机及其内部矛盾的尖锐化有关系。作为一种政治思潮，无政府主义更多地代表了那些没有出路的小生产者和破产者的思想意识。在当代，无政府主义的信奉者还包括一些对社会充满怨恨、消极颓废的群体，甚至是一些对世界绝望的暴力恐怖分子。

第二节　无政府主义的理论主张

无政府主义将国家和政府视为社会弊病的主要根源，主张废除国家和政府，以实现社会和个人的自由。在当代西方，有许多被称为"无政府主义"的思想和行为方式，因此试图将所有这些相互冲突的思想和行为方式整合在一个一般的理论或意识形态中，是"没有希望的"。同时，关于无政府主义，也有太多的误解，人们常常将无政府主义与混乱和恐怖主义联系在一起。就其最狭义的角度来看，无政府主义就是反对国家、反对政府的强制统治；而广义的无政府主义则指拒绝任何形式的强制和统治。无政府主义政治思潮在理论上表现为差异性与一致性、消极性与积极性、碎片性与体系性等的融合，反对政府和权威，主张绝对自由，提出了各种各样关于理想社会的设想。

无政府主义各流派的理论和主张既有很大的差异性，又有相对的一致性。作为一种政治思潮的无政府主义涉及的主题非常广泛。在这些主题当中，有一些主题直接涉及国家的政治体制和经济体制、社会的平等与财富的分配、个人的自由与权利、工业制度与环境等重大问题。更为复杂的是，无政府主义在这些重大问题上，内部意见分歧很大，并不一致；同时，无政府主义也没有形成一个连续的思想传统，这些都导致人们很难归纳无政府主义的基本特征。但是，我们还是可以看到，无政府主义在个人自由，对待国家、政府、权威的态度等方面形成了一些共识，从而将自己与其他思潮区别开来。

无政府主义既有消极的一面，也有积极的一面。就基本的政治态度来看，无政府主义通常被认为是消极的。在无政府主义的理论体系中，最为突出的就是消极地主张取消任何权威机构和个人，无论是国家、政府，还是教会，都没有存在的必要，正是这些机构和个人阻碍着社会的进步和人类的发展，妨碍个人自由的实现。然而，无政府主义也并不是没有建设性的积极因素。无政府主义亦为一个无政府、无权威的社会如何运行提出了指导性意见，包括如何通过互助、合作等手段扩大个人自由等一系列理论。因此，从理论上讲，一方面，无政府主义反对任何形式的政府或国家，主张消除政府以及社会上或经济上的任何独裁统治关系，这是消极的；但另一方面，它又支持个人通过自由的方式建立起来的社会关系，提倡个体之间的互助关系，关注个体的自由和平等，这又是积极的。

无政府主义既是一种意识形态，又是一种方法论。就无政府主义政治思潮的内涵来讲，无政府主义是一种意识形态，它在政治、经济、文化等方面形成了一整套的理论，有着基本的逻辑框架。然而，除去这些实质性的原则，无政府主义还表现为一种方法论，为人们认识问题提供了一种工具性思维。无政府主义的标志是一个圆环绕着一个字母"A"。大伍·尼尔认为无政府主义有"大A"和"小A"的说法。"大A"指的是无政府主义的意识形态，"小A"则指无政府主义的方法论。作为一种意识形态，无政府主义极端地反对国家、政府以及各种各样的权威，主张通过互助等方式实现个人自由，而作为一种方法论的无政府主义实际上是指一种行为方式，或是一种反对非法权威的历史倾向。

无政府主义的理论体系既有碎片性，又有体系性。无政府主义是自由主义、社会主义、个人主义、共产主义等多种不同政治思潮的混合物，内容混杂。不仅如此，无政府主义者反对任何理论体系，这是无政府主义不同于其他政治思潮的一个鲜明特征。在他们看来，完善的理论体系是永远不存在的，政治理论和其他任何形式的思想一样，处于不断变化的过程中，任何一种建立理论体系以警谕后人的企图都是对人的自由的束缚。当蒲鲁东发表了《什么是财产》，门徒祝贺他建立了一种新的体系时，他直截了当地说："我的体系？我没有体系。"蒲鲁东对理论的态度被后来的无政府主义者普遍接受，奉为圭臬。无政府主义者很少有鸿篇巨制，更多表现为文章和小册子。无政府主义也不是一个完整、一贯的政治思想体系，在财产私有和集体所有、宽容与扩张、暴力与非暴力、和平与战争等诸多问题上，无政府主义政治思潮内部存在着种种矛盾与冲突的观点。

一、无政府

反对国家、政府和社会，是无政府主义最重要的理论主张，建立一个没有政府的社会，是无政府主义的最高目标。无政府主义的"无政府"表明了这一政治思潮对国家、政府和社会的一种态度。无政府主义具有深刻的批判性，它不同于一般的政治思潮，它们批判否定的不只是社会、政治的某些方面，而是全面的否定。这种否定不但包括了政治领域，而且还包括了经济领域，甚至是文化领域。无政府主义者从不满足于国家和政府形式的改变，他们要求完全废除国家和政府。在他们看来，国家和政府阻碍人的自然感情的冲动，使人与人之间成为陌生的仇人，它们带给社会的不是秩序而是混乱，是一切社会罪恶的根源。

从经济角度出发，无政府主义批判资本主义制度。在《什么是财产》一书中，蒲鲁东开门见山地指出，如果我必须回答"什么是奴役"，那么我会回答"是谋杀"；如果我必须回答"什么是财产"，那么我会以同样的方式回答"是盗窃"。[①] 这成为无政府主义的名言。无政府主义者攻击财产是用以剥削他人劳动的手段，并将政府和资本主义制度看作自由的两大敌人。他们不仅反对自由竞争的资本主义制度，也反对现代化的资本主义制度。他们认为，现代国家的工业化计划一点也不比无控制的竞争好，二者都浪费资源，剥夺个人自由，都产生不平等和特权。无政府主义者对社会主义制度也持否定态度。他们指责指导社会主义运动的马克思主义是一种僵化的理论，批评马克思主义只注意到权力建立的经济基础而忽视了社会心理基础。

从政治角度出发，无政府主义对现存的政治制度进行了批判。无政府主义者认为，所有的政党都是"绝对主义的各种形式"。政党和政府一样，具有同样的缺点。对于宪法和法律，大多数无政府主义者认为他们对国家和政府起着安定和保护作用，并使权力的运用制度化。社会需要对人的行为进行必要的约束，但法律的制定并不是为了人民的福利而是为了国家与政府自身的存在，法

---

① Pierre-Joseph Proudhon, *What is Property*, Cambridge: Cambridge University Press, 1993, p. 13.

律对人的自由的剥夺远远超出了社会合作的需要。无政府主义者还批判社会主义制度的强制性。在他们看来，"社会主义国家比起资本主义国家是一个更为有效的强制性社会"。① 除此之外，无政府主义者还谴责战争、暴力、教育管制、宗教迷信等。在他们看来，要么是无政府的社会，要么根本没有社会。

美国的无政府主义者萨姆·道格夫认为，不像一些人所说的那样，无政府主义不仅不是无法适应当代社会，而且正相反，当代社会需要无政府主义。无政府主义认为，生产和交换表现得如此复杂，以至于如果没有生产者自己通过联合而在每一个工业部门组织起来的话，就没有哪个政府能够组织生产。无政府法团主义者坚信，社会主义经济秩序不能通过政府的法令和法规来建立，而只能通过每个特殊生产部门中工人的团结协作来建立。其他无政府主义者，如丹尼尔·古尔宁、诺姆·乔姆斯基等人亦明确地肯定了无政府主义与复杂的当代社会之间的关联性。

无政府主义的逻辑是基于以下四个假设而形成的：没有人有义务支持或服从一个坏国家，所有国家都是强制性的，强制从内在意义上是不好的，一个没有国家的社会是一个有国家的社会的可行的替代性方案。在达尔看来，这个逻辑是有问题的。没有国家的强制，可能会有更难以忍受的强制，人们总是会获得充分的资源去建立一个具有高度强制性的国家。在当今世界上，建立一个没有国家的社会，"要么是不可能的，要么是不合意的"。②

二、反权威

无政府主义推崇自然法则，反对权威，主张取消这些权威，建立一个无政府的社会。这是无政府主义最为明显的一个特征。各派无政府主义尽管存在着各种各样观点上的分歧，但在取消权威这一点上，他们几乎能够达成共识。在无政府主义者看来，任何权威机构和个人，包括国家、政府、教会等都没有必要存在，而且它们的存在阻碍着人类进步。

早期的无政府主义推崇自然法则，将其作为理论基础。在无政府主义者看来，自然赋予生物一种相互协调的本性，或者说自然力是相互协调的自发力量。整个世界在自然力的作用下，处于一个不断运动和变化的过程。这是从最

---

① ［美］特里·珀林：《当代无政府主义》，商务印书馆1984年版，第44页。
② Robert Dahl, *Democracy and its Critics*, New Haven and London: Yale University Press, 1989, p. 47.

低级的生命形式向最高级的生命形式不断进化的连锁过程。任何有生命的物体，在现在的秩序中都有其位置。自然安排的一切都是美好的，如果不顾自然秩序而打破这个链条，灾祸就会降临。他们认为，人也是这个"伟大的存在之链"（The Great Chain of Beings）中的一个环节。支配人类情感和行为的是自然法则。尽管无政府主义者对自然法则的解释有所不同，它被看作自然秩序、正义或道德的尊严等。但大多数无政府主义者都认为，自然法则存在于人的自身之中，它构成了人和社会的本质，人们仅仅通过自然的联系即可实现自我塑造和自我完善，实现人的自由和价值。因此，无政府主义者反对一切形式的权威和固定不变的制度，认为它们违反自然，扭曲了人的本性，是实现人的自由和价值的障碍。

由此出发，无政府主义者主张废除国家与政府，建立一个自愿相互作用的社会关系以代替中央集权的政治经济结构，即所谓的"无政府制"。即建立一个由自由和自愿合作组成的没有任何权威和统治的无政府社会。在这样一个社会中，每个个体都自愿互助，且每个个体都拥有政治自由。在无政府主义者看来，无政府制是与自然法则相适应的一种制度。在无政府主义发展的历史上，很多无政府主义者提出过"回到自然去"的口号或倡导过自然俭朴的生活。他们认为，只有这样才能实现人的本性和价值。无政府主义者对自然法则的看法与环保主义者合拍，从而在一定程度上推动了环保无政府主义的出现。

无政府社会是理解无政府主义政治观念和态度的基本概念。按照无政府主义者的观点，有政府社会与无政府社会有着本质的区别。有政府社会是人为建构的，为政府所利用，便于它自上而下行使权力的金字塔式的社会结构；无政府社会则是根据自然法则并通过自由和自愿合作而生成的社会有机体。前者依靠权威和权力维系，后者则依靠自然力的均衡维系。自然力的均衡是自由与秩序的均衡。他们所说的秩序通过人的自我约束和自愿合作而产生。

三、绝对自由

绝对自由是无政府主义的目标。无政府主义最高的政治理想是个人自由，为了得到个人自由，无政府主义倡导平等、合作和团结。从历史上看，绝大多数无政府主义者都是自由意志论者。所谓自由意志论，是一种倡导人不受自然的、神的、社会的约束，有在各种抉择中选择的能力或在一定情况下活动的能力的理论。自由意志论存在于历史上的各个时期，但在不同时期，其反对束缚人的自由的内容不同。

实际上，无政府主义反对权威的原因在于对自由的珍视。无政府主义者认为，在等级制度下，权威和精英们拥有权力。而权力具有天生的腐败性质，拥有权力的人会关注如何维持、扩展自身获得的权力，而非被此权力影响和统治的人的利益。那些掌握了权力的精英们通过建立国家和政府，垄断了暴力，并且使用这些暴力和强制去扩张和保护精英的利益。政府作为典型等级制度中的权威机构，会拥有替其公民作出裁决的权力，这就意味着个人的自由被无限地缩减。同时，大部分人在服从和期望由权威和精英组成的政府的选择的过程中，往往会失去自我思考的能力和自我选择的权力。

无政府主义的自由意志论主要是反对来自社会和神的约束，而主张人与自然的一致。他们在反对来自社会的约束方面表现出激进色彩，既反对来自政治法律方面的束缚，又反对来自经济组织、社会组织、思想意识方面的一切束缚，并由此走向彻底否定国家、政府和现存社会制度结构的极端。这种完全脱离了社会实际生活的绝对自由观，成为无政府主义研究一切社会政治问题的出发点。巴枯宁认为，所有人的自由是我的自由的条件，他因此而得出结论：所有人的自由构成了我的自由的限制的说法是荒谬的，那相当于否认这种自由。与此相反，普遍的自由就代表着个人自由的无限制扩张和对他的必要确认。①

无政府主义者的自由与自由主义者主张的自由不一样。在蒲鲁东看来，自由"不是在宪政君主政府里服从法律的自由，也不是呈现秩序的自由，它是相互的自由而不是有限的自由，自由是秩序之母而不是其后代"②。蒲鲁东十分推崇个人自由，他按照黑格尔的逻辑，将自由看作独立与平等的合题。他提出，自由作为人类理性的最高要求，与一切由权力引起的强制是不相容的，自由只有在无政府的社会中才能实现。

实际上，无政府主义的内部争论亦十分激烈，这使得无政府主义内部存在着巨大的理论分歧。在自由的问题上，巴枯宁即认为人是社会的动物，不可能通过自由的协议创造社会。社会塑造和决定了人类的本质，人类像依赖自然一样完全地依赖于它。因此，社会团结是第一人类法，而自由则处于第二位。③

①　Irving Louis Horowitz, *the Anarchists*, New York：Dell Publishing Co., 1964, pp. 136—137.

②　G. D. H. Cole, *History of Socialist Thought*, London：Macmillan, 1953, p. 202.

③　Irving Louis Horowitz, *the Anarchists*, New York：Dell Publishing Co., 1964, p. 135.

四、理想社会

无政府主义还在建立新的社会制度方面提出了一系列自己的理论主张。无政府主义者对如何建设一个新的无政府社会提出了一些看法和主张。无政府主义者约书亚·沃伦在劳动价值论的基础上建立了一套以"劳动币"为媒介的流通系统，后来蒲鲁东也提出了一种相近的经济体制，并将其称为互助主义。蒲鲁东主张建立由生产者自愿组成的人民银行和劳动者合作社，以取代政府，实现无政府的自由社会；克鲁泡特金则提出了"互助"理论，并且以达尔文的进化论为依据做了充分的论证。在分配制度上，克鲁泡特金还提出了"各尽所能、各取所需"的分配原则。

美国无政府主义者本杰明·塔克设想了一个理想社会。在这个社会当中，每个人都在收获自己的劳动果实，没有人能靠资本收入无所事事地生活。这时，社会成为无政府主义工人的大蜂巢，繁荣和自由的个人结合在一起，按照成本原则进行生产和分配。在塔克设想的理想社会中，政府将由任何信仰组成，以任何形式存在，由自愿征税的方式来支持，那些选择不纳税的人将得不到相应的利益或政府的保护。[1] 在经济上，这个无政府主义社会将是一个"社会主义"的自由市场体系，由于废除了受法律保护的货币和土地垄断，雇主将支付他们的雇员的全部劳动价值。塔克反对国家在提供安全方面的垄断，主张建立一个防务供应商相互竞争的自由市场，他认为国防与其他任何服务一样，都是一种经济商品，服从于供求规律。[2]

意大利无政府主义者埃里科·马拉泰斯塔主张在无政府主义社会中废除土地、原材料和劳动工具中的私有制，废除政府和所有制定法律并强加于他人的权力。然后，通过生产者和消费者的自由联合和联盟来组织社会生活，根据其成员的意愿进行创造和修改，并以科学和经验作为指导。与此同时，马拉泰斯塔认为，无政府主义者必须认识到工会运动的有用性和重要性。人们必须支持工会的发展，并使其成为他们行动的杠杆之一，竭尽全力与其他进步力量合作。工会运动将为结束阶级制度的社会革命开辟道路，并促使每个人实现自

---

[1] Frank H. Brooks, eds., *The Individualist Anarchists: An Anthology of Liberty* (1881—1908), Piscataway: Transaction Publishers, 1994, pp. 276—284.

[2] James Joseph Martin, *Men Against the State*, Colorado Springs: Ralph Myles Publisher, Inc., 1970, pp. 216—218.

由、平等、和平和团结。马拉泰斯塔认为，在无政府主义组织中，个人成员可以表达任何意见，使用任何不违背公认原则且不损害他人活动的策略。

20 世纪最为著名的生态学家、无政府主义者默里·布克金将"自由进步的自治市镇主义"（libertarian municipalism）作为其无政府主义理想的政治基础。自由进步的自治市镇主义代表了一个历史性的基础工程，旨在使政治在性质上合乎道德，在组织上具有草根性。布克金希望建立一个面向人类需求、响应生态要求并发展出基于共享与合作的新社会。特别是在制定公共政策时，人们应在互助和团结的道德基础上，通过直接面对面的集会来管理社区或城市。同样重要的是，社区之间应该联合形成联邦，通过由市政公民大会授权的可罢免代表将社区相互联系起来，这些代表的唯一职能是协调和管理。在单个社区与联邦的关系上，必须区分政策制定和行政管理，单个社区的政策制定是地方性的，但它的管理是由整个联盟网络来完成的，联邦实际上是一个基于不同人权和生态要求的社区共同体。

为了建立理想社会，一些无政府主义者甚至选择了暴力途径。一些无政府主义者试图通过制造暴力、暗杀等恐怖行为，唤醒民众，实现无政府主义的革命。在巴枯宁思想的影响下，一些无政府主义者热衷于使用恐怖主义的手段进行斗争，暗杀一些有象征意义的强权人物。从 1880 年到 1901 年，恐怖主义分子暗杀俄国沙皇、美国总统、奥地利王后、意大利国王和法国总统；在 20 世纪前 10 年，他们的暗杀行动继续进行，甚至包括暗杀俄国首相斯托雷平。[①] 但这种暴力暗杀活动非但没有得到民众的支持，反而引起民众的反感，使无政府主义声名狼藉。

应当看到，无政府主义敏锐地发现了资本主义社会存在的种种弊端，并对这些弊端进行了深刻的揭露和批判，在对未来社会的构想中提出过一些有价值的思想，如直接民主、与生态环境相和谐的新社会原则等。但是，他们却没有找到实现这些理想社会的道路。老无政府主义者，如蒲鲁东、巴枯宁，在工人一贫如洗的情况下，还妄想"用他们的储金来购买整整一个美丽的法国"[②]，这暴露了其理论的空想性。新无政府主义者甚至企图通过暗杀等手段立即消灭国家，或者通过对"美妙的"无政府社会的宣传去改变人们的道德观念以实现革

① ［美］斯特龙伯格：《西方现代思想史》，刘北成、赵国新译，中央编译出版社 2004 年版，第402 页。

② 《马克思恩格斯全集》第 27 卷，人民出版社 1972 年版，第 58 页。

命，这些都是不可能的。正是由于这一原因，无政府主义虽能影响一部分群众，赢得一部分人的认同，但它无法作为一支有生命力的思想力量带领群众走向光明。

第三节   无政府主义的主要派别

当代无政府主义研究的重要学者特里·珀林在其著作《当代无政府主义》中曾说过："有多少无政府主义者，就有多少无政府主义。"① 这虽然是一种夸张的说法，但也说明了无政府主义派别林立、思想混乱的情况。无政府主义者历来反对系统的理论，他们多从感情和道德出发看待社会政治问题，加之无政府主义本身不断发生变化，致使其内部派别林立，观点歧异甚殊，故很难做出明确的派别划分。

无政府工团主义（anarcho-syndicalism）是在工人运动中产生的一种无政府主义，主张通过工会采取直接行动，其主要目标是结束工资体制，取消私有财产权，基本主张是通过工人的团结和直接行动进行自然的管理。这一派别的代表人物主要有意大利的阿尔图罗·拉布里奥拉以及比利时人亨利·德曼，在法国、意大利、西班牙比较有影响力。② 在这一派别看来，所有人都参加工作，不管种族、性别或是伦理，他们都应该得到大致相同的待遇；而且，在资本主义制度内部，工人的任何成功与失败都与老板相关，因此，为了求得解放，所有的工人必须团结起来，支持与老板之间的斗争。无政府工团主义只相信那些直接解决问题的行动，包括罢工和破坏活动。

无政府女权主义（anarcha-feminism）兴起于 20 世纪早期，代表人物有戈德曼和沃太伦·柯莱尔等人，从 20 世纪 70 年代开始越来越活跃。无政府女权主义既是一种无政府主义，同时更是一种激进的女权主义。无政府女权主义认为，最初形式的统治是男性对女性的统治，因此，无政府女权主义得出结论，如果女权主义反对父权制，那么他们就必须反对各种形式的统治，因此，无政府女权主义者反对任何形式的国家和资本主义的统治。

---

① ［美］特里·珀林编：《当代无政府主义》，商务印书馆 1984 年版，第 1 页。
② ［美］斯特龙伯格：《西方现代思想史》，刘北成、赵国新译，中央编译出版社 2004 年版，第 402 页。

基督教无政府主义（christian anarchism）是无政府主义同基督教相结合的产物。在基督教无政府主义看来，权威只有一个来源，基督是终极的答案，上帝的权威体现在耶稣的训诫中，世俗的权威只能由上帝来指导。这一派别的代表人物主要有托尔斯泰，主要在俄罗斯等国有较大的影响力。正是因为将基督视为终极答案，因此，基督教无政府主义认为，像政府这样的世俗权威没有权力统治他们。他们基本上是一些和平主义者，反对暴力，反对战争，主张非暴力的抗税等行为，反抗国家的侵犯和帝国主义。

除此而外，无政府主义还存在着多种多样的派别：无政府个人主义（anarcho-Individualism）、无政府集体主义（anarcho-Collectivism）、无政府共产主义（anarcho-communism）、无政府资本主义（anarcho-capitalism）、后无政府主义（post-anarchism）、秘密结社无政府主义（crypto-anarchism）、科技无政府主义（technological anarchism）、乌托邦无政府主义（utopian anarchism）、精神无政府主义（spiritual anarchism）、暴动无政府主义（insurrectionary anarchism）、无政府复古主义（anarcho-primitivism）、生态无政府主义（ecological anarchism）等。显然，这并没有穷尽无政府主义的派别，但还是从一个侧面说明了无政府主义理论的庞杂。在宣传和研究无政府主义的文章、著作中，人们经常提到无政府主义中的互助主义、和平主义、恐怖主义等等派别。其中，有些派别有明显的观点区别，但大部分派别之间并没有严格的界限，而只是人们划分的方法和角度不同而已。

从理论内容和概念形式上来看，各种流派的无政府主义都有着不同的形式，其主题和影响也会有所不同。我们大体上把形形色色的无政府主义分为两类：一类是无政府个人主义，包括自由至上无政府主义、资本主义无政府主义等，其关注点主要在个体的自主权道德要求。另一类是无政府共产主义、无政府社会主义和无政府社群主义，其关注点主要是侧重于社会群体的发展。① 限于篇幅与主旨，本书仅选取有代表性的无政府个人主义和无政府共产主义进行一个总括性的介绍。

---

① 这一分类在学术界有着较为广泛的共识，参见 Gerard Casey, *Libertarian Anarchy*: *Against the State*, London: Bloomsbury, 2012; John Clark, *The Impossible Community*: *Realizing Communitarian Anarchism*, London: Bloomsbury, 2013. 但这一分类也存在着一些争议。

一、无政府个人主义

无政府个人主义是无政府主义思潮中的右翼派别，在当代也有人称之为"无政府资本主义"。无政府个人主义是无政府主义与个人主义理论的一种融合，是一种极端的个人主义或极端的自由主义。在对个人的认识上，无政府个人主义将独立自主的个人作为其理论起点，认为个人不可侵犯，个人自由具有至上性，人与人之间通过交换和契约形成社会关系。在经济领域中，他们维护私有制，极力反对国家干预，与极端自由主义的派别，比如自由至上论者有一定的相似性。

无政府个人主义形成于 19 世纪中期，最早的代表人物有德国的施蒂纳、美国的梭罗等人。这一时期，无政府个人主义的政治思想主要散见于一些文学作品中，还没有成为一个有影响的思想派别。19 世纪后半期至 20 世纪初，随着资本主义由自由竞争走向垄断，一些中小资产阶级由于破产而被抛入失业者和贫困者的行列。在这种背景下，无政府个人主义发展起来。这一时期，无政府个人主义的主要代表人物是美国的本杰明·塔克。另外，美国无政府个人主义者还有约舒亚·沃伦和斯蒂芬·安德鲁斯等人。20 世纪 30 年代以后，无政府个人主义也和其他派别一样，在各地销声匿迹了。第二次世界大战以后，特别是 60 年代以来，伴随着无政府主义的复兴，无政府个人主义在西方一些发达资本主义国家重新出现并活跃起来。这一时期，该派的主要代表人物是美国的罗斯巴德。

（一）个人至上与社会合作

无政府个人主义的核心观念和基本特征是个人主权或个人王国。无政府个人主义者将自我的实现看得高于一切，除此之外，他们不承认任何权威，不管是人的还是神的。他们认为，所有的人都是自由和平等的，每个人对自己的一切，包括身体和财产，都有完全的处置权。对他人的任何干涉都是对人的价值和权利的侵犯。激进的无政府个人主义否认个人与社会之间的联系。在梭罗看来，他与社会的联系与服从既微不足道，又稍纵即逝，人对社会要求得越少，他就越成功，而如果他对社会要求得越多，那么他就会发现，他会越来越陷入社会的苦役之中。①

---

① David Thoreau, "Life without Principle," in David Thoreau, *Political Writings*, Cambridge: Cambridge University Press, 1993, p. 107.

在 19 世纪，德国哲学家麦克斯·施蒂纳对无政府个人主义的发展起到了重要的作用。在《唯一者及其所有物》一书中，施蒂纳明确表达了极端个人主义的观念，他在开篇就提出："同神一样，一切其他事物对我皆无，我的一切就是我，我就是唯一者。……对我来说，我是高于一切的！"① 同时，施蒂纳还表达了利己主义的观念，他将自我视为是评判事物正当与否的标准："什么对我来说是正当的，那么它就是正当的。……而如若某物对于整个世界来说是不正当的，对我来说却可能是正当的，这就叫做我喜好某物，而根本不管整个世界。"② 无政府个人主义者，如塔克等人大多受赫伯特·斯宾塞和施蒂纳影响较深，要求对个人自由给予最大限度的尊重。他们像施蒂纳一样，坚持认为"利己主义"为人性原则，自利是评判事物的唯一标准。从这一角度出发，美国无政府个人主义坚定地支持个人主权、私有制和市场经济。

无政府个人主义并不排斥社会合作，反而将合作视为无政府主义社会的基础，认为社会合作对满足某些社会需求来说是必不可少的。无政府主义认为，合作的形式是多样的，有些合作是自然的合作，有些合作则是社会的合作，有些无政府主义者则主张那种基于道德感的自发的合作，认为这将遍及所有的社会活动中。③ 他们认为，在个人与社会权利之间没有冲突，也没有不相容性，从社会学的观点来看，无政府主义是以在国家与社会之间所做的区分为基础的，当人们连续为几乎任何目的而齐力工作之时，如果他们的指引规则是"连带"或"互助"，他们的目标就可以较有效率地完成，个人不只是个独立体，而且，他的存在就已经预设了集体关系的存在。

无政府主义主张的社会合作是有前提的，那就是必然以个人为基础，以个人利益为目标。无政府个人主义者坚持认为，唯有以个人的利益为基础，才能真正实现人与人之间的联合。联合不是目的，而仅仅是实现暂时意图的一种有用的形式。他们也主张社会救济，如帮助残疾人，但认为这应该是完全自愿的，是为了救济者自身精神的自我满足，而并非出自道德义务。

维护私有制，反对国家垄断是无政府个人主义的重要内容和特征，当代的无政府个人主义者常自称为无政府资本主义者。一般说来，无政府个人主义者把维护私有制和私有财产权作为其政治态度的立足点，他们虽然也反对剥削，

---

① ［德］麦克斯·施蒂纳：《唯一者及其所有物》，金海民译，商务印书馆 2009 年版，第 5 页。
② ［德］麦克斯·施蒂纳：《唯一者及其所有物》，金海民译，商务印书馆 2009 年版，第 209 页。
③ Barbara Goodwin, *Using Political Ideas*, Chichester: John Wiley & Sons, 1989, p. 127.

但主要是反对国家对个人财产的掠夺和剥削，认为这是剥削与控制的主要原因。罗斯巴德则认为，在没有政府存在的完全自由的市场经济中，产品价格由供求关系调节，某些生产者仍会得到垄断利润，劳资不平等的现象也将继续存在，但不再有剥削和控制，因为剥削和控制完全是由国家造成的。①

（二）最好的政府

早在 19 世纪，梭罗在《公民不服从》一书中明确地表达了对政府管理的厌恶。他指出，"我完全赞成这一句格言——'最好的政府掌管最少'；我希望看到，它更其迅速系统地得以实行。我也相信，一旦实行，其最终结果便是如此——'最好的政府一无所掌'"②。尽管梭罗并不主张取消政府，但这种政府最小化的观点在一定程度上影响了无政府主义的进一步发展，20 世纪的无政府个人主义者则又进了一步。他们借助德国社会学家佛朗兹·奥本海默的观点，指出国家是一种试图在某一特定地区内维持其使用武力和暴力的垄断权的社会组织，是社会中唯一能够凭借高压统治，而不是通过人们的自愿捐款或靠其服务的报酬获得收益的机构。国家运用政治手段，进行有组织的掠夺，它为寄生阶层提供了某种可靠的、较为和平的生命线。他们认为，国家的生存依赖于对私人资本和财产的强行没收，国家的扩张有赖于不断扩大对个人财产和私人企业的侵犯。国家只是一种政治工具，甚至是一个与资产阶级分离的专门的"统治阶级"，国家永远是私人资本的反对者。

为了论证这一主张，无政府个人主义派反对国家和政府起源于人们的同意的观点。在他们看来，国家从来都不是由人们的同意产生的。他们以美国为例提出，美国宪法虽然由人民制定，但只是对建国的一代具有约束力，后代则对此不负任何义务。美国人民给政府纳税，并不是出于对政府的同意，而只是由于政府的强制性权力。在罗斯巴德看来，国家产生于征服和侵略，统治者就是勒索贡品的匪帮，人民同意纳税不过是为了寻求保护以防其他匪帮的侵袭。统治者通过立法活动确立了他们的地位，国家也因此而产生。统治者的真正拥护者只是一些分享统治利益的人，如金融家、地产主、商人、企业家以及受雇为统治者提供辩护的知识分子。这些人加在一起也只是社会中的少数，多数人仍

---

① Murray N. Rothbard, *For a New Liberty*: *The Libertarian Manifesto*, New York: Macmillan Publishing Co., Inc, 1978, p. 47.

② 何怀宏编著：《西方公民不服从的传统》，吉林人民出版社 2001 年版，第 16 页。

受剥削和暴力的控制。①

　　无政府个人主义派也否定民主制度。在他们看来，多数对少数或个人的强制和侵犯同样是非正义的。梭罗将投票看作一场游戏，就像跳棋或十五子棋，只是加了点道德色彩，并伴有赌博意味而已。② 罗斯巴德借用熊彼特的理论，提出在代议民主制下，选民实际上受政党领袖及其雇佣的宣传鼓动家的操纵，所谓舆论是自上而下形成的，并非民众的心声。民主制度即使优于其他制度，也远不如"民主卫士"们描述得那样好。在他看来，民主是虚幻的，所谓的"我们就是政府"中的"我们"不过是一个意识形态的幻想、现实政治生活的遮羞布。③

　　在经济领域中，无政府个人主义反对国家干预，国家应该被废除，私人和私人的公司应该控制所有的社会和经济事务。无政府个人主义将私人财产的绝对权利视为人类自由的支柱，并从这一点出发强烈地反对国家对经济事务的干预和调解。从塔克到罗斯巴德都希望建立一种不受限制的自由竞争的市场制度。塔克主张实行完全自由的市场制度，在这种制度下，产品价格取决于所需的工时，而不是社会需求，买卖双方公平地进行自由交换。罗斯巴德认为，所有国家的职能都可以由私人企业家来完成。

　　无政府个人主义的这种主张更接近自由至上主义，诺齐克提出的"最弱意义上的国家"在一定程度上亦表达了与此相似的某些观点。罗斯巴德发表的《为了自由：自由至上主义宣言》被奉为他那个时代自由主义的代表作，其对当时一些最紧迫的问题，比如贫困、战争、对公民自由的威胁、教育危机等，提供的解决方案，更像是自由至上主义的思路。在这本书当中，罗斯巴德认为，自由主义有一个公理："任何人或一群人都不得侵略其他任何人的财产。"正是基于这样一种认识，他对"自由的主要敌人"国家进行了激烈的批判。④一些无政府个人主义的思想家在主张自由放任的自由至上主义那里也享有较高的声誉，沃尔特·布洛克就是一例。在《为不可辩解的辩解》一书中，布洛克

① Murray N. Rothbard, *For a New Liberty: The Libertarian Manifesto*, New York: Macmillan Publishing Co., Inc, 1978, p. 46.

② 何怀宏编著：《西方公民不服从的传统》，吉林人民出版社 2001 年版，第 21 页。

③ Murray N. Rothbard, *For a New Liberty: The Libertarian Manifesto*, New York: Macmillan Publishing Co., Inc, 1978, p. 49.

④ Murray N. Rothbard, *For a New Liberty: The Libertarian Manifesto*, New York: Macmillan Publishing Co., Inc, 1978, p. 22.

虽然也意识到毒品的危害，但他还是认为，贩毒、卖淫也是一种自愿的交易，它们就应该被合法化，国家没有权力对此进行干涉。然而，一个绝望的吸毒者如何同一个毒贩子进行自愿的交易呢？无政府个人主义忽略了由于追求绝对自由而造成的诸多不平等，这使他们对人类的悲惨境遇视若无睹。[1]

（三）理想社会

无政府个人主义有时候也被称为无政府资本主义，这与两位无政府个人主义的主张有关。美国著名的经济学家、无政府主义者罗斯巴德综合了奥地利经济学派、古典自由主义和 19 世纪美国个人主义无政府主义者的元素，第一次提出了"无政府资本主义"（anarcho-capitalism）的概念。[2] 罗斯巴德相信，无政府资本主义社会将在一个被普遍接受，并且法院承诺遵守的法典下运作。在理论上的无政府资本主义社会中，私有财产体系仍然存在，并由客户选择的私人国防机构和保险公司执行，这些机构将在开放市场中进行竞争，履行法院和警察的角色。迈克尔·休伊谟也和罗斯巴德一样，支持无政府资本主义。休伊谟认为，传统国家职能如治安和争端解决可以私有化（一些部分已经通过非政府保安公司和独立仲裁机构实现），并更有效地运行。例如，考虑到目前几乎所有的法庭案件都需要花费数月时间和数千美元才能完成。休伊谟承认人们可能会担心这会引发某种混乱，但如果一个私人法庭对什么是公平有一些疯狂的概念，那么就不会有很多人去那里解决纠纷。[3]

如何实现自由竞争的无政府社会？早期的无政府个人主义者寄希望于工人和自由职业者，而视资产阶级为国家的既得利益者。罗斯巴德等当代无政府个人主义者则对自由资产阶级和垄断资产阶级做了区分，寄希望于一支包括企业家、工人、学生等在内的广泛的联合力量。至于实现无政府社会的具体途径，无政府个人主义反对通过革命手段，特别是反对暴力革命和恐怖行动。他们主张建立自愿结合的互助银行、保护协会和私人法庭等服务性团体，以取代国家。当代的无政府个人主义还提出下列主张：在议会选举中号召选民投同情自由意志论的候选人的票；广泛开展反对征兵的运动。罗斯巴德认为，来自国内

[1]　Barbara Goodwin, *Using Political Ideas*, Chichester: John Wiley & Sons, 1989, p. 129.

[2]　Daniel Bessner, "Murray Rothbard, Political Strategy, and the Making of Modern Libertarianism," *Intellectual History Review*, Vol. 24, No. 4, 2014, pp. 441—456.

[3]　Michael Huemer, *From Democracy to Anarchy*, *The Problem of Political Authority*, London: Palgrave Macmillan, 2013, pp. 321—338.

的革命和他国的侵略是导致国家灭亡的两个主要原因。为了对付这两种威胁，统治者需要加强军队力量。他们通过法律强迫人民入伍，并欺骗人民说这是保卫国家和他们自己。在战争中，统治者不仅把国家权力推向顶峰，而且可以在保卫国家的口号下，对公众实行暴政。在 20 世纪 60 年代美国侵越战争期间发生的抵制征兵运动中，无政府个人主义做了大量宣传鼓动工作。

二、无政府共产主义

无政府共产主义是无政府主义思潮中人数最多、影响最大的一个派别，早期亦称无政府集体主义。无政府共产主义产生于 19 世纪中期，一般认为其创始人是巴枯宁，早期的代表人物主要有巴枯宁的追随者克鲁泡特金等人。无政府共产主义在 19 世纪末 20 世纪初有很大发展，曾在意大利、西班牙等地产生很大影响，埃里科·马拉泰斯塔、戈德曼等人都是这一时期的代表人物。在当代，无政府共产主义在欧美各国都有较大影响，主要代表人有默里·布克勒、乔治·莱基等。

（一）社会团结

无政府共产主义的核心观念是社会团结。他们坚持同情、博爱的人际关系准则，强调互助与合作的行动。他们认为，在现实社会中，团结被对立和竞争取代，人有强烈的孤独感。只有推翻现存社会制度，才能实现社会和谐，改善人的处境。在他们看来，无政府个人主义信奉的个人为私人事务之主的观念不过是资本主义社会的一种幻觉。无政府共产主义者也追求个人自由，但与无政府个人主义者不同，他们坚信只有在一个所有人都为他人的福利而工作的团结的人类共同体里，才会真正实现个人自由，坚持社会团结，反对个人至上，是无政府共产主义区别于无政府个人主义的重要特征。

虽然在反对政府方面，无政府共产主义与无政府个人主义有相通之处，但是在个人主义的问题上，两者却正好相反。蒲鲁东和克鲁泡特金都认为，既然资本主义需要合作的劳动，那么，自由主义宣称极端的个人主义就是错误的。克鲁泡特金还认为，个人主义是短视的。里德亦认为，个人主义只有在一个精细分工的复杂社会中才是可能的。在反对个人主义的基础上，无政府共产主义形成了所谓的"无政府集体主义"。先是巴枯宁在 19 世纪 60 年代开创了无政府集体主义，后是克鲁泡特金对这一派别进行了改造，开始特别强调共产主义的分配方式以及地方和社区联结，最终形成无政府共产主义。

在人性论上，无政府共产主义与无政府个人主义亦完全相反。无政府个人主义认为人性是自私的，人的行为完全是从利己的角度出发的；而无政府共产主义假定，在没有物质刺激的情况下，人们也会辛勤工作，没有了私人财产，犯罪问题大大减少，以至于完全不需要国家、法律等强制性机构。从这一角度来看，无政府共产主义脱离了对人性的现实观察，具有一定的空想性。①

（二）社会批判

对以私有制为基础的资本主义社会的全面否定是无政府共产主义区别于无政府个人主义的另一重要特征。在无政府共产主义那里，资本主义社会不可克服的种种矛盾存在于资本主义社会的各个方面。国家、城市、政府控制的经济、官僚机构、父权家庭和市场制度等资本主义生产关系虽然推动了经济与社会的发展，但现在已经达到其历史的极限，成为进一步发展的障碍，因此必须将其废除。

无政府共产主义具有很强的社会批判精神，尤其是对资本主义进行了尖锐的批判。他们谴责资本家对工人的剥削和由此造成的贫困，谴责繁重枯燥的工作对工人的摧残和持续不断的失业威胁。他们指出，资本主义生产的目的在于追逐利润而不是满足社会需求，这是阻碍社会生产力发展和使广大劳动人民不能得到基本的生活必需条件的根源。他们指责私有制使个人得以占有本该属于社会集体所有的财富，如机械、技术、科学知识等，认为这些都是若干世纪以来人们集体智慧和劳动的结晶。在他们看来，资本主义私有制度与前资本主义私有制并没有区别，相反它使生产者日益相互依赖，使社会残存的最后一点正义也被破坏。因为私有权就意味着对别人的控制权。在他们看来，资本主义的分配方式也是极不公平的。在这种分配制度下，不仅工人要受资本家的剥削，农民受地主、各种农产品购买者的剥削，而且小商人要受金融家的剥削，所有人都受税吏的欺压勒索。

在政治上，无政府共产主义者将资本主义国家看作资产阶级的工具而痛加鞭笞。他们认为，社会中贫困和非正义的产生，是国家用暴力和法律制度保护私人财产权的结果。在他们看来，任何时代的任何政府，无论什么名称或如何产生的，永远是压迫和剥削民众而保护压迫者和剥削者的。

---

① ［英］戴维·米勒、韦农·波格丹诺主编：《布莱克维尔政治学百科全书》，邓正来等译，中国政法大学出版社1992年版，第23页。

无政府共产主义者对资本主义国家的法治也进行了深刻的揭露和批判。他们认为，在现代社会，虽然专横的人治已被"客观而公正"的法治所代替，但这并没有改变权力和财富的不平等状态，只不过现在不再是封建主或国王的独断专行，而是貌似中立的法律的统治。实际上，正是由于这种非人格化，现代社会的统治者才可以在更加合法的外衣下对人民更加肆无忌惮地实行暴政，法治可以比神授王权更无情。同样，现代社会中的法治也不比以往社会中的人治更民主。它同人治一样，强行分配权力和财富，不过是采取了更为复杂和间接的方法，更容易使人迷惑受骗。在现代的法律制度中，有关人权的法律不过是堂皇的门面而已，在其背后有大量维护私有财产关系和产权制度的法律。

无政府共产主义者对当代资本主义社会新技术的应用也持批评态度。他们认为，以计算机为特征的现代技术，为一个没有阶级统治、剥削、奴役和物质贫乏的世界的实现，进而为人类自由的实现提供了客观物质基础。但是，资产阶级对现代技术的控制却加强了已经建立的社会组织结构，加强了在政治机构中实行垄断、集权和官僚主义的趋势，为国家提供了历史上从未有过的操纵和支配社会生活的手段，提供了使等级制度、剥削制度和奴役制度永久存在下去的手段。然而，技术发展所产生的都市化过程，对自然环境的控制和利用，都在破坏自然的和谐，使人类生存所必需的生态环境遭到严重破坏。不仅如此，人类的社会环境也遭到破坏，整个社会已变成工厂和市场，人类生活的真谛已降低为为生产而生产、为消费而消费。

（三）理想社会

巴枯宁主张实行生产资料的集体所有。他实现理想社会的途径是通过按照自由原则由人民自愿组织起来的协作社，公社和分区的自由同盟来实现无政府的自由社会。作为巴枯宁的追随者，克鲁泡特金的无政府共产主义对巴枯宁理论作出了重要的发展。在巴枯宁生产资料集体所有的思想基础上，克鲁泡特金进一步提出了分配方面的集体主义的主张。在这方面，他吸取了早期空想社会主义思想家莫尔的思想，提出了"各尽所能、各取所需"的分配原则。

在对无政府社会的设想方面，无政府共产主义比无政府个人主义有着更为丰富的内容。但是一般说来，他们都没有勾画未来社会的具体蓝图，而只是提出建立无政府社会的一些原则。其中最有代表性的是乔治·莱基和默里·布克勒。他们认为，当代资本主义社会的发展已经走到历史的尽头，问题不再是改变它的某种形式，而是对所有统治形式的否定，新的无政府社会将在彻底否定旧社会的基础上建立起来。他们对未来的无政府社会提出如下原则构想。

第一，新的无政府社会将是一个自然的、与生态环境相和谐的社会。新社会将充分利用人类长期积累的知识，发展生态完好的生产方式和分配方式。大城市将被分割成乡村和城镇，这不仅有利于保护和回收资源，而且更为重要的是能消除工业社会根深蒂固的利己主义和用户第一主义，充分显示出人的价值，而不是财产的价值。

第二，面对面的直接民主将取代代议制民主。在新的无政府社会中，公民面对面地进行自由讨论并决定社会的政治事务。各级自治会是新社会的政治组织形式。较大地区的自治会将由下一级自治会选举的代表组成，但主要起协调作用。

第三，以个人独立和机会均等为基础的集体富裕与合作是新的无政府社会的根本要求，其最终目标是实现人的自由和价值。在集体富裕与合作的基础上实现人的自由和价值是无政府共产主义区别于无政府个人主义的又一个重要特征。

为了建设无政府共产主义的理想社会，巴枯宁激进地宣扬暴力。他反对任何政治运动，因为这等于承认国家和延长国家的寿命。他主张靠少数人的密谋和全民暴动一举消灭国家，他甚至提出了"在 24 小时内炸毁一切国家"的口号。巴枯宁推崇革命，认为革命就是"一场没有开始，没有结束的盛宴"。[1] 巴枯宁的另一个追随者马拉泰斯塔亦终其一生在欧洲和美国以革命行动来传播无政府主义，他认为，无政府主义者的一般工作就是制造或帮助制造革命，在破坏和建设角色上同时尽可能推进革命，总是反对任何政府的形式。[2]

第四节　无政府主义评析

在与无政府主义做斗争的过程中，马克思主义对无政府主义政治思潮有着深刻而全面的批评，对于我们认识无政府主义有着重要的指导意义。在马克思、恩格斯生活的年代，第一批马克思主义者就曾经同巴枯宁等无政府主义者进行过激烈的斗争。列宁时期，更是直接同巴枯宁和蒲鲁东混合起来的无政府

---

[1]　Mikhail Bakunin, *The Confession of Mikhail Bakunin*, edited by Robert C. Howes, Ithaca: Cornell University Press, 1977, p. 56.

[2]　幼狮文化事业公司编译部编译：《观念史大辞典》，幼狮文化事业股份有限公司 1987 年版，第 577 页。

主义做斗争，其中包括蒲鲁东主义、布朗基主义以及其他各种形式的无政府主义。正是在同无政府主义者做斗争的过程中，列宁主义的理论体系得到不断发展。近代以来，同无政府主义，包括各种无政府主义倾向做斗争，一直都是中国共产党在领导革命、建设和改革过程中的一项重要任务。

马克思主义者与无政府主义者有着根本的区别。在国家问题上，马克思主义同无政府主义最大的区别就在于，无政府主义主张废除国家，马克思主义则认为，国家不会被废除，而是在进入共产主义社会后自行消亡，所谓无政府主义者提出的"在一天之内废除国家"的要求是一种激进的主张，是不可能的。[①] 同时，马克思主义者承认争取改良的斗争，即承认争取改善劳动者境况的斗争，尽管这种改善仍然不触动统治阶级手中的政权。[②]

在现实政治中，马克思主义批评无政府主义的空谈。恩格斯斥责布朗基派是无政府主义的空谈而已。在列宁看来，罗曼语各国的无政府主义者和布朗基主义者、德国的莫斯特之流、奥地利19世纪80年代的无政府主义者，在反宗教斗争中使革命的空谈达到登峰造极的地步。列宁对无政府主义者的批评集中在这一思潮的空洞性上，希望觉悟的工人应当学会辨别无政府主义空话，"既不陷入无政府主义者那种抽象的、口头上的、其实是空洞的'革命主义'，也不陷入小资产者或自由派知识分子那种庸俗观念和机会主义"[③]。

马克思主义经典作家深刻地指出了无政府主义的阶级本性。列宁发现，尽管无政府主义者也攻击资产阶级，但他们的世界观仍然是资产阶级的。在欧美工人运动中，无政府主义成为马克思主义的斗争对象，包括无政府工团主义和无政府社会主义。无政府主义错误倾向的产生不是偶然的，也不是由某些个别人或集团的错误造成的，甚至也不是由民族特点或民族传统的影响等造成的，而是有着"一切资本主义国家的经济制度和发展性质所决定的、经常产生这两种倾向的根本原因"[④]。如蒲鲁东主义、布朗基主义以及其他各种形式的无政府主义，他们的学说所反映的是小资产者的观点而不是无产者的观点。

列宁批评最猛烈的就是无政府主义对纪律的藐视，而这对无产阶级政党的建设是非常危险的。在列宁看来，无政府主义的逻辑是"藐视纪律——自治

---

① 《马克思恩格斯选集》第 3 卷，人民出版社 2012 年版，第 812 页。
② 《列宁选集》第 2 卷，人民出版社 2012 年版，第 327 页。
③ 《列宁选集》第 2 卷，人民出版社 2012 年版，第 253 页。
④ 《列宁选集》第 2 卷，人民出版社 2012 年版，第 273 页。

制——无政府主义"，他把这种"时时处处都藐视纪律"的无政府主义称为"贵族式的"无政府主义、"老爷式的无政府主义"。① 这种老爷式的无政府主义反对章程，不顾体系，不懂得部分服从整体，纪律涣散，是俄国无政府主义者的典型表现。列宁发觉了无政府主义对无产阶级政党建设的危险性，那就是"力图削弱党的纪律，力图把党的纪律化为乌有，他们的倾向到处都在导向瓦解组织，导向把'民主原则'歪曲为无政府主义"②。

近代以来，随着西学东渐，无政府主义也开始被介绍到中国，并且在中国的思想界产生了重要的影响。以李石曾、吴稚晖、张静江、褚民谊等人为代表的无政府主义者，创办了《天义报》《新世纪》等报纸，在中国宣传无政府主义。中国共产党人对无政府主义进行了全面的批驳，肃清了无政府主义的负面影响。

对权力与秩序的理解，使得中国化的马克思主义与无政府主义区别开来。毛泽东曾明确指出："无政府主义否认权力，这种主义恐怕永世都做不到。"③毛泽东还提出了一个"半无政府主义"的概念。在他看来，当时的中国虽然不是完全的无政府主义，但是存在着一种半无政府主义，而这种无政府主义之所以存在，问题就在于权力下放得多了一些，快了一些，从而造成了混乱。④邓小平也清楚地看到无政府主义的危害，并且明确指出，无政府主义破坏社会秩序，在无政府主义的状况下不可能搞建设。邓小平反问道："现在有些人却想把我们的社会引到无法无天的境地，这怎么行呢？"因此，他主张必须批判和反对无政府主义，因为中国的改革是要有领导有秩序地进行，不能搞无政府主义。⑤

中国共产党人这种对权力与秩序的理解直接落实到现实中，就是要反对无政府主义，坚持党的领导。毛泽东从一开始就从坚持党的领导的角度明确地反对无政府主义。他做过一个形象的比喻，蛇无头而不行，每个人都必须有一个头，每个国家的党也必须有一个头，有集体的头和个人的头。因此，"中央委员会、政治局是集体，第一书记是个人，两者都要，不然就是无政府主义"⑥。

① 《列宁选集》第 1 卷，人民出版社 2012 年版，第 503、516 页。
② 《列宁选集》第 1 卷，人民出版社 2012 年版，第 511 页。
③ 《毛泽东文集》第 1 卷，人民出版社 1993 年版，第 2 页。
④ 《毛泽东文集》第 8 卷，人民出版社 1999 年版，第 80 页。
⑤ 《邓小平文选》第 3 卷，人民出版社 1993 年版，第 200、252 页。
⑥ 《毛泽东文集》第 7 卷，人民出版社 1999 年版，第 329 页。

在邓小平看来，发扬党的民主和人民民主，并不是要削弱甚至取消党的领导。削弱甚至取消党的领导在事实上只能导致无政府主义，导致社会主义事业的瓦解和覆灭。①

在民主政治建设的过程中防止无政府主义的干扰有着非常重要的意义。毛泽东将无政府主义和极端民主化并列起来，认为这是小资产阶级的思想，"我们要批评它，指出这些思想是不好的"②。在中国的改革进程中，也有过误解，认为中国要发展民主，实际上就是提倡无政府主义。邓小平明确地反对这种认识，认为这是一种误解。"文化大革命"期间，大鸣、大放、大字报、大辩论，甚至是"踢开党委闹革命"就是一种形式的无政府主义，这就必须予以清除。在邓小平看来，克服无政府主义的法宝就是民主集中制："有了又有集中又有民主，又有纪律又有自由，又有统一意志、又有个人心情舒畅、生动活泼的政治局面，小道消息就少了，无政府主义就比较容易克服。"③ 习近平也明确指出，在中华民族积贫积弱、任人宰割的时期，包括无政府主义在内的各种主义和思潮都进行过尝试，"但都没能解决中国的前途和命运问题"④。

阅读文献

1. ［法］蒲鲁东：《什么是所有权》，孙署冰译，商务印书馆 1963 年版。

2. ［俄］巴枯宁：《国家制度和无政府状态》，马骧聪等译，商务印书馆 2013 年版。

3. ［德］麦克斯·施蒂纳：《唯一者及其所有物》，金海民译，商务印书馆 2009 年版。

4. ［美］特里·珀林：《当代无政府主义》，商务印书馆 1984 年版。

5. George Woodcock, *Anarchism*, Harmondsworth：Penguin, 1961.

思考题

1. 无政府主义的发展经历了哪些阶段，都有什么特征？

---

① 《邓小平文选》第 2 卷，人民出版社 1994 年版，第 170—171 页。
② 《毛泽东文集》第 3 卷，人民出版社 1996 年版，第 399 页。
③ 《邓小平文选》第 2 卷，人民出版社 1994 年版，第 145 页。
④ 《习近平著作选读》第 1 卷，人民出版社 2023 年版，第 75 页。

2. 试述无政府主义思潮的主要特征。

3. 试述无政府主义思潮的主要理论主张。

4. 简要论述无政府个人主义的基本理论内容。

5. 简要论述无政府共产主义的基本理论内容。

6. 运用马克思主义基本理论评价无政府主义政治思潮。

后　记

当代西方政治思潮，是高等学校政治学类专业的必修课，对于学习政治学的本科生、硕士和博士研究生的专业理论学习都有着重要的意义。新中国成立以来，一大批学者在译介西方政治思潮方面下了大量的功夫。自上个世纪初，萨孟武、浦薛凤等人编著了《现代政治思潮》《现代西洋政治思潮》等教材，开创了中国当代西方政治思潮教学的先河。政治学重建恢复以来，我的导师徐大同先生先后主编了《20世纪西方政治思潮》《当代西方政治思潮：20世纪70年代以来》《现代西方政治思想》等教材，在国内高校被广泛使用。这些教材的编写，我也参与其中，深受教益。另外，厦门大学的邹永贤、北京大学的岳麟章等老先生也在这一领域作出了卓越贡献。除此之外，还有一批中青年学者一直在这个领域里持续努力，为当代西方政治思潮的科研与教学作出了重要贡献。

在时间上，当代西方政治思潮主要接续西方政治思想史，但两者存在着一些重要的区别。西方政治思想史更偏重按照历史的顺序，介绍西方古代、中世纪以及近代重要政治思想家的政治思想，体例是以时间为线索，以人物为中心。当代西方政治思潮在时间上与西方政治思想史衔接，但在体例上是以流派为线索，以理论和主张为中心。

从马克思主义的立场、观点、方法出发来研究和学习当代西方政治思潮是本教材的显著特征。各种政治思潮纷繁复杂，我们应该如何认识？本书坚持运用马克思主义的立场、观点、方法来认识当代西方政治思潮。在教材当中，我们不仅在行文中自觉使用马克思主义对当代西方政治思潮进行分析，而且设计专门的内容运用马克思主义对当代西方政治思潮进行评析。这也是本书区别于其他教材之处。全面地认识当代西方政治思潮，尤其是从马克思主义的立场、观点、方法出发，不仅描述当代西方政治思潮的现象，而且分析其本质，对于我们更好地认识西方有着重要的意义。

本教材编写组系统考察了国内外与政治思潮和意识形态相关的300多本教材，并对这些教材的内容结构、编排体例等各个方面进行了全面的分析，确定了本教材的章节内容和编写体例。一般来讲，国外意识形态的教材更多偏重介绍观念和观念体系，很少单独介绍思想家；而国内政治思潮的教材则更多介绍思想家，对观念和观念体系的总结较少。本教材尊重了国内教材介绍思想家的传统，同时加入了专门的章节介绍观念和观念体系，以便学习者能够对政治思潮有系统性的认识。在介绍思想家的时候，我们更注重他们思想中与政治思潮流派相关的内容，而不是笼统地介绍他们的思想。相对于只介绍观念和观念体系的教材，这种编排更有利于学生通过个案来认识意识形态，也更有利于把握理论体系。

　　本教材突出了当代西方政治思潮的理论性与实践性。传统的当代西方政治思潮教材更注重对政治思想家的介绍，对政治思潮的历史线索与理论概括常常隐含在对思想家及其思想的介绍中。现代政治科学对意识形态的研究则更多倾向于对大众意识形态的研究，不只是关注政治思想家的表述，而是将意识形态的观念和主张具体化为可供测度的维度，通过定量的分析来观察意识形态。这两种方法不是截然分开的，精英思想家系统化、理论化的思想体现了政治思潮的规范性；而大众化、实践性的意识形态虽然更强调实证性，但与政治思潮的规范性有着重要的关联。本教材试图将两种模式结合在一起，从而打通规范与实证，定性与定量之间的分野，使读者更全面地认识当代西方政治思潮。

　　对意识形态进行归类，难免有贴标签的嫌疑。但是，如果不做意识形态的归类，初学者又会无所适从。因此，将不同的思想家归入某一类，是政治思潮的一门必修课，有其必要性，但又容易将政治思潮简单化。比如，学界习以为常的"新自由主义"实际上是自由主义发展的两个阶段（new liberalism 和 neo-liberalism），虽然都翻译为新自由主义，但两派主张完全不同。当代的新自由主义又与保守主义互相重合，如果我们追究"neo"这个前缀的既有"新"，又有"复古"的双重内涵，我们就会发现，从新保守自由主义的角度来进行分类，可能更为准确。对待这一问题，大家在学习中可以用分类的方法把握一些具有共识性的思想理论。同时，更应该记住，每一个思想家都是鲜活的，其理论体系和政治主张各具特色，甚至是独一无二的。我们可以为了认识的方便对某些思想家进行归类，但不能因此将思想家简单化。本教材尽量在一定分类的基础上区别不同的思想家、不同的政治思想在不同的问题上的理论基础与政治主张。

当代西方政治思潮的内容非常丰富，理论非常复杂，既有抽象的思辨，也有实践的诉求。但为了在一门课上满足学生全面掌握基础理论的要求，我们只能在内容上做了大量的取舍。为了更清晰地描述历史线索，更明了地表达逻辑层次，教材在细致、深入方面做了取舍。对于文化多元主义、社群主义、共和主义、基督教民主主义等政治思潮，我们没有编入，这并不是说这些政治思潮不重要，只是因为篇幅的限制，我们做了取舍。包括本书在专门介绍政治思想家时亦做了删减，也是出于同样的考虑。感兴趣、想做深入研究的同学可以通过课后提供的参考书来拓宽、加深学习。本书还向学生提供相关的阅读文献，希望同学们能广为利用。本书部分章节提供了表格以帮助学生理解。为了简化，这些表格常常会忽略很多细节，这也是做深入研究的读者需要注意的。同时，与以往的教材不同，本教材去除了大量与主题相关，但关系不密切的知识点，力求在最重要的问题上说清楚，而不是面面俱到，以免让学生抓不住重点，无法理解各种政治思潮的本质与核心。

本教材是集体合作完成的，各章的写作分工如下。

导论（佟德志）

第一章　自由主义（佟德志、高景柱、牟硕、漆程成）

第二章　保守主义（刘训练、佟德志）

第三章　民主社会主义（刘玉安、周云红、佟德志）

第四章　西方马克思主义（陈学明、常士闇、佟德志）

第五章　民族主义（张三南、周少青、佟德志）

第六章　民粹主义（林红、佟德志）

第七章　生态主义（郇庆治）

第八章　女权主义（王向贤）

第九章　无政府主义（高建、佟德志）

后记（佟德志）

　　在这里，要特别感谢高建、陈学明、刘玉安三位前辈能够参与本教材的编写。陈学明先生一生研究西方马克思主义，在这一领域形成了系列成果，是西方马克思主义研究的领军学者。刘玉安先生曾经主持过民主社会主义的重大课题，在民主社会主义领域一直笔耕不辍，是民主社会主义研究的领军学者。两位先生在百忙之中欣然同意承担两个部分的编写，令本书增光添彩。高建先生则作为我的老师、老领导，这次参与教材编写，更是体现了他对西方政治思想研究的热爱和对教材建设工作的支持。另外，在本教材的写作过程中，我的学生朱炳坤、郭瑞雁、孙一令、林锦涛、缪何敏等也做了一些相关的工作，在此一并致谢。在本教材的写作过程中，高等教育出版社王溪桥女士一直善意提醒和催促，为本书做了大量工作，诚挚地致以谢意。另外，在本教材的编写过程中，我们多次向学界同仁征求意见，恕无法一一列出，在此一并致谢。

佟德志

2022 年 1 月 12 日于天津

读者意见反馈

为收集对教材的意见建议，进一步完善教材编写并做好服务工作，读者可将对本教材的意见建议通过如下渠道反馈至我社。

咨询电话　400-810-0598

反馈邮箱　gjdzfwb@pub.hep.cn

通信地址　北京市朝阳区惠新东街 4 号富盛大厦 1 座

　　　　　　高等教育出版社总编辑办公室

邮政编码　100029

防伪查询说明

用户购书后刮开封底防伪涂层，使用手机微信等软件扫描二维码，会跳转至防伪查询网页，获得所购图书详细信息。

防伪客服电话　（010）58582300